国家哲学社会科学成果文库

NATIONAL ACHIEVEMENTS LIBRARY
OF PHILOSOPHY AND SOCIAL SCIENCES

群舒文化研究

张爱冰　等著

上海古籍出版社

张爱冰 男，1961年7月生，安徽枞阳县人。历史学博士，安徽大学历史系教授，博士生导师。1982年6月南京大学考古专业本科毕业，2008年6月获得安徽大学历史文献学博士学位。长期从事考古学教学与研究工作，主要研究领域为先秦考古和考古学理论，先后主持教育部人文社科一般项目"江淮群舒青铜器整理与研究"、国家社科基金一般项目"群舒文化比较研究"、国家社科基金重点项目"侯家寨遗址发掘资料的整理与研究"、国家社科基金重大项目"安徽沿江地区矿冶遗址调查与综合研究"等，在《中国社会科学》《光明日报》《考古学报》《考古》《文物》等报刊上发表《南朝葬制考》《考古学新理解论纲》（合著）《皖南沿长江地区周代铜器研究》《也谈曲柄盉的年代及其相关问题》《牺首鼎的年代及相关问题》等论文30余篇，主编《枞阳商周青铜器》、参与编写《皖南商周青铜器》《江淮群舒青铜器》等专著多部，获得2001—2002年度全国田野考古三等奖、2005年度安徽省教学成果一等奖、2008年度安徽省教学成果特等奖、2014—2015年度安徽大学"教书育人先进个人"荣誉称号等。

《国家哲学社会科学成果文库》
出版说明

　　为充分发挥哲学社会科学研究优秀成果和优秀人才的示范带动作用，促进我国哲学社会科学繁荣发展，全国哲学社会科学规划领导小组决定自 2010 年始，设立《国家哲学社会科学成果文库》，每年评审一次。入选成果经过了同行专家严格评审，代表当前相关领域学术研究的前沿水平，体现我国哲学社会科学界的学术创造力，按照"统一标识、统一封面、统一版式、统一标准"的总体要求组织出版。

全国哲学社会科学规划办公室

2011 年 3 月

目　　录

图目录 ………………………………………………………………… 1
表目录 ………………………………………………………………… 1
前　言 ………………………………………………………………… 1

第一章　群舒文化的考古发现与研究 ……………………………… 1
　一、群舒文化的考古发现 ………………………………………… 1
　二、群舒文化研究的历史回顾 …………………………………… 14

第二章　皖南沿长江地区周代铜器的序列 ………………………… 21
　一、西周晚期铜器 ………………………………………………… 24
　二、春秋早期铜器 ………………………………………………… 39
　三、春秋晚期铜器 ………………………………………………… 46

第三章　两种关键器形的再认识 …………………………………… 51
　一、曲柄盉 ………………………………………………………… 51
　二、牺首鼎 ………………………………………………………… 61

第四章　以舒城为中心的江淮周代铜器的构成 …………………… 74
　一、器形与组合 …………………………………………………… 75
　二、年代推定 ……………………………………………………… 97
　三、文化因素构成 ………………………………………………… 108

四、匜形斗的再认识 ································· 115

第五章　陶器和原始瓷的分型与年代 ···················· 122
　　一、陶器的分型与年代 ································· 122
　　二、淮式鬲的再认识 ··································· 144
　　三、原始瓷的分型与年代 ······························· 147

第六章　一个以矿冶为中心的青铜文化个案 ············ 161
　　一、三位一体的青铜文化遗存 ··························· 161
　　二、青铜器的年代与性质 ······························· 176
　　三、青铜器的铸造工艺和矿料来源 ······················· 194

第七章　与汶泗沂沭流域的比较研究 ···················· 236
　　一、铜器的器形 ······································· 239
　　二、铜器的纹饰 ······································· 249
　　三、埋葬制度 ··· 260
　　四、平山铜器群的再认识 ······························· 266

第八章　以淮河沿岸为中心的钟离国遗存 ················ 278
　　一、遗迹与遗物 ······································· 279
　　二、墓主与年代 ······································· 286
　　三、钟离与钟离国 ····································· 297

附　录 ··· 301
　　一、群舒文化研究年表(1959—2016) ····················· 301
　　二、引用文献目录 ····································· 308

后　记 ··· 335

Contents

List of Figures ··· 1
List of Tables ·· 1

Introduction ·· 1

Chapter Ⅰ Archaeological Discoveries and Studies of Qunshu Culture
 ·· 1
  Ⅰ Archaeological Discoveries of Qunshu Culture ················· 1
  Ⅱ A Review on Studies of Qunshu Culture ······················· 14

Chapter Ⅱ Sequence of Zhou Dynasty Bronzes in Southern Anhui
      along the Yangtze River ·· 21
  Ⅰ Bronzes in Late Western Zhou Dynasty ························ 24
  Ⅱ Bronzes in Early Spring and Autumn Period ················· 39
  Ⅲ Bronzes in Late Spring and Autumn Period ·················· 46

Chapter Ⅲ Re-recognition of the Shapes of Two Pivotal Bronzes ········· 51
  Ⅰ *He* (wine container) with Crooked Handle ···················· 51
  Ⅱ *Ding* (cooking vessel) with Head of Sacrificial Animal ········ 61

Chapter Ⅳ Components of Zhou Dynasty Bronzes in the Jianghuai
      Region (Centered in Shucheng) ·································· 74
  Ⅰ Shapes and Bronze Combinations ································ 75
  Ⅱ Dating ··· 97
  Ⅲ Cultural Elements ··· 108

Ⅳ　Re-recognition of *Yi* (water vessel)-shaped *Dou* 115

Chapter Ⅴ　Typology and Chronology of Potteries and Proto-Porcelains
　　　　　... 122
　　　Ⅰ　Typology and Chronology of Potteries 122
　　　Ⅱ　Re-recognition of Huai-style shaped *Li* (cooking vessel) 144
　　　Ⅲ　Typology and Chronology of Proto-Porcelains 147

Chapter Ⅵ　A Case Study on the Bronze Culture Featuring Mining and Smelting 161
　　　Ⅰ　The Archaeological Remains of the "Three in One" Bronze Culture 161
　　　Ⅱ　Dating and Characteristics of Bronzes 176
　　　Ⅲ　Casting Technology and Provenance of Raw Materials 194

Chapter Ⅶ　A Comparative Study with Bronzes from Wen-Si-Yi-Shu Drainage Basin 236
　　　Ⅰ　Shapes of Bronzes 239
　　　Ⅱ　Decorative Patterns of Bronzes 249
　　　Ⅲ　Burial System 260
　　　Ⅳ　Re-recognition of Bronzes from Pingshan Village 266

Chapter Ⅷ　Archaeological Remains of Zhongli State (Centered along the Huai River) 278
　　　Ⅰ　Archaeological Sites and Cultural Relics 279
　　　Ⅱ　Owner and Time of the Tombs 286
　　　Ⅲ　Zhongli and Zhongli State 297

Appendix 301
　　　Ⅰ　Timeline of Studies of Qunshu Culture 301
　　　Ⅱ　References 308

Postscript 335

图 目 录

图 2.1　皖南沿长江地区周代铜器出土地点 ················· 21
图 2.2　汤家山铜器 ······························ 25
图 2.3　汤家山铜器纹饰拓片 ·························· 26
图 2.4　孙村铜器 ······························· 30
图 2.5　孙村铜器纹饰拓片 ··························· 30
图 2.6　韩墩铜器 ······························· 33
图 2.7　韩墩铜器纹饰拓片 ··························· 34
图 2.8　正兴铜器 ······························· 34
图 2.9　汪村铜器 ······························· 36
图 2.10　汪村铜器纹饰拓片 ·························· 37
图 2.11　谢垱铜器 ······························ 39
图 2.12　谢垱铜器纹饰拓片 ·························· 40
图 2.13　柳春园铜器 ····························· 42
图 2.14　十字铺铜器 ····························· 42
图 2.15　十字铺铜器纹饰拓片 ························· 43
图 2.16　钟鸣铜器 ······························ 44
图 2.17　钟鸣铜器纹饰拓片 ·························· 44
图 2.18　墩上铜器 ······························ 45
图 2.19　龙岗 M1 铜器 ···························· 46
图 2.20　龙岗 M2 铜器 ···························· 47
图 3.1　皖南沿江地区出土曲柄铜盉 ····················· 52

图 3.2	江淮地区出土曲柄铜盉	54
图 3.3	霍邱堰台出土曲柄陶盉	57
图 3.4	江淮地区出土曲柄陶盉	59
图 3.5	江淮和皖南沿长江地区出土牺首鼎	63
图 3.6	堰台遗址出土陶折肩鬲与器盖	67
图 3.7	牺尊	68
图 3.8	匜形鼎	69
图 3.9	龙錾匜	70
图 3.10	九女墩、高庄、坡塘出土牺首鼎	72
图 3.11	赣浙地区出土陶、原始瓷兽面鼎	73
图 4.1	以舒城为中心的周代铜器出土地点	75
图 4.2	五里铜器	76
图 4.3	凤凰嘴铜器	77
图 4.4	河口铜器	79
图 4.5	许家山嘴铜器	80
图 4.6	春秋塘铜器	81
图 4.7	百神庙铜器	81
图 4.8	舒城零星出土铜器	82
图 4.9	岳庙铜器	83
图 4.10	三塘铜器	84
图 4.11	盔头铜器	84
图 4.12	燕山铜器	85
图 4.13	思古潭铜器	86
图 4.14	小八里铜器	87
图 4.15	巢湖、合肥出土铜器	89
图 4.16	魏岗铜器	90
图 4.17	桐城出土铜器	92
图 4.18	杨家牌铜器	93
图 4.19	黄岭铜器	94

图 4.20	竹山铜器	94
图 4.21	大童铜器	95
图 4.22	文思铜器	96
图 4.23	小毛家球腹鼎	96
图 4.24	天长、凤阳出土铜器	97
图 4.25	三角形变体龙纹	98
图 4.26	两周之际及其前后的⌴形窃曲纹	101
图 4.27	两周之际及其前后的三角形顾首龙纹	102
图 4.28	两周之际的连身龙纹	103
图 4.29	中目S形窃曲纹	104
图 4.30	S形窃曲纹	105
图 4.31	燕尾纹	106
图 4.32	斗柄纹饰	117
图 4.33	匜形斗	118
图 5.1	江淮地区周代遗址分布图	123
图 5.2	江淮地区出土陶鬲	124
图 5.3	折肩鬲型式划分图	125
图 5.4	江淮地区出土曲柄盉	128
图 5.5	曲柄盉型式划分图	129
图 5.6	折腹簋型式划分图	130
图 5.7	江淮地区出土的折肩盆	131
图 5.8	折肩盆型式划分图	132
图 5.9	Aa型鬲和BI式簋	134
图 5.10	AbI式鬲	135
图 5.11	AI式盆和沣西地区出土的陶盆	136
图 5.12	BaI式鬲和湖北孝感地区出土陶鬲	136
图 5.13	BaII式鬲	137
图 5.14	BaIII式鬲和信阳地区出土陶鬲	138
图 5.15	带扉棱的仿铜陶鬲	139

图 5.16	典型陶器发展序列	140
图 5.17	江淮地区周代原始瓷出土地点	148
图 5.18	江淮地区出土原始瓷(一)	149
图 5.19	江淮地区出土原始瓷(二)	150
图 5.20	原始瓷器物型式演变图(一)	152
图 5.21	原始瓷器物型式演变图(二)	154
图 6.1	石钺及刻符	164
图 6.2	枞阳县古矿冶遗址分布图	168
图 6.3	汤家墩方彝	177
图 6.4	方彝纹饰拓片	177
图 6.5	前程铜器	182
图 6.6	前程窃曲纹鼎纹饰拓片	183
图 6.7	官塘铜器	185
图 6.8	官塘铜器纹饰拓片	186
图 6.9	杨市铜器	190
图 6.10	杨市铜器纹饰拓片	190
图 6.11	浮山雷纹鼎	191
图 6.12	浮山雷纹鼎纹饰拓片	191
图 6.13	鼎的范铸工艺(一)	195
图 6.14	鼎的范铸工艺(二)	197
图 6.15	鼎的范铸工艺(三)	198
图 6.16	鼎的范铸工艺(四)	199
图 6.17	匜的范铸工艺	201
图 6.18	尊的范铸工艺	201
图 6.19	爵的范铸工艺	202
图 6.20	方彝的范铸工艺	203
图 6.21	复合剑的范铸工艺	205
图 6.22	金相组织	214
图 6.23	背散射电子图像	216

图 6.24	各遗址铜颗粒、古粗铜的因子分析散点图	223
图 6.25	各遗址铜颗粒、古粗铜的聚类分析树状图	224
图 6.26	各遗址冶炼铜颗粒、古粗铜的微量元素特征图	224
图 6.27	枞阳青铜器的微量元素特征图	225
图 6.28	枞阳青铜器与各遗址冶炼金属铜的因子分析散点图	226
图 6.29	枞阳青铜器与各遗址冶炼金属铜的聚类分析树状图	226
图 6.30	枞阳青铜器与铜陵冶炼铜颗粒的微量元素特征图	227
图 6.31	枞阳青铜器 zy-8 与铜陵冶炼铜颗粒的微量元素特征图	227
图 6.32	汤家墩遗址冶炼遗物	229
图 6.33	汤家墩遗址炉渣的 XRD 图谱	231
图 7.1	江淮和山东南部地区青铜器出土地点	238
图 7.2	重环纹蹄足鼎	239
图 7.3	附耳矩形钮盖鼎	240
图 7.4	立耳平盖鼎	241
图 7.5	鬲	242
图 7.6	缶	243
图 7.7	兽耳尊	243
图 7.8	曲柄盉	244
图 7.9	錾手盉	245
图 7.10	圈足盘	246
图 7.11	匜	247
图 7.12	斗	248
图 7.13	方奁	249
图 7.14	点线纹	250
图 7.15	三角形变体夔龙纹	251
图 7.16	"Z"字形变体夔龙纹	252
图 7.17	兽首变体夔龙纹	252
图 7.18	中目窃曲纹	253
图 7.19	四瓣目窃曲纹	254

图 7.20	"⌒"字形窃曲纹对比图	255
图 7.21	勾连窃曲纹	256
图 7.22	交龙纹	256
图 7.23	波曲状龙纹	257
图 7.24	变形蝉纹	257
图 7.25	沂水东河北鬲肩部云雷纹	259
图 7.26	重环纹	259
图 7.27	平山铜器	267
图 7.28	长清仙人台 M3∶2 鼎	268
图 7.29	窃曲纹	269
图 7.30	长卷唇龙纹	270
图 7.31	双虎纹	271
图 7.32	豆形簋	271
图 7.33	龙形錾	272
图 7.34	裸人	274
图 8.1	双墩、卞庄、大东关墓葬位置图	278
图 8.2	双墩 M1 结构透视图	279
图 8.3	双墩 M1 铜器	281
图 8.4	卞庄 M1 铜器	285
图 8.5	大东关 M1 铜器	286
图 8.6	九里墩鼓座	288

表 目 录

表 3.1	牺首鼎尺寸统计表	61
表 3.2	牺首鼎伴出铜器组合表	64
表 5.1	陶器分组表	133
表 5.2	原始瓷纹饰统计表	157
表 6.1	师姑墩、汤家墩周代遗存对比一览表	166
表 6.2	枞阳县先秦文化遗存统计表	172
表 6.3	青铜复合剑 ZW00859-2 剑刃与剑脊成分分析	204
表 6.4	取样信息统计表	208
表 6.5	枞阳地区出土先秦青铜器的化学组成和金相组织鉴定结果	209
表 6.6	枞阳出土部分东周铜器所含夹杂物的成分分析	215
表 6.7	样品概况	220
表 6.8	青铜器和炼渣中铜颗粒的 LA-ICP-MS 分析结果	221
表 6.9	汤家墩炼渣及炉壁的 XRF 数据	230
表 6.10	汤家墩遗址炉渣中金属颗粒的 SEM-EDX 分析结果	232
表 6.11	微量元素含量范围表	233
表 6.12	As、Ag、Sb、Bi 等微量元素来自不同类型铜矿石的概率	233
表 6.13	汤家墩遗址炉渣中铜颗粒的 LA-ICP-MS 分析结果	234
表 6.14	汤家墩遗址炉渣中铜颗粒来自不同类型铜矿石的概率	235

前　言

　　群舒的历史可上溯到虞夏时期的皋陶。皋陶,少昊之后,偃姓,曾事舜。《尚书·舜典》:"帝曰:皋陶,蛮夷猾夏,寇贼奸宄。汝作士。"《论语·颜渊》:"舜有天下,选于众,举皋陶,不仁者远矣。"《史记·五帝本纪》:"天下归舜。而禹、皋陶、契、后稷、伯夷、夔、龙、倕、益、彭祖。自尧时而皆举用,未有分职。"《史记·夏本纪》:"帝禹立而举皋陶荐之,且授政焉,而皋陶卒。封皋陶之后于英、六,或在许。"皇甫谧《帝王世纪》称皋陶:"生于曲阜,偃地,故帝因之而以赐姓曰偃。"据此,皋陶当为东夷之人,偃姓的群舒诸国皆为皋陶之后,英、六可能是群舒中最早的封国。

　　皋陶或为涂山氏之首领。《尚书·益稷》:"帝曰:迪朕德,时乃功惟叙。皋陶方祗厥叙,方施象刑,惟明。"《楚辞·天问》:"禹之力献功,降省下土四方。焉得彼涂山女,而通之于台桑?"

　　夏商之际,涂山氏或为南巢。《左传》哀公七年:"禹合诸侯于涂山。"杜预注:"涂山,在寿春东北。"《尚书·仲虺之诰》:"成汤放桀于南巢。"《国语·鲁语》:"桀奔南巢。"韦昭注:"南巢,扬州地,巢伯之国,今庐江居巢是也。"

　　西周时期的群舒虽偶见于文献记载,然淮夷和南淮夷却屡见诸文献和青铜器铭文。《尚书·大诰》:"武王崩,三监及淮夷叛。"《史记·周本纪》:"周公为师,东伐淮夷、残奄……既绌殷命,袭淮夷……"《史记·鲁周公世家》:"伯禽即位之后,有管、蔡等反也,淮夷、徐戎亦并兴反。于是伯禽率师伐之于肸,作《肸誓》。"见诸铭文的有彔或卣:"淮夷伐内国。"彔方鼎:"率虎臣御淮戎。"竞卣:"命伐淮夷。"无叀簋:"王征南夷。"敔簋:"南淮夷迁及内伐□□。"虢仲盨:"伐南淮夷。"师袁簋:"征南夷。"

　　淮夷与南淮夷当为生活在淮水两岸之人,淮夷、南淮夷与群舒生存于同一地理空间,因此,西周时期的群舒或被周人泛称为淮夷、南夷、南淮夷。

《左传》文公十二年:"群舒叛楚。"杜预注:"群舒,偃姓,舒庸、舒鸠之属。今庐江南有舒城,舒城西南有龙舒。"孔颖达疏:"《世本》偃姓,舒庸、舒蓼、舒鸠、舒龙、舒鲍、舒龚。"

群舒的历史主要见于春秋。群舒有舒、舒鸠、舒庸、舒龚、舒龙、舒蓼、舒鲍、英、六、蓼、宗、桐、巢等国,群舒又称众舒。《左传》宣公八年:"楚为众舒叛,故伐舒蓼,灭之。"

群舒可能是从徐分出来的一些小国,《春秋》僖公三年:"徐人取舒。"可证徐、舒已不是同一个国家。《韩非子·五蠹》:"徐偃王处汉东,地方五百里,行仁义,割地而朝者三十有六国;荆文王恐其害己也,举兵伐徐,遂灭之。"《淮南子·人间训》:"昔徐偃王好行仁义,陆地之朝者三十二国。"《后汉书·东夷列传》:"后徐夷僭号,乃率九夷以伐宗周,西至河上。穆王畏其方炽,乃分东方诸侯,命徐偃王主之。偃王处潢池东,地方五百里,行仁义,陆地而朝者三十有六国。"

《春秋》僖公三年:"徐人取舒。"杜预注:"舒国,今庐江舒县。"《史记·楚世家》:"(楚庄王)十三年,灭舒。"

《左传》文公五年:"六人叛楚即东夷。秋,楚成大心、仲归帅师灭六。冬,楚公子燮灭蓼,臧文仲闻六与蓼灭,曰:'皋陶庭坚不祀忽诸。德之不建,民之无援,哀哉!'"《史记·陈杞世家》:"皋陶之后,或封英、六,楚穆王灭之。"

《左传》文公十二年:"群舒叛楚,夏,子孔执舒子平及宗子,遂围巢。"杜预注:"宗巢二国,群舒之属。"

《左传》成公七年:"吴始伐楚、伐巢、伐徐……蛮夷属于楚者,吴尽取之。"《左传》襄公二十六年:"吴于是伐巢、取驾、克棘、入州来,楚罢于奔命。"《春秋》昭公二十四年:"冬,吴灭巢。"《左传》昭公二十四年:"吴人踵楚,而边人不备,遂灭巢及钟离而还。"《史记·吴太伯世家》:"三年,吴王阖庐与子胥、伯嚭将兵伐楚,拔舒。……六年……大败楚军于豫章,取楚之居巢而还。"

《左传》文公十四年:"楚庄王立,子孔、潘崇将袭群舒……而伐舒蓼……不克而还。"《春秋》宣公八年:"楚人灭舒蓼。"《左传》宣公八年:"楚为众舒叛,故伐舒蓼,灭之。"

《春秋》成公十七年:"楚人灭舒庸。"《左传》成公十七年:"舒庸人以楚师之败也,道吴人围巢、伐驾、围厘、虺,遂恃吴而不设备。楚公子櫜师袭舒庸,灭之。"

《左传》襄公二十四年："吴人为楚舟师之役故，召舒鸠人，舒鸠人叛楚。"《春秋》襄公二十五年："楚屈建帅师灭舒鸠。"《左传》襄公二十五年："舒鸠人卒叛楚。令尹子木伐之，及离城。吴人救之……简师会之，吴师大败。遂围舒鸠，舒鸠溃。八月，楚灭舒鸠。"

《春秋》定公二年："秋，楚人伐吴。"《左传》："桐叛楚。吴子使舒鸠氏诱楚人……秋，楚囊瓦伐吴，师于豫章。吴人见舟于豫章，而潜师于巢。冬十月，吴军楚师于豫章，败之。遂围巢，克之，获楚公子繁。"

群舒皆亡于春秋，除巢之外，基本上都被楚国所灭。

由于历史文献对群舒的记载语焉不详，群舒历史与文化的研究要有新的突破，确需仰赖地下考古材料的出土。

自1934年中研院历史语言研究所在寿县进行考古调查以来，江淮地区的商周考古已走过八十多年的历程。[①] 又自1959年安徽舒城凤凰嘴墓葬出土铜器以来，一种有着明显地域特征的器物组合，如牺首鼎、铉鼎、曲柄盉、折肩鬲、环耳缶等在江淮地区多次被发现，根据地望和年代，考古与历史学界基本认定其为周代群舒文化之遗存。20世纪80年代以后，随着考古新材料的不断发现，群舒文化研究取得一系列重要进展，相关论述见于殷涤非、李国梁、李学勤、曹锦炎、董楚平、何琳仪、杜廼松、王迅、张敏等学者的论著。近年来，霍邱堰台、霍山戴家院、铜陵师姑墩、繁昌板子矶、蚌埠双墩、凤阳卞庄、南陵龙头山等重要遗址和墓葬考古材料已经发表，舒城、庐江、枞阳、无为等地又有不少新出铜器资料陆续公布，这就为群舒文化的研究增添了新的内容，也使群舒文化的研究出现了新的契机。

群舒文化有着自身的文化来源和族源，有着独立的发展历程。西周至春秋时期，群舒文化在江淮地区有着持续的存在和发展，从春秋中期开始，由于吴楚争霸战争等原因，群舒文化与周边文化相互交融，最后灭国而统一于楚。群舒族群与文化，既与中原王朝有着长期的交流与互动，又受到周边齐、鲁、吴、越、楚等文化的影响和覆盖，这就构成了江淮文明的多元内涵，孕育了丰富的物质文化遗产。本研究侧重于动态地研究群舒文化发展演进、群舒诸国从散居局面

[①] 李景聃：《寿县楚墓调查报告》，《田野考古报告》第1册，商务印书馆，1936年；王湘：《安徽寿县史前遗址调查报告》，《中国考古学报》第2册，1947年。

经吴楚争霸到最后统一于楚的全过程,阐述群舒文化在中华文明由王国时代到帝国时代历史进程中的地位和作用。

群舒是先秦时期分布于江淮地区一支十分重要的群体,群舒文化是江淮地区青铜时代重要的考古学课题之一。群舒文化研究不仅可以弥补以往江淮青铜时代考古研究中存在的不足,而且对于拓展夏商周考古学文化分期分区研究的领域,皆有重要的学术价值。

群舒文化内涵与特征的确立,对于今后在江淮和长江下游地区的考古工作中继续辨识和判定同类性质的遗存也具有重要的实际意义。

群舒文化在其发展演进过程中留下了丰富的物质遗产,对其进行综合研究和比较研究,深入挖掘其文化内涵,尽快将研究成果面向公众展示,"让文化遗产活起来",对传承、弘扬优秀历史文化也有着积极的社会意义。

本研究旨在探讨从以往群舒文化研究中衍生出的若干问题:

第一,群舒文化的年代。

第二,群舒文化的地域。

第三,群舒文化的构成。

第四,群舒文化与中原王朝以及周围文化的关系。

第五,群舒文化发展的政治、经济和文化背景。

第六,群舒文化在中华文明形成过程中的地位和作用。

本研究以辩证唯物主义和历史唯物主义为指导,以考古学理论和方法,主要是地层学、类型学和文化因素分析方法为基础,全面、系统地对群舒文化进行动态研究和比较研究,同时兼顾科技考古、历史学、古文字学等其他学科的研究方法和研究成果。

在诸多的群舒文化遗存中,尤以青铜器最能反映族群的物质文化、制度文化和精神文化。群舒青铜器出土边界清晰,典型器物及其组合有着显而易见的族群渊源和年代关联。群舒青铜器多数出自墓葬,相对年代和共存关系明确可信。与学界某些将皖南宁镇土著型青铜器归为春秋以后吴越体系的方法论倾向相近似,江淮地区除可辨明的中原宗周器以外,有着明显地域特征的群舒器物基本都被纳入春秋以后的年代范畴,因此,群舒青铜器的编年体系及其方法论亟待反思。20 世纪 30 年代以来,郭沫若、容庚、陈梦家、唐兰、李学勤、马承源、朱凤瀚诸先生相继创立和发展了运用考古类型学研究青铜器的方法,"夏商周断代工程"关于西周青铜器的分期断代研究又取得了新的成果,这都为群舒青铜器的分期和分域研究提供了坚实的方法论基础。

如果说出土青铜器的墓葬代表的是贵族(上层社会)的遗存,以出土陶器为主的聚落遗址则代表了一般平民的遗存。本研究以若干经过科学发掘、遗存较为丰富并且已经发表的材料为核心,如霍邱堰台、六安堰墩、庐江大神墩、枞阳汤家墩、铜陵师姑墩等遗址,选取具有代表性的器形如鬲、罐、簋、豆、盆、钵、盉等,根据地层关系和器物组合、器形特征,建立江淮地区考古学文化的年代序列。江淮地区考古学文化分区和分期体系的建立,不仅为探寻群舒文化提供了线索,也为群舒青铜器的研究提供了参照。

安徽沿江地区位于长江中下游多金属成矿带中部,包括了安庆—贵池、庐枞和铜陵三个大型矿集区,铜矿资源十分丰富,至今仍是我国重要的铜矿产地。经过多年的考古调查和发掘,该地区已发现了近百处古铜矿冶遗址,包括了铜矿开采、青铜冶炼和青铜器铸造的完整环节。铜矿资源的开发和控制、冶铸技术的进步和垄断以及冶金活动的生产组织管理,对早期国家的形成和演进有着重要的推动作用。安徽沿江地区铜矿资源的开发和区域青铜文化的发展,与南方吴越楚文明的崛起乃至中原夏商周文明的更替均有十分密切的关系。如要进一步探讨铜矿资源的开发在中华文明形成和发展过程中的地位和作用,唯有对其进行包括冶金考古、科技考古在内的多学科综合研究方能达到研究之目的。

虽然本书有幸忝列2017年度"国家哲学社会科学成果文库",但是,我们深知,目前所取得的研究成果,离解决上述问题的目标和学术界的期待还有相当的差距,我们将在今后的研究中继续进行不懈的努力,恳望得到读者的批评指正。

第一章

群舒文化的考古发现与研究

对群舒文化的考古发现和已有研究进行一次系统清理和回顾,是本研究的出发点,并由此明确本研究的核心材料和旨在探讨的主要问题。

一、群舒文化的考古发现

已有的考古发现按遗存等级的不同可以分为以青铜器为代表的墓葬遗存和以陶器为代表的居址遗存(包括居址及居址内的墓葬)两类,前者代表了贵族(上层社会)的遗存,后者代表了一般平民的遗存。

(一) 墓葬及其所出青铜器

主要包括42处墓葬或窖藏及其所出青铜器,有的铜器群不能明确判断出自墓葬,但多数应该是墓葬遗物,出于窖藏的很少。以下介绍成组青铜器的发现情况,零星发现不包括在内。

1. 舒城凤凰嘴墓[①]

凤凰嘴墓发现于1959年,位于舒城县城东的龙舒公社,农民将器物取出后才进行清理,为一近方形的土坑墓。出土铜器主要有牺首鼎1、附耳平盖鼎2、鬲3、曲柄盉1、缶3,另有器盖、盘之类杂器,此外还共出印纹硬陶罐2件。铜器置于墓室东南角。

---

① 安徽省文化局文物工作队:《安徽舒城出土的铜器》,《考古》1964年第10期。

2. 舒城许家山嘴墓①

许家山嘴墓发现于1964年,位于舒城县河口乡杨家村许家山嘴,出土铜器有曲柄盉1、镳盉1、夔龙纹钵1。器物有散失,据《舒城县文物志》记载出土时另有鼎1、鬲1。②

3. 舒城五里墓③

五里墓发现于1974年,位于舒城县五里公社砖瓦厂,出土铜器包括牺首鼎1、立耳平盖鼎2、垂腹鼎1、曲柄盉1。

4. 舒城九里墩墓④

九里墩墓发现于1980年,位于舒城县孔集公社九里墩大队。墓葬形制为长方形竖穴土坑木椁墓,出土铜器包括鼎、簠、敦、鼓座、编钟、兵器、车马器及生产工具。

5. 舒城河口墓⑤

河口墓发现于1988年,位于舒城县河口镇幸福村。为一近方形的土坑墓,南侧设有熟土二层台,墓底有棺椁朽痕,随葬器物置于二层台,出土铜器包括牺首鼎1、附耳平盖鼎2、小口罐形鼎1、簠1、缶1、缶形盉1、曲柄盉1、盖1,共出印纹硬陶罐2、原始瓷盂1,另有玉玦26件、漆盒2件。

6. 舒城春秋塘墓⑥

春秋塘墓发现于2005年,位于舒城县春秋塘茶林场,出土铜器有曲柄盉1、附耳平盖鼎1。

7. 舒城百神庙墓⑦

百神庙墓发现于2012年,位于舒城县百神庙镇官塘村,出土铜器有曲柄盉1、鼎1。

---

① 安徽博物院:《江淮群舒青铜器》,图031—033,安徽美术出版社,2013年。
② 舒城县文化局:《舒城县文物志》,1984年内刊本。
③ 李国梁:《群舒故地出土的青铜器》,《文物研究》第6辑,黄山书社,1990年;安徽博物院:《江淮群舒青铜器》,图010—014,安徽美术出版社,2013年。
④ 安徽省文物工作队:《安徽舒城九里墩春秋墓》,《考古学报》1982年第2期。
⑤ 安徽省文物考古研究所、舒城县文物管理所:《安徽舒城县河口春秋墓》,《文物》1990年第6期。
⑥ 安徽博物院:《江淮群舒青铜器》,图029,安徽美术出版社,2013年。
⑦ 安徽博物院:《江淮群舒青铜器》,图030,安徽美术出版社,2013年。

8. 庐江盔头墓①

盔头墓发现于1978年,位于庐江县泥河区盔头公社,出土铜器有蝉纹鼎1、曲柄盉1。

9. 庐江岳庙墓②

岳庙墓发现于1988年,位于庐江县岳庙乡十八桥村莫庄,为一土坑墓,出土铜器包括牺首鼎1、曲柄盉1、匜形斗1、龙首鐏1。器物有散失。

10. 庐江三塘墓③

三塘墓发现于1991年,位于庐江县三塘乡轮窑厂,出土铜器包括牺首鼎1、龙鋬匜1、环耳缶1、盨1。

11. 六安思古潭墓④

思古潭墓发现于1976年,位于六安县孙家岗思古潭义仓大队,出土蝉纹鼎2、剑1,共出陶罐4,现场观察为一土坑墓。

12. 六安燕山墓⑤

燕山墓发现于1989年,位于六安县毛坦厂镇燕山,为一长方形土坑墓,墓底有2道枕木痕迹。出土铜器包括垂腹尊1、曲柄盉2、附耳圈足盘1、匜形斗1、盖1、削1,另出原始瓷碗1、硬陶罐2。

13. 合肥乌龟岗墓⑥

乌龟岗墓发现于1970年,位于合肥市西北郊的优胜公社乌龟岗,为一土坑墓,出土乔夫人鼎1件,另有陶罐2件、陶盉1件。

14. 肥西小八里墓⑦

小八里墓发现于1971年,位于肥西县红卫公社(柿树岗)小八里村,出土铜器包括立耳平盖鼎2、圈足簋1、曲柄盉1、附耳圈足盘1、兽足匜1、小方盒1、盘、

---

① 安徽省博物馆:《安徽省博物馆藏青铜器》,图18—19,上海人民美术出版社,1985年。
② 马道阔:《安徽省庐江县出土春秋青铜器——兼谈南淮夷文化》,《东南文化》1990年第Z1期。
③ 安徽博物院:《江淮群舒青铜器》,图043—046,安徽美术出版社,2013年。
④ 邵建白:《安徽六安县发现两件春秋铜鼎》,《文物》1990年第1期。
⑤ 安徽省博物馆、六安县文物管理所:《安徽六安县发现一座春秋时期墓葬》,《考古》1993年第7期。
⑥ 安徽省博物馆:《遵循毛主席的指示,做好文物博物馆工作》,《文物》1978年第8期。
⑦ 安徽省博物馆:《遵循毛主席的指示,做好文物博物馆工作》,《文物》1978年第8期;安徽省博物馆:《安徽省博物馆藏青铜器》,图13—16,上海人民美术出版社,1985年。

匜内底有铭文,但锈蚀不清,共出原始瓷罐、玉器。

15. 肥西金牛墓①

金牛墓发现于1981年,位于肥西县金牛公社长庄生产队。墓葬形制为近方形土坑墓,设二层台,墓底有一棺。出土铜器包括鼎1、戈1、剑1,其中鼎置于二层台。

16. 寿县魏岗墓②

魏岗墓发现于1975年,位于寿县枸杞公社魏岗,现场有一坑,推测为墓坑所在,出土铜器组合为鼎1、簠1、缶2、匜1、羊尊(牺首鼎)1、小方盒1。

17. 桐城长岗窖藏③

长岗窖藏发现于1994年,位于桐城市高桥镇长岗村,出土铜器包括兽耳尊1、鼎1,共出铜矛7、铜镞5。出土时矛、镞全部放在尊内,鼎倒置于尊上,推测为一窖藏。

18. 怀宁杨家牌墓④

杨家牌墓发现于1982年,位于怀宁县金拱公社人形大队杨家牌生产队,推测为一土坑墓,出土铜器包括云纹鼎2、牺首鼎1、匜1、曲柄盉1、缶1、削4,另有陶罐、陶豆及绿松石、玛瑙杂件。

19. 潜山黄岭墓⑤

黄岭墓发现于1993年,位于潜山县梅城镇七里村黄岭,出土铜器包括连体甗1、鬲4、曲柄盉1、镳盉1,共出陶罐4。

20. 望江竹山墓⑥

竹山墓发现于1987年,位于望江县太慈乡竹山村,推测为一土坑墓,出土青铜附耳平盖鼎2。

---

① 安徽省文物工作队:《安徽肥西县金牛春秋墓》,《考古》1984年第9期。
② 寿县博物馆:《寿县肖严湖出土春秋青铜器》,《文物》1990年第11期。
③ 江小角:《桐城出土春秋时期青铜器》,《文物》1999年第4期。
④ 怀宁县文物管理所:《安徽怀宁出土春秋青铜器》,《文物》1983年第11期。
⑤ 潜山县文物局:《潜山黄岭春秋墓》,《文物研究》第13辑,黄山书社,2001年。
⑥ 宋康年:《安徽望江出土春秋时代铜鼎》,《考古》1989年第10期。

21. 无为大童墓[①]

大童墓发现于 2005 年,位于无为县开城镇大童村,出土铜器包括鼎 2、盉 1、甗 1。

22. 无为文思墓[②]

文思墓发现于 2006 年,位于襄安镇文思村,出土铜鼎 2。

23. 枞阳官塘墓[③]

官塘墓发现于 1992 年,位于枞阳县横埠镇官塘村,出土青铜器包括尊 1、鼎 2。

24. 枞阳前程墓[④]

前程墓发现于 1996 年,位于枞阳县官桥镇前程村,出土青铜器包括爵 1、鼎 2、尊 1。

25. 枞阳杨市墓[⑤]

杨市墓发现于 1987 年,位于枞阳县金社乡杨市村来龙岗,出土铜器包括鼎 2、匜 1。

26. 凤阳大东关 M1[⑥]

大东关 M1 发现于 1991 年,位于凤阳县板桥镇古城村大东关村民组,有器物流失,推测为墓葬中所出。出土铜器主要包括编钟 1 套 15 件,此外有鼎 1、敦 1、勺 1 以及车马器、兵器,共出石磬 4 件。

27. 凤阳卞庄 M1[⑦]

卞庄 M1 发现于 2007 年,位于凤阳县板桥镇古城村卞庄村民组。墓葬发现时已近墓底,部分铜器流失。墓坑为圆形,直径约 11 米,墓壁抹白泥。墓底中央有葬具痕迹,应为墓主所在。围绕墓主棺椁的东、西、南、北四面均有殉葬人

---

① 安徽博物院:《江淮群舒青铜器》,图 074—077,安徽美术出版社,2013 年。
② 安徽博物院:《江淮群舒青铜器》,图 078、079,安徽美术出版社,2013 年。
③ 安徽大学历史系、枞阳县文物管理所:《枞阳商周青铜器》,待刊。
④ 安徽大学历史系、枞阳县文物管理所:《枞阳商周青铜器》,待刊。
⑤ 安徽大学历史系、枞阳县文物管理所:《枞阳商周青铜器》,待刊。
⑥ 安徽省文物考古研究所、凤阳县文物管理所:《凤阳大东关与卞庄》,科学出版社,2010 年。
⑦ 安徽省文物考古研究所、凤阳县文物管理所:《凤阳大东关与卞庄》,科学出版社,2010 年。

骨架。出土器物以青铜器为主,计有鼎2、簠1、甗1、缶1、豆1、炉1、盉1、匜1、盆2以及编钟1套14件、车马器、兵器等,共出陶器4、玉器残件1。墓主据考证为"童丽(钟离)公柏之季子康"。

28. 蚌埠双墩一号墓①

双墩一号墓位于蚌埠市双墩村,2006—2008年正式发掘。墓葬形制为圆形竖穴土坑木椁墓,墓口直径20.2米,正东向有阶梯式墓道,墓底正中为墓主棺椁,其东、西、南、北共有殉人骨架10具,随葬器物的椁室在墓主椁室南侧。出土铜器包括编钟1套9件、鼎5、缶2、簠4、甗1、豆(簠)2、盉1、匜1、盘1以及车马器、兵器、生产工具,共出彩绘陶罐14、印纹硬陶罐2、盆1以及石磬、玉器等。墓主考证为"童丽(钟离)君柏"。

29. 繁昌汤家山墓②

汤家山墓发现于1979年,位于繁昌县环城公社汤家山。汤家山高出地面60余米,山顶有一长方形土坑,器物南北向两行排列,推测为墓葬。出土铜器包括兽面纹甗1、乳钉纹方鼎2、窃曲纹鼎2、重环纹鼎1、窃曲纹小口鼎1、龙钮盖盉1、蟠螭纹扁腹簠1、鱼龙纹盘1、甬钟1、鸟形饰2等13件以及青铜矛2件和青铜车马饰1件。汤家山墓的青铜器是村民挖出之后进行收缴的,随葬器物可能有流失。

30. 繁昌孙村墓③

孙村墓发现于1972年,位于繁昌县孙村公社窑上,出土铜器有窃曲纹鼎2、凸弦纹鼎1、窃曲纹匜1等4件以及剑、戈等兵器。孙村墓的青铜器是村民挖出后收缴的,器物应有所散失。

31. 芜湖韩墩墓④

韩墩墓发现于1986年,位于芜湖县火龙岗镇韩墩,出土铜器有窃曲纹鼎1、窃曲纹三足匜1,共出陶罐2、陶鬲1。韩墩墓的青铜器是村民挖出后收缴的,器

---

① 安徽省文物考古研究所、蚌埠市博物馆:《钟离君柏墓》,文物出版社,2013年。
② 安徽省文物工作队、繁昌县文化馆:《安徽繁昌出土一批春秋青铜器》,《文物》1982年第12期;安徽大学、安徽省文物考古研究所:《皖南商周青铜器》,图32、34、56、59、61、86、87、88,文物出版社,2006年。
③ 安徽省博物馆:《安徽省博物馆藏青铜器·前言》,上海人民美术出版社,1985年;安徽大学、安徽省文物考古研究所:《皖南商周青铜器》,图21、22、37,文物出版社,2006年。
④ 安徽大学、安徽省文物考古研究所:《皖南商周青铜器》,图16、38,文物出版社,2006年。

物应有所散失。

32. 宣城正兴墓[①]

正兴墓发现于 1981 年,位于宣城市孙埠乡正兴村,出土铜器有鼎 2、鬲 1、龙纹钟 1。

33. 青阳汪村墓[②]

汪村墓发现于 1979 年,位于青阳县庙前公社新桥大队汪村,出土铜器包括窃曲纹鼎 1、窃曲纹小口罐形鼎 1、瓦楞纹龙耳尊 2、牺尊 1、鱼龙纹盘 1、编钟等 10 件以及戈、矛等兵器。汪村墓的青铜器是村民挖出后收缴的,资料当有所散失。汪村墓原认为是窖藏,根据器物组合来看应为墓葬。

34. 铜陵谢垅墓[③]

谢垅墓发现于 1989 年,位于铜陵市北郊谢垅,出土铜器有重环纹球腹鼎、夔纹平盖鼎、凸弦纹甗、曲柄盉、夔纹三足匜等 5 件。谢垅墓的清理者认为其是窖藏,根据青铜器组合应为墓葬。

35. 芜湖柳春园墓[④]

柳春园墓发现于 1987 年,位于芜湖市区柳春园小区,出土铜器有牺首鼎、曲柄盉各 1 件。柳春园墓是小区建设施工发现后收缴的,器物应有所散失。

36. 郎溪十字铺墓[⑤]

十字铺墓发现于 2000 年,位于郎溪县十字铺,出土青铜器有鼎 2、瓿形器 1。

37. 铜陵钟鸣墓[⑥]

钟鸣墓发现于 1979 年,位于铜陵县钟鸣镇余村,出土青铜鼎 2。

[①] 徐之田:《安徽宣州市孙埠出土周代青铜器》,《文物》1991 年第 8 期;王爱武:《安徽宣城出土的青铜器》,《文物》2007 年第 2 期;安徽大学、安徽省文物考古研究所:《皖南商周青铜器》,图 28、47,文物出版社,2006 年。

[②] 石谷风:《青阳出土的西周晚期铜器》,《安徽文博》第 3 辑,1983 年;安徽大学、安徽省文物考古研究所:《皖南商周青铜器》,图 60、64、65、91、110,文物出版社,2006 年。

[③] 张国茂:《安徽铜陵谢垅春秋铜器窖藏清理简报》,《东南文化》1990 年第 4 期;安徽大学、安徽省文物考古研究所:《皖南商周青铜器》,图 55、63、66、93、102,文物出版社,2006 年。

[④] 安徽大学、安徽省文物考古研究所:《皖南商周青铜器》,图 49、108,文物出版社,2006 年。

[⑤] 安徽大学、安徽省文物考古研究所:《皖南商周青铜器》,图 35、96、97,文物出版社,2006 年。

[⑥] 安徽大学、安徽省文物考古研究所:《皖南商周青铜器》,图 98、99,文物出版社,2006 年。

38. 贵池墩上墓①

墩上墓发现于1983年,位于池州市贵池区墩上,出土青铜鼎2。

39. 青阳龙岗 M1②

龙岗 M1 发现于1995年,位于青阳县庙前镇龙岗,为一长方形竖穴土坑木椁墓。出土铜器包括鼎2、瓿1、带柄铎1、带鞘剑1、削1、镞1、带秘戈1、矛1、矢1、锛1,共出灰陶罐3件,漆衣陶豆1件,漆木樽、枕、盒各1件,以及其他一些竹木漆器。

40. 青阳龙岗 M2③

龙岗 M2 发现于1995年,位于青阳县庙前镇龙岗,为一小型竖穴土坑墓,出土青铜鼎1,共出土印纹硬陶罐、夹砂红陶鼎、泥质红陶罐各1件。

41. 南陵千峰山土墩墓群④

千峰山土墩墓群位于南陵县葛林乡千峰山,1985年5—6月进行了考古发掘,共发掘土墩18座,清理墓葬19座。各墓出土随葬品较少,大都是生活中的实用器皿,主要有印纹硬陶器、原始青瓷器和夹砂红陶器,其中陶器有鬲、瓿、盉、豆、罐、鼎、盂等。

42. 南陵龙头山土墩墓群⑤

龙头山土墩墓群位于南陵县三里镇牌楼行政村与漳西行政村,2010年5月至2011年1月进行了发掘。龙头山墓群的分布范围约2平方公里,现存土墩墓400多座。本次共发掘土墩67座,出土器物包括印纹硬陶器、夹砂陶器、原始瓷器、石器、玉器和小件青铜器等,其中陶器有曲柄盉、瓿、豆、盂等。成组出土的器物基本组合为印纹硬陶双耳罐、原始瓷器(或泥质)豆和夹砂陶曲柄盉(或瓿)。

---

① 安徽大学、安徽省文物考古研究所:《皖南商周青铜器》,图 104、105,文物出版社,2006 年。
② 青阳县文物管理所:《安徽青阳县龙岗春秋墓的发掘》,《考古》1998 年第 2 期;安徽大学、安徽省文物考古研究所:《皖南商周青铜器》,图 111,文物出版社,2006 年。
③ 青阳县文物管理所:《安徽青阳县龙岗春秋墓的发掘》,《考古》1998 年第 2 期。
④ 安徽省文物考古研究所:《安徽南陵千峰山土墩墓》,《考古》1989 年第 3 期。
⑤ 安徽省文物考古研究所、南陵县文物管理所:《安徽南陵龙头山西周土墩墓群发掘简报》,《文物》2013 年第 10 期。

(二) 聚落遗址

主要包括经过科学发掘，遗存较为丰富，并且已经发表的 19 处聚落遗址及其所出陶器、原始瓷等遗存。

1. 霍邱绣鞋墩遗址[①]

绣鞋墩遗址位于霍邱县陈家埠公社陈家埠村，为一台地，高出周围水田 7—8 米，面积约 7 000 平方米。北京大学考古系于 1982 年对其进行了试掘，试掘面积 25 平方米。绣鞋墩遗址的年代主要包括商、西周两个时期，其中周代遗存主要为陶器，器类有鬲、罐、簋、豆、甗、盆、瓮等，另有少量的石制工具和陶拍、铜镞。

2. 六安西古城遗址[②]

西古城遗址位于六安县城北，面积超过 10 万平方米。北京大学考古系于 1982 年对其进行了试掘，试掘面积 32.5 平方米。西古城遗址的年代包括新石器、西周、汉三个时期，其中周代遗存主要为陶器，器类有鬲、罐、簋、豆、盆等，此外还发现陶网坠。

3. 六安众德寺遗址[③]

众德寺遗址位于六安县城东公社立新大队，为略呈圆形的台地，面积约 5 300 平方米。北京大学考古系于 1982 年对其进行了试掘，试掘面积 28 平方米。众德寺遗址的年代包括新石器、商、西周三个时期，其中周代遗存包括墓葬 2 座，遗物主要为陶器，器类主要有鬲、罐、豆、盆、甗、钵等，另有少量石制工具。

4. 寿县青莲寺遗址[④]

青莲寺遗址位于寿县城南 28 公里，为一高出周围地表 3—4 米的长圆形土墩，面积约 60 000 平方米。北京大学考古系于 1982 年对其进行了试掘，试掘面积 35 平方米。青莲寺遗址的年代包括新石器、夏、周三个时期，其中周代遗存

---

① 北京大学考古系商周组、安徽省文物工作队：《安徽省霍邱、六安、寿县考古调查试掘报告》，《考古学研究》(三)，科学出版社，1997 年。
② 北京大学考古系商周组、安徽省文物工作队：《安徽省霍邱、六安、寿县考古调查试掘报告》，《考古学研究》(三)，科学出版社，1997 年。
③ 北京大学考古系商周组、安徽省文物工作队：《安徽省霍邱、六安、寿县考古调查试掘报告》，《考古学研究》(三)，科学出版社，1997 年。
④ 北京大学考古系商周组、安徽省文物工作队：《安徽省霍邱、六安、寿县考古调查试掘报告》，《考古学研究》(三)，科学出版社，1997 年。

包括西周、春秋两个阶段，遗物主要为陶器，器类有鬲、罐、豆、盆、甗、瓮、钵等，其他有少量的石制工具、陶拍、铜镞等。

5. 六安堰墩遗址[①]

堰墩遗址位于六安市三十铺镇堰墩村，为一高于周围水田约5米的台形遗址，平面略呈圆形，面积约3600平方米。安徽省文物考古研究所于2000年10月—2001年1月对其进行了发掘，发掘面积900平方米。堰墩遗址的年代为西周时期，主要遗迹包括灰坑81个，墓葬28座，以及房址、墙基槽、木骨泥墙、柱洞等建筑遗迹。出土遗物以陶器为主，器类包括鬲、罐、豆、簋、甗、盆、钵、盉、器盖等，铜器有镞、削、锛、锥，另有较多的石制工具和少量的骨蚌器以及原始瓷器和印纹硬陶器。

6. 霍邱堰台遗址[②]

堰台遗址位于霍邱县石店镇韩店村堰台村民组，为高于周围水田约2米的台地，平面形状略呈圆形，面积约3000平方米。安徽省文物考古研究所于2004年对其进行了发掘，发掘面积2770平方米，基本对遗址进行了全面积揭露。堰台遗址是一个比较完整的聚落，年代为西周、春秋时期。整个聚落由环壕、房址、墓葬及大量的柱洞等遗迹组成，其中房址10余座，墓葬56座。出土遗物非常丰富，以陶器为主，器类主要有鬲、罐、簋、豆、盆、甗、盉、器盖、钵等，还有较多的石器、青铜小件、陶拍和少量的原始瓷器、印纹硬陶，也发现了几件陶、石范。

7. 霍山戴家院遗址[③]

戴家院遗址位于六安市霍山县但家庙镇大河厂村戴家院村民组，为一台墩形遗址，地势高出周围水田2—3米，呈圆形，面积约2000平方米。安徽省文物考古研究所于2005年10—12月对其进行了发掘，发掘面积700平方米。戴家院遗址年代为西周中期至春秋早期，发现祭坛1座、房址3座、红烧土遗迹1处、石块遗迹1处、木桩遗迹5个、木头堆积4处、夯土遗迹1处，另有大量柱洞、少量灰坑。出土遗物包括陶器、石器、铜器、木器，其中陶器有鬲、罐、盆、豆、钵、甗、簋、盉、纺轮、拍等，另有少量原始瓷器、石器、小件铜器、木槌、木桨、卜甲等。

[①] 安徽省文物考古研究所、六安市文物管理所：《安徽六安市堰墩西周遗址发掘简报》，《考古》2002年第2期。

[②] 安徽省文物考古研究所：《霍邱堰台——淮河流域周代聚落发掘报告》，科学出版社，2010年。

[③] 安徽省文物考古研究所、霍山县文物管理所：《安徽霍山戴家院周代遗址发掘报告》，《考古学报》2016年第1期。

8. 肥东吴大墩遗址①

吴大墩遗址位于肥东县古城乡东庄大队,为一高出周围农田约2米的长方形台地,面积约44 000平方米。安徽省文物考古研究所于1985年对其进行了正式发掘,发掘面积75平方米。吴大墩遗址的年代包括新石器、夏、商、周四个时期,其中周代遗存包括灰坑5个、残房基1座,出土遗物以陶器为主,完整器较多,器类主要有鬲、罐、簋、豆、盆、甗、钵、瓮等,此外有少量石制工具、陶纺轮、骨锥、铜镞、铜锥。

9. 含山大城墩遗址②

大城墩遗址位于含山县仙踪乡,为一长方形台地,高于周围农田3—6米,面积约20 000平方米。安徽省文物考古研究所于1979年、1980年、1982年先后三次对其进行了正式发掘,发掘面积750平方米。大城墩遗址历经新石器、商、周三个阶段,其中周代遗存包含西周、春秋两个时期,主要有墓葬24座及一批陶器,包括鬲、罐、簋、豆、盆、钵、瓮等主要器类,此外还有少量原始瓷豆、盅及石制工具、铜镞。

10. 庐江大神墩遗址③

大神墩遗址位于庐江县金牛镇徐河村,为一高出周围农田4—5米的土墩,遗址面积不详。安徽省文物考古研究所于1998年11月—1999年2月对其进行了发掘,发掘面积330平方米。大神墩遗址的年代为周代,出土遗物主要有陶器,器类有鬲、罐、豆、盆、盉、瓮、三足盘等,另出陶纺轮。

11. 怀宁孙家城遗址④

孙家城遗址位于怀宁县马庙镇粟岗村孙城和费屋村民组,面积约25万平方米,安徽省文物考古研究所于2008年9—11月对其进行了第二次发掘。孙家城遗址是一处以新石器时代遗存为主体的遗址,同时还发现少量西周时期文化遗存,以H29最具代表性。H29出土陶、铜、石质遗物共计200余件,其中陶

---

① 张敬国、贾庆元:《肥东县古城吴大墩遗址试掘简报》,《文物研究》第1辑,黄山书社,1985年。
② 安徽省文物考古研究所:《安徽含山大城墩遗址发掘报告》,《考古学集刊》(6),中国社会科学出版社,1989年;安徽省文物考古研究所、含山县文物管理所:《安徽含山大城墩遗址第四次发掘报告》,《考古》1989年第2期。
③ 安徽省文物考古研究所、庐江县文物管理所:《庐江大神墩遗址发掘简报》,《江汉考古》2006年第2期。
④ 安徽省文物考古研究所、怀宁县文物局:《安徽省怀宁县孙家城遗址H29发掘简报》,《江汉考古》2015年第2期。

器器类有鬲、甗、罐、簋、尊等,铜器仅发现少量锸、镞、刀等。

12. 安庆张四墩遗址①

张四墩遗址位于安庆市东北约 5 公里的白泽湖乡三义村,由 4 个小墩组成,占地面积约 5 万平方米。北京大学考古系于 1997 年对其进行了试掘,发掘面积 46 平方米。张四墩遗址的年代包括新石器和商周时期,其中周代遗存包括 4 个灰坑及相关地层,出土遗物以陶器为主,有鬲、罐、甗、豆、盆、钵等,另有少量石制工具。

13. 枞阳汤家墩遗址②

汤家墩遗址位于枞阳县周潭乡七井行政村菊山村民组,是一处典型的台形遗址,高于周围农田约 3 米,面积约 6 700 平方米。安徽省文物考古研究所于 1989 年对其进行了发掘,发掘面积 198 平方米。汤家墩遗址的年代为西周、春秋时期,主要遗迹有灰坑 4 个,灰沟 1 条,柱洞 16 个,出土遗物以陶器为主,器类有鬲、罐、豆、甗、钵、盉、瓮等,另有一定数量的原始瓷器、印纹硬陶器、石制工具、小型青铜工具、铜器陶范。

14. 潜山薛家岗遗址③

薛家岗遗址位于潜山县王河镇永岗行政村永明自然村北的薛家岗,为一椭圆形台地,面积达 60 000 平方米。安徽省文物工作队于 1979—1982 年对其进行过五次发掘,安徽省文物考古研究所于 2000 年 11—12 月对其进行了第六次发掘。薛家岗遗址的北部主要为新石器时代墓地所在,商周时期的文化遗存则遍布整个遗址,而且内涵较为丰富,但墓葬极少,其中周代遗迹有灰坑、房址,遗物有石、陶器和少数铜器。陶器有鬲、豆、罐、盆、甗、盉、网坠、纺轮等,另有少量原始瓷和印纹硬陶。

15. 铜陵师姑墩遗址④

师姑墩遗址位于铜陵县钟鸣镇长龙村,为一典型的墩形遗址,呈椭圆形,高

---

① 北京大学考古学系、安徽省文物考古研究所:《安徽安庆市张四墩遗址试掘简报》,《考古》2004 年第 1 期。
② 安徽省文物考古研究所:《安徽枞阳汤家墩遗址发掘简报》,《中原文物》2004 年第 4 期。
③ 安徽省文物考古研究所:《潜山薛家岗》,文物出版社,2004 年;安徽省文物考古研究所:《安徽潜山薛家岗遗址第六次发掘简报》,《江汉考古》2002 年第 2 期。
④ 安徽省文物考古研究所:《安徽铜陵县师姑墩遗址发掘简报》,《考古》2013 年第 6 期。

1—3米,面积约为7 500平方米。安徽省文物考古研究所于2010年3—8月对其进行了发掘,发掘面积近1 300平方米。发现夏商至春秋时期房址、灰坑、小坑、沟、水井及大量柱洞,出土陶、印纹硬陶、原始瓷、石、铜类遗物250余件,以及较多的铜渣和炉壁残块。其中周代遗存十分丰富,主要有陶器、印纹陶、原始瓷、石器等,其中印纹陶、原始瓷的数量大增,冶铸遗物数量较多。陶器可辨器形有鼎、鬲、盆、豆、罐、盉、甗、簋、尊、缸、盘、钵、盂、碗、器盖、拍、纺轮等。小件铜器主要出土于晚期地层,器形以兵器为主,还有个别容器的口沿、残足。与冶铸相关的遗物在晚期地层中出土较多,包括矿石、支座和较多粘有铜锈的炉壁、炉渣、陶范和石范,此外,还出土少量铸造铜器的铅块。

16. 铜陵夏家墩遗址[①]

夏家墩遗址位于铜陵县钟鸣镇长龙行政村桂唐自然村,距师姑墩遗址仅约1公里,为一墩形遗址。安徽省文物考古研究所于2013年对其进行了发掘,本次发掘地点位于西侧墩形遗址,现存面积约3 000平方米,发掘面积76平方米。夏家墩遗址的年代为西周至春秋时期,发现有房址、灰坑、炼炉及相关遗迹,出土陶、石、铜、玉、角各类质地遗物200余件,另外在多数地层单位中还出土炼渣、矿石、炉壁等冶铸遗物。陶器有鬲、豆、簋、罐、鼎、甗、纺轮等。另有少量印纹陶、原始瓷、玉石器以及小件青铜工具和兵器。

17. 铜陵神墩遗址[②]

神墩遗址位于夏家墩遗址东北约500米,现存高度约3米,面积约一万平方米,是附近几个台墩遗址中面积最大者。安徽省文物考古研究所于2013年对其进行了发掘,发掘面积30平方米。神墩遗址的年代为西周至春秋时期,发现一处红烧土遗迹,出土陶片标本40余件,有豆、鬲、罐等器类,以及一些铜渣标本。

18. 繁昌板子矶遗址[③]

板子矶遗址位于繁昌县荻港镇新河村,近椭圆形,面积约4 000平方米,文

---

① 安徽省文物考古研究所、北京大学考古文博学院:《安徽铜陵夏家墩、神墩遗址发掘简报》,《江汉考古》2015年第6期。
② 安徽省文物考古研究所、北京大学考古文博学院:《安徽铜陵夏家墩、神墩遗址发掘简报》,《江汉考古》2015年第6期。
③ 安徽省文物考古研究所、繁昌县文物管理局:《安徽繁昌板子矶周代遗址发掘简报》,《文物》2013年第10期。

化堆积厚约 3—6 米。安徽省文物考古研究所于 2009 年 1—5 月对其进行了发掘，发掘面积 100 平方米。板子矶遗址的年代为西周晚期至春秋早中期，出土大量陶器、印纹硬陶器、原始瓷器、石器等，其中陶器器类有鼎、鬲、甗、甑、罐、豆、钵、盆、盉、陶拍等，原始瓷器类有鼎、豆和碗。另有少量铜镞和玉玦。

19. 南陵牯牛山城址①

牯牛山城址位于南陵县石铺乡，外围有古河道环绕，南北长约 900 米，东西宽约 750 米，面积近 70 万平方米。安徽省文物考古研究所于 1997 年运用遥感技术对该城址进行了探查，并进行了考古钻探和局部试掘。城内北半部有五个台地，其间以水道隔开，相互独立，水道均与外围护城河相通。城内台地文化层含灰坑、灰层及红烧土较多，并有夯土遗迹，属于重要生活区。城内南半部地势平坦，文化层较浅，包含物少，应为生产活动区。城外分布着密集的西周时期的土墩墓。在高土台发掘出土了陶器、原始青瓷器、石器和青铜器等文化遗物，文化遗物的年代为西周晚期，其文化面貌既与宁镇地区相同，然又有一定的地方特征。

二、群舒文化研究的历史回顾

群舒史迹仅见于《春秋》、《左传》、杜预《集解》及《世本·氏姓》等零星记载，历史学家通过对文献的发微抉隐，在群舒族源、迁徙、地望和灭国等方面取得了一系列重要进展，也为群舒文化的考古学研究奠定了坚实基础。群舒文化的已有的研究，主要集中在以下三个方面：

（一）群舒文献与史实

徐中舒认为舒为徐之讹字，徐与舒壤地相接，又同为从齐、鲁南迁之民族，淮南群舒诸国，皆为徐之别封。群舒地望，舒蓼在固始县，舒庸在无为县，舒鸠在芜湖县的鸠兹。自蓼至鸠，皆楚之豫章。英、六与蓼同为偃姓，英、六其地皆在蓼东，当亦为群舒之属。②

---

① 安徽省文物局：《五十年来的安徽省文物考古工作》，《新中国考古五十年》，文物出版社，1999 年；安徽省文物考古研究所：《南陵县牯牛山周代城址》，《中国考古学年鉴》(1999 年)，文物出版社，2001 年。
② 徐中舒：《蒲姑、徐奄、淮夷、群舒考》，《四川大学学报》(哲学社会科学版)1998 年第 3 期。

徐旭生亦认为徐舒同源,"徐"字在金文中均写作"郐",《春秋·僖公三年》"徐人取舒",《玉篇》引作"徐人取郐"。据《说文》余从舍省声,"徐""舒"二字,古不只同音,实即一字。群舒就是群徐,这一群小部落全是从徐方分出来的支部。其曰:"当日淮水南,大江北,如今霍邱、寿县、六安、霍山、合肥、舒城、庐江、桐城、怀宁等县,西不过霍山山脉,东不过巢湖,这一带平坦的地带,除了六、蓼、钟离各国以外,全属群舒散处的地域。"①

舒偃姓,徐嬴姓,或以"偃""嬴"为同源字,王力对此提出了不同见解:"'偃'字古属喉音影母,'嬴'字古属舌音喻母,声母相差很远;'偃'字古属元部,'嬴'字古属耕部,韵部也距离很远。"②

胡嘏考证舒人始居地在今山东东阿县一带,舒人迁离故地的时间,大概是西周初年。商朝灭亡后,周王室及其所封东境诸侯对商的交好国徐、奄屡次大规模征伐,奄人不甘周民族的统治与兼并,乃大部分迁离宗邦,其南迁的路线大致是渡古汶水、泗水,随后折向西南,跨过淮水,进入淮南。在此过程中,奄姓的一支舒人,即在淮南组成为舒国。群舒地望,舒、舒蓼、舒庸、舒鸠、舒龙、舒鲍、舒龚大致在今庐江县西南舒城故城和今舒城县境,宗国在今枞阳县,巢在今六安县东北。③

顾颉刚认为《吕氏春秋·古乐》中的"商人"和"东夷"即指奄、徐、淮夷诸国,他们在反抗周人的斗争中使用象阵作战,周人为了斩草除根,把他们赶到长江以南才罢休。④ 顾氏又认为,徐称为"戎",淮夷称为"夷",可看出它们未必是一族。淮夷在鲁国之东,南夷在鲁国之南,"南夷"即是金文中的"南淮夷"。淮夷居今潍水流域,南淮夷居今淮河流域,这是一个民族的分家。⑤

曹锦炎考释了1983年出土于江苏丹徒北山顶墓中的有铭铜器,将"舍"字释读为"舒",并通过同一器物并存有"舍"、"余"二字,排除了"舍"、"余"在金文中为一字的可能,又举《春秋·僖公三年》"徐人取舒",《玉篇》引作"徐人取郐"为证,指出舒国之"舒"可能本作"舍",春秋时期或加"邑"旁作"郐",作"舒"则为

---

① 徐旭生:《中国古史的传说时代》(增订本),第181页,科学出版社,1960年。
② 王力:《同源字典》,第20页,商务印书馆,1982年。
③ 胡嘏:《群舒史迹钩沉》,《安徽史学》1986年第6期。
④ 顾颉刚:《奄和蒲姑的南迁——周公东征史事考证四之四》,《文史》第31辑,中华书局,1988年。
⑤ 顾颉刚:《徐和淮夷的迁、留——周公东征史事考证四之五》,《文史》第32辑,中华书局,1990年。

后起的同音假借字。由此,北山顶墓可能为灭国后南逃吴地的舒人之墓。①

李学勤认为所谓淮夷应泛指淮水流域的部族,这一范围内的诸侯国,如嬴姓的徐、钟离,偃姓的英、六、桐、巢、蓼和群舒等,都在广义的淮夷范畴内。商朝灭亡后不久,淮夷参加了叛周的活动,经过周公东征,周朝的势力深入到淮夷地区,班簋记王命毛公"秉蜀、繁、巢",巢国已到巢湖一带。②

董楚平认为先秦文献同音常可通假,"余"、"舍"古同鱼部,理可通假,但在先秦文献中尚未发现"余"、"舍"通假之例,可知"余"、"舍"区别之严。③

陈伟认为楚穆王、庄王之世,群舒一再叛楚,招致沉重打击,尚存的群舒之国被迫南迁至淮南丘陵以南的今舒城、庐江、桐城等县一带。④

何琳仪认为夕阳坡简"舒方"乃方国之名,与舒国有关。春秋战国时代的徐与舒已是完全不同的地域范畴,这不但有"徐人取舒"同文见异的地上文献为证,而且还有徐作"余"、"郐"与舒作"舍"、"舒"相互对应的地下文献为证。⑤

(二) 贵族墓葬及其所出青铜器

殷涤非认为舒城凤凰嘴墓所出牺首鼎及曲柄盉是初见的器形,由时代与地望来观察,凤凰嘴墓应与舒国有关。⑥ 舒城出土鼎盖上可以抽插、横穿盖钮以贯鼎耳的铜棍,和盖上边缘的覆巾布迹,正是《仪礼》中"设扃幂"之实物例证。⑦ 怀宁杨家牌墓葬的发掘把舒国范围扩展到今潜山县境。⑧

李学勤认为从商代晚年到西周,长江下游存在着颇具特色的青铜文化,西周以后逐渐创造出自己独特的传统,到春秋末年,比较统一的南方系的青铜器形式已经形成。⑨ 舒城凤凰嘴墓的年代在春秋中期,从地理位置看应属于群舒。九里墩墓年代在春秋末至战国前期,很可能属于群舒,但也可能属于封在当地的楚国贵族。⑩ 枞阳汤家墩出土的方彝是商末周初器,表明商周间此地已经受

---

① 曹锦炎:《北山铜器新考》,《东南文化》1988 年第 6 期。
② 李学勤:《安徽南部存在着颇具特色的青铜文化》,《学术界》1991 年第 1 期。
③ 董楚平:《吴越徐舒金文集释》,第 325 页,浙江古籍出版社,1992 年。
④ 陈伟:《楚"东国"地理研究》,第 101 页,武汉大学出版社,1992 年。
⑤ 何琳仪:《舒方新证》,《古籍研究》2000 年第 1 期。
⑥ 安徽省文物局文物工作队:《安徽舒城出土的铜器》,《考古》1964 年第 10 期。
⑦ 殷涤非:《铉鼏解》,《江汉考古》1983 年第 4 期。
⑧ 殷涤非:《青铜器研究与安徽古代史》,《江淮论坛》1983 年第 1 期。
⑨ 李学勤:《从新出青铜器看长江下游文化的发展》,《文物》1980 年第 8 期。
⑩ 李学勤:《东周与秦代文明》,第 117 页,文物出版社,1984 年。

到中原文化的影响。①

李国梁系统整理了小八里、凤凰嘴、五里、杨家牌、魏岗、河口、岳庙、燕山、思古潭、金牛等10组器物,观察了这些青铜器的组合、形制、纹饰和大小等,同时对其年代与国属进行了探讨,认为以今日舒城县城附近为中心,东到庐江县,西到六安县毛坦厂,南越桐城县到怀宁县的杨家牌,北跨肥西县到寿县的构杞,应是群舒和有关小国的活动中心。②

马道阔结合文献推测庐江岳庙组器物为宗国器,又联系舒城、肥西等地风格相同的铜器,推测它们属南淮夷诸邦国。③

马今洪梳理了甗形盉的类型,并对其起源、功用、定名、族属等问题进行了探讨。④

杜廼松认为南陵和青阳出土龙耳尊应为群舒遗物,年代在西周晚期至春秋前期。钟鸣出土的异形盉(曲柄盉)和庐江出土的一件相似,为西周晚期。肥西和钟鸣出土的上体为深钵式的短柄盉为春秋器。由于湖北汉川以及河南光山黄国铜器也有这种异形铜盉,推测异形铜盉主要流行在江汉和江淮流域。⑤ 牺首鼎为群舒特有之物,其年代以定在春秋前期为宜。⑥

张钟云较为全面地收集了群舒青铜器资料,新增加了铜陵、繁昌等地器物,通过类型学分析,将其大体分为春秋早中期和春秋晚期两大期,并对其文化因素构成和国属进行了初步探讨。⑦

郑小炉通过对甗形盉的型式划分,归纳总结了其发展演变趋势,探讨了甗形盉的起源、功能、国属以及群舒文化越过长江的可能性。⑧ 此外,又以甗形盉为主线对群舒青铜器进行了分期,并对牺首鼎的来源及流向进行了探讨。⑨

毛颖系统整理了两周时期江淮和长江中下游地区的青铜盉,不仅对甗形盉

---

① 李学勤:《安徽南部存在着颇具特色的青铜文化》,《学术界》1991年第1期。
② 李国梁:《群舒故地出土的青铜器》,《文物研究》第6辑,黄山书社,1990年。
③ 马道阔:《安徽省庐江县出土春秋青铜器——兼谈南淮夷文化》,《东南文化》1990年第Z1期。
④ 马今洪:《流甗的研究》,《文博》1996年第5期。
⑤ 杜廼松:《在皖鉴定所见铜器考》,《青铜文化研究》第1辑,黄山书社,1999年;《古代青铜器》,第93—94页,文物出版社,2005年。
⑥ 杜廼松:《徐国与群舒青铜器》,《团结报》2010年12月30日。
⑦ 张钟云:《淮河中下游春秋诸国青铜器研究》,《考古学研究》(四),科学出版社,2000年;《徐与舒关系略论》,《南方文物》2000年第3期。
⑧ 郑小炉:《试论青铜甗(鬲)形盉》,《南方文物》2003年第3期。
⑨ 郑小炉:《试论徐和群舒青铜器——兼论徐、舒与吴越的融合》,《文物春秋》2003年第5期。

的分布区域、文化特征和形成进行了探讨,还提出镶盉源于江淮地区北部,流行于楚吴徐等国,代表了东周时期南方系统青铜文化的特色。①

邹厚本认为西周王朝所征伐的南淮夷,正是皖南地区青弋江、水阳江、漳河以及宁镇地区的秦淮河这一水系范围,西周王朝在掠夺资源的同时,也将中原核心地域先进技术和理念带到南淮夷所领区域,这正是本区域成组青铜礼器(或仿器)出现时间相当于西周早中期的原因。②

张敏认为皖南与江淮地区徐舒之间的相互影响始于西周,春秋早期得到加强,春秋中期以后徐舒的影响消失殆尽。③ 汤家山西周墓应为吴国君王墓,屯溪M3、M1的墓主应属于西周时期越国国君、王室和权臣这样的级别。④ 长江下游西周青铜器的构成,江北的西部属群舒、江北的东部属干,江南的西部属吴、江南的东部属越。在西周早期的吴、越青铜器中,都出现了康、昭时期的宗周青铜器,反映了西周早期周王朝对长江下游的经略和康昭时期周王朝对长江下游的象征性控制。⑤

朱凤瀚对肥西小八里、金牛、六安燕山等部分群舒青铜器及舒城九里墩墓出土青铜器的形制特征、文化因素、年代、国属等进行了探讨,怀宁杨家牌和寿县魏岗出土器物可能属于古桐国和州来国,桐国铜器与群舒可归属同一青铜文化系统,魏岗铜器亦带有舒器风格。⑥

王峰对包括群舒青铜器、钟离国青铜器、蔡侯墓青铜器等在内的淮河流域青铜器进行了分期和文化因素分析,并论证了其族属。从青铜器群文化构成因素看,淮河中下游地区受周文化的影响要少得多。从春秋晚期开始,各地区均受到楚文化的深刻影响,并最终于战国时期形成统一的楚文化。⑦

(三) 聚落与考古学文化谱系

杨德彪、杨立新初步论述了江淮地区商周文化遗存的分期和文化因素构

---

① 毛颖:《南方青铜盉研究》,《东南文化》2004年第4期。
② 邹厚本:《皖南商周青铜器·序》,文物出版社,2006年。
③ 张敏:《读〈皖南商周青铜器〉有感》,《中国文物报》2007年4月11日第4版。
④ 张敏:《吴越贵族墓葬的等级研究》,《李下蹊华——庆祝李伯谦先生八十华诞论文集》,科学出版社,2017年。
⑤ 张敏:《长江下游西周青铜器构成研究》,《宝鸡文理学院学报(社会科学版)》2016年第6期。
⑥ 朱凤瀚:《中国青铜器综论》(下),第1798—1809页,上海古籍出版社,2009年。
⑦ 王峰:《淮河流域周代遗存研究》,安徽大学博士论文,2011年。

成,认为商周时期江淮地区除受中原文化影响之外,土著文化应是这一时期的主流。春秋以后,随着楚国的强盛和对外扩张,江淮地区异姓小国多为楚所灭,社会发生了急剧的变化,土著文化日益为楚文化所同化。①

王迅在讨论周代的淮夷文化时,以1982年北京大学在六安地区调查试掘的资料和肥东吴大墩遗址的发掘资料为基础,将江淮地区周代遗存分为四期,并以出土青铜器为对照,拟定这四期的年代分别为西周早期、中期、晚期和春秋早中期。江淮地区周代遗存的文化因素,大部分器类的器形和花纹或见于中原地区的周文化,或与中原地区周文化同类器物有某些共同点,具有地方性文化特征的"淮式鬲"等器物应属于周式器物的变体,原始瓷可能是受宁镇地区同时期文化影响的结果,春秋中期以后,文化面貌与两湖地区的楚文化渐趋一致。②

张敏通过北阴阳营、点将台、断山墩、城头山、团山等典型遗址的层位关系以及包含物的组合与特征,为宁镇地区青铜文化建立了一个完整的年代序列,点将台文化、湖熟文化和吴文化的绝对年代分别对应中原的夏、商和周。③ 南陵牯牛山古城以西20公里即大工山古铜矿遗址群分布的中心地带,该城可能为西周时期吴国铜矿开采和冶炼的管理中心。而见诸先秦文献的鸠兹城,位于芜湖县的楚王城,应为西周晚期至春秋早期的吴国都城。④

赵东升论述了江淮地区西周时期考古学文化的格局,在整个西周时代,江淮分水岭以北的地区都属于宗周文化的分布范围,江淮东部偏北部分属于淮夷文化区。西周早中期,江淮南部和江淮东部偏南部分以宗周文化因素为主,而后者又具有较多的夷人文化因素。西周晚期,整个江淮南部和江淮东部偏南部分的文化面貌趋同,这可能与江南吴文化势力的扩张有关。江淮西部长江流域区在西周早期属于当地文化的延续,西周中晚期则属于南淮夷文化区。⑤

王峰从陶器出发,将淮河流域周代居址遗存分为五个发展阶段。第一阶段,商末周初;第二阶段,西周早期晚段——西周中期早段;第三阶段,西周中期

---

① 杨德标、杨立新:《安徽江淮地区的商周文化》,《中国考古学会第四次年会论文集》,文物出版社,1985年。
② 王迅:《东夷文化与淮夷文化研究》,北京大学出版社,1994年。
③ 张敏:《宁镇地区青铜文化研究》,《长江流域青铜文化研究》,科学出版社,2002年。
④ 张敏:《吴国都城初探》,《南方文物》2009年第2期;《鸠兹新证——兼论西周春秋时期吴国都城的性质》,《东南文化》2014年第5期。
⑤ 赵东升:《论江淮地区西周时期考古学文化格局与政治势力变迁》,《安徽大学学报》(哲学社会科学版)2012年第5期。

晚段——西周晚期前段；第四阶段，两周之际；第五阶段春秋中期。通过对陶器群的分析，可以看出淮河流域周代文化构成包括周文化因素、晚商文化因素、江淮地区的周文化变体创新因素及土著文化因素、吴文化因素，其中江淮地区的周文化变体创新文化因素及土著文化因素占主导地位，其余则属于次要文化因素。[①]

以上研究成果为本研究的开展奠定了一定的基础，但也存在一些明显不足，主要表现为：其一，上述研究或侧重于历史文献学和古文字学，或侧重于某一类型遗存的个别分析，以考古材料对群舒文化进行综合研究的专著暂付阙如；其二，对群舒文化遗存的年代认识尚较粗略且多抵牾，影响了对区域青铜文化历史进程的合理理解；其三，对群舒文化遗存内涵特征的研究也不够细致深入，影响了在田野考古实践中对相关遗存的辨识和判定。

---

① 王峰：《淮河流域周代遗存研究》，安徽大学博士论文，2011年。

第二章

皖南沿长江地区周代铜器的序列

皖南，安徽长江以南地区的统称。皖南的地理单元，根据山脉河流又可划分为长江水系区和钱塘江水系区。黄山、天目山脉以南为钱塘江水系；黄山、天目山脉以北为长江水系，自西向东主要支流有秋浦河、梅埂河、漳河、青弋江、水阳江和姑溪河（姑孰溪）。

皖南出土周代铜器始于1959年屯溪土墩墓的发掘。[①] 20世纪70年代以后皖南沿长江地区又陆续有成组或零星铜器出土，主要地点自西向东依次有池州墩上墓、青阳汪村墓、龙岗M1和M2、铜陵谢垅墓、钟鸣墓、芜湖柳春园墓、韩墩墓、繁昌孙村墓、汤家山墓、宣城正兴墓、郎溪十字铺墓等。其余零星所出见于3部大型图录[②]（图2.1）。

皖南出土铜器的分期与断代，经学术界多年探索与积累，轮廓渐趋明晰。殷涤非认为屯溪M1和

图2.1 皖南沿长江地区周代铜器出土地点

[①] 安徽省文化局文物工作队：《安徽屯溪西周墓葬发掘报告》，《考古学报》1959年第4期。
[②] 安徽省博物馆：《安徽省博物馆藏青铜器》，上海人民美术出版社，1985年；中国青铜器全集编辑委员会：《中国青铜器全集》卷11，文物出版社，1997年；安徽大学、安徽省文物考古研究所：《皖南商周青铜器》，文物出版社，2006年。

M2 所出可与丹徒烟墩山出土物相比较,年代相当于中原地区的西周中期到西周晚期,[①]M3 的年代为西周晚期,M4 可能比 M3 稍晚。[②] 李学勤指出屯溪 M1 父乙尊族氏铭文在山西长子也有发现,当属西周早期;屯溪 M3 公卣和皮斯百所藏公尊是一对,是典型的穆王时器。[③] 邹厚本最初为苏南土墩墓建立了一个分期体系,稍后又为宁镇区出土铜器提供了一个年代框架,宁镇区被界定为茅山山脉以西和安徽东南境,三期的划分依次为西周中至西周末、春秋时期、春秋末至战国早期,屯溪 M1 在 1 期后段,汤家山在 2 期前段,并将宁镇地区青铜器分成三组,即甲组中原型铜器、乙组地方化的中原型铜器和丙组地方型铜器。[④] 陈公柔、张长寿所做研究贡献独特,一种直立姿态并以对称的方式置于兽面纹两侧的小鸟纹,如屯溪 M1 父乙尊所饰,和一种相对两鸟的冠羽作交互纠缠之状的大鸟纹,如屯溪 M1、M3 所出卣腹部所饰,被区分开来,年代相当于昭、穆时期;[⑤]一种双角作向外卷的形状、角尖锐利的兽面纹也被识别,如屯溪 M1 父乙尊所饰,两侧有叠压的倒立夔纹和小鸟纹,年代不晚于昭穆之世或属西周中期;[⑥]屯溪 M1 不早于西周早期,M3 不早于西周中期,屯溪群组不晚于西周晚期,M1 相对早于 M3。[⑦] 肖梦龙、林留根认为皖南青铜器可分三期,吴国早期(西周早中期)以屯溪 M1、M3 为典型资料,吴国中期(西周晚期至春秋早期)以汤家山、汪村为典型器群,吴国晚期(春秋中晚期)以谢坳和徽家冲窖藏为典型器群。[⑧] 马承源阐述了他对江南土墩墓出土仿造西周铜器的见解,屯溪 M1、M2、M3 的年代被拟定为春秋早期或春秋晚期至战国前期。[⑨] 李国梁的观点与此相接近,通过戈和剑的特征判断屯溪土墩墓所出铜器的年代在春秋晚期至战国时期,与此相应的安排是,汪村组在春秋中期,徽家冲组在战国中期以后,汤

---

① 安徽省文化局文物工作队:《安徽屯溪西周墓葬发掘报告》,《考古学报》1959 年第 4 期。
② 殷涤非:《安徽屯溪周墓第二次发掘》,《考古》1990 年第 3 期。
③ 李学勤:《从新出青铜器看长江下游文化的发展》,《文物》1980 年第 8 期;《吴地区的尊、卣及其他》,《吴文化研究论文集》,中山大学出版社,1988 年。
④ 邹厚本:《江苏南部土墩墓》,《文物资料丛刊》(6),文物出版社,1982 年;《宁镇区出土周代青铜容器的初步认识》,《中国考古学会第四次年会论文集》,文物出版社,1985 年。
⑤ 陈公柔、张长寿:《殷周青铜容器上鸟纹的断代研究》,《考古学报》1984 年第 3 期。
⑥ 陈公柔、张长寿:《殷周青铜容器上兽面纹的断代研究》,《考古学报》1990 年第 2 期。
⑦ 张长寿:《论屯溪出土的青铜器》,《吴越地区青铜器研究论文集》,香港两木出版社,1997 年。
⑧ 肖梦龙、林留根:《皖南吴国青铜器分期研究》,《青铜文化研究》第 1 辑,黄山书社,1999 年。
⑨ 马承源:《长江下游土墩墓出土青铜器的研究》,《上海博物馆集刊》第 4 辑,1987 年;《吴越文化青铜器的研究——兼论大洋洲出土的青铜器》,《吴越地区青铜器研究论文集》,香港两木出版社,1997 年。

家山组不排除春秋中期。① 杜迺松认为南陵和青阳出土龙耳尊的年代在西周晚期至春秋前期,铜陵钟鸣出土曲柄盉的年代为西周晚期,谢垱出土曲柄盉则稍晚。② 施劲松认为屯溪 M1 觚形尊和 M3 卣是典型的中原西周早期器,屯溪组不晚于西周中期,青阳出土龙耳尊的年代由腹部的纹饰可拟定在西周晚期。③

20 世纪 90 年代以来,随着田野考古调查和发掘规模的扩大,皖南商周时期铜矿、聚落和土墩墓三位一体的遗址空间分布形态逐步呈现,这就为解决包括屯溪土墩墓年代学在内的皖南周代铜器的分期与断代提供了新的契机。南陵牯牛山遗址基本被确认为西周时期的一座古城址,该城址外围由古水道环绕,建造方式与武进淹城遗址相类似。④ 土墩墓遗存主要分布在沿长江地区的南陵和繁昌一线,其中千峰山等地土墩墓群沿漳河及其支流分布。⑤ 经由邹厚本、杨德彪、杨楠等学者多年研究,皖南土墩墓的分期和年代体系基本建立。⑥ 古铜矿遗址在沿长江地区的池州、铜陵、南陵、繁昌等地已发现有近百处,其中铜陵木鱼山遗址碳十四测年为距今 3 000 年,南陵江木冲遗址碳十四测年为距今 2 800 年,分别相当于中原西周王朝的早期和晚期。⑦ 西周金文中有关周王朝用兵淮夷的记载屡见不鲜,中原王朝获取南方铜矿资源的方式包括了直接控制铜料基地、俘金、献金、赠金、赐金、罚金和贸易等。⑧ 经成分检测,科技考古学家认为铜陵出土铜剑所用铜矿料可能来自本地,而铜陵出土鼎、甗等比较复杂的大件样品很可能是在其他地区铸造后再传入本地。⑨ 2010 年在铜陵师姑墩遗址发现青

---

① 李国梁:《皖南出土的青铜器》,《文物研究》第 4 辑,黄山书社,1988 年;《从青铜兵器看屯溪八墓的时代》,《吴越地区青铜器研究论文集》,香港两木出版社,1997 年;《屯溪土墩墓发掘报告》,安徽人民出版社,2006 年。
② 杜迺松:《在皖鉴定所见铜器考》,《青铜文化研究》第 1 辑,黄山书社,1999 年;《古代青铜器》,第 93—94 页,文物出版社,2005 年。
③ 施劲松:《我国南方出土的带铭文青铜礼器及其认识》,《考古与文物》1999 年第 2 期;《长江流域青铜器研究》,第 264 页,文物出版社,2003 年。
④ 安徽省文物局:《五十年来的安徽省文物考古工作》,《新中国考古五十年》,第 186—187 页,文物出版社,1999 年。
⑤ 安徽省文物考古研究所:《安徽南陵千峰山土墩墓》,《考古》1989 年第 3 期;宫希成:《南陵千峰山土墩墓群遥感考古研究》,《文物研究》第 12 辑,黄山书社,1999 年。
⑥ 邹厚本:《江苏南部土墩墓》,《文物资料丛刊》(6),文物出版社,1982 年;杨德标:《试论皖南土墩墓》,《文物研究》第 4 辑,黄山书社,1988 年;杨楠:《商周时期江南地区土墩遗存的分区研究》,《考古学报》1999 年第 1 期。
⑦ 杨立新:《皖南古代铜矿的发现及其历史价值》,《东南文化》1991 年第 2 期。
⑧ 万全文:《先秦时期的铜料及其获得方式研究》,《楚文化研究论集》第 5 集,黄山书社,2003 年。
⑨ 秦颖、王昌燧、张国茂、杨立新、汪景辉:《皖南古铜矿冶炼产物的输出路线》,《文物》2002 年第 5 期;秦颖、王昌燧、杨立新、汪景辉、张国茂:《皖南沿江地区部分出土青铜器的铜矿料来源初步研究》,《文物保护与考古科学》2004 年第 1 期。

铜冶铸遗存,从西周早期地层开始出土有矿石、粘铜炉壁、支座、铜渣、陶范、石范和小件铜器等。陶范为鼎范,刻有弦纹和勾连纹,铜器除一些小件工具和兵器外,还有容器类器物的器足。[①] 师姑墩遗存的发现与确立,对皖南周代考古学文化的年代与构成、皖南周代铜器的产地等问题的研究均具有突破性意义。繁昌、南陵、铜陵境内发现的古城址、土墩墓群、古铜矿和冶铸遗址,它们之间的年代、功能以及文化面貌内在联系紧密,可以相信,由于铜矿开采和冶铸业的支撑,至迟到西周时期,这一地区已成为长江下游地区一个重要的区域经济和政治中心。

皖南出土铜器多无器铭,墓主及史实难以稽考,诚如朱凤瀚先生所论,其年代只能依赖从器形上与中原及周边地区的比较而显得不够严谨。[②] 正如我们所周知,铜器的地层关系和共存关系,亦为铜器断代的重要途径。皖南出土铜器能与遗址直接关联的地层关系较为缺乏,但随着近年来皖南与江淮地区诸多周代遗址的发掘,大量有着明确地层关系的陶器遗存如曲柄盉、折肩鬲的出土,可以为我们认识该地区铜器组合中同类器物的背景和年代提供线索。因此,本研究将以若干出土单元明确、器形组合较为完整的墓葬材料为核心,兼及零星出土或收藏的重要铜器,选取比较常见的器类和纹饰,分析其形制和纹饰变化的特点,比较中原和周边地区年代较为明确的器物,结合以陶器为核心的考古学文化分期与断代的研究成果,最后给出皖南沿长江地区周代铜器的年代序列,并对皖南铜器遗存所包含的文化因素及其历时性变化做出初步探讨。

一、西周晚期铜器

1. 汤家山铜器

繁昌汤家山墓葬出土一组铜器共 13 件,我们分别讨论其中的兽面纹甗、方鼎、球腹蹄足鼎、小口罐形鼎、龙钮圈足盖盉、鱼龙纹盘和蟠虺纹扁体簠。

兽面纹甗(繁昌县 0001) 立耳,盘口,甑腹较深,鬲部袋腹,分裆,足的下端为扁柱形。甑饰一周斜角云纹,其下又有一周弦纹。鬲部袋腹饰凸起牛角兽面纹。通高 46、口径 28.7 厘米(图 2.2,1;图 2.3,1)。

---

① 张小雷、朔知:《青铜考古的新成果——安徽铜陵师姑墩遗址发掘的收获与意义》,《中国文物报》2011 年 4 月 15 日。

② 朱凤瀚:《中国青铜器综论》,第 1798、1809 页,上海古籍出版社,2009 年。

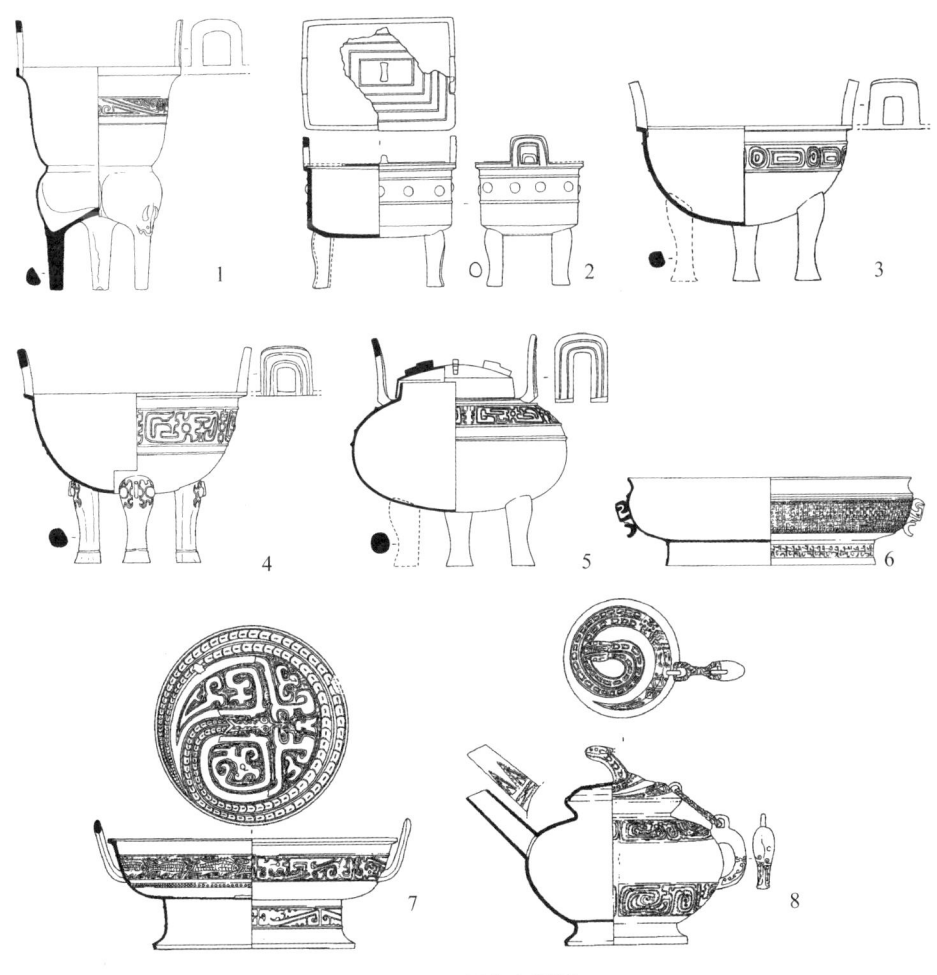

图 2.2　汤家山铜器

1. 兽面纹甗　2. 方鼎　3. 重环纹鼎　4. 窃曲纹鼎　5. 小口罐形鼎　6. 扁体簋　7. 鱼龙纹盘　8. 龙钮圈足盖盉

此甗造型大体可与安阳小屯 M18 出土弦纹甗①相比较。歙县浦口和铜陵顺安还各出土 1 件兽面纹连体甗，鬲部袋腹分别饰牛角兽面纹和分解式兽面纹，都是殷墟时期和西周早期铜器上较常见的纹样。②

方鼎（繁昌县 0002、0003）　2 件，形制相同，长方槽状，立耳，四蹄足。平盖，

---

① 中国青铜器全集编辑委员会：《中国青铜器全集》卷 2，图 74，文物出版社，1997 年。
② 安徽大学、安徽省文物考古研究所：《皖南商周青铜器》，图 30、31，文物出版社，2006 年。

图 2.3　汤家山铜器纹饰拓片
1. 兽面纹甗　2. 重环纹鼎　3. 小口罐形鼎　4. 窃曲纹鼎　5. 鱼龙纹盘　6. 扁体簠　7. 龙钮圈足盖盉

长方钮,盖面饰五周凸弦纹。器身饰一周乳钉纹,上下再各饰一道凸弦纹。立耳外侧饰二道凹弦纹。繁昌县 0002,通高 16.8、口长 41.6、口宽 12.4、腹深 7.8 厘米(图 2.2,2)。

方鼎可追溯到二里冈时期,西周中期以后渐少,晚期几乎不见。汤家山方鼎以光素底乳钉纹作主体纹饰,应是西周时期的风格。屯溪 M3 出土 1 件凤纹方鼎,伴出公卣,年代为西周中期。[①] 溧水乌山 M2 出土 1 件圆云纹方鼎,伴出垂腹提梁卣和附耳圈足盘,年代可定为西周早期。[②]

重环纹球腹蹄足鼎(繁昌县 0013)　器腹圜底呈半圆球状,蹄形三足,双耳立于口沿上。口下饰一周大小相间重环纹,上下有弦纹作界栏。通高 22.4、口径 24.4、腹深 10.8 厘米(图 2.2,3;图 2.3,2)。

球腹蹄足鼎在西周中晚期出现,西周晚期最为常见。重环纹亦盛行于西周

---

①　张长寿:《论屯溪出土的青铜器》,《吴越地区青铜器研究论文集》,第 91—100 页,香港两木出版社,1997 年。

②　镇江市博物馆、溧水县文化馆:《江苏溧水乌山西周二号墓清理简报》,《文物资料丛刊》(2),文物出版社,1978 年。

中晚期。重环纹球腹蹄足鼎,皖南还出土数件,分别在当涂姑孰、宣城正兴、铜陵谢垅、铜陵金口岭各出土1件。①

窃曲纹球腹蹄足鼎(繁昌县0010、0011) 2件,形制相同,口下饰一周有目窃曲纹,间以蝶形纹,上下有弦纹作界栏,其下又有一周弦纹。立耳外侧有两道凹弦纹。三蹄足上端有短扉棱兽头装饰。繁昌县0010,通高25.2、口径27、腹深11.5厘米(图2.2,4;图2.3,4)。

窃曲纹常见于西周中晚期和春秋早期。汤家山鼎窃曲纹突出一目,目纹周边有牙状饰,两端再延伸回形曲线,此式窃曲纹可能出自象鼻龙纹,最早流行于西周中期之初,西周晚期仍然多见。② 窃曲纹球腹蹄足鼎,繁昌孙村出土2件,口下饰一周无目窃曲纹,由一条曲线回转曲折形成一个长条形的回形纹饰,上下有弦纹作界栏。芜湖韩墩出土1件,口下饰一周无目窃曲纹,由一条曲线两端向内弯曲而成的类似云雷纹的纹样,上下有弦纹作界栏,其下又有一周弦纹。铜陵出土1件,口下饰一周有目窃曲纹,中间为一目,两侧连接两个长方形回形曲线,左右对称,上下有弦纹作界栏,其下又有一周凸弦纹。③

江淮地区有球腹蹄足鼎出土,且多在沿江一带。枞阳官塘墓葬出土重环纹球腹蹄足鼎2件,伴出西周早期形制的分解式兽面纹觚形尊。④

小口罐形鼎(繁昌县0004) 直口,广肩,扁鼓腹,双耳立于肩上略外撇,三蹄足。弧拱盖有直裙,盖附四只矩形钮。肩部饰一周有目窃曲纹,间以蝶形纹,上下各有一周凸弦纹作界栏,其下又有一周凸弦纹。通高36.9、口径17.8、腹深20.4厘米(图2.2,5;图2.3,3)。

此鼎所饰窃曲纹与伴出球腹蹄足鼎窃曲纹相同。皖南还出土2件小口罐形鼎,形制有所区别。铜陵市区出土1件兽面耳小口罐形鼎,其柱足、牛首饰、窃曲纹和鳞纹样式等形式要素均可到西周中晚期。青阳汪村出土1件窃曲纹小口罐形鼎,器身上部饰一周窃曲纹,下部饰大小相间垂叶三角纹,足上端饰短扉棱兽面纹,下端再饰两道凸弦纹。汪村鼎的纹饰布局、构图样式和足端短扉等都与铜陵鼎相近似。⑤

---

① 安徽大学、安徽省文物考古研究所:《皖南商周青铜器》,图89、28、93、29,文物出版社,2006年。
② 王世民、陈公柔、张长寿:《西周青铜器分期断代研究》,第182—193页,文物出版社,1999年。
③ 安徽大学、安徽省文物考古研究所:《皖南商周青铜器》,图21、16、92,文物出版社,2006年。
④ 见第六章,图6.7。
⑤ 安徽大学、安徽省文物考古研究所:《皖南商周青铜器》,图109、110,文物出版社,2006年。

春秋以后,江淮地区的确存有小口罐形鼎传统。舒城河口出土 1 件,扁鼓腹,长方形穿耳立于肩上,三蹄足,平盖有直裙,中置半环钮,盖面及肩部各饰一周窃曲纹,耳饰两周小圆点纹,间以弦纹。河口鼎伴出牺首鼎、附耳平盖鼎和曲柄盉,年代不晚于春秋早期。春秋中晚期以后,淅川下寺 M1、M2、M3,寿县蔡侯墓,绍兴 M306 均出土小口罐形鼎,但形制和纹饰都有较大的变化。① 蔡侯墓自铭"炊器",绍兴 M306 自铭"汤鼎",陈公柔依据此式鼎常与盥缶同出,定为浴器。②

龙钮圈足盖盉(繁昌县 0005) 侈口,束颈,广肩,鼓腹,圈足,管状流。盖面饰浮雕蟠龙,龙首昂起作盖钮,龙身饰鳞纹,龙尾饰波折纹、云纹、直线纹和菱形纹。鋬饰云纹,与盖有链条相连。流管饰云纹和三角雷纹。肩部和腹下部各饰一周有目窃曲纹。通高 29.2、口径 17.6、腹深 17.6 厘米(图 2.2,8;图 2.3,7)。

此盉所饰窃曲纹由两组相连的曲线组成一个纹样单元,一个曲线有目,一个曲线无目,应出自分尾的鸟纹和夔纹,年代推定为西周中期至西周晚期。③ 流管的形状及所饰三角雷纹、蟠龙造型以及龙身所饰鳞纹,都是西周中期以后流行的样式。圈足盉,商代晚期的妇好墓就有出土。《商周彝器通考》收录蟠龙纹盉,盖饰展翅的凤形,流管为蟠龙昂首造型,设于中腹,西周晚期器。④ 陕西长安张家坡出土伯百父盉,管流设于肩腹之际,盖作蟠龙顶,盖与鋬有链条相连,三个小锥形足,为西周晚期器。⑤ 宁镇区烟墩山和破山口出土的鼎形盉,如果除掉三足,设计思路和造型特征与汤家山盉是一致的。⑥ 汤家山、烟墩山、破山口盉的器形,显示了对中原传统风格的一种革新。烟墩山墓的年代在西周早期,破山口墓的年代在西周中期。⑦ 张敏推测破山口墓墓主可能是邗国的国君,年代在西周晚期。⑧ 如果再考虑到汤家山组有盉无匜的盉盘组合,这种组合一般认为在西周中期以前流行,西周晚期以后多见匜盘组合,汤家山龙钮盖盉的年代

---

① 河南省文物研究所、河南省丹江库区考古发掘队、淅川县博物馆:《淅川下寺春秋楚墓》,文物出版社,1991 年;安徽省文物管理委员会、安徽省博物馆:《寿县蔡侯墓出土遗物》,科学出版社,1956 年;浙江省文物管理委员会、浙江省文物考古所、绍兴地区文化局、绍兴市文管会:《绍兴 306 号战国墓发掘简报》,《文物》1984 年第 1 期。
② 陈公柔:《徐国青铜器的花纹、形制及其他》,《吴越地区青铜器研究论文集》,香港两木出版社,1997 年。
③ 王世民、陈公柔、张长寿:《西周青铜器分期断代研究》,第 190—193 页,文物出版社,1999 年。
④ 容庚:《商周彝器通考》,图 483,哈佛燕京学社,1941 年。
⑤ 中国青铜器全集编辑委员会:《中国青铜器全集》卷 5,图 117,文物出版社,1996 年。
⑥ 中国青铜器全集编辑委员会:《中国青铜器全集》卷 11,图 45、47,文物出版社,1997 年。
⑦ 邹厚本主编:《江苏考古五十年》,第 198 页,南京出版社,2000 年。
⑧ 张敏:《破山口青铜器三题》,《东南文化》2002 年第 6 期。

应不晚于西周晚期。

鱼龙纹盘(繁昌县 0006) 附耳圆折,圈足。口沿饰两周鳞纹。口下及圈足颈部各饰一周分尾顾首花冠夔龙纹。盘内底饰一首双身蟠龙纹,龙身蟠曲饰鳞纹,龙首两侧再各饰一组变形夔纹。内腹壁饰一周鱼纹,头向顺时针,鱼身饰鳞纹,雷纹地,上下各有一周弦纹作界栏,其下又有一周小圆圈纹。通高 18、口径 41.6 厘米(图 2.2,7;图 2.3,5)。

皖南宁镇地区还出土 2 件鱼龙纹附耳圈足盘,纹饰主题和布局也都相一致。青阳汪村出土 1 件,附耳圆折,盘侧另接四个小錾手,圈足。口下和圈足颈部各饰一周云雷纹。盘内底饰蟠龙纹,龙身蟠曲饰鳞纹。内腹壁饰一周鱼纹,头向逆时针,鱼身饰鳞纹。[①] 仪征破山口出土 1 件,盘内底饰蟠龙纹,内腹壁饰一周鱼纹,头向逆时针。[②] 附耳圆折的双耳圈足盘是西周时期最常见的样式。鱼龙纹的纹饰主题和布局形式在中原地区多见于商代晚期,如,安阳小屯 M18 鱼龙纹盘、美国弗利尔美术馆藏传安阳出土的蟠龙纹盘、日本白鹤美术馆藏传安阳出土的蟠龙纹盘等。[③] 因此,盘饰鱼龙纹,极有可能是殷人的传统,它们从中原传到南方并得以存续。

蟠虺纹扁体簠(繁昌 0007) 口沿微外侈,束颈,扁体浅腹,圈足。腹侧置对称的镂空云形扁錾耳。口下饰一周细密方格蟠虺纹,上下各有一周双线波折纹为界栏。圈足颈部饰一周蟠虺纹。通高 7.8、口径 25.9 厘米(图 2.2,6;图 2.3,6)。

屯溪 M2 出土 1 件扁体簠,器形略小,但器体宽高比、腹侧对称的云形镂空錾耳、器身和圈足的纹饰都与汤家山簠相一致,器身纹饰带的上下亦有同样的折线纹为界栏。[④] 屯溪 M2 的年代不晚于西周中期。[⑤] 这种扁腹短颈圈足簠和镂空耳装饰应是皖南和宁镇区的传统,江淮地区迄未发现。

根据上述各器形制和纹饰的比较分析,可以拟定汤家山组铜器的年代为西周晚期。

[①] 安徽大学、安徽省文物考古研究所:《皖南商周青铜器》,图 60,文物出版社,2006 年。
[②] 中国青铜器全集编辑委员会:《中国青铜器全集》卷 6,图 138,文物出版社,1997 年。
[③] 中国青铜器全集编辑委员会:《中国青铜器全集》卷 3,图 168、169、174、175、176,文物出版社,1997 年。
[④] 李国梁主编:《屯溪土墩墓发掘报告》,第 66 页,安徽人民出版社,2006 年。
[⑤] 施劲松:《长江流域青铜器研究》,第 246 页,文物出版社,2003 年。

2. 孙村铜器

繁昌孙村墓葬出土铜器共4件,窃曲纹球腹蹄足鼎(2件,安博21907-1、2。安博21907-1,通高20.3、口径22.6、腹深8.6厘米,图2.4,1;图2.5,1)在汤家山组已作交代,下面讨论剩下的垂腹蹄足鼎和燕鋬三足匜。

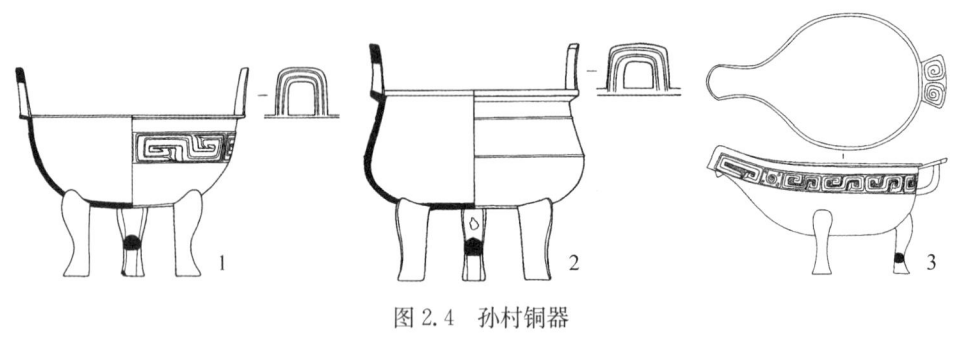

图2.4 孙村铜器
1. 窃曲纹鼎 2. 垂腹鼎 3. 燕鋬匜

图2.5 孙村铜器纹饰拓片
1. 窃曲纹鼎 2、3. 燕鋬匜

垂腹蹄足鼎(安博21908) 立耳,圆垂腹,蹄足。器身饰两周弦纹。通高20.8、口径17.5、腹深10厘米(图2.4,2)。

垂腹蹄足鼎,仍然是中原周器的形态,皖南还出土数件:铜陵钟鸣出土1件,器身饰一周两层S形雷纹,上下各有一道弦纹作界栏,其下又有一周弦纹;铜陵顺安出土1件,器身饰一周斜角顾首夔龙纹,上下各有一周弦纹作界栏;南陵千峰山出土1件,器身饰一周内卷雷纹,有竖凸线分隔,口沿至足三范铸缝明显;铜陵市区出土1件,器身饰一周斜角夔龙纹,双夔对称布局;芜湖市出土1件波曲纹鼎,口下饰一周大小相间重环纹,腹饰波浪纹,三蹄足上端有短扉棱兽面装饰。[①]

形制应略早的圆(垂)腹柱足鼎,繁昌梅冲出土1件,器身饰一周三角雷纹,

---

① 安徽大学、安徽省文物考古研究所:《皖南商周青铜器》,图11、13、14、12、6,文物出版社,2006年。

由三道竖粗线间隔成三组,上下各有一周弦纹作界栏,其下又有一周弦纹,口沿至足留有凸起的三范铸痕;铜陵西湖出土1件,器身饰一周分尾顾首花冠夔龙纹,上下各有两周弦纹作界栏;南陵长山出土1件,器身饰两道凸弦纹。①

宁镇地区出土垂腹柱足鼎数件:乌山M1出土1件,口下一周变形兽面纹;②烟墩山墓出土1件,三段式兽面纹与父丁方罍圈足上的纹饰相似,年代应为西周早期偏晚;③母子墩墓出土2件,一件口下饰一周方雷纹,由三道竖粗线间隔成三组,另一件耳足四点配置,口下饰一周简化变体的垂冠长喙鸟纹,该组伴出伯簋,年代在西周早期;④江宁陶吴出土1件,口下饰两周弦纹;⑤破山口墓出土1件,口下饰一道凸棱弦纹。⑥ 由上可知,宁镇地区垂腹柱足鼎的年代多在西周早期至西周中期。

江北沿江地区出土圆(垂)腹鼎数件:宿松乔木出土1件立耳圆腹柱足鼎,口下饰一周雷纹地分解式牛角兽面纹,年代不晚于西周初年;宿松隘口出土1件立耳垂腹柱足鼎,口下饰一周对置的分尾垂冠凤鸟纹,雷纹地,其下又有一周弦纹,耳饰两周凹弦纹,年代在西周中晚期;⑦枞阳前程墓葬出土1件垂腹蹄足鼎,柱足上端有扉棱兽面饰,口下饰一周无目窃曲纹,间以蝶形纹,伴出1件弦纹爵,年代不晚于西周晚期;⑧无为大童出土1件垂腹蹄足鼎,伴出窃曲纹球腹蹄足鼎等,年代不晚于西周晚期;无为文思出土1件垂腹蹄足鼎,腹饰一周夔纹,上下再各有一周凸弦纹,伴出窃曲纹球腹鼎,年代不晚于西周晚期;⑨巢湖征集1件波曲纹鼎,口下饰一周大小相间重环纹,腹饰波浪纹,三蹄足上端有短扉棱兽面装饰,可与芜湖波曲纹鼎相比较,年代在西周晚期偏早,可能来自中原地区。⑩

通过以上资料的排比,皖南出土圆(垂)腹鼎的年代可做以下安排:垂腹柱

---

① 安徽大学、安徽省文物考古研究所:《皖南商周青铜器》,图10、9、25,文物出版社,2006年。
② 刘兴、吴大林:《江苏溧水发现西周墓》,《考古》1976年第4期。
③ 江苏省文物管理委员会:《江苏丹徒县烟墩山出土的古代铜器》,《文物参考资料》1955年第5期;李朝远:《烟墩山墓青铜器的时代及其他》,《吴越地区青铜器研究论文集》,香港两木出版社,1997年。
④ 镇江博物馆、丹徒县文管会:《江苏丹徒大港母子墩西周铜器墓发掘简报》,《文物》1984年第5期。
⑤ 李蔚然:《南京发现周代铜器》,《考古》1960年第6期。
⑥ 王志敏、韩益之:《介绍江苏仪征过去发现的几件西周青铜器》,《文物参考资料》1956年第12期;张敏:《破山口青铜器三题》,《东南文化》2002年第6期。
⑦ 安徽博物院:《江淮群舒青铜器》,图001、002,安徽美术出版社,2013年。
⑧ 见第六章,图6.5。
⑨ 见第四章,图4.21、4.22。
⑩ 安徽省文物事业管理局:《安徽馆藏珍宝》,图15,中华书局,2008年。

足鼎在西周中期或稍早,垂腹蹄足鼎在西周中期偏晚至西周晚期。

燕鋬三足匜(安博21909)　槽流,瓢形腹,三蹄足,燕尾鋬,流口下有齿状突。口下饰一周窃曲纹,鋬饰云雷纹。通高20、通长38.8、腹宽21、腹深11.3厘米(图2.4,3;图2.5,2,3)。

匜早见于西周中期,流行于西周晚期和春秋时期。吕大临称匜为注水器,在沃盥之礼中与盘配套使用。① 王国维做区分,认为自宋以来所谓匜者为两种,"其一即匜,其二即兕觥",将觥从匜中分出。②

皖南沿长江地区所出均为燕鋬三足匜,依腹部的形态,可区分为槽流瓢形匜和短流盘形匜。

槽流瓢形匜,孙村之外,皖南还出土4件:芜湖韩墩出土1件,流口下饰一周窃曲纹,间一卷云纹,鋬饰云雷纹,外缘加一周鳞纹;芜湖市出土1件,口下饰一周歧冠夔龙纹,右侧间一蟾蜍纹,鋬饰雷纹;当涂丹阳出土1件,口下饰一周云雷纹;铜陵谢垅出土1件,口下饰一周夔纹,鋬饰夔纹。③ 宁镇区出土2件:江宁陶吴1件,伴出垂腹柱足鼎和立耳弦纹鬲,年代在西周中期;④南京板桥1件,伴出斜角云纹垂腹蹄足鼎,年代不晚于西周晚期。⑤ 江淮地区出土2件:天长谭井村1件,腹饰龙纹,鋬饰云雷纹;⑥宿州平山村1件,伴出球腹蹄足鼎和龙耳簋,年代不晚于春秋早期。⑦

短流盘形匜发现较少,铜陵铁湖出土1件,盘口前有微上扬短流,燕尾鋬饰云纹,口下饰一周有目窃曲纹,上下各有一周弦纹作界栏。⑧ 西周时期的匜形盘虽亦有流和鋬,但多为圈足,有的还另加双耳,故铁湖所出,应作盘形匜。此匜所饰窃曲纹,以一目为中心,由两条曲线上下左右环绕,延伸卷曲,左右对称,可能出自双夔合目纹,见于卫鼎等器,年代推定为西周中期。⑨ 宁镇区武进淹城出土1件,形制与铁湖匜近同,尺寸也相仿,唯鋬上及口下均饰雷纹。⑩

---

① 吕大临、赵九成:《考古图续考古图考古图释文》,第122—125页,中华书局,1987年。
② 王国维:《观堂集林》第1册《说觥》,第147—151页,中华书局,1961年。
③ 安徽大学、安徽省文物考古研究所:《皖南商周青铜器》,图38—40、63,文物出版社,2006年。
④ 李蔚然:《南京发现周代铜器》,《考古》1960年第6期。
⑤ 南京市博物馆藏品。
⑥ 陈建国:《安徽天长县出土西周青铜匜》,《考古》1986年第6期。
⑦ 李国梁:《安徽宿县谢芦村出土周代青铜器》,《文物》1991年第11期。
⑧ 安徽大学、安徽省文物考古研究所:《皖南商周青铜器》,图62,文物出版社,2006年。
⑨ 王世民、陈公柔、张长寿:《西周青铜器分期断代研究》,第182—193页,文物出版社,1999年。
⑩ 中国青铜器全集编辑委员会:《中国青铜器全集》卷11,图64,文物出版社,1997年。

江淮地区其余所出均为龙銴的三足或四足匜。四足的龙銴匜，肥西小八里出土1件，扁平四足，足上端饰兽面，口下饰尖角云纹，腹饰窃曲纹，銴端作龙首，龙口衔沿，其形制和纹饰可以与中原器物相比较，年代可至西周晚期；枞阳杨市出土1件，蹄形四足，较为少见。[①] 三足的龙銴匜在怀宁杨家牌、庐江三塘、寿县魏岗出土。江淮地区以外，龙銴三足匜在宁镇区丹徒磨盘墩出土1件，口下饰一周夔龙纹，流口下饰云纹，銴饰垂鳞纹，磨盘墩组的年代在西周晚期至春秋早期。[②] 山东枣庄东江村M2出土1件，龙尾上卷，双柱角，口下有齿状突，为西周晚期至春秋早期小邾国遗存。[③]

由上可知，龙銴匜有三足或四足的形式，燕銴匜只有三足。皖南只见燕尾銴，不见龙形銴。在区域的青铜文化发展中，龙銴和燕銴，可能代表了某种文化变迁。

根据上述各器形制和纹饰的比较分析，可以拟定孙村组铜器的年代为西周晚期。

3. 韩墩铜器

芜湖韩墩墓葬出土铜器2件，窃曲纹球腹蹄足鼎（芜湖县0001，通高21.8、口径23.5、腹深10.2厘米，图2.6，1；图2.7，1）和燕銴三足匜（芜湖县0002，通高21、通长38.4、腹宽22、腹深10.4厘米，图2.6，2；图2.7，2、3）的形制、变化和年代已分别在汤家山组和孙村组予以讨论，韩墩组铜器的年代可拟定在西周晚期。

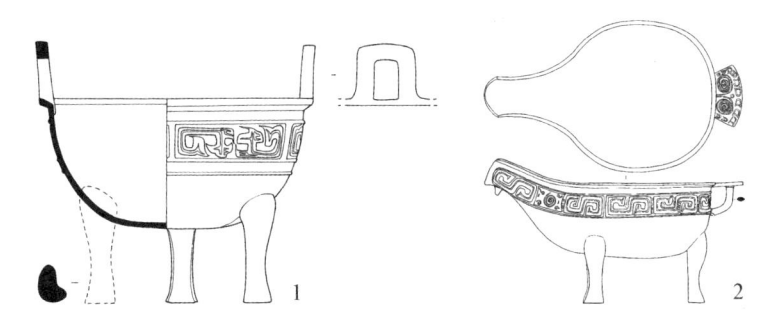

图2.6 韩墩铜器
1. 窃曲纹鼎 2. 燕銴匜

---

① 见第六章，图6.9。
② 南京博物院、丹徒县文管会：《江苏丹徒磨盘墩周墓发掘简报》，《考古》1985年第11期。
③ 枣庄市政协台港澳侨民族宗教委员会、枣庄市博物馆：《小邾国遗珍》，中国文史出版社，2006年。

图 2.7　韩墩铜器纹饰拓片
1. 窃曲纹鼎　2、3. 燕翅匜

4. 正兴铜器

宣城正兴墓葬出土一组铜器共 4 件，我们分别讨论其中的球腹蹄足鼎、弦纹撇足鼎和绳耳鬲。重环纹球腹蹄足鼎（宣城 003，通高 21.2、口径 24 厘米，图 2.8，1）的形制、变化和年代在汤家山组已作交代，不再赘述。

弦纹撇足鼎（宣城 004）　器形较小，折沿，方唇，浅腹，底近平。山字形异形耳立于沿上。口下饰两周弦纹。三细足较矮，微外撇，足截面呈 U 字形。通高 11.6、口径 16.4 厘米（图 2.8，3）。

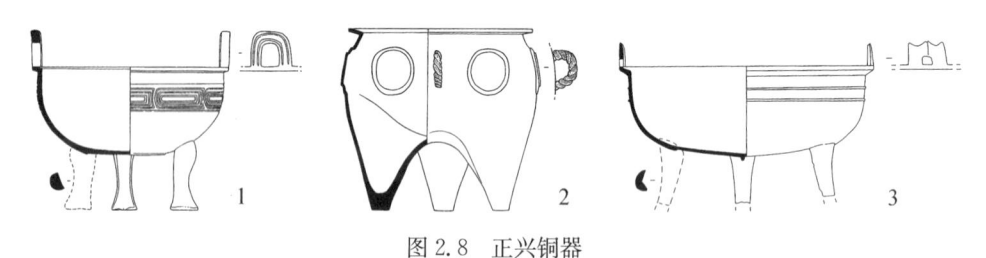

图 2.8　正兴铜器
1. 重环纹鼎　2. 绳耳鬲　3. 撇足鼎

此鼎形制独特，壁薄体轻，铸造不精，可以划为撇足鼎之列。撇足鼎在皖南宁镇地区多有发现，极具地域特征，时代从西周早期延至春秋战国之际。西周早期如屯溪 M1 出土撇足鼎 2，[①]烟墩山墓附葬坑一出土撇足鼎 1、附葬坑二出土撇足鼎 3，[②]春秋以后所出将在龙岗 M2 组讨论。

[①]　李国梁主编：《屯溪土墩墓发掘报告》，第 33—34 页，安徽人民出版社，2006 年。
[②]　江苏省文物管理委员会：《江苏丹徒烟墩山西周墓及附葬坑出土的小器物补充材料》，《文物参考资料》1956 年第 1 期。

绳耳鬲(宣城 002)　肩附双绳耳,耳足四点配置。折沿外侈,束颈,瘦身高裆,袋足下作短柱形。以袋足为中心,饰三组对置圆饼纹,饼作两层叠起,构成简化的枭面纹。通高 19.6、口径 20.2 厘米(图 2.8,2)。

宗周器中立耳鬲大体流行于西周早期和中期,附耳鬲和无耳鬲流行于西周中期和晚期。[①] 宗周以外的东南等地区,又有一款无耳短颈款足鬲在西周晚期至春秋早中期流行。鬲在皖南发现较少,当涂姑孰出土 1 件立耳弦纹鬲,折沿外侈,束颈,矮身高裆,袋足下作短柱形,口下饰三周凸弦纹。[②] 宁镇区烟墩山和陶吴所出立耳弦纹鬲与姑孰鬲形制近同,折沿,束颈,瘦身高裆,袋足下作短柱形,肩部饰两周弦纹,耳外侧饰两周弦线。[③] 器形相近的还有母子墩鬲和破山口鬲。母子墩鬲高弧裆,袋足下作柱状实足根,口沿下饰两周方雷纹。[④] 破山口出土 3 件鬲:立耳鬲肩部饰一周圆饼纹,图案因素与正兴鬲近同;立耳弦纹鬲,小口,高分裆,上腹部有一道凸弦纹;单把素面鬲,也是小口,高分裆,在一足之上附有一个半环耳,附着部位和方式与正兴鬲也有相近之处。[⑤] 浦口长山子也出土 3 件鬲:无耳鬲 1 件,器身与正兴鬲相近,腹饰一周重环纹;附耳鬲 2 件,一件腹饰一周重环纹,另一件腹饰垂鳞纹。长山子组伴出夔龙纹球腹蹄足鼎,年代在西周晚期至春秋早期。[⑥]

江淮地区宿州平山村出土无耳鬲 2 件,宽侈沿,束颈,袋状尖锥足,腹饰窃曲纹,口沿一周有铭文,释为繁伯鬲。[⑦] 舒城凤凰嘴和潜山黄岭出土一种无耳折肩鬲,多有盖,盖顶有圆形捉手。凤凰嘴 3 件鬲均侈口、束颈、瘦身高裆、尖锥足。黄岭 4 件鬲的形制与凤凰嘴近同,唯肩下有短扉棱饰。有的学者认为这种折肩铜鬲应仿自本地的折肩陶鬲,一种西周时期出现的淮夷典型陶器,称为"淮式鬲"。[⑧]

由上可知,立耳的姑孰鬲与烟墩鬲、陶吴鬲等基本一致,年代应在西周中期

[①] 王世民、陈公柔、张长寿:《西周青铜器分期断代研究》,第 49—56 页,文物出版社,1999 年。
[②] 安徽大学、安徽省文物考古研究所:《皖南商周青铜器》,图 48,文物出版社,2006 年。
[③] 江苏省文物管理委员会:《江苏丹徒县烟墩山出土的古代铜器》,《文物参考资料》1955 年第 5 期;李蔚然:《南京发现周代铜器》,《考古》1960 年第 6 期。
[④] 镇江博物馆、丹徒县文管会:《江苏丹徒大港母子墩西周铜器墓发掘简报》,《文物》1984 年第 5 期。
[⑤] 王志敏、韩益之:《介绍江苏仪征过去发现的几件西周青铜器》,《文物参考资料》1956 年第 12 期;张敏:《破山口青铜器三题》,《东南文化》2002 年第 6 期。
[⑥] 南京市文物保管委员会:《南京浦口出土一批青铜器》,《文物》1980 年第 8 期。
[⑦] 陶治军:《安徽出土青铜器铭文研究》,第 11—12 页,黄山书社,2012 年。
[⑧] 王迅:《东夷文化与淮夷文化研究》,第 115 页,北京大学出版社,1994 年。

前后。正兴鬲与长山子无耳鬲等器身相接近,装饰纹样和銴耳附着方式又在破山口找到共同的因素,年代应不晚于西周晚期。

根据上述各器形制和纹饰的比较分析,可以拟定正兴组铜器的年代为西周晚期。

5. 汪村铜器

青阳汪村墓葬出土一组铜器共 12 件,我们分别讨论其中的附耳窃曲纹鼎、小口罐形鼎、龙耳尊、牺首尊和鱼龙纹盘。小口罐形鼎(安博 24792,通高 25.5、口径 18.4、最大腹径 26.4、腹深 16.4 厘米,图 2.9,1;图 2.10,1)和鱼龙纹盘(安博 24799,通高 9.5、口径 33.8 厘米,图 2.9,2)的器形、变化和年代在汤家山组已作交代,不再赘述。

图 2.9 汪村铜器

1. 小口罐形鼎 2. 鱼龙纹盘 3. 龙耳尊 4. 窃曲纹鼎 5. 牺首尊

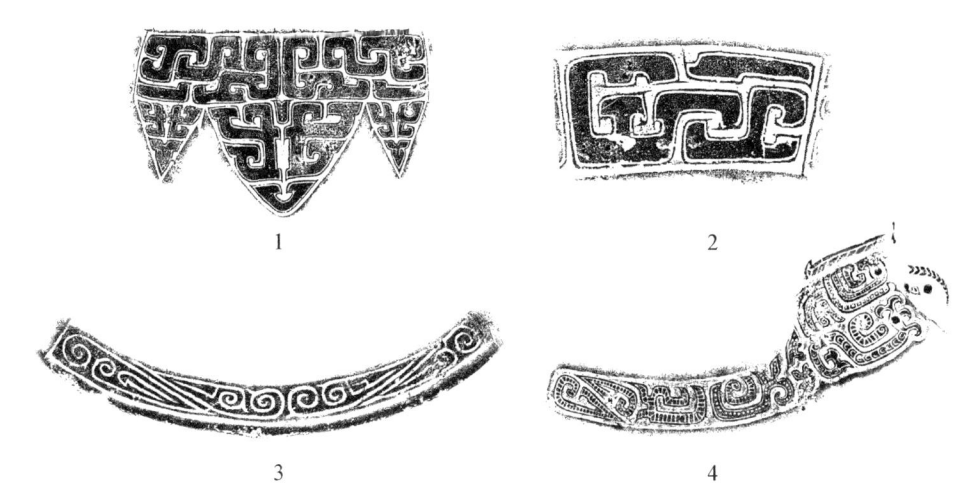

图 2.10　汪村铜器纹饰拓片
1. 小口罐形鼎　2. 窃曲纹鼎　3. 龙耳尊　4. 牺首尊

附耳窃曲纹鼎（安博 24798）　折沿，浅圆腹，底近平。长方形穿耳，耳外侧饰鳞纹，器身饰一周无目窃曲纹。通高 18.3、口径 26.3、腹深 9 厘米（图 2.9,4；图 2.10,2）。

此鼎所饰窃曲纹，由长条形回状曲线构成，其间或补以眉形弧线，可能出自分尾的鸟纹或夔纹，年代在西周中期至西周晚期。[①] 窃曲纹为边线勾勒的圆折角表现形式，在皖南及江北的西周晚期铜器中多次出现，颇具地域特征。

龙耳尊（安博 24793－1、2）　2 件，形制基本相同。安博 24793－2，大敞口，束颈，圆折肩，鼓腹，圈足。肩两侧铸接龙形耳，顾首卷尾，身饰鳞纹。肩饰一周斜角云纹，腹饰瓦纹，圈足饰一周勾连雷纹。通高 28.2、口径 27.8、最大腹径 27.2、腹深 20 厘米（图 2.9,3；图 2.10,3）。

龙耳尊在皖南还出土数件：南陵绿岭出土 1 件，大敞口，束颈，折肩，斜腹，圈足较高。肩饰一周窃曲纹，腹饰瓦纹，圈足饰一周内卷云纹。肩两侧铸接龙形耳，顾首卷尾，颈饰折线纹，尾饰鳞纹，脊饰云纹。[②] 传出皖南现藏上海博物馆的 2 件，形体略大，器形纹饰基本相同，大敞口，束颈，折肩，斜腹，圈足较高。肩饰斜角云

[①]　王世民、陈公柔、张长寿：《西周青铜器分期断代研究》，第 182—193 页，文物出版社，1999 年。
[②]　安徽大学、安徽省文物考古研究所：《皖南商周青铜器》，图 36，文物出版社，2006 年。

纹,腹饰瓦纹,圈足饰雷纹。肩两侧铸接龙形耳,顾首卷尾,颈饰鳞纹,身饰云纹。[①]

　　由平行的凹槽组成的瓦纹,初见于西周中期,盛行于西周中后期和春秋时期。唐兰依据遹簋推定瓦纹在穆王时已经出现。[②] 屯溪 M3 出土饰瓦纹的圈足簋,伴出公卣,公卣为公认的穆王时器。[③] 龙耳尊器体仿自中原商代青铜大口折肩尊,但在两侧铸接龙形耳,应是南方的革新。林巳奈夫认为日本出光美术馆所藏 1 件两侧饰鸟的大口折肩尊与屯溪 M2 出土的折肩尊在形式上相近,中原地区在簋类器身上以同样手法装饰鸟多流行于西周中期。[④] 李学勤认为屯溪 M2 折肩尊沿袭了中原商代折肩尊的传统。[⑤] 宁镇区丹阳司徒出土 1 件折肩尊,司徒组伴出凤纹垂腹尊,年代比较复杂,部分器物可以到西周中期,部分器物在西周晚期乃至更晚一些。[⑥] 江北区桐城长岗出土 1 件折肩尊,肩部铸接一对兽形耳,长岗组伴出重环纹鼎,年代在西周晚至春秋早期。

　　由上可知,绿岭尊器体有大口折肩尊的风格,腹饰西周中晚期流行的瓦纹,肩饰皖南西周中晚期常见样式的窃曲纹,该器可定在西周晚期。汪村尊广肩圆折,腹饰瓦纹,肩饰斜角云纹,年代或较绿岭尊略晚,亦应不晚于西周晚期。上博尊器形接近绿岭尊,纹饰则与汪村尊相近,年代应在两者之间。

　　牺尊(安博 24794)　长圆角器腹,平底,四曲蹄足,尾作环形銎。背上开口,疑当有盖。兽头扬起,双角弯曲前伸作羊形。颈背及口沿下饰夔龙纹,颈下饰三角雷纹。通高 24.6、通长 29、腹宽 10.8 厘米(图 2.9,5;图 2.10,4)。

　　丹徒烟墩山出土一对所谓的牺觥,形制与汪村尊近同。[⑦] 牺觥一般作椭圆形腹或方形腹,圈足或四足,有流、銎和盖,觥盖为兽头连接兽背的形状,流部为兽颈,多见于商代和西周前期。马承源曾对烟墩山牺觥提出质疑,认为其兽头与器身而不与盖连铸,觥就失去了流,同样的例子还有江淮地区出土的牺首鼎,牺首与

---

　　① 陈佩芬:《夏商周青铜器研究·东周篇上》,第 168—169 页,图版 509,上海古籍出版社,2004 年;中国青铜器全集编辑委员会:《中国青铜器全集》卷 11,图 19,文物出版社,1997 年。
　　② 唐兰:《论周昭王时代的青铜器铭刻》,《古文字研究》第 2 辑,中华书局,1981 年。
　　③ 中国青铜器全集编辑委员会:《中国青铜器全集》卷 11,图 92,文物出版社,1997 年;《中国青铜器全集》卷 6,图 119,文物出版社,1997 年;李学勤:《从新出青铜器看长江下游文化的发展》,《文物》1980 年第 8 期。
　　④ 林巳奈夫:《关于长江中下游青铜器的若干问题》,《吴越地区青铜器研究论文集》,香港两木出版社,1997 年。
　　⑤ 李学勤:《吴国地区的尊、卣及其他》,《吴文化研究论文集》,中山大学出版社,1988 年。
　　⑥ 镇江市博物馆、丹阳县文物管理委员会:《江苏丹阳出土的西周青铜器》,《文物》1980 年第 8 期。
　　⑦ 中国青铜器全集编辑委员会:《中国青铜器全集》卷 11,图 37,文物出版社,1997 年。

容器连铸,置盖于牺首项后,它们都是没有流的,其说可信。[①] 这样看来,将烟墩山牺觥称为牺尊似更为妥当。汪村尊和烟墩山尊的造型和功能一致,显示了它们之间的某种联系。烟墩山组的年代在西周早期,汪村尊的年代应与之相距不远。

根据上述各器形制和纹饰的比较分析,可以拟定汪村组铜器的年代为西周晚期。

二、春秋早期铜器

1. 谢垅铜器

铜陵谢垅墓葬出土一组铜器共5件,重环纹球腹蹄足鼎(铜陵市a22,通高20.4、口径22厘米。图2.11,1;图2.12,1)和燕鋬三足匜(铜陵市a12,通高22、

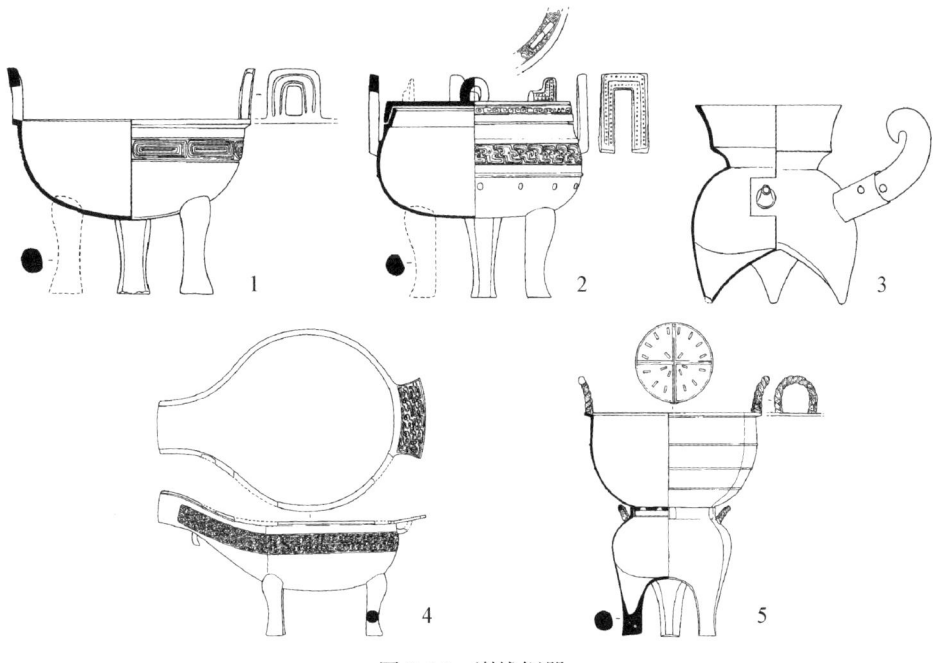

图2.11 谢垅铜器
1. 重环纹鼎 2. 附耳平盖鼎 3. 曲柄盉 4. 燕鋬匜 5. 分体甗

---

① 马承源:《吴越文化青铜器的研究——兼论大洋洲出土的青铜器》,《吴越地区青铜器研究论文集》,香港两木出版社,1997年。

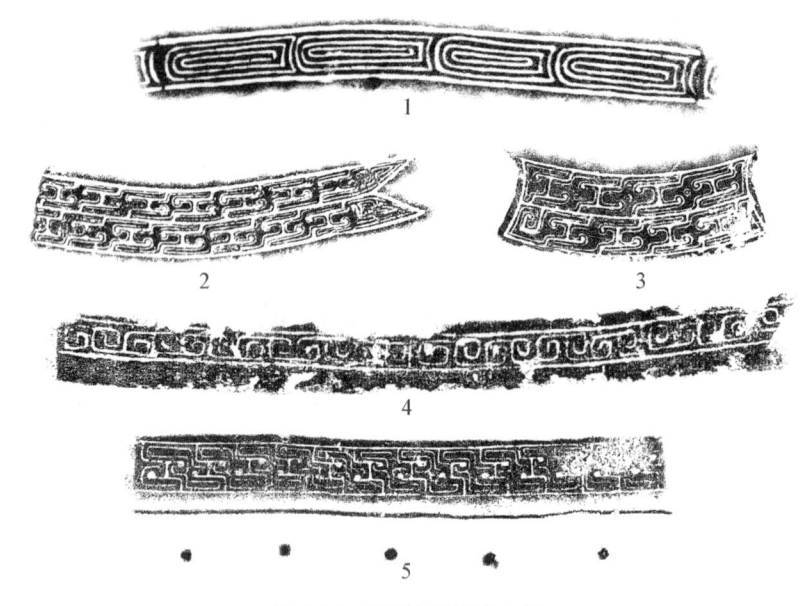

图 2.12　谢垅铜器纹饰拓片
1. 重环纹鼎　2、3. 燕鋬匜　4、5. 附耳平盖鼎

口长径 28.7、短径 27.8、腹深 10 厘米。图 2.11,4;图 2.12,2、3)的形制、变化和年代已分别在汤家山组和孙村组交代,下面讨论剩下的附耳平盖鼎、曲柄盉和分体甗。

附耳平盖鼎(铜陵市 a8)　长方形附耳,子母口,平盖有直裙,深腹微垂,三蹄足。盖中置环形钮,盖周置三个矩形捉手。盖面饰一周夔纹,盖的折边直裙饰一周勾连云纹。口下饰一周夔纹,其下有一周凸弦纹,再下又有一周乳钉纹。矩形捉手及附耳外侧均饰两周小圆点纹,间以弦纹。通高 22、口径 17、腹深 10.6 厘米(图 2.11,2;图 2.12,4、5)。

附耳平盖鼎,郎溪十字铺还出土 1 件,失盖,口下饰一周夔纹。江淮地区则在多个地点出土:舒城河口出土 2 件,盖中置扁条形环钮,捉手上饰雷纹,盖面饰一周窃曲纹,口下饰一周夔龙纹;肥西磨墩子出土 1 件,形制、纹饰与河口鼎同,唯盖的折边直裙饰有一周拉伸式重环纹;[①]舒城春秋塘出土 1 件,失盖,形制、纹饰亦与河口鼎同;[②]舒城凤凰嘴出土 2 件,盖中置半环钮,有铜棍横贯盖钮

[①]　安徽省博物馆:《安徽省博物馆藏青铜器》,图 53,上海人民美术出版社,1985 年。
[②]　见第四章,图 4.6。

与鼎耳,捉手上饰雷纹,盖面饰一周窃曲纹,口下饰一周夔纹。河口鼎、春秋塘鼎、凤凰嘴鼎与谢垱鼎均伴出曲柄盉,河口鼎与凤凰嘴鼎又都伴出牺首鼎,磨墩子鼎所饰拉伸式重环纹又见于谢垱组球腹蹄足鼎,附耳平盖鼎的族群渊源和年代关联显而易见。参照江北诸组器物的组合与年代,谢垱附耳平盖鼎的年代不晚于春秋早期。

凤凰嘴所出附耳平盖鼎,盖上有横穿盖钮以贯鼎耳的铜棍,殷涤非考证为"铉",①李国梁又辨正为"扃"。② 附耳平盖鼎的附耳、平盖、中央环钮及盖周三矩钮等形制要素对春秋中晚期以后的鼎形器影响深远。

曲柄盉(铜陵市a7)　盘口甗形,管状套接两段式曲柄,尾段曲柄卷曲,有销孔。通体素面。通高19、口径14.4厘米(图2.11,3)。曲柄盉的形制、变化和年代将在第三章单独予以讨论,此不赘述。

分体甗(铜陵市a11)　甑部绳辫形立耳外撇,器身饰三周弦纹。鬲肩附绳形耳外撇,弧裆柱足。通高42.7、口径29.8厘米(图2.11,5)。

皖南共出土4件分体甗,均在铜陵地区,形制大体相同,仅附耳及纹饰略有区别。谢垱之外,西湖出土1件,甑饰两道弦纹;扫把沟出土1件,甑饰一周变形夔纹,上下再各有一道弦纹作界栏;杨家山出土1件,甑饰一周夔龙纹,上下再各饰一道凸弦纹。③

尽管商代就有如妇好墓所出的分体甗,但分体甗主要从春秋以后开始流行。与铜陵一江之隔的无为大童墓葬出土1件分体甗,甑立耳盘口式,口下饰一周窃曲纹,上下再各饰二周弦纹。立耳外侧饰两道弦纹,耳顶饰伏兽。鬲肩附绳辫形小环耳,弧裆柱足。④ 盘口直壁式甑与汤家山连体甗相近,窃曲纹样式也可与汤家山鼎相比较,鬲则与谢垱分体甗形制相近。大童组伴出垂腹蹄足鼎、窃曲纹球腹蹄足鼎和鸟盖壶形盉,年代应不晚于西周晚期,因此,大童甗或可将西周连体甗与春秋分体甗连接起来。

根据上述各器形制和纹饰的比较分析,可以拟定谢垱组铜器的年代为春秋早期。

---

① 殷涤非:《铉鼏解》,《江汉考古》1983年第4期。
② 李国梁:《群舒故地出土的青铜器》,《文物研究》第6辑,黄山书社,1990年。
③ 安徽大学、安徽省文物考古研究所:《皖南商周青铜器》,图67—69,文物出版社,2006年。
④ 见第四章,图4.21。

2. 柳春园铜器

芜湖柳春园墓葬出土铜器 2 件,曲柄盉(芜湖市 101,通高 19.8、口径 13.7 厘米,图 2.13,1)和牺首鼎(芜湖市 100,通高 25.2、通长 30.4、口宽 20、腹深 10.8 厘米,图 2.13,2)。曲柄盉、牺首鼎的形制、变化和年代将在第三章单独予以讨论,此不赘述。

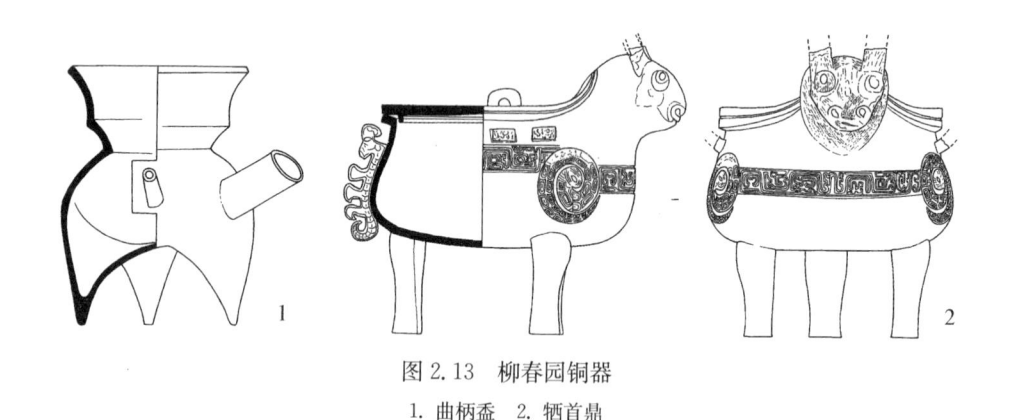

图 2.13 柳春园铜器
1. 曲柄盉　2. 牺首鼎

3. 十字铺铜器

郎溪十字铺墓葬出土铜器 3 件,附耳平盖鼎(郎溪县 83,通高 31.6、口径 27.4、腹深 14.4 厘米。图 2.14,1;图 2.15,1)的形制、变化与年代已在谢垅组交代,下面讨论立耳短扉鼎和镂孔瓿形器。

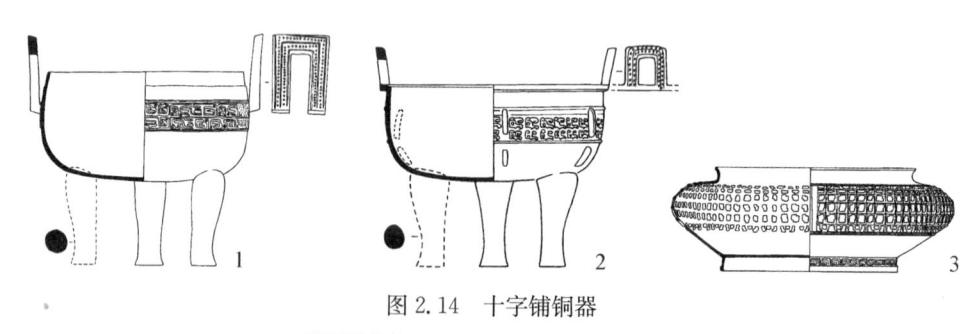

图 2.14 十字铺铜器
1. 附耳平盖鼎　2. 立耳短扉鼎　3. 镂孔瓿形器

立耳短扉鼎(郎溪县 82)　方耳外撇,方唇折沿,束颈,浅腹微垂,圜底近平,三蹄足。器身饰两周凸弦纹,每周凸弦纹下再各饰六条短扉棱,两周凸弦纹之

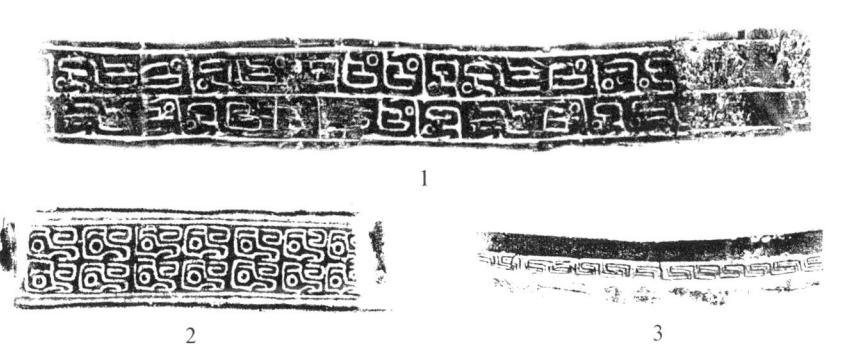

图 2.15　十字铺铜器纹饰拓片
1. 附耳平盖鼎　2. 立耳短扉鼎　3. 镂孔瓿形器

间再饰一周夔纹。通高 14.6、口径 15.6、腹深 6.2 厘米(图 2.14,2;图 2.15,2)。

立耳短扉鼎,铜陵狮子山还出土 1 件,只饰两周弦纹。[1] 江淮地区则在多个地点出土,且多成双出现。怀宁杨家牌出土 2 件,两周弦纹之间饰一周夔纹,其下再饰一周垂叶三角纹,有对称乳钉目,耳外侧饰云雷纹。枞阳杨市出土 2 件,两周弦纹之间饰一周密点纹,其下再饰一周垂叶三角纹,有对称乳钉目。[2] 庐江盔头出土 1 件,器形纹饰基本与杨家牌鼎相同,唯蹄足根部饰短扉棱,构成简化兽面纹饰。六安思古潭出土 2 件,有环钮密合平盖。因此,立耳短扉鼎流行的年代在春秋早期至春秋中期,流行区域在江淮的六安、庐江、怀宁、枞阳一带,十字铺鼎应为受江淮地区影响下的产物。

镂孔瓿形器(郎溪县 84)　卷沿,束颈,扁鼓腹,圈足。通体饰网格编织状镂孔,圈足饰一周云雷纹。通高 7、口径 13.9、最大腹径 19.6 厘米(图 2.14,3;图 2.15,3)。

此器形制独特,宁镇、江北区均未见,《皖南商周青铜器》定为西周器。

因此,可以初步判断十字铺组铜器的年代为春秋早期。

4. 钟鸣铜器

铜陵钟鸣墓葬出土立耳窃曲纹鼎 2 件,器体高大,堪称皖南之最。

窃曲纹鼎(繁昌县 0015)　方耳外撇,方唇折沿,圆腹微鼓,三蹄足。口下饰一周乳钉目窃曲纹。双耳内外满饰云纹。蹄足上端饰短扉。通高 47.4、口径 44.2、腹深 19.5 厘米(图 2.16,1;图 2.17,1—3)。

---

[1] 安徽大学、安徽省文物考古研究所:《皖南商周青铜器》,图 95,文物出版社,2006 年。
[2] 见第六章,图 6.9。

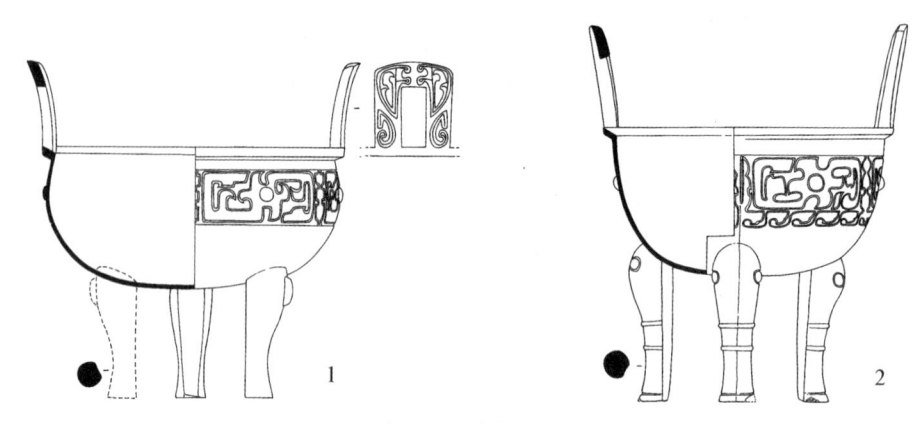

图 2.16 钟鸣铜器
1. 繁昌鼎　2. 铜陵鼎

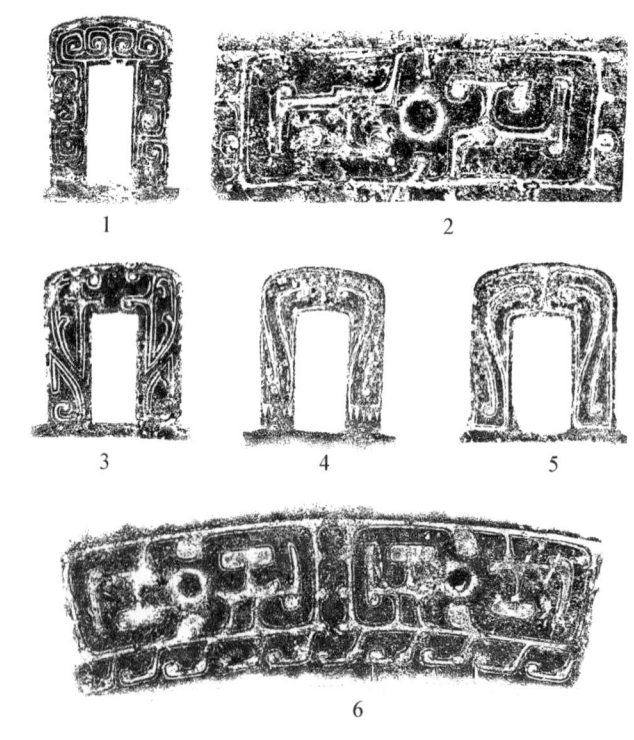

图 2.17 钟鸣铜器纹饰拓片
1—3. 繁昌鼎　4—6. 铜陵鼎

窃曲纹鼎（铜陵市 a20） 高立耳略外侈，方唇折沿，深腹圜底，三蹄足。口下饰一周乳钉目窃曲纹，其下又饰一周云纹，有短扉相分隔。双耳内外满饰云纹。三蹄足上端饰对称乳钉，构成简化兽面纹，足下端饰两道箍纹。通高 50.8、口径 40、腹深 19.5 厘米（图 2.16，2；图 2.17，4—6）。

繁昌鼎与皖南和江北区春秋早期流行的一种立耳浅腹蹄足鼎形态相近似。铜陵鼎三足在器底附着的位置略有外移，整体的器形应在春秋早期或稍晚。钟鸣二鼎所饰窃曲纹基本相同，可与汤家山鼎窃曲纹相比较，窃曲纹下再饰一周云纹则是新出现的样式，器耳所饰云纹样式亦见于春秋早期。

因此，可以拟定钟鸣组铜器的年代为春秋早期。

5. 墩上铜器

贵池墩上出土立耳浅腹蹄足鼎 2 件，形制基本相同。

立耳浅腹蹄足鼎（贵池 0001、0081） 立耳外撇，方唇折沿，浅腹圜底，三蹄足。口下饰一周窃曲纹。耳内侧饰云纹，外侧饰两周小圆点纹，间以弦纹。贵池 0001，通高 28.6、口径 29.4、腹深 11.9 厘米；贵池 0081，通高 28.2、口径 29.4、腹深 11.3 厘米（图 2.18）。

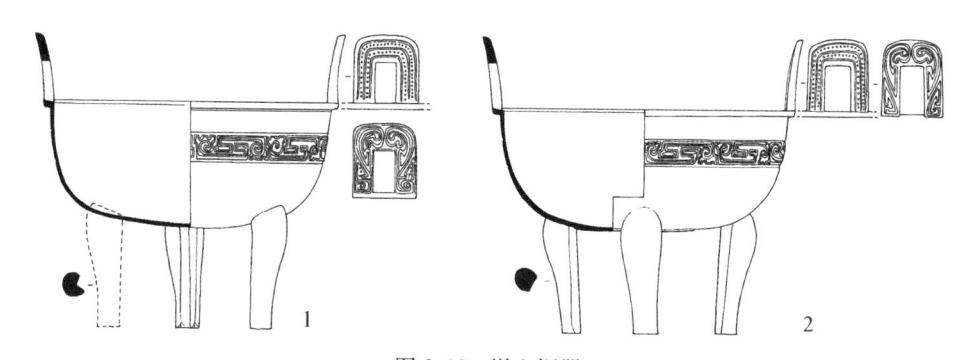

图 2.18 墩上铜器
1. 贵池 0001 2. 贵池 0081

墩上二器耳部所饰小圆点纹和云纹是皖南地区西周晚期至春秋早期流行的样式，口下所饰窃曲纹是新出现的形式，图案变形简化至接近云纹的样式。

立耳浅腹蹄足鼎在皖南还发现数件：铜陵西湖出土 1 件，口下饰一周夔纹，耳内侧饰云纹，外侧饰两道小圆点纹，间以云纹；南陵方家村出土 1 件，口下饰一周变形夔纹，其下又有一道凸弦纹；铜陵龙坝村出土 1 件，绳耳，口下饰一周云雷纹,其下又有一道凸弦纹;铜陵铁湖村出土1件,平盖环钮,盖上饰一周夔纹,口下饰一周夔纹,上下各有一道绳辫纹作界栏,耳饰夔纹。[①]

江淮地区肥西金牛墓葬出土立耳浅腹蹄足鼎的器形和纹饰与墩上器近同,金牛墓葬的年代在春秋早期。[②] 肥西小八里和舒城五里各出土2件立耳浅腹蹄足鼎,小八里鼎平盖扁鼻钮,腹饰一周夔纹,蹄足根部有短扉棱,对称乳钉构成简化兽面纹,五里鼎平盖环钮,口下饰一周重环纹。小八里和五里组的年代,均应不晚于春秋早期。宁镇区丹阳司徒出土1件立耳浅腹蹄足鼎,口下一周窃曲纹,其下又有一周弦纹,司徒组的年代不晚于春秋早期。[③]

因此,可以拟定墩上组铜器的年代为春秋早期。

三、春秋晚期铜器

1. 龙岗 M1 铜器

青阳龙岗 M1 出土一组铜器共 11 件,容器有鼎和甗,我们讨论其中器形完整的附耳子母口盖鼎。

附耳子母口盖鼎(青阳县 1530、1531)2 件,形制相同。附耳,子母口外侧有一周凸棱,盖中设铺首提环,周置带梗三竖环,深腹圜底,兽蹄足。铺首环外绕一周绳辫纹,其外至盖沿再饰三周蟠螭纹(双线 S 纹)。腹中部以一周绳辫纹分隔,上下两栏均饰蟠螭纹。附耳内外满饰蟠螭纹。蹄足上端为兽面。青阳县 1531,通高 16.1、口径 13、腹深 8.4 厘米(图 2.19)。

依高崇文的观点,龙岗鼎应为楚式鼎,可

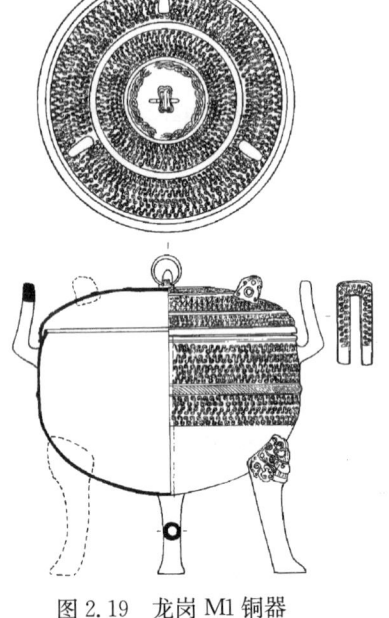

图 2.19 龙岗 M1 铜器

---

① 安徽大学、安徽省文物考古研究所:《皖南商周青铜器》,图 100、101、103、94,文物出版社,2006 年。
② 杨德标、杨立新:《安徽江淮地区的商周文化》,《中国考古学会第四次年会论文集》,文物出版社,1985 年。
③ 镇江市博物馆、丹阳县文物管理委员会:《江苏丹阳出土的西周青铜器》,《文物》1980 年第 8 期。

与淅川下寺、寿县蔡侯墓所出相比较,年代在春秋中期晚段或春秋晚期。[1]

附耳子母口盖鼎,泾县官庄村还出土1件,腹壁上部较直,下部斜收成小圜底,盖中设铺首提环,周置"8"字兽形竖环,铺首环外绕一周云纹,其余纹饰与龙岗M1鼎近同。[2] 宁镇区出土较多,依盖式的不同,又可分为3式。1式盖上有提环和带梗环,六合程桥M3、[3]苏州虎丘[4]各出土2件,丹徒粮山M1、[5]北山顶[6]各出土1件。1式鼎在寿县蔡侯墓、淅川下寺M10和M11、[7]河南固始县勾敔夫人墓、[8]陕西凤翔高王寺窖藏[9]也有发现,高王寺鼎自铭"吴王孙无土",或为吴器。2式盖上竖3个环钮,六合程桥M2出土2件,[10]北山顶出土1件。北山顶鼎,张敏认为是吴器。王世民认为2式鼎见于洛阳中州路和长治分水岭,应为中原地区流行的样式。[11] 3式盖上有圆圈形捉手,北山顶出土1件(甚六鼎),吴县何山出土2件。[12] 王世民认为3式鼎在同时期楚墓中发现较多,为典型的楚式鼎。[13]

因此,可以拟定龙岗M1组铜器的年代为春秋中期后段至春秋晚期。

2. 龙岗M2铜器

青阳县龙岗M2出土铜器1件。

撇足鼎(青阳县102) 窄平沿,小直耳,浅腹,底近平,足细长外撇,断面呈半圆形。口径21.2、通高13.2厘米(图2.20)。

前如正兴组所述,皖南撇足鼎传统可

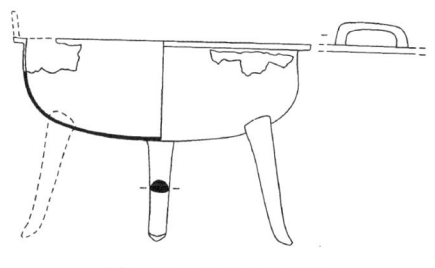

图2.20 龙岗M2铜器

---

[1] 高崇文:《东周楚式鼎形态分析》,《江汉考古》1983年第1期。
[2] 安徽大学、安徽省文物考古研究所:《皖南商周青铜器》,图107,文物出版社,2006年。
[3] 南京市博物馆、六合县文教局:《江苏六合程桥东周三号墓》,《东南文化》1991年第1期。
[4] 苏州博物馆考古组:《苏州虎丘东周墓》,《文物》1981年第11期。
[5] 镇江市博物馆:《江苏丹徒出土东周铜器》,《考古》1981年第5期。
[6] 江苏省丹徒考古队:《江苏丹徒北山顶春秋墓发掘报告》,《东南文化》1988年第Z1期。
[7] 河南省文物研究所、河南省丹江库区考古发掘队、淅川县博物馆:《淅川下寺春秋楚墓》,文物出版社,1991年。
[8] 固始侯古堆一号墓发掘组:《河南固始侯古堆一号墓发掘简报》,《文物》1981年第1期。
[9] 韩伟、曹明檀:《陕西凤翔高王寺战国铜器窖藏》,《文物》1981年第1期;中国青铜器全集编辑委员会:《中国青铜器全集》卷11,图6、7,文物出版社,1997年。
[10] 南京博物院:《江苏六合程桥二号东周墓》,《考古》1974年第2期。
[11] 王世民:《略说吴地发现的春秋后期青铜礼器》,《吴越地区青铜器研究论文集》,香港两木出版社,1997年。
[12] 吴县文物管理委员会:《江苏吴县何山东周墓》,《文物》1984年第5期。
[13] 王世民:《略说吴地发现的春秋后期青铜礼器》,《吴越地区青铜器研究论文集》,香港两木出版社,1997年。

溯自屯溪土墩墓。春秋中期以后，撇足鼎分布更为广泛：铜陵市区出土1件，方唇折沿，立耳外撇，浅腹圜底，细扁足外撇，口下饰一周斜角云雷纹，其下又有一道凸弦纹；南陵出土1件，口下饰一周雷纹，其下又有一道凸弦纹；铜陵金口岭M2出土1件，绳耳，腹饰一周弦纹；[1]铜陵金口岭M1出土1件，绳耳，器身饰两周弦纹。[2] 春秋晚期至春秋战国之际，青阳前庄出土1件，小直耳饰绳辫纹；[3]歙县出土1件，窄平沿小直耳；[4]池州徽家冲出土1件，小直耳饰蕉叶纹。[5]

宁镇区出土撇足鼎，年代多在春秋晚期至春秋战国之际：六合程桥M1、[6]六合程桥M2、六合和仁墓、[7]苏州城东北[8]各出土1件，丹徒粮山M1、苏州何山各出土2件。

春秋以后的撇足鼎又称越式鼎，皖南宁镇区以外，江西樟树农校、广东四会乌旦山也有出土，江陵雨台山、长沙识字岭等地所出亦与之相近，但已是附耳有盖。[9] 繁昌三山出土1件附耳撇足盖鼎，浅腹，子母口，拱盖，中有一环钮，长方形附耳，长方形穿，通体素面。[10] 依高崇文观点，三山鼎属楚式鼎，实际就是越式鼎附耳带盖，是楚人仿造的越式鼎，或者就是越器，年代在战国中晚期。[11]

因此，可以拟定龙岗M2组铜器的年代为春秋晚期至春秋战国之际。

根据上述12组铜器器形和纹饰的类型学分析，皖南沿长江地区周代铜器的年代框架初步建立。西周晚期有汤家山、孙村、韩墩、正兴和汪村等5组，春秋早期有谢垅、柳春园、十字铺、钟鸣和墩上等5组，春秋晚期有龙岗M1、M2共2组。

经与江淮、宁镇及中原地区的比较分析，皖南沿长江地区周代铜器的格局基本清晰。汤家山组兽面纹甗、球腹蹄足鼎和鱼龙纹附耳圈足盘都是中原的形制。球腹蹄足鼎在皖南地区多见，正兴和谢垅鼎所饰拉伸式重环纹在江北地区

---

[1] 安徽大学、安徽省文物考古研究所：《皖南商周青铜器》，图121—123，文物出版社，2006年。
[2] 张国茂：《安徽铜陵市金口岭春秋墓》，《文物研究》第7辑，黄山书社，1991年。
[3] 青阳县文物管理所藏品。
[4] 安徽大学、安徽省文物考古研究所：《皖南商周青铜器》，图120，文物出版社，2006年。
[5] 安徽省博物馆：《安徽贵池发现东周青铜器》，《文物》1980年第8期。
[6] 江苏省文物管理委员会、南京博物院：《江苏六合程桥东周墓》，《考古》1965年第3期。
[7] 吴山菁：《江苏六合县和仁东周墓》，《考古》1977年第5期。
[8] 苏州博物馆考古组：《苏州城东北发现东周铜器》，《文物》1980年第8期。
[9] 彭浩：《我国两周时期的越式鼎》，《湖南考古辑刊》第2辑，岳麓书社，1984年；何纪生、何介钧：《古代越族的青铜文化》，《湖南考古辑刊》第3辑，岳麓书社，1986年。
[10] 安徽大学、安徽省文物考古研究所：《皖南商周青铜器》，图149，文物出版社，2006年。
[11] 高崇文：《东周楚式鼎形态分析》，《江汉考古》1983年第1期。

也有发现。鱼龙纹盘承续中原殷商传统,汤家山、汪村、破山口均有发现。方鼎受中原形制的影响但有地方特点。小口罐形鼎有地域特点,江淮地区春秋以后存有小口罐形鼎传统。蟠虺纹扁体簋在屯溪、宁镇区多见。龙钮圈足盖盉与烟墩山、破山口鼎形盉一样,为南方革新器形。孙村组垂腹蹄足鼎为中原器形或受中原形制的影响。燕鋬三足匜流行于皖南沿长江地带,江淮地区多见龙鋬三足和四足匜,燕鋬和龙鋬,可能代表了某种文化变迁。铁湖盘形匜与武进淹城所出相一致,为江南器形。芜湖与巢湖波曲纹鼎是中原的形制。正兴组弦纹撇足鼎是皖南宁镇地区撇足鼎传统的产物。绳耳鬲的绚索纹耳及圆饼饰是皖南宁镇地区的装饰风格。汪村组龙耳尊,器体仿自中原商代大口折肩尊,两侧铸接龙形耳是南方的革新。牺首尊与烟墩山牺觥的造型和功能近同,江北区不见四足牺首尊,但造型相近的三足牺首鼎多有发现。

　　谢坝组附耳平盖鼎为江北器形,其附耳、平盖、中央环钮及盖周三矩钮等形式要素对春秋中晚期以后的鼎形器影响深远。曲柄盉出土地点集中在铜陵、繁昌、南陵和芜湖沿江一线,江淮地区则集中出现在六安、肥西、舒城、庐江、怀宁这一相互连接地带,长江南北两地的族群渊源和年代关联显而易见。分体甗仅铜陵一地发现,江北无为大童出土西周晚期分体甗,可以将西周连体甗与春秋分体甗连接起来。柳春园组牺首鼎、十字铺组附耳平盖鼎和立耳短扉鼎都应是江北之器或是江北器形影响下的产物。钟鸣组立耳圆腹蹄足鼎为新出器形。墩上组立耳浅腹蹄足鼎与肥西金牛和丹阳司徒所出近同。铁湖村带环钮平盖立耳浅腹蹄足鼎,在肥西小八里和舒城五里也有发现。龙岗 M1 组附耳子母口盖鼎在宁镇吴地流行,所饰细密蟠螭纹(双线 S 纹)为具有皖南宁镇区特征的纹饰,考虑到龙岗 M1 是典型的楚式土坑木椁墓,将其归为楚式鼎亦易于理解。龙岗 M2 组和歙县出土的撇足鼎应为越式鼎传统,三山鼎或即越式鼎附耳带盖。

　　由上可知,皖南沿长江地区周代铜器更多地接受了中原和江淮地区的影响,沿长江两岸的互动可能比以往我们认识的程度要高,因此,过去笼统地将皖南归为吴越范畴的认识可以有新的考虑,皖南铜器的族群与国别也可重新加以检视。前述邹厚本主张皖南沿长江地区正是南淮夷分布的范围,李伯谦认为宁镇与皖南两地铜器在数量、组合以及形制、花纹特点上并不完全相同,[①]张敏提

---

① 李伯谦:《皖南商周青铜器·序》,文物出版社,2006 年。

出皖南南部与太湖地区同属于越文化区,北部偏东与宁镇地区同属于吴文化区,偏西属于楚(赣)文化区,而与之一江之隔的江淮平原则为群舒文化区,[①]所有这些,都是我们对上述问题重新认识和思考的基础。

群舒疆域,由文献考订在今安徽江淮之间。根据上述皖南沿长江地区周代铜器的比较分析,可以说明西周春秋时期江淮群舒族群和文化的向南迁播,群舒的地域,当不止于大江以北。这样的认识或可得到皖南方言地理的支持,皖南四大方言板块之一的江淮官话正分布于沿长江地带的池州、铜陵、芜湖、宣城和马鞍山,其余三块,皖西赣语分布于自大别山南麓到沿江以南的东至、贵池西部及东南角,宣州吴语分布在沿江以南和黄山山脉以北以东地区,徽语通用于黄山以南旧徽州府所辖地区。[②]

20世纪90年代以来,随着若干重点遗址如霍邱堰台、六安堰墩、霍山戴家院、庐江大神墩、枞阳汤家墩、铜陵师姑墩等的科学发掘,江淮和皖南沿长江地区周代考古学文化的年代和谱系渐趋明晰和完善,这就不仅为群舒文化的探寻奠定了基础,也为群舒铜器的研究提供了背景和参照。如若我们重新构筑江淮群舒青铜器的范畴,皖南沿长江地区周代铜器的分期和断代,或可获得一种新的立场乃至方法论支撑。

---

① 张敏:《读〈皖南商周青铜器〉有感》,《中国文物报》2007年4月11日第4版。
② 中国社会科学院、澳大利亚人文科学院:《中国语言地图集》,香港朗文出版(远东)有限公司,1987年、1990年。

第三章
两种关键器形的再认识

在群舒文化的历史进程中,曲柄盉和牺首鼎的出现、迁播和消亡,意义重大。这两种器形,涉及对群舒文化的内涵、年代和地域等问题的基础性认识,是研究群舒文化的关键器物,因此,我们在这里单独予以讨论。

一、曲　柄　盉

曲柄盉,多作钵口或盘(盆)口甗形,少量为平口鬲形,腹设一流一鋬。流为短柱形,在两足之间,鋬为卷曲形,在一足之上,流鋬之间的夹角约为90°。曲柄盉的名称,由舒城凤凰嘴始出,殷涤非称为"盉";[1]至怀宁杨家牌,许文称为"鬲形盉";[2]绍兴 M306 发掘后,牟永抗称为"甗盉";[3]《安徽省博物馆藏青铜器》称庐江盉头所出为"兽鋬盉";[4]马承源称为"异形盉",分盘口袋足式、皿口甗式和平口鬲式;[5]李国梁亦称为"异形盉",分敛口钵式、侈口盘式和平口式,或称为"甗形盉"、"鬲形盉";[6]《中国文物精华大辞典》称铜陵钟鸣所出为"龙鋬盉";[7]马

---

[1] 安徽省文物局文物工作队:《安徽舒城出土的铜器》,《考古》1964年第10期。
[2] 怀宁县文物管理所:《安徽怀宁县出土春秋青铜器》,《文物》1983年第11期。
[3] 浙江省文物管理委员会、浙江省文物考古所、绍兴地区文化局、绍兴市文管会:《绍兴306号战国墓发掘简报》,《文物》1984年第1期;牟永抗:《绍兴306号越墓刍议》,《文物》1984年第1期。
[4] 安徽省博物馆:《安徽省博物馆藏青铜器》,图19,上海人民美术出版社,1985年。
[5] 马承源:《中国青铜器》,第256页,上海古籍出版社,1988年。
[6] 李国梁:《群舒故地出土的青铜器》,《文物研究》第6辑,黄山书社,1990年。
[7] 国家文物局:《中国文物精华大辞典·青铜卷》,图0725,上海辞书出版社、商务印书馆(香港)有限公司,1995年。

今洪称为"流觥";①《中国青铜器全集》称为"兽錾盉"和"卷錾盉";②杜廼松称为"异形盉",又依柄式分为"龙柄盉"、"卷曲柄盉"、"凤柄盉"和"短柄盉";③至《皖南商周青铜器》,称为"曲柄盉"。④

20世纪70年代以来,皖南沿长江地区陆续出土曲柄铜盉7件,地点集中在铜陵、繁昌、南陵和芜湖这一相互连接的区域。

皖南出土曲柄铜盉均为觥形盉,依据盉柄的形态可分为单体龙柄、两段式卷曲柄和管状短柄三型。

单体龙柄型 3件。上部盆形,下部觥形。口下有一周纹饰带。

钟鸣盉 铜陵县钟鸣乡出土。盉柄上扬,柄端龙首回顾,龙吻、龙角上卷。口下饰一周夔纹。通高22.9、口径12.2厘米(图3.1,1)。

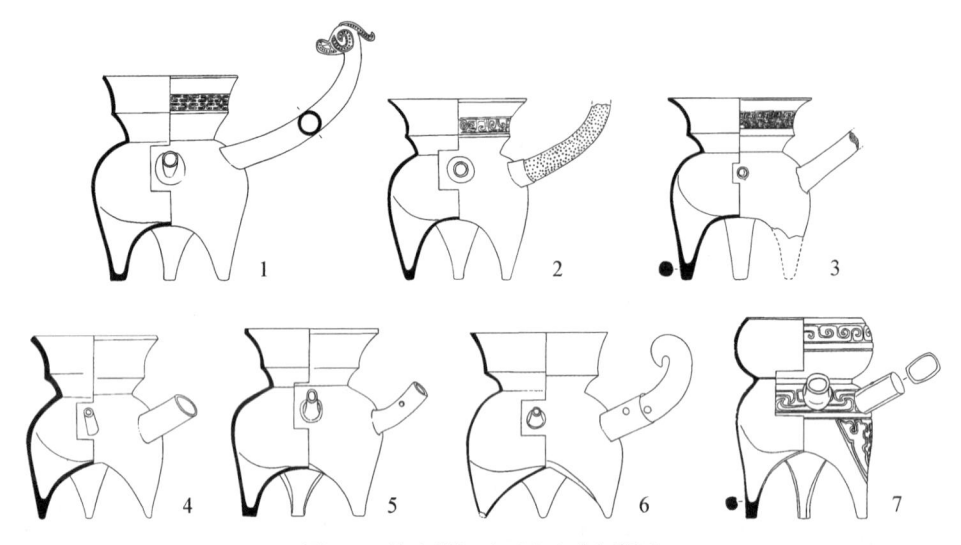

图3.1 皖南沿江地区出土曲柄铜盉
1. 钟鸣盉 2. 赤沙盉 3. 家发盉 4. 柳春园盉 5. 西湖盉 6. 谢垅盉 7. 金口岭盉

赤沙盉 繁昌县赤沙乡新塘出土。盉柄上扬,尾端残。曲柄通体饰凹点纹,口下饰一周卷云纹。通高18.2、口径14.2厘米(图3.1,2)。

---

① 马今洪:《流觥的研究》,《文博》1996年第5期。
② 中国青铜器全集编辑委员会:《中国青铜器全集》卷11,图173—175,文物出版社,1997年。
③ 杜廼松:《在皖鉴定所见铜器考》,《青铜文化研究》第1辑,黄山书社,1999年。
④ 安徽大学、安徽省文物考古研究所:《皖南商周青铜器》,图49—55,文物出版社,2006年。

家发盉　南陵县家发乡长山出土。盉柄断残。口下饰一周夔纹。通高 17.2、口径 14 厘米(图 3.1,3)。

两段式卷曲柄型　3 件。上部盆形,下部鬲形。通体素面。

柳春园盉　芜湖市柳春园出土,伴出牺首鼎。盉柄尾段缺失。通高 19.8、口径 13.7 厘米(图 3.1,4)。

西湖盉　铜陵县西湖轮窑厂出土。盉柄尾段缺失,前段有销孔。通高 16、口径 11.6 厘米(图 3.1,5)。

谢垅盉　铜陵市谢垅墓葬出土,伴出重环纹球腹蹄足鼎、附耳平盖鼎、分体甗和燕鋬三足匜。盉柄尾段向上卷曲,有销孔。通高 19、口径 14.4 厘米(图 3.1,6)。

管状短柄型　1 件。上部钵形,下部鬲形。通体饰纹。

金口岭盉　铜陵市金口岭出土。口下饰一周勾连云纹,肩饰一周窃曲纹,袋足饰变形夔龙纹。通高 19、口径 11.2 厘米(图 3.1,7)。

关于这 7 件曲柄铜盉的年代,《皖南商周青铜器》将钟鸣盉、赤沙盉、家发盉、柳春园盉和金口岭盉定为西周时期,将西湖盉和谢垅盉定为春秋时期。钟鸣盉,杜迺松定为西周晚期。[①] 谢垅盉,本人曾拟定为春秋早期。[②]

皖南沿江地区出土的曲柄铜盉,可与江淮地区所出相比较。迄今为止,江淮地区出土曲柄铜盉 13 件,地点集中在舒城、庐江、肥西、六安、怀宁和潜山一带,除 1 件平口鬲形盉外,其余均为甗形盉。因此,亦可依据盉柄的形态分为单体龙(凤)柄和两段式卷曲柄两型。

单体龙(凤)柄型　4 件。上部盆形,下部鬲形。素面。庐江盔头出土 1 件,盉柄上扬,柄端龙首回顾,龙吻、龙角上卷(图 3.2,1)。舒城春秋塘出土 1 件,盉柄上扬,柄端龙首回顾,龙吻、龙角上卷(图 3.2,2)。潜山黄岭墓葬出土 1 件,盉柄上扬,柄端凤作顾首垂冠状(图 3.2,3)。舒城许家山嘴出土 1 件,盉柄上扬,柄端缺失(图 3.2,4)。

两段式卷曲柄型　依据上部形态可分为三个亚型。

上部弇口钵形,下部鬲形。2 件。肥西小八里出土 1 件,盉柄尾段缺失,有销孔。口下饰一周重环纹(图 3.2,5)。舒城五里出土 1 件(图 3.2,6)。

[①] 杜迺松:《在皖鉴定所见铜器考》,《青铜文化研究》第 1 辑,黄山书社,1999 年;杜迺松:《古代青铜器》,第 94 页,文物出版社,2005 年。

[②] 张爱冰:《铜陵谢垅出土青铜器的年代及其相关问题》,《东南文化》2009 年第 6 期。

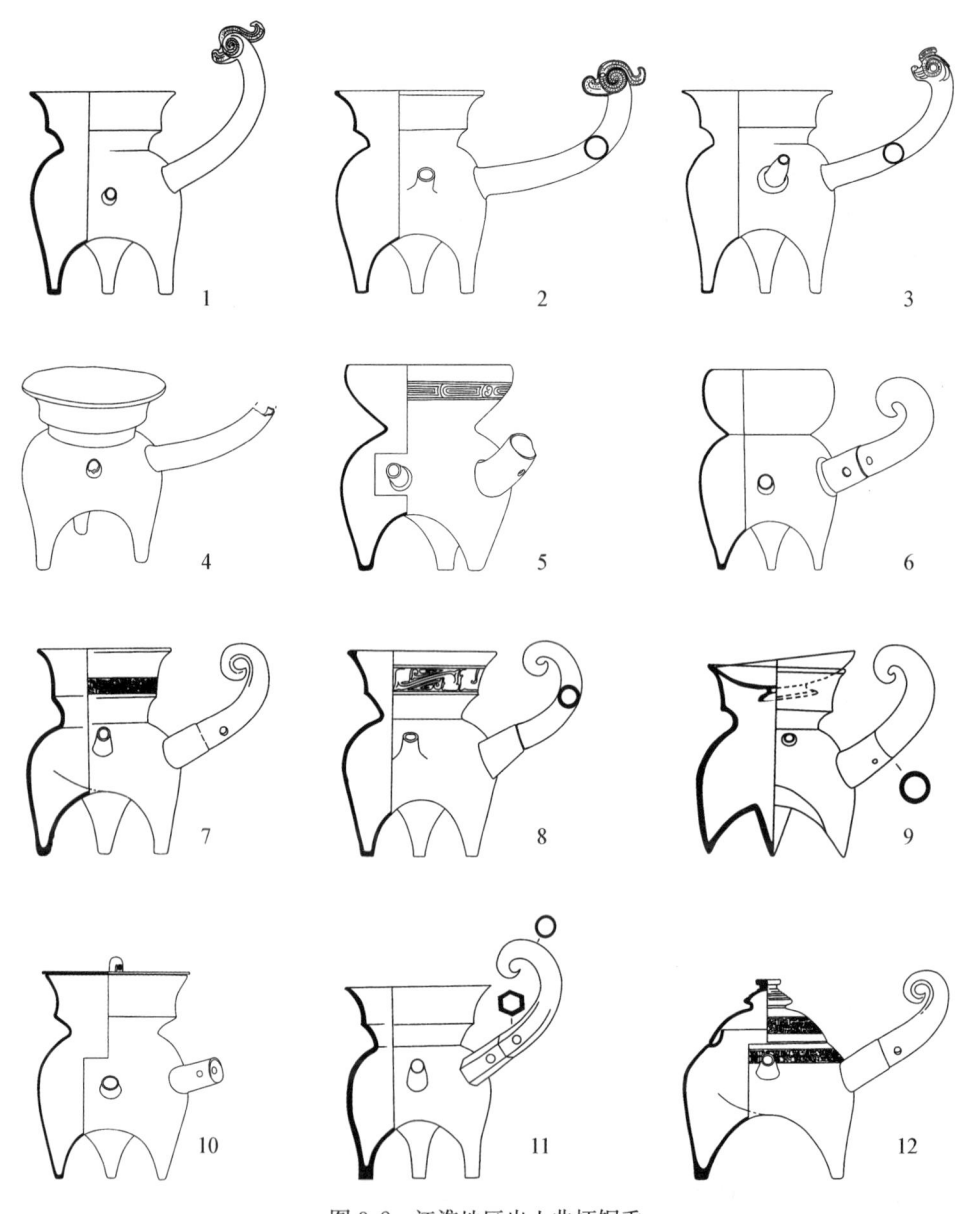

图 3.2　江淮地区出土曲柄铜盉

1. 盔头盉　2. 春秋塘盉　3. 黄岭盉　4. 许家山嘴盉　5. 小八里盉　6. 五里盉　7. 燕山盉　8. 河口盉　9. 凤凰嘴盉　10. 岳庙盉　11. 杨家牌盉　12. 燕山盉

上部盆形，下部鬲形。6件。六安燕山墓葬出土1件，口下饰一周夔龙纹（图3.2,7）。舒城河口墓葬出土1件，口下饰一周夔龙纹（图3.2,8）。舒城凤凰嘴墓葬出土1件，出土时斜置一盖形器于盆口之上（图3.2,9）。庐江岳庙出土1件，平盖，环钮（图3.2,10）。怀宁杨家牌墓葬出土1件，曲柄前段为六角菱形，尾部圆形（图3.2,11）。舒城百神庙出土1件，柄缺失。[①]

平口鬲形。1件。六安燕山墓葬出土。钮盖，盖及肩部各饰一周勾连云纹（图3.2,12）。

关于江淮地区出土曲柄铜盉的年代，盔头盉，《安徽省博物馆藏青铜器》定为西周时期，[②] 杜迺松定为西周晚期；[③] 凤凰嘴盉，殷涤非、[④] 李学勤[⑤] 均定为春秋中期。其余所出，各家观点不一，李国梁[⑥] 等拟定为春秋早期至春秋中期，朱凤瀚[⑦] 等拟定为春秋中期至春秋晚期。根据小八里盉，伴出附耳圈足盘和龙錾四足匜，分别与上村岭虢国墓地M1601、M1602[⑧] 所出近同，可拟定为西周晚期；燕山盉，伴出凤纹垂腹尊与仪征破山口[⑨] 所出近同，亦可拟定为西周晚期。

皖南和江淮地区以外，还出土和收藏有曲柄铜盉6件。河南光山黄君孟夫妇墓出土2件。黄夫人盉，钵口平盖，木算无孔，卷尾錾，兽头流，口下有铭文。此墓同出1件鬲形盉，平盖，高裆柱状足，兽首錾，筒状短流。[⑩] 湖北汉川城关镇出土1件，龙柄，上部盆形，口下饰一周夔纹。[⑪] 湖南衡南保和圩墓葬出土1件，上部盆形，口下饰一周夔纹。[⑫] 绍兴坡塘M306出土1件，管状短柄可与器身旋合，甑、鬲分体，曲颈兽首流，平盖。[⑬] 上海博物馆藏1件，钵口，高盖，顶

[①] 见第四章，图4.7。
[②] 安徽省博物馆：《安徽省博物馆藏青铜器》，图19，上海人民美术出版社，1985年。
[③] 杜迺松：《在皖鉴定所见铜器考》，《青铜文化研究》第1辑，黄山书社，1999年。
[④] 安徽省文物局文物工作队：《安徽舒城出土的铜器》，《考古》1964年第10期。
[⑤] 李学勤：《东周与秦代文明》，第151页，文物出版社，1984年。
[⑥] 李国梁：《群舒故地出土的青铜器》，《文物研究》第6辑，黄山书社，1990年；《中国青铜器全集》卷11，图173—175，文物出版社，1997年。
[⑦] 朱凤瀚：《中国青铜器综论》，第1798—1818页，上海古籍出版社，2009年。
[⑧] 中国社会科学院考古研究所：《上村岭虢国墓地》，科学出版社，1959年；李丰：《虢国墓地铜器群的分期及其相关问题》，《考古》1988年第11期。
[⑨] 张敏：《破山口青铜器三题》，《东南文化》2002年第6期。
[⑩] 河南信阳地区文管会、光山县文管会：《春秋早期黄君孟夫妇墓发掘报告》，《考古》1984年第4期。
[⑪] 沈银华：《湖北省汉川县发现一批春秋时期青铜器》，《文物》1974年第6期。
[⑫] 湖南省博物馆：《湖南衡南、湘潭发现春秋墓葬》，《考古》1978年第5期。
[⑬] 浙江省文物管理委员会、浙江省文物考古所、绍兴地区文化局、绍兴市文管会：《绍兴306号战国墓发掘简报》，《文物》1984年第1期。

设捉手。① 黄君孟夫妇墓和绍兴 M306 的年代已有定论,不再赘述。

近年来,在江淮和皖南地区周代遗址中多次发现地层关系明确的曲柄陶盉遗存,为我们认识出土铜器的背景,特别是认识曲柄盉在区域青铜文化发展中的时间和空间位置提供了线索。

曲柄陶盉的形态与曲柄铜盉基本一致,但可以想见质地和制作工艺方面的不同,陶盉盉柄多为单体一段式,上部多为敛口钵式,钵、鬲之间的陶箅均得以保存。皖南出土的曲柄陶盉,早见于南陵千峰山土墩墓,年代在西周中期或稍早。2010 年,在铜陵钟鸣师姑墩遗址西周地层中发现多件曲柄陶盉,下部鬲形,钵、鬲之间有箅,箅孔呈"一"字形,盉柄尾端上翘。近年又分别在繁昌板子矶周代遗址和南陵龙头山西周土墩墓群发现多件曲柄陶盉。

江淮地区出土的曲柄陶盉,早期的零星发现主要有合肥肥西老虎头(图 3.4,1)、金寨双河(图 3.4,2)等处。② 2002 年以后,又有多处经科学发掘的周代遗址出土曲柄陶盉遗存,其中霍邱堰台、霍山戴家院、六安堰墩、舒城大墩、南塘、③庐江大神墩、枞阳汤家墩、潜山薛家岗和安庆沈店④等处资料已经公布。

霍邱堰台遗址的发掘和大型田野考古报告《霍邱堰台》的出版,是近年来江淮地区商周考古的重要成果。堰台遗址发掘面积达 2 770 平方米,遗址堆积多为 2 米以上,出土遗迹、遗物丰富,资料整理科学规范。因此,堰台曲柄盉可以作为江淮地区的核心材料,其地层和年代可以作为其他地区的参照。

堰台曲柄盉,质地以夹砂灰陶或灰黑陶为主,少量为泥质灰陶,钵、鬲之间有箅,箅有两周或三排、圆形或椭圆形箅眼,器表多饰绳纹。器形除 1 件为平口鬲形外,其余均为钵口甗形。此遗址又出土若干断残盉柄,截面为圆形或椭圆形,尾端形态呈上翘或卷涡状,素面。根据《霍邱堰台》中"遗址诸单位分组、分期对应表",可将 7 件甗形盉、1 件鬲形盉和 11 件盉柄分期归纳如下:

一期　甗形盉标本 2 个。T1110⑩:2,钵形,圆形箅孔。器表饰绳纹(图 3.3,1);T1112⑩:2,鬲形,袋足较深,锥状实足根,足部设一圆柱形把。器表饰

---

① 陈佩芬:《夏商周青铜器研究·东周篇上》,图版 521,上海古籍出版社,2004 年。
② 杨德标、杨立新:《安徽江淮地区的商周文化》,《中国考古学会第四次年会论文集》,文物出版社,1985 年;李国梁:《群舒故地出土的青铜器》,《文物研究》第 6 辑,黄山书社,1990 年。
③ 安徽省文物局、安徽省文物考古研究所:《杭埠河中游区域系统调查报告》,文物出版社,2012 年。
④ 安徽省文物考古研究所、安庆市博物馆:《安徽安庆市先秦文化遗址调查报告》,《文物研究》第 14 辑,黄山书社,2005 年。

绳纹(图 3.3,2)。尾端上翘盉柄标本 1 个(T0705⑨：2)(图 3.3,3)。尾端卷涡状盉柄标本 1 个(T1213⑦a：3)(图 3.3,4)。

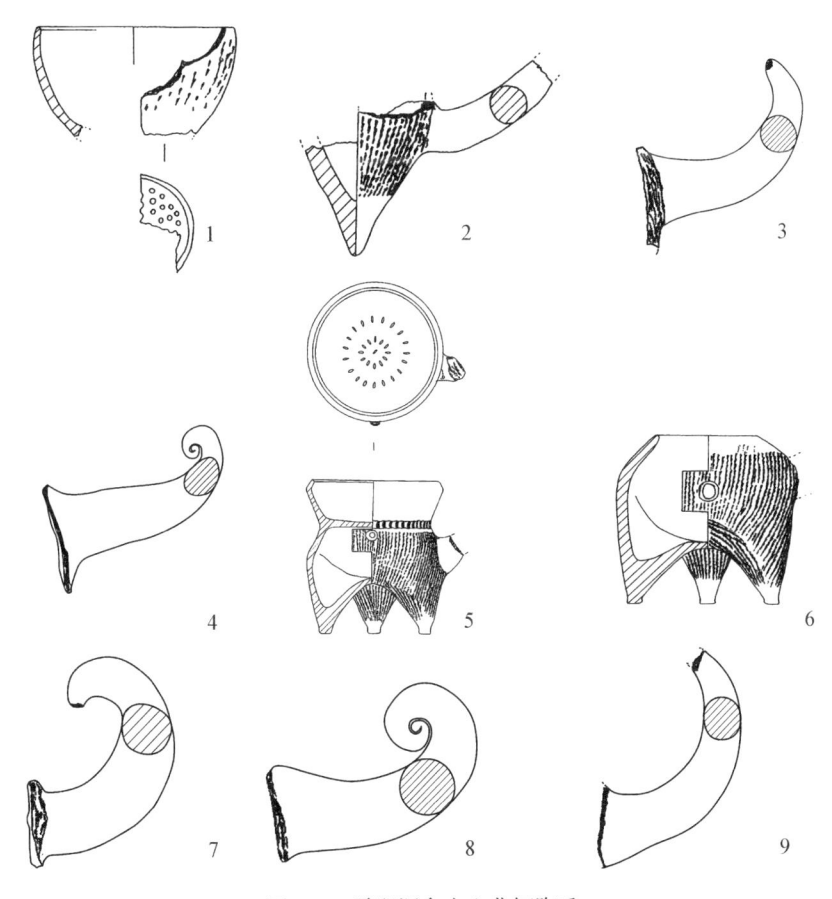

图 3.3 霍邱堰台出土曲柄陶盉
1. T1110⑩：2 2. T1112⑩：2 3. T0705⑨：2 4. T1213⑦a：3 5. T0909⑦：1 6. T1010③：1 7. T0608⑨：2 8. T0910⑥：6 9. T0710⑥：3

二期 甗形盉标本 5 个。标本 T0909⑦：1,上部钵形,有箅,箅有两周箅眼,下部鬲形,弧裆微瘪,柱状实足根。束腰处饰一周指窝纹,上部素面,下部饰绳纹(图 3.3,5)。鬲形盉标本 1 个(T1010③：1),平口鬲形,瘪弧裆,柱状实足根。器表饰绳纹(图 3.3,6)。尾端上翘盉柄标本 3 个。标本 T0608⑨：2(图 3.3,7)。尾端卷涡状盉柄标本 5 个,标本 T0910⑥：6(图 3.3,8)。

四期 尾端上翘盉柄标本 1 个(T0710⑥：3)(图 3.3,9)。

由上可知,曲柄盉在堰台一期即已出现,二期最为盛行,少量延续到四期。一期为尖唇钵口,锥状足,二期以后出现柱状实足根。鬲形盉在二期出现。根据器形比较和4个碳十四测年数据,堰台遗址的绝对年代大致为:一期西周早期后段至西周中期前段,二期西周中期后段至西周晚期前段,三期西周晚期后段至春秋早期前段,四期春秋早期后段至春秋中期。

与霍邱堰台邻近的六安堰墩遗址,公布了2件甗形盉。甗形盉上部为钵形,下部为鬲形,钵、鬲之间有箅,箅上有孔若干。T906⑧:8,夹砂黑陶。联裆,尖锥足,三袋足较深,宽扁形把上卷翘起。器表饰中绳纹,腰部按有指窝纹,把为素面(图3.4,3)。T708⑦:16,夹砂红褐陶。上部钵形。口沿下饰三道凹弦纹,下饰抹平绳纹,腰部按压指窝纹。箅上开有12个圆孔,下表面饰中绳纹,箅与盘为分制后按接相连(图3.4,4)。堰墩出土甗形盉的地层和年代,根据对共存器物的分析,大体相当于堰台二期至三期,即西周中期后段至春秋早期前段。

同一区域的霍山戴家院遗址的西周地层中亦发现多件曲柄陶盉,形态有钵口甗形盉和平口鬲形盉,稻粒状箅孔,把手多呈卷尾状,部分尾端饰成兽首或鸟形。

江淮中部和南部地区,可分别以庐江大神墩和枞阳汤家墩遗址出土的曲柄盉遗存为核心材料。大神墩遗址公布了2件甗形盉标本。T323③:1,夹砂黄褐陶。上部钵形,箅有8个镂孔,下部鬲腹较直,浅袋足,高弧裆,实足根较高,角状錾手,顶端为兽头状。腰际有一周半月形的指压纹,下部通饰绳纹(图3.4,5)。T322③:1,夹砂灰陶。粗短流,角状錾手顶端残,鼓腹,深袋足,高弧裆,腰部以上残。素面(图3.4,6)。汤家墩遗址公布了2件甗形盉标本。T6⑦:6,夹砂灰陶。上部钵口,箅有12个稻粒状孔眼。采:6,夹砂黑皮陶。折肩,锥状足内收,足端平,腹部有流孔和扁把手。肩上饰弦纹,下部饰绳纹(图3.4,7)。根据对共存器物的分析,大神墩和汤家墩遗存的地层和年代,亦大体相当于堰台二期至三期,即西周中期后段至春秋早期前段。

此外,江淮西南部的潜山薛家岗和安庆沈店神墩遗址也有曲柄盉出土,形制多为鼎形盉,与上述地点所出有所不同。薛家岗遗址商周时代的灰坑、墓葬和地层出土4件鼎形盉。标本H38:13,夹砂灰黑陶。上部钵形,梭形箅孔,下部扁折腹,底近平,管状流,角状把手,尾上翘,三矮锥状足(图3.4,8)。标本M152:4,夹砂灰黑陶。上部钵形,梭形箅孔,扁折腹,圜底,管状流,角状把手,尾上翘,三矮圆锥状足(图3.4,9)。沈店神墩遗址采集1件亦为鼎形盉,夹砂灰胎黑衣陶。上部

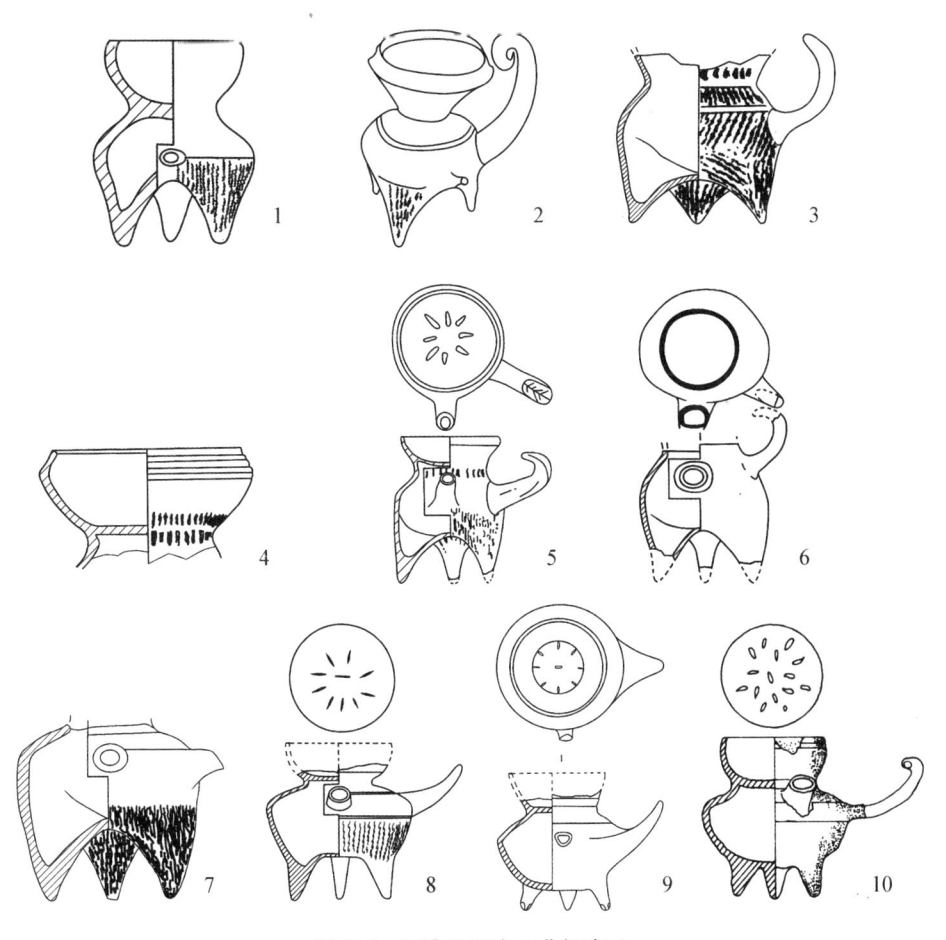

图 3.4 江淮地区出土曲柄陶盉

1. 老虎头盉　2. 双河盉　3. 堰墩 T906⑧∶8　4. 堰墩 T708⑦∶16　5. 大神墩 T323③∶1　6. 大神墩 T322③∶1　7. 汤家墩采∶6　8. 薛家岗 H38∶13　9. 薛家岗 M152∶4　10. 沈店采∶5

敛口钵形，梭形箅孔，管状短流，曲柄残，圜底，三圆锥形短足（图3.4，10）。薛家岗和沈店鼎形盉，除地域因素之外，形态上似应早于下部鬲形的甗形盉。

江淮周边地区，河南信阳、湖北麻城、江西九江和南京江浦等地有周代曲柄盉遗存出土。信阳平桥樊夫人墓出土甗形盉2件，标本 M1∶1，上部钵形，为泥质黑陶，下部鬲形，为夹砂黑陶，管状流已残，器銎上卷，裆部饰细绳纹。[1] 平西

---

[1] 河南省博物馆、信阳地区文管会、信阳市文化局：《河南信阳市平桥春秋墓发掘简报》，《文物》1981年第1期。

五号墓出土甗形盉1件,泥质灰陶,上部敛口钵形,鬲部分裆较高。[①] 孙砦遗址出土甗形盉,标本T4∶12,箅上有11个长方形孔。[②] 固始平寨古城遗址出土盉柄2件,标本T1⑥∶33,夹砂黑皮红胎陶,外涂一层细泥衣,磨光。[③] 湖北麻城吊尖遗址出土甗形盉(报告称为澄滤器),标本G3③∶2,夹砂红陶,仅存上部钵口、柳叶形箅孔。[④] 罗田庙山岗遗址出土盉柄2件。[⑤] 九江神墩遗址西周中期地层出土鼎形盉1件(T1②B∶16),夹砂红陶,平底,三实足,流、足残,腹部饰篮纹。盉柄5件,呈带状、羊角式和凤(鸟)首形等。西周晚期至春秋早期地层出土盉柄9件,呈羊角式和凤(鸟)首形等。[⑥] 江浦蒋城子遗址出土带把鬲的足、箅和角状把手,应为甗形盉遗存。[⑦]

综上所述,我们似可得出以下几点认识:

曲柄陶盉与曲柄铜盉形态既相一致,时空范畴又相重叠,应为同一文化或族群之遗存。

曲柄陶盉的年代,至迟在西周早期既已出现,西周中期后段至春秋早期前段最为兴盛,春秋早期后段至春秋中期渐趋衰落。曲柄铜盉的兴衰,应与曲柄陶盉大体相一致。因此,现有的分期体系,曲柄盉由西周时期的陶盉发展为春秋时期的铜盉,或者西周时期遗址出土陶盉而至春秋时期墓葬出土铜盉这样的认识逻辑似难成立。

曲柄陶盉西周早期在江淮北部地区出现,西周中期开始向江淮中部、南部和皖南沿长江地区迁播,其南迁的路线可以简化为堰台—大神墩—汤家墩—师姑墩,因此,曲柄盉的分布,以淮河以南、大别山以东、巢湖以西以南及皖南沿长江地区为核心,核心区周边,可为淮河上游、大别山西麓和滁河流域。

自1959年舒城凤凰嘴出土铜器以来,一种有着明显地域特征的器物组合,

[①] 信阳地区文管会、信阳市文管会:《河南信阳市平西五号春秋墓发掘简报》,《考古》1989年第1期。
[②] 河南省文物研究所:《信阳孙砦遗址发掘报告》,《华夏考古》1989年第2期。
[③] 北京大学考古学系、信阳地区文物管理委员会:《河南固始平寨古城遗址发掘报告》,《考古学报》2000年第3期。
[④] 湖北省文物考古研究所、麻城市博物馆:《湖北麻城吊尖遗址发掘简报》,《江汉考古》2008年第1期。
[⑤] 湖北省文物考古研究所、黄冈地区博物馆、罗田县文物管理所:《湖北罗田庙山岗遗址发掘报告》,《考古》1994年第9期。
[⑥] 江西省文物工作队、九江市博物馆:《江西九江神墩遗址发掘简报》,《江汉考古》1987年第4期。
[⑦] 南京市博物馆等:《江苏江浦蒋城子遗址》,《东南文化》1990年第Z1期。

例如曲柄盉、牺首鼎、折肩鬲等在江淮和皖南沿长江地区多次被发现,考古与历史学界,如殷涤非、李学勤、李国梁、朱凤瀚、杜廼松等基本认定其为周代群舒文化之遗存。

群舒的疆域,徐旭生主张在淮水南、大江北、西不过大别山山脉、东不过巢湖。随着近年铜陵师姑墩、繁昌板子矶、南陵龙头山、霍邱堰台、霍山戴家院等遗址和土墩墓考古资料的发表,江淮和皖南沿长江地区一种以曲柄盉、折肩鬲为典型器物的周代遗存的地层与年代最终被确立,因此,群舒文化的空间,当不限于大江以北。

曲柄盉的盛行与弃用,正与群舒文化发展相始终。自商末周初至春秋中期,群舒文化在江淮地区有着持续的存在和发展,至迟在西周中期,群舒文化向南迁播至皖南沿长江地带,春秋中期以后,由于吴越徐楚争霸战争等原因,群舒文化与周边文化相互交流与融和,群舒最后灭国而统一于楚。

因此,曲柄盉是研究群舒文化的一把钥匙。

二、牺 首 鼎

20世纪50年代以来,在江淮和皖南沿长江地区一个有边界的区域内,一种造型独特且形态基本一致的牺首铜鼎在多个地点出土,令人瞩目,因此,在讨论区域的青铜文化发展进程中,牺首鼎及其所标志的族群与文化自不能为我们所忽略。

牺首鼎由舒城凤凰嘴始出,迄今已有8件,其中江淮地区7件,皖南沿长江地区1件:舒城凤凰嘴、五里和河口各出土1件,庐江岳庙、三塘各出土1件,怀宁杨家牌出土1件,寿县魏岗出土1件,芜湖柳春园出土1件(表3.1)。

表 3.1 牺首鼎尺寸统计表　　　　　　　　　(长度单位:厘米)

	出土地点	通高	通长	口径	腹深	备注
有蟠龙饰	凤凰嘴	27.7	28.8	19.8	13	有盖
	五　里	27.3	28.3	19.8	10.9	有盖
	三　塘	27.5		20.2		缺盖
	柳春园	25.2	30.4	20	10.8	有盖

续　表

	出土地点	通高	通长	口径	腹深	备注
无蟠龙饰	杨家牌	27.7	28.5	20.7	12.6	缺盖
	岳　庙	27.5	30	20.9	12.1	有盖
	河　口	24.4	28	20.7	12	缺盖
羊首扁足	魏　岗	11	14.3	9.2	4.8	有盖

牺首鼎的形态，除魏岗1件羊首扁足鼎形体较小外，其余7件大体相近：圆垂腹一侧作兽首状，无流，另一侧一般有扉棱作兽尾；附耳直折向上；折沿，有密合盖，盖上置环钮；蹄形三足，两足在前，一足在后；兽首一般有双角和凸起的双目。

依据前足上部有无凸起的蟠龙饰，7件牺首鼎可大致分为两类。一类前足上部有凸起的蟠龙饰，包括凤凰嘴鼎(图3.5,1)、五里鼎(图3.5,2)、三塘鼎(图3.5,3)和柳春园鼎(图3.5,4)，整体形态基本一致：竖立的犄角呈扁平状，犄角有两处分叉，和鹿角相仿；突起的圆眼中间有一凹圆，凹圆中镶绿松石圆珠；前吻部两侧轻微隆起圆包，或为兽鼻，其上密布小点，或为胡须的根孔；颈部较短，鼎口延至颈部，盖前翘与兽颈后部密合；尾部扉棱，上齿分叉，下齿上钩，中齿下钩，整体表现或为顾首的夔龙。

另一类前足上部无蟠龙饰，包括杨家牌鼎(图3.5,5)、岳庙鼎(图3.5,6)和河口鼎(图3.5,7)，形态稍有差异。杨家牌鼎头部与颈部有明显拼接痕迹，突起的圆眼无凹圆，其上密布小点；前吻两侧隆起为圆包，其上密布小点并向脸部蔓延；卷曲小尾。岳庙鼎无尾。河口鼎兽头造型与前6件区别明显，前吻两侧有犬齿状凸起，其上密布小点；鼎口未延至颈后部，可能为凹口密合盖；尾部扉棱有钝齿。

魏岗鼎(图3.5,8)形态与上述两类差异较大：三扁足向外钩卷，一侧羊颈突出，上为绵羊头；羊首内空与器腹相通，羊角向后卷曲；密合盖，盖中置半圆钮，伸出部分作绵羊尾状下垂，另一侧有一缺口可卡入羊颈。

牺首鼎的纹饰，分布在前足上部、腹部、盖面、犄角、附耳和尾部。前足上部，凤凰嘴、五里、柳春园和三塘鼎饰凸起的蟠龙纹，龙体盘绕成圆形，首内尾外，右侧为逆时针盘绕，左侧为顺时针盘绕，龙身饰鳞纹。腹部多饰一周夔(龙)

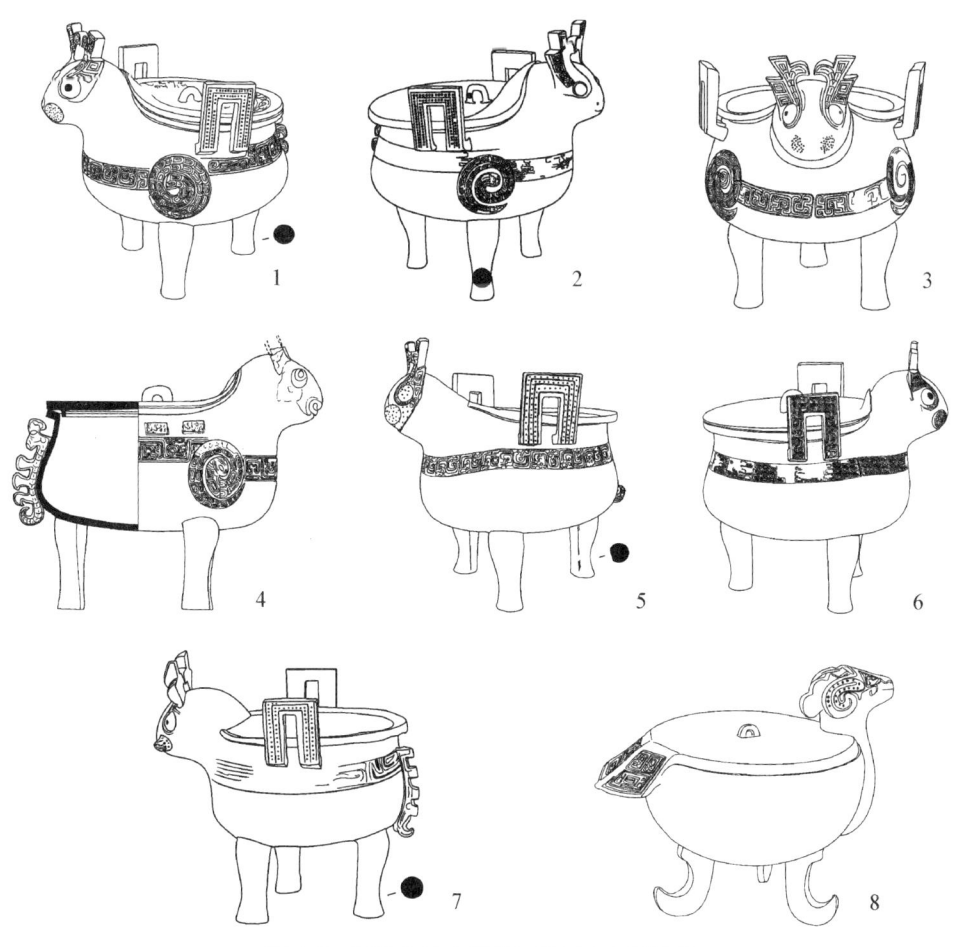

图 3.5　江淮和皖南沿长江地区出土牺首鼎
1. 凤凰嘴鼎　2. 五里鼎　3. 三塘鼎　4. 柳春园鼎　5. 杨家牌鼎　6. 岳庙鼎　7. 河口鼎　8. 魏岗鼎

纹带。凤凰嘴鼎左右腹部为一组斜角云纹后接夔龙纹，项下为夔龙纹。五里鼎左右腹部及项下均为简化的夔纹。三塘鼎、柳春园鼎左右腹部及项下均为夔龙纹。杨家牌鼎通体一周夔龙纹带。岳庙鼎通体一周双线 S 形夔纹带。河口鼎腹部为一周由多条曲线连续套勾而成的窃曲纹。盖面多饰一周窃曲纹或勾连云纹。犄角多饰云雷纹和鳞纹。魏岗鼎羊角上饰小圆点纹，附耳多饰小圆点纹，间以弦纹。岳庙鼎附耳饰窃曲纹。尾部多沿扉棱饰一周云纹。魏岗鼎尾饰勾连雷纹。

牺首鼎的年代,学者观点多有不同,大致有春秋早期、①春秋早期偏晚至中期偏早、②春秋中期、③春秋中期至春秋中晚期、④春秋中期偏晚、春秋晚期偏早⑤等说法,但总体的范围限于春秋时期。随着近年来江淮及周边地区考古新材料的不断积累,上述牺首鼎的年代估定对整体理解区域青铜文化的历史进程颇多不便。

我们先对牺首鼎的器形纹饰和器群组合(表3.2)做初步的观察和比较。凤凰嘴牺首鼎由鳞纹组成的蟠龙饰、腹部左右两侧的斜角云纹均可见于中原西周至春秋早期的铜器。盖面所饰由连续的简化窃曲纹组成的蟠带纹,与日照崮河崖M1∶3鼎腹所饰近似。⑥附耳矩钮平盖鼎,深腹微垂,三蹄足,子母口,平盖有直裙,盖中置环钮,盖周置三个矩形捉手,枣庄东江小邾国M3出有形制相近者。⑦折肩鬲,尖锥状足,形制与临沂中洽沟M1∶5鬲近同。⑧日照崮河崖、东江小邾国和临沂中洽沟器群的年代均在西周晚期至春秋早期。

表3.2 牺首鼎伴出铜器组合表

出土地点	附耳平盖鼎	立耳鼎	罐形鼎	圈足簋	折肩鬲	曲柄盉	龙錾匜	缶	缶形盉	小方盒
凤凰嘴	2				3	1		3		
五 里		3				1				
三 塘							1	1		1
柳春园					1					
杨家牌		2								
岳 庙					1					
河 口	2		1	1	1			1	1	
魏 岗		1		1			1	2		1

---

① 马道阔:《安徽省庐江县出土春秋青铜器——兼谈南淮夷文化》,《东南文化》1990年第Z1期。
② 张钟云:《淮河中下游春秋诸国青铜器研究》,《考古学研究》(四),文物出版社,2000年。
③ 李学勤:《东周与秦代文明》,第151页,文物出版社,1984年。
④ 李国梁:《群舒故地出土的青铜器》,《文物研究》第6辑,黄山书社,1990年。
⑤ 朱凤瀚:《中国青铜器综论》,第1798—1809页,上海古籍出版社,2009年。
⑥ 杨深富:《山东日照崮河崖出土一批青铜器》,《考古》1984年第7期。
⑦ 枣庄市山亭区政协:《小邾国文化》,第30页,中国文史出版社,2006年。
⑧ 临沂市博物馆:《山东临沂中洽沟发现三座周墓》,《考古》1987年第8期。

五里垂腹柱足鼎近于张家坡西周墓地 M253：5 鼎，年代在西周中晚期至晚期。[①] 立耳的圆腹平盖鼎又见于肥西小八里，小八里器群的年代在西周晚期至春秋早期而较少争议。

杨家牌变形蝉纹鼎，腹部装饰细密的方格云纹，云纹带下饰一周垂叶三角纹，加饰二乳钉为目，又称变形蝉纹。以倒三角纹为外框的蝉纹盛行于殷墟时期和西周早期，但这种垂叶三角纹出现则略晚，如沂源姑子坪 M1：11 罍等器所饰，[②]年代在西周晚期。

河口附耳矩钮平盖鼎腹部饰简化的顾首龙纹，龙身斜直，一身双首，为西周早中期顾首龙纹的简省与变形，与临沂中洽沟 M1：6 盘所饰斜角云纹近似。曲柄盉口下所饰三角形顾首龙纹，又见于莒县西大庄 M1：10 壶颈、M1：29 害辖、[③]三门峡虢国墓 M2011：330 盆腹[④]等，西大庄 M1 的年代在西周晚期至春秋初年，三门峡虢国墓 M2011 的年代在西周晚期。

魏岗立耳圆腹鼎腹部所饰三角形变体龙纹，又见于姑子坪 M1：1 鼎腹。三足龙錾匜，形制与枣庄东江小邾国墓 M2：5 匜近同，[⑤]腹部所饰的重环纹和平行凹弦纹，也是西周晚期流行的样式。圈足簋源自周式簋而不加三小足。小方盒又见于小八里器群。

由上可知，牺首鼎出现的年代应不晚于西周晚期，整体流行的年代在西周晚期和春秋早期。

近年来，江淮及周边地区新出周代陶器遗存，可为我们认识铜器在区域青铜文化发展中的时间和空间位置提供帮助。通过对器群组合中出现较多、区域特征鲜明的曲柄盉、折肩鬲以及附耳矩钮平盖鼎的年代论证，可进一步支持对牺首鼎的年代判定。

先看曲柄盉。出土牺首鼎的 8 组器物，6 组分别伴出 1 件曲柄盉。6 件曲柄盉，均为两段式卷曲柄。除五里盉上部敛口钵形外，其余所出上部均为盘口形。曲柄盉的形态和年代已于上节讨论，不再赘述。

---

① 中国社会科学院考古研究所：《张家坡西周墓地》，第 139 页，中国大百科全书出版社，1999 年。
② 山东大学考古系、淄博市文物局、沂源县文管所：《山东沂源县姑子坪周代墓葬》，《考古》2003 年第 1 期。
③ 莒县博物馆：《山东莒县西大庄西周墓葬》，《考古》1999 年第 7 期。
④ 河南省文物考古研究所、三门峡市文物工作队：《三门峡虢国墓》（第一卷），第 334—338 页，文物出版社，1999 年。
⑤ 李光雨、张云：《山东枣庄春秋时期小邾国墓地的发掘》，《中国历史文物》2003 年第 5 期。

再看折肩鬲。凤凰嘴出土折肩铜鬲3件,形制基本相同,侈口,束颈,折肩,高弧裆,尖锥状足。折肩铜鬲又见于潜山黄岭,出土4件,形制基本相同,肩上饰有短扉棱,有盖,盖上有一圆形捉手。

折肩铜鬲在邻近的河南信阳和山东沂沭河流域均有出土,年代在西周晚期至春秋早期。信阳平桥M1樊夫人鬲,柱状袋足,颈饰窃曲纹,三足上部有较小扉棱。[①] 明港段湾鬲,足外有扉棱,肩饰重环纹。[②] 黄君孟夫妇墓黄夫人鬲,腹部饰窃曲纹。[③] 平西M5鬲,高柱状足,足上部各饰一扁扉棱,肩饰重环纹,伴出折肩陶鬲。[④] 临沂中洽沟M1∶5、莒县西大庄M1∶4鬲,足略呈锥状与江淮地区近似,肩部纹饰则与信阳地区所出相近,或称为"莒式鬲"。[⑤]

折肩陶鬲,江淮地区含山大城墩、肥东吴大墩、六安众德寺、霍邱绣鞋墩、霍邱堰台、六安堰墩、庐江大神墩、枞阳汤家墩、安庆张四墩、铜陵师姑墩等遗址西周中晚期地层均有出土。王迅最早将这种在江淮地区出土的折肩鬲称为"淮式鬲",[⑥]已得到学界认可。[⑦] 淮式鬲应是在周式鬲基础上的一种本土改造与革新,体现了江淮区域文化的内涵与特征。

仍以霍邱堰台遗址为例,《霍邱堰台》发掘报告将出土的20余件折肩鬲区分为甲类B型和乙类E型,二至四期均有出土。甲类器形较大,肩部饰一周宽条状附加堆纹,折肩或鼓肩,弧裆微瘪,二期标本如T0807⑨∶1(图3.6,1),三期标本如T0811⑤∶23(图3.6,2)。乙类器形略小,折肩或鼓肩,弧裆内瘪,柱状足根,其中折肩明显的,二期标本如T0714⑫∶2(图3.6,3),三期标本如T0710⑦∶1(图3.6,4),四期标本如T0909③∶3(图3.6,5);肩部饰扉棱的,二期标本如T0911③∶4(图3.6,6),四期标本如T0810⑤∶3(图3.6,7)。

折肩鬲在堰台二期(西周中期后段至晚期前段)开始出现,三期(西周晚期

[①] 河南省博物馆、信阳地区文管会、信阳市文化局:《河南信阳市平桥春秋墓发掘简报》,《文物》1981年第1期。

[②] 信阳地区文管会、信阳市文化馆:《信阳县明港发现两批春秋早期青铜器》,《中原文物》1981年第4期。

[③] 河南信阳地区文管会、光山县文管会:《春秋早期黄君孟夫妇墓发掘报告》,《考古》1984年第4期。

[④] 信阳地区文管会、信阳市文管会:《河南信阳市平西五号春秋墓发掘简报》,《考古》1989年第1期。

[⑤] 禚柏红:《莒文化研究》,《东方考古》第6辑,科学出版社,2009年。

[⑥] 王迅:《东夷文化与淮夷文化研究》,第115页,北京大学出版社,1994年。

[⑦] 安徽省文物考古研究所:《安徽考古的世纪回顾与思索》,《考古》2002年第2期;高广仁、邵望平:《析中国文明主源之一——淮系文化》,《东方考古》第1集,科学出版社,2004年。

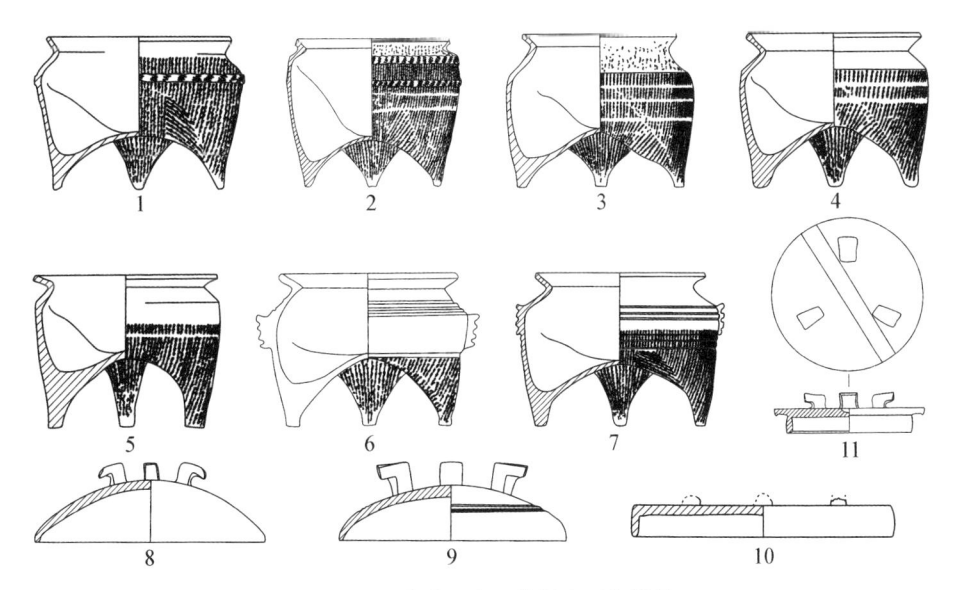

图 3.6　堰台遗址出土陶折肩鬲与器盖

1. T0807⑨：1　2. T0811⑤：23　3. T0714⑫：2　4. T0710⑦：1　5. T0909③：3　6. T0911③：4　7. T0810⑤：3　8. T1012④：6　9. T0810⑦：1　10. T0711⑤：1　11. T0912③：2

后段至春秋早期前段)继续流行,型式最为丰富,四期(春秋早期后段至春秋中期)逐渐衰落。折肩陶鬲与折肩铜鬲形态既相一致,时空范畴又相重叠,折肩铜鬲的兴衰,应与折肩陶鬲大体相一致。江淮地区周代遗址出土折肩陶鬲,如堰台、堰墩、大神墩和汤家墩,均有曲柄陶盉相伴出。随着长江南岸师姑墩遗址折肩鬲和曲柄盉组合的出土,一种涵盖江淮和皖南沿长江地区的、以折肩鬲和曲柄盉为主体内涵的青铜文化的地层与年代最终被确立。

堰台遗址出土的三钮陶器盖,也为江淮地区附耳矩钮平盖鼎,如凤凰嘴、河口所出器物的年代认知提供了启示。三钮陶器盖可分为无子母口和子母口两类,无子母口覆盘形拱顶器盖,顶部捉手为间距较小的三钩钮如 T1012④：6(图 3.6,8)和间距较大的三折钮如 T0810⑦：1(图 3.6,9),二—四期均有出土；无子母口三钮平顶器盖 T0711⑤：1(图 3.6,10)和子母口方形三折钮平顶器盖 T0912③：2(图 3.6,11),三期出土。三钮陶器盖,尚未见于其他地区。

由伴出器物如曲柄盉、折肩鬲和附耳矩钮平盖鼎的年代,可知牺首鼎出现的年代亦应不晚于西周时期。

牺首鼎的形态,已有学者论其源于匜、附耳鼎和觥三者部分因素的结合,其说可信。① 在此基础上,本节再补充若干江淮及周边地区出土牺尊、匜鼎和龙錾匜的材料,进一步厘清牺首鼎的源流。

牺尊如张家坡 M163：33 尊(图 3.7,1),头上有双角、两耳,身有两翼,头顶立一虎,颔下、尾部各有一曲龙,背上有方孔,大鸟钮盖,年代在西周早期。② 牺觥一般作椭圆形腹或方形腹,圈足或四足,有流、錾和盖,觥盖为兽头连接兽背的形状,流部为兽颈,多见于中原商代和西周前期。丹徒烟墩山出土一对所谓牺觥(图 3.7,2),头有柱状双角,背上有孔带盖,盖上立兽形钮,兽头与器身连铸而无流,与觥不类。形制相近的还有青阳汪村出土牺尊(图 3.7,3),长圆角器腹,四曲蹄足,尾作环形錾,背上开口,疑当有盖,兽头与器身连铸,双角弯曲前伸作羊形。因此,烟墩山所出,亦应称为牺尊。

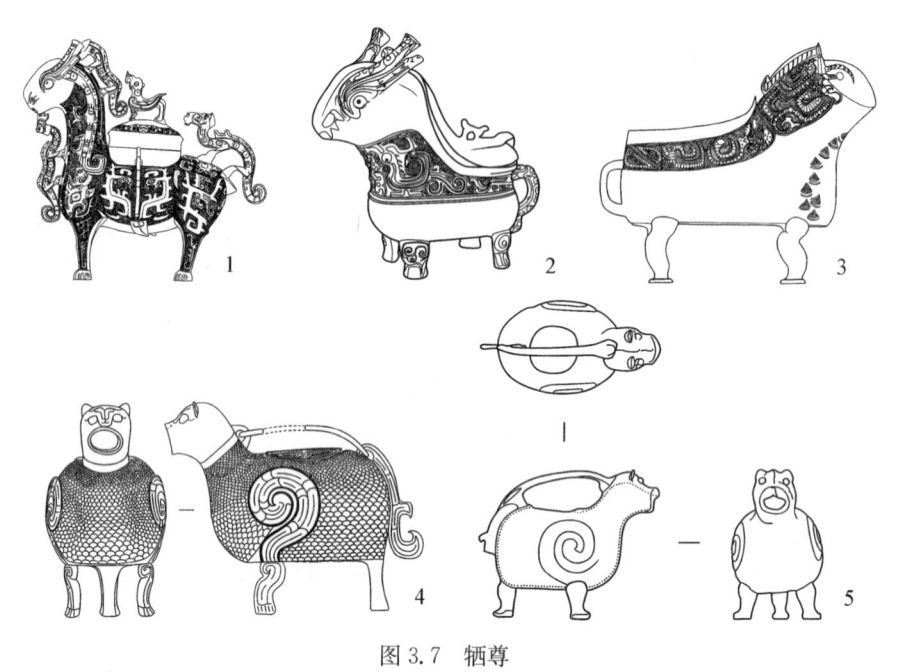

图 3.7 牺尊
1. 张家坡 M163：33 2. 烟墩山出土 3. 汪村出土 4. 平西 M5 出土 5. 万家园 M181：15

前足上部有蟠龙饰的牺尊在淮河上游的信阳和南阳各出 1 件。信阳平西 M5 尊(图 3.7,4),虎头,椭圆口,通身麟纹,前足上部饰凸起的蟠龙纹,背部有椭

---

① 郑小炉：《试论徐和群舒青铜器——兼论徐、舒与吴越的融合》,《文物春秋》2003 年第 5 期。
② 中国社会科学院考古研究所：《张家坡西周墓地》,第 162、163 页,中国大百科全书出版社,1999 年。

圆形盖,扁棱卷曲尾,头尾有环钮连接提梁。① 南阳万家园 M181∶15 尊(图 3.7,5),张口为流,竖耳,双目圆睁,短尾,三蹄足,前足上部应为蟠龙饰,头尾有提梁,背部椭圆形开口,疑当有盖。②

有流的匜形鼎在关中和晋南均有发现。长安张家坡 M152∶51 鼎(图 3.8,1),圆口,口上有一流嘴,沿上有长方形双立耳,下腹倾垂,三柱状足,鼎内有"井"字铭,年代在西周中期偏晚。③ 闻喜上郭村 M57∶10 鼎(图 3.8,2),三蹄足,附耳,槽流,圆盖,兽钮,口沿下饰窃曲纹,腹饰两周垂鳞纹,西周晚期器。上郭村 89WSM27∶1 鼎(图 3.8,5),三蹄足,附耳,管状流,球腹,平盖上两猴相向蹲坐形成盖钮,盖平面有两条凸起的蟠龙相互缠绕,腹饰横鳞纹和垂鳞纹,西周晚期器。④ 侯马上马村 M14 鼎(图 3.8,6),附耳,兽蹄形短足,兽头状流,平盖,

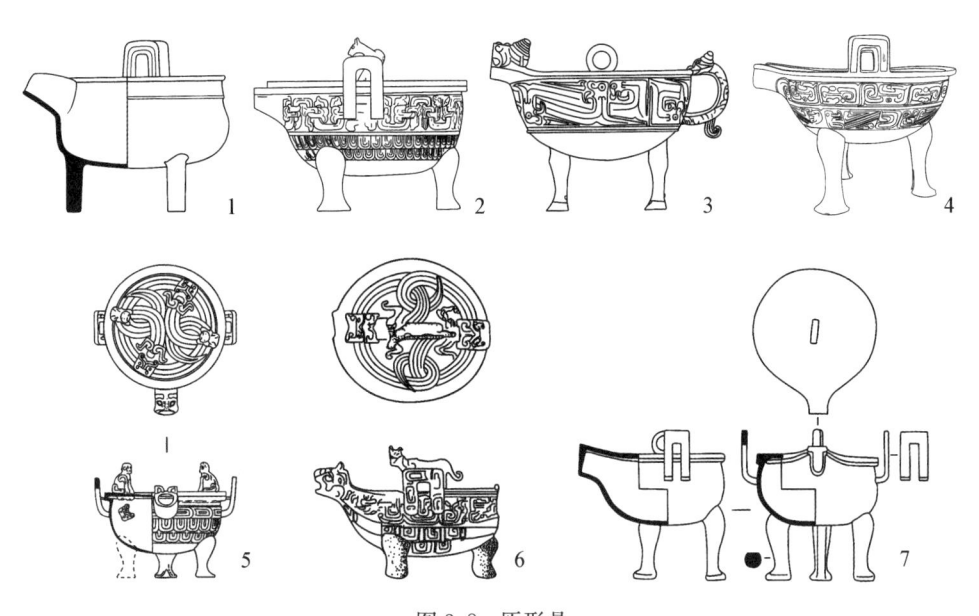

图 3.8 匜形鼎

1. 张家坡 M152∶51 2. 上郭村 M57∶10 3. 中洽沟 M1∶7 4. 小邾国 M3 出土 5. 上郭村 89WSM27∶1 6. 上马村 M14 出土 7. 长清仙人台 M5∶85

---

① 信阳地区文管会、信阳市文管会:《河南信阳市平西五号春秋墓发掘简报》,《考古》1989 年第 1 期。
② 南阳市文物考古研究所:《南阳市万家园 M181 发掘简报》,《中原文物》2009 年第 1 期。
③ 中国社会科学院考古研究所:《张家坡西周墓地》,第 142、143 页,中国大百科全书出版社,1999 年。
④ 赵瑞民、韩炳华:《晋系青铜器研究:类型学与文化因素分析》,第 56、57 页,山西人民出版社,2005 年。

盖上立犬兽钮,盖面饰两条凸起的蟠龙,器身上部饰窃曲纹,下部饰垂鳞纹,耳饰重环纹,年代在西周晚期至春秋早期。①

邻近的沂沭河流域也有多件匜形鼎出土。临沂中洽沟M1：7鼎(图3.8,3),圆腹,环形立耳,兽头流,龙形鋬,三蹄足,腹饰顾首龙纹。② 沂水李家庄、③莒南中刘山村北2号墓④也各出土1件,形制与中洽沟鼎近同。此外,长清仙人台M5：85鼎(图3.8,7),附耳,三蹄足,瓢形盖,中置环钮,沿部有一小舌,恰与流口相扣合。⑤ 枣庄小邾国M3匜形鼎(图3.8,4),方穿立耳,内底有"倪庆作秦妊匜鼎,其永宝用"铭。⑥

匜早见于西周中期,流行于西周晚期和春秋时期。吕大临《考古图》称匜在沃盥之礼中与盘配套使用,至王国维作《说觥》,区分自宋以来所谓匜者为两种,"其一即匜,其二即兕觥",将觥从匜中分出。江淮中心区域,前述魏岗匜(图3.9,1)之外,三塘和杨家牌器群亦伴出蹄形三足匜,均龙鋬衔沿,双柱角,龙尾

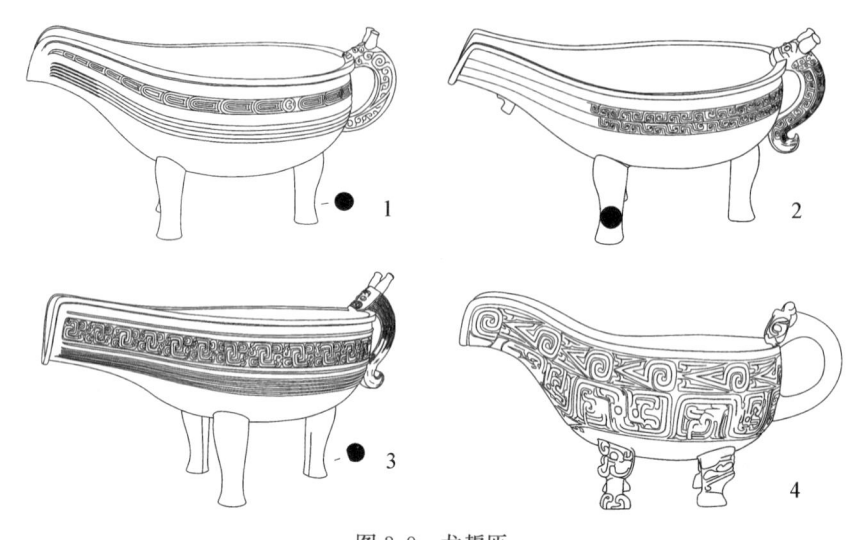

图3.9 龙鋬匜
1. 魏岗匜 2. 三塘匜 3. 杨家牌匜 4. 小八里匜

---

① 山西省文物管理委员会侯马工作站:《山西侯马上马村东周墓葬》,《考古》1963年第5期。
② 临沂市博物馆:《山东临沂中洽沟发现三座周墓》,《考古》1987年第8期。
③ 山东省文物管理处、山东省博物馆:《山东文物选集(普查部分)》,图101,文物出版社,1959年。
④ 莒南县博物馆藏品。
⑤ 山东大学历史文化学院考古系:《长清仙人台五号墓发掘简报》,《文物》1998年第9期。
⑥ 枣庄市山亭区政协:《小邾国文化》,第157页,中国文史出版社,2006年。

上卷,身饰鳞纹。三塘匜(图3.9,2)口下饰夔龙纹,前口下有齿状突。杨家牌匜(图3.9,3)口下饰交龙纹,其下又有6道平行凹弦纹。扁平四足的龙錾匜,见于小八里(图3.9,4),足上端饰兽面,口下饰尖角云纹,腹饰窃曲纹,錾端作龙首,龙口衔沿。

因此,江淮地区牺首鼎,既有受关中、晋南地区牺尊和匜形鼎器形的影响,又有与淮河上游地区牺尊、沂沭河流域匜形鼎器形的交流,最后结合本地牺尊、龙錾匜和附耳鼎的传统创新改造而成。

江淮地区牺首鼎,形态基本一致,出土区域可以界定在淮河以南、大别山以东、巢湖以西,南及皖南沿长江地区,恰与曲柄盉、折肩鬲的空间分布相重叠。以牺首鼎、曲柄盉和折肩鬲为代表的器群组合,应为同一族群文化之传统。比较安徽江淮以外区域,如邳州、淮阴、绍兴三地所出牺首鼎,形态和年代差异显著,似可区别为不同的文化系统。

邳州九女墩M3∶41鼎(图3.10,1、2),附耳,曲口,无盖,深腹,底较平缓,三蹄形足较矮小,鼎前伸出一兽首,圆目突出,吻部及面部饰点纹,兽首上立两犄角,角饰羽翅式卷曲纹,内填三角雷纹,颈、腹交界处饰一周绳辫纹,口下、腹部均饰双线S形蟠螭纹,尾部扉棱。[1] 淮阴高庄M1∶99鼎(图3.10,3),形制与邳州鼎近同,曲口,无盖,吻部饰点纹,颈、腹饰双线S形蟠螭纹,绳辫纹下饰三角锯齿纹,伴出的鉴、炉与江西靖安出土徐王铭文铜器形制近同。[2] 绍兴坡塘M306∶采6鼎(图3.10,4),仅存一兽面及相连的器口残部,纹饰与高庄鼎近同。[3] 由此可见,九女墩、高庄和坡塘所出牺首鼎的形态大体相一致,其年代与国别,学界早有论定,无须烦言。

在江淮地区青铜文化遗存中,青铜和陶质的曲柄盉、折肩鬲同时存在,但迄今未见陶质或原始瓷牺首鼎。江淮地区以外,江西贵溪和玉山、浙江绍兴和余杭等地出土陶质和原始瓷兽面鼎,形态与年代,应与九女墩、高庄、坡塘所出相传承。贵溪崖洞墓M10∶18陶鼎(图3.11,1),长方形附耳直折,蹄形三足,无盖,口沿一面为一兽首,火焰状犄角,尾作扉棱,通体饰云雷纹,中腹饰绳辫纹一

---

[1] 孔令远、陈永清:《江苏邳州市九女墩三号墩的发掘》,《考古》2002年第5期。
[2] 淮阴市博物馆:《淮阴高庄战国墓》,《考古学报》1988年第2期;王厚宇、刘振永:《青铜独秀:淮阴高庄战国墓出土礼器巡礼》,《东方收藏》2012年第7期。
[3] 浙江省文物管理委员会、浙江省文物考古所、绍兴地区文化局、绍兴市文管会:《绍兴306号战国墓发掘简报》,《文物》1984年第1期。

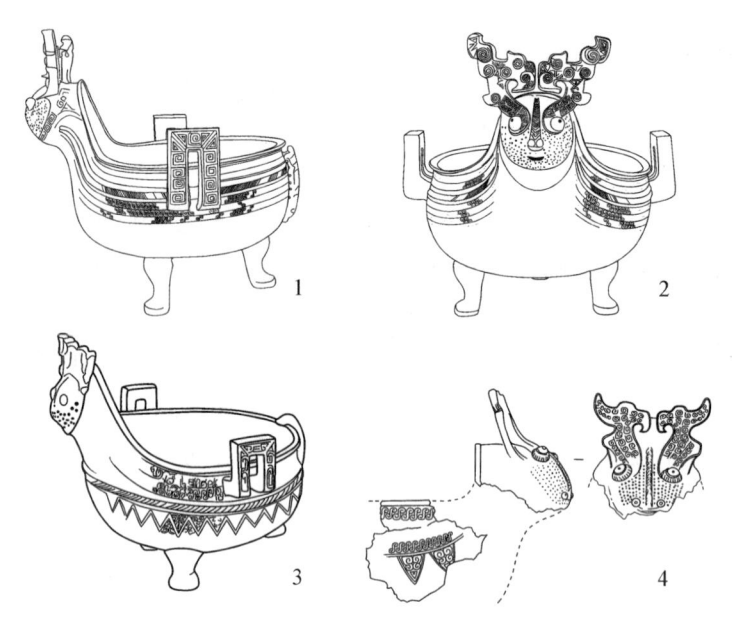

图 3.10　九女墩、高庄、坡塘出土牺首鼎
1、2. 九女墩 M3∶41　3. 高庄 M1∶99　4. 坡塘 M306∶采 6

周,伴出陶盥盘与靖安出土徐王义楚铭青铜盥盘形制近同。[①] 玉山双明窑出土墩墓 M1∶5 原始瓷鼎(图 3.11,2),附耳,蹄形三足,无盖,口沿一面堆塑兽首,吻部前凸,无五官刻划,尾作小兽攀援状。[②] 绍兴和余杭地区出土陶瓷兽面鼎,形制与赣东北所出近同,多为曲折形附耳,蹄形三矮足,无盖,口沿一面为兽首,相对一面有尾錾,通体饰 S 纹或云雷纹,腹部饰一周绳辫纹,陶鼎如绍兴凤凰山 M2[③](图 3.11,3)、袍谷遗址 H5[④](图 3.11,4)等所出,原始瓷鼎如绍兴皇上灶村[⑤](图 3.11,5)、余杭崇贤老鸦桥 M1[⑥](图 3.11,6)、水洪庙[⑦](图 3.11,7、8)等所出。

综上所述,似可归纳以下几点认识。第一,江淮地区牺首鼎流行的年代,应

[①]　江西省历史博物馆、贵溪县文化馆:《江西贵溪崖墓发掘简报》,《文物》1980 年第 11 期。
[②]　江西省文物考古研究所、玉山县博物馆:《玉山双明地区考古调查与试掘》,《南方文物》1994 年第 3 期。
[③]　绍兴县文物管理委员会:《绍兴凤凰山木椁墓》,《考古》1976 年第 6 期。
[④]　绍兴县文物保护管理所:《浙江绍兴袍谷遗址发掘简报》,《考古》1989 年第 9 期。
[⑤]　周燕儿、符杏华:《浙江绍兴县出土一批原始青瓷器》,《江西文物》1990 年第 1 期。
[⑥]　余杭县文物管理委员会:《浙江省余杭崇贤战国墓》,《东南文化》1989 年第 6 期。
[⑦]　盛正岗:《余杭出土战国原始瓷及产地问题》,《东方博物》2008 年第 3 期。

图 3.11　赣浙地区出土陶、原始瓷兽面鼎

1. 贵溪崖洞墓 M10∶18　2. 窑山土墩墓 M1∶5　3. 绍兴凤凰山 M2∶3　4. 袍谷 H5∶3　5. 绍兴皇上灶村出土　6. 余杭崇贤老鸦桥 M1∶17　7、8. 水洪庙出土

在西周晚期至春秋早期。第二，江淮地区牺首鼎分布的区域，可界定在淮河以南、大别山以东、巢湖以西和皖南沿长江地区，正与曲柄盉和折肩鬲的空间分布相重叠。第三，江淮地区牺首鼎的形态应来自牺尊、匜形鼎、龙銴匜和附耳鼎要素的组合，是中原地区、淮河上游、沂沭河流域文化因素与江淮本土传统的融合与创新。第四，以牺首鼎、曲柄盉和折肩鬲的器形组合为主体内涵的青铜文化，应为江淮群舒族群所创造，九女墩、高庄、坡塘所出牺首鼎，以及赣浙所出陶瓷兽面鼎，应为不同族群文化之传统。

第四章
以舒城为中心的江淮周代铜器的构成

如前所述，江淮地区墓葬或窖藏出土周代铜器共计28组，除沿江地区的枞阳官塘、前程、杨市三组将在第六章，沿淮地区的蚌埠双墩、凤阳下庄、大东关以及舒城九里墩共四组在第七章单独予以讨论外，其余21组，即舒城凤凰嘴、河口、五里、许家山嘴、春秋塘、百神庙、庐江盔头、岳庙、三塘、合肥乌龟岗、肥西小八里、金牛、六安燕山、思古潭、寿县魏岗、桐城长岗、怀宁杨家牌、望江竹山、潜山黄岭、无为大童、文思，以及若干零星出土铜器，在本章讨论（图4.1）。

从目前已发现的墓葬及其所出青铜器的数量和规模来看，舒城应是群舒遗存分布较为集中的区域之一。舒城出土铜器墓葬，又主要集中在以下3个区域：一是今县城所在城关镇地区，五里墓距县城2.5公里，凤凰嘴墓距县城1.5公里，九里墩墓距县城3.5公里。二是城关镇马河口一带，距离县城10公里左右，包括春秋塘茶林场区、幸福村、杨家村和建设窑厂。这一区域的中心点是一个巨大的池塘，称为春秋塘，四周分布着七个大墓冢，池塘应为取土堆冢而成。2005年4月，春秋塘墓葬出土曲柄盉等铜器。2010年，在杭埠河中游区域系统调查中，以春秋塘茶林场为中心，包括城关镇舒玉、河口、卓山三村，发现墓葬40多座，其中规模较大的是茶林场区域，墓葬多在岗地顶端，两两相对，规模宏大，最大封土堆底径超过50米，不仅在舒城，在整个江淮地区都较为罕见。墓冢明显经过选址和规划，不排除为群舒某一国君及家族墓葬的可能。[①] 三是百神庙镇一带，这一区域为杭埠河重要支流清水河流域，在第二、第三次文物普查中发现了较多的新石器时代和商周遗址，特别是位于杭南中学校址处的大墓儿墩遗址，面积较大，周围分布着规

---

① 安徽省文物局、安徽省文物考古研究所：《杭埠河中游区域系统调查报告》，文物出版社，2012年。

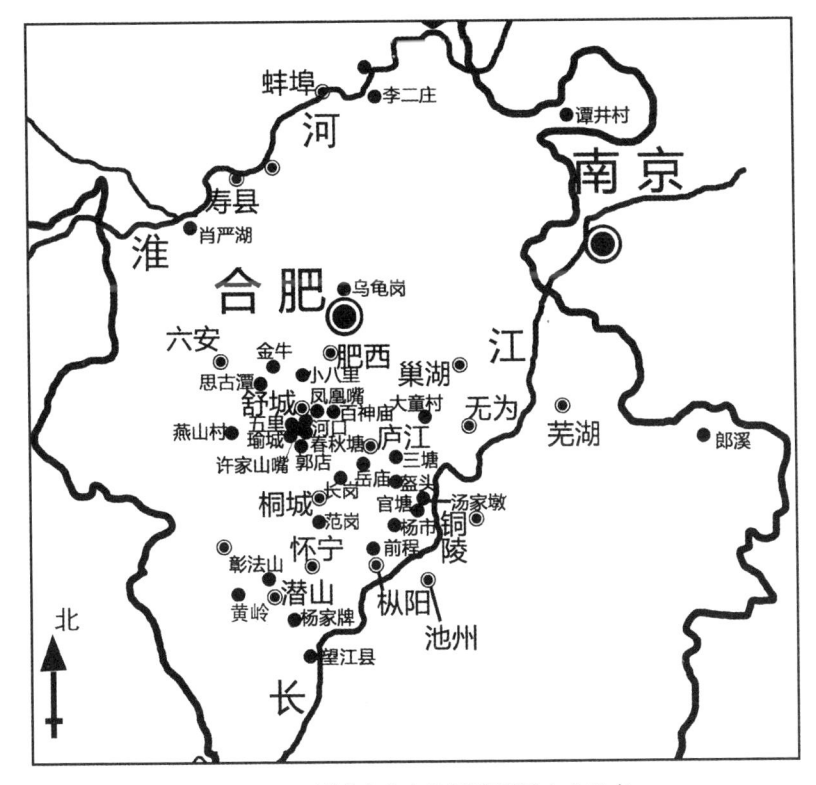

图 4.1 以舒城为中心的周代铜器出土地点

模略小的南墓儿墩、东墓儿墩遗址。[①] 2012年4月,官塘村墓葬出土曲柄盉等铜器。

一、器形与组合

1. 五里铜器

舒城五里墓葬出土铜器包括牺首鼎1、垂腹鼎1、立耳平盖鼎2、曲柄盉1。

牺首鼎　器作兽形,前端兽首突出,双角耸立,双目圆睁。直口折沿,密合盖,盖上置一半环钮。附耳,垂腹,圜底,三蹄足。腹部饰一周夔纹,颈下两侧饰浮雕蟠龙纹,耳外侧饰点线纹,盖饰蟠带纹。通高27、口径20厘米(图4.2,1、2)。

垂腹鼎　口微侈,折沿,方唇,双立耳,束颈,垂腹,圜底,三柱足。口沿下饰

[①] 舒城县第三次全国不可移动文物普查办公室:《舒城县第三次全国不可移动文物普查实地调查阶段工作报告》,2009年。

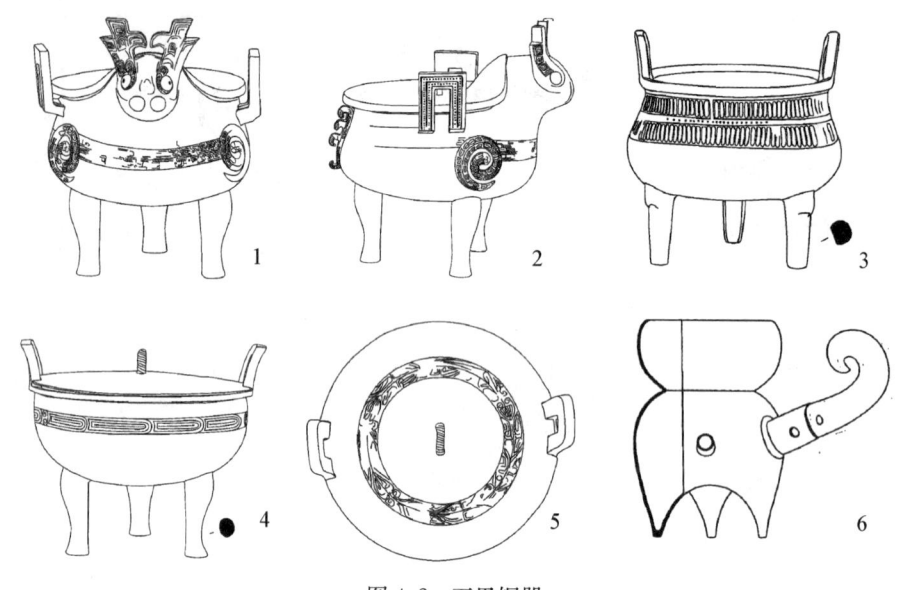

图 4.2 五里铜器

1、2. 牺首鼎(正、侧)　3. 垂腹鼎　4、5. 立耳平盖鼎1(正、俯)　6. 曲柄盉

两周直条纹,每周直条纹上下各有一周弦纹作界栏。通高14.4、口径12.7厘米(图4.2,3)。

立耳平盖鼎1　直口,平沿外折,立耳微外侈,圜底,三蹄足。有盖,盖中置绳辫钮。口下饰一周重环纹,盖上饰一周变形蝉纹。通高21.5、口径23.8厘米(图4.2,4、5)。

立耳平盖鼎2　形制同上。通高21.5、口径23.8厘米。

曲柄盉　瓠形,上为钵形,敛口,圆腹,下为鬲形,三尖袋足。鬲腹有一短管状流,侧置一中空柄,柄分两段,衔接处各有对穿孔,柄上端卷曲。通高19.7、口径10.7厘米(图4.2,6)。

2. 凤凰嘴铜器

舒城凤凰嘴墓葬出土一组青铜器,其中容器有牺首鼎1、铉鼎(附耳平盖鼎)2、折肩鬲1、曲柄盉1、环耳缶1。

牺首鼎　鼎作兽形,前端兽首突出,双角耸立,双目圆睁,直口折沿,密合盖,盖上置一半环钮,附耳,垂腹,圜底,脊棱式尾,三蹄足。兽首眼部镶嵌绿松石,兽角正面饰阴刻细线状云雷纹,腹饰一周夔龙纹,颈下两侧各饰有一个由重环纹组成的浮雕蟠龙纹,耳外侧饰点线纹,盖饰两周蟠带纹。通高27.7、口长径19.8、口短径19.1厘米(图4.3,1—3)。

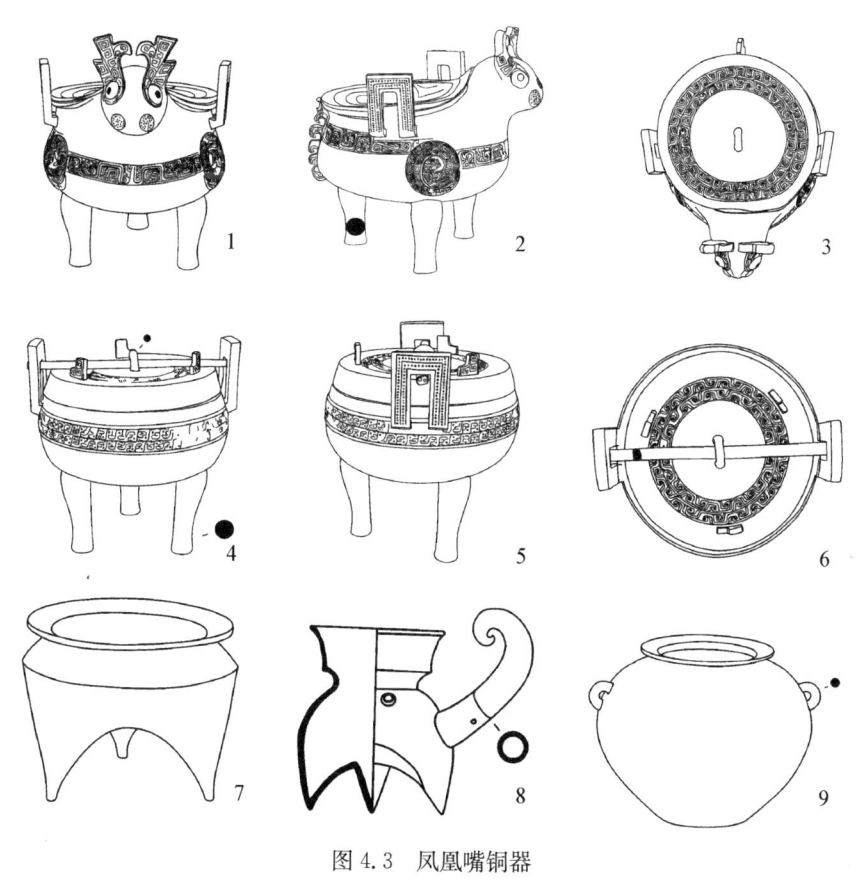

图4.3 凤凰嘴铜器
1—3. 牺首鼎(正、侧、俯) 4—6. 铉鼎1(正、侧、俯) 7. 折肩鬲 8. 曲柄盉 9. 环耳缶

铉鼎1 子口承盖,扁圆腹,圜底,方形附耳,三蹄足。平盖有直裙,盖中置一环形钮,其外又置三个矩形钮,一铜铉横穿盖上环形钮及两附耳。腹中部饰两周夔纹,上下各有一道凸弦纹作界栏,耳外侧点线纹,盖上饰两周蟠带纹,矩形钮外侧饰云雷纹。通高25.1、腹围72.1、口径20.3厘米(图4.3,4—6)。

铉鼎2 形制同上。通高26.5、腹径23.7、口径24.4厘米。

折肩鬲 方唇,口外侈,束颈,折肩,裆部较平,三个袋状锥形足,足端较尖。高12.4、口径15.1厘米(图4.3,7)。

曲柄盉 盉上部作盘口束颈,下部作空足分裆鬲,腹部有一管状短流,侧置一中空柄,柄分两段,衔接处各有对穿孔,上端卷曲。高18.3、口径13.8厘米(图4.3,8)。

环耳缶　直口,口唇宽阔外侈,束颈,圆肩,鼓腹,平底,上腹部有左右对称的半环耳。高22.1、口径16.5、底径12.4、腹围85.4厘米(图4.3,9)。

3. 河口铜器

舒城河口墓葬出土一组青铜器,其中容器有牺首鼎1、铉鼎2、小口罐形鼎1、圈足簋1、曲柄盉1、环耳缶1、缶形盉1、盘1。

牺首鼎　鼎作兽形,前端兽首突出,双角耸立,双目圆睁,直口折沿,附耳,垂腹,圜底,脊棱式尾,三蹄足。角饰阴刻线纹,角与双目相接处饰重环纹及云雷纹,腹饰一周窃曲纹,耳外侧饰点线纹。通高23.6、通宽27、口径19.8、腹围63.4厘米(图4.4,1—3)。

铉鼎1　子口承盖,直口微内敛,扁圆腹,方形附耳,圜底,三蹄足。平盖,中央置扁条形环钮,盖边缘置三个矩形钮。腹饰一周顾首龙纹,上下各有一道凸弦纹作界栏,耳饰点线纹,盖上饰一周窃曲纹,矩形钮外侧饰雷纹。高30、口径26.2、腹围94.5厘米(图4.4,4—6)。

铉鼎2　形制同上。高30、口径26.5、腹围94.5厘米。

小口罐形鼎　子口内敛,扁鼓腹,肩上立二长方形穿耳,耳微外侈,圜底,三蹄足,平盖有直裙,中央置半环形钮。腹上部饰一周粗线条简化窃曲纹,盖面饰一周蟠带纹,耳饰点线纹。通高21.3、口径10.4、腹围56厘米(图4.4,7、8)。

圈足簋　子口微敛,鼓腹,腹最大径在下部,腹上部附一对半环耳,平底,矮圈足。盖呈覆碗形,喇叭形捉手。盖面及腹上部各饰两周凸弦纹。通高17.2、口径13.8、腹围69.1、圈足外径16.8厘米(图4.4,9)。

曲柄盉　上部作盘口束颈,下部为鬲形,弧裆,三空心足。腹部一侧有管状短流,另一侧有柄两段,呈圆管形,末端卷曲,连接处留有对穿孔加以固定,孔内存有连接的朽木。盉上部近口沿处饰一周顾龙纹。通高19、口径14、腹围45.8、流长4、柄长13厘米(图4.4,10)。

环耳缶　敞口,束颈,广肩,鼓腹,上附一对半环耳,平底。平盖,中央置半环钮。通高24.4、口径18.8、腹围98.6厘米(图4.4,11)。

缶形盉　器呈缶形,侈口,宽平沿外折,平盖,中心置一半环形钮,束颈,广肩,圆鼓腹,腹上有一对半环耳和一管状流,平底。高15.5、口径12.7、底径11、腹围67厘米(图4.4,12、13)。

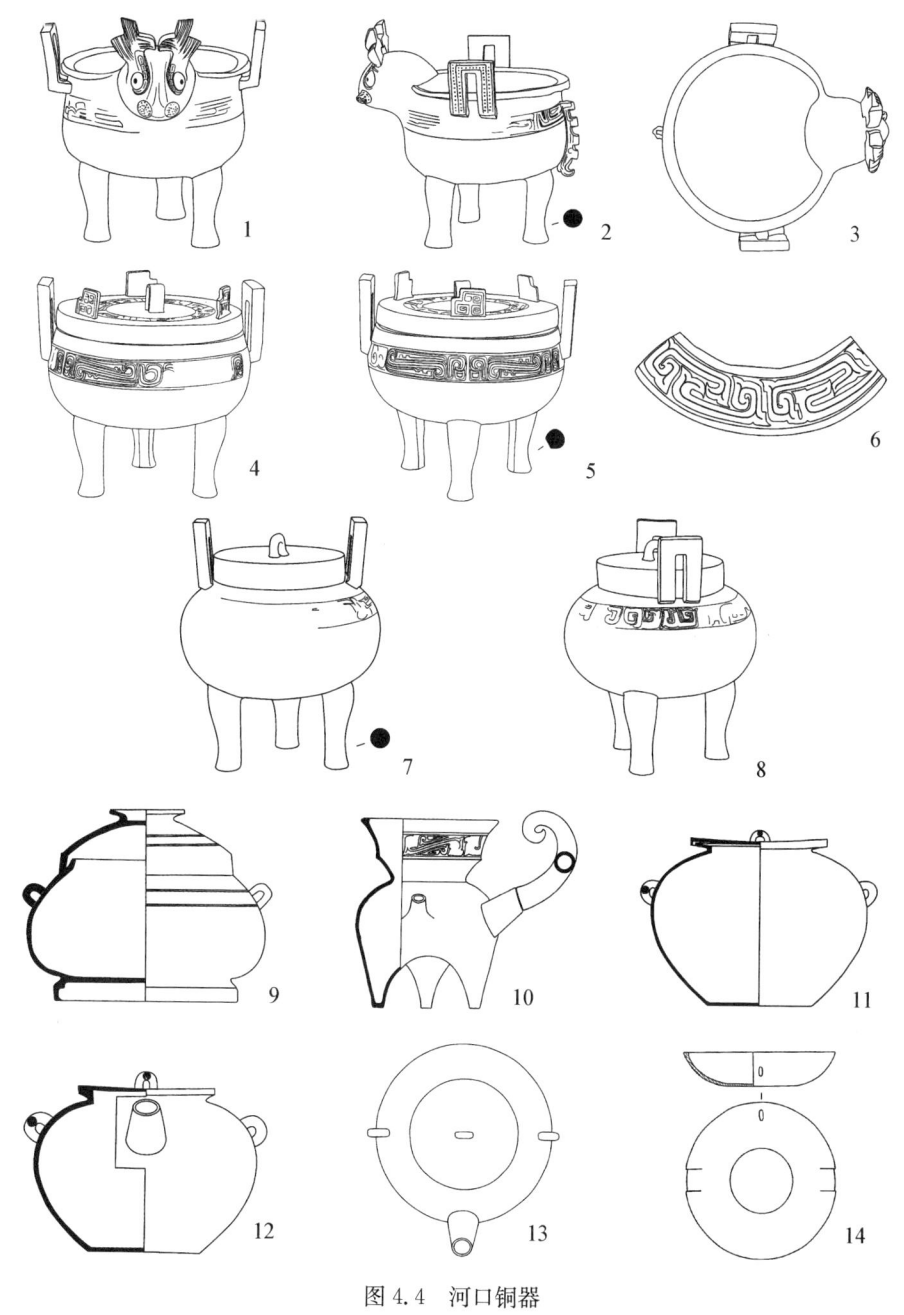

第四章 以舒城为中心的江淮周代铜器的构成 79

图 4.4 河口铜器

1—3. 牺首鼎（正、侧、俯） 4—6. 铉鼎1（前、后、盖面纹饰） 7、8. 小口罐形鼎（正、侧） 9. 圈足簋 10. 曲柄盉 11. 环耳缶 12、13. 缶形盉（正、俯） 14. 盘形器

盘形器　盘腹两侧边缘各铸一方形内凹卡口,附一半环钮,平底。高9、直径29厘米(图4.4,14)。

4. 许家山嘴铜器

舒城许家山嘴墓葬出土铜器包括曲柄盉1、扉棱钵1、镰盉1。

曲柄盉　盉上部作盘口束颈,下部作空足分裆鬲。腹部有一管状短流,侧置一中空长柄,向上弯曲。通高17.2、口径14.4、曲柄残长13厘米(图4.5,1)。

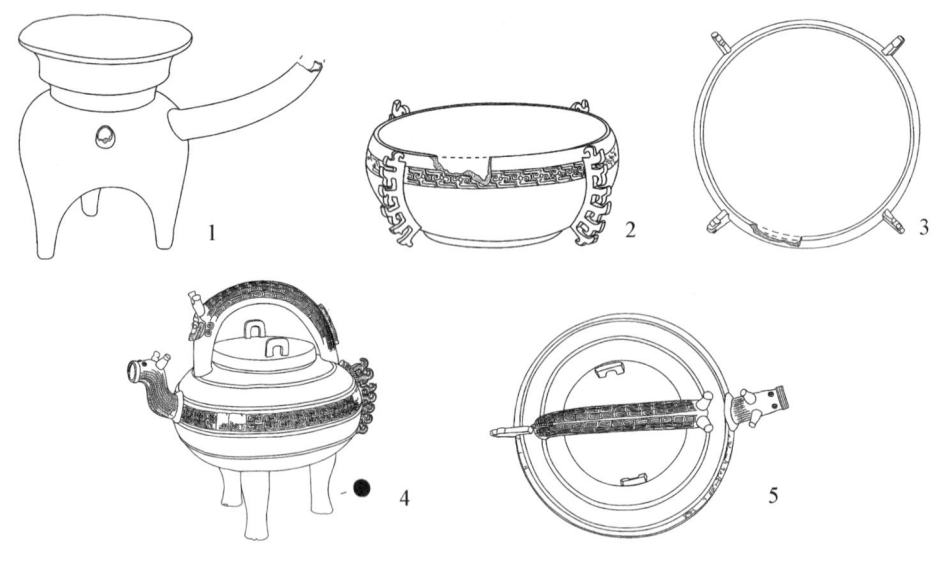

图4.5　许家山嘴铜器
1. 曲柄盉　2、3. 扉棱钵(正、俯)　4、5. 镰盉(侧、俯)

扉棱钵　敛口,圈足。口下饰一周夔龙纹,腹部分置四道扉棱将纹饰隔开。通高8.6、口径18、底径10.8厘米(图4.5,2、3)。

镰盉　直口,扁圆腹,三蹄足。平盖有直裙,盖上置双钮,流及提梁均饰以龙形,扉棱式尾。腹部饰一周夔纹,上下又各有两道凸弦纹,龙形流部、尾部扉棱饰点线纹,龙形提梁饰重环纹。通高25.7、口径10.4厘米(图4.5,4、5)。

5. 春秋塘铜器

舒城春秋塘墓葬出土铜器包括曲柄盉1、铉鼎1。

曲柄盉　上部作盘形,下部作鬲形,鼓腹,分裆,三袋足。鬲腹部有一管状短流,侧置一圆柱形长柄,柄尾部向上卷曲,顶端作龙首状,吻部突出,探视盉中。器身光素无纹,龙首角、眼、吻部饰点线纹。通高18、口径14厘米(图4.6,1)。

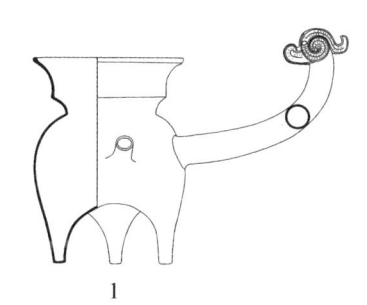

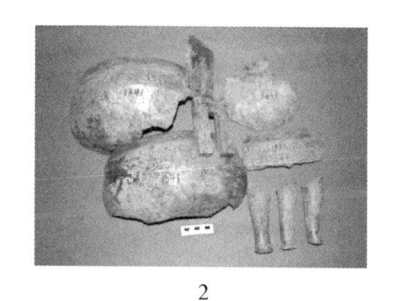

图4.6 春秋塘铜器
1. 曲柄盉 2. 铉鼎

铉鼎 子口,附耳,三蹄足。口下饰一周顾首龙纹,耳饰点线纹(图4.6,2)

6. 百神庙铜器

舒城百神庙墓葬出土铜器包括曲柄盉1、夔纹鼎1。

曲柄盉 器上部作盘口,束颈,下部为鬲形,鼓腹,分裆,三袋足。鬲腹部有一管状短流,侧置一中空柄,残缺。通高16、口径13厘米(图4.7,1)。

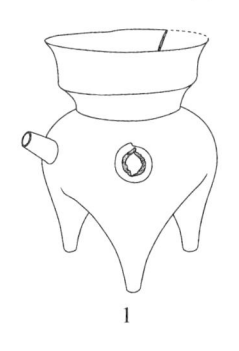

图4.7 百神庙铜器
1. 曲柄盉 2. 夔纹鼎

夔纹鼎 方形双耳外侈,窄平口沿外折,扁圆腹,圜底,口下饰一周夔纹,其下又饰一周凸弦纹(图4.7,2)。

7. 瑜城重环纹鼎[①]

1991年舒城县干汊河镇瑜城村出土。

---

① 安徽博物院:《江淮群舒青铜器》,图034,安徽美术出版社,2013年。

方形立耳外侈,浅圆腹,圜底,三蹄足。腹饰一周重环纹,其下又饰一周凸弦纹,耳外部饰点线纹。通高20、口径27.2厘米(图4.8,1)。

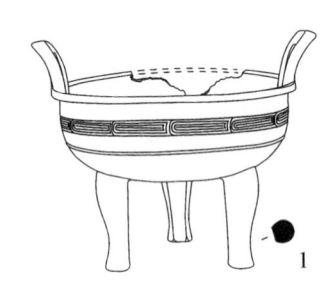

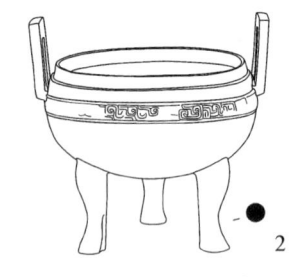

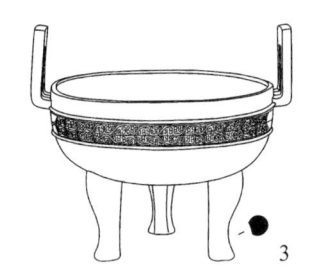

图 4.8　舒城零星出土铜器
1. 瑜城鼎　2. 砖瓦厂鼎　3. 郭店鼎

8. 舒城砖瓦厂铉鼎[①]

1984年舒城县砖瓦厂出土。

子母口,方形附耳,鼓腹,圜底,三蹄足。平盖有直裙,盖中心置一扁环钮,盖边缘另置三个矩形钮。腹饰一周夔纹,耳外侧饰点线纹。通高20、口径21厘米(图4.8,2)。

9. 郭店变形蝉纹鼎[②]

1989年舒城县南岗镇郭店村出土。

直口,附耳,浅圆腹,圜底,三蹄足。腹饰一周变形蝉纹,上下各有一周弦纹作界栏,耳外侧饰夔纹。通高15.5、口径16.5厘米(图4.8,3)。

10. 岳庙铜器

庐江岳庙墓葬出土一组青铜器,其中容器有牺首鼎1、曲柄盉1、匜形斗1。

牺首鼎　鼎作兽形,前端兽首突出,双角耸立,双目圆睁。直口折沿,密合盖,盖上置一半环钮,附耳,垂腹,圜底,脊棱式尾,三蹄足。兽角正面饰重环纹,腹部饰一周夔纹,耳外侧、盖中部饰蟠带纹。通高27.8、口径20.6厘米(图4.9,1—3)。

曲柄盉　上部为盘形,下部为鬲形,三袋足,鬲腹部有一管状短流,侧置一中空柄,上有一对圆孔。平盖,盖中置半环形钮。通高21.5、口径13.7厘米(图

[①] 安徽博物院:《江淮群舒青铜器》,图035,安徽美术出版社,2013年。
[②] 安徽博物院:《江淮群舒青铜器》,图036,安徽美术出版社,2013年。

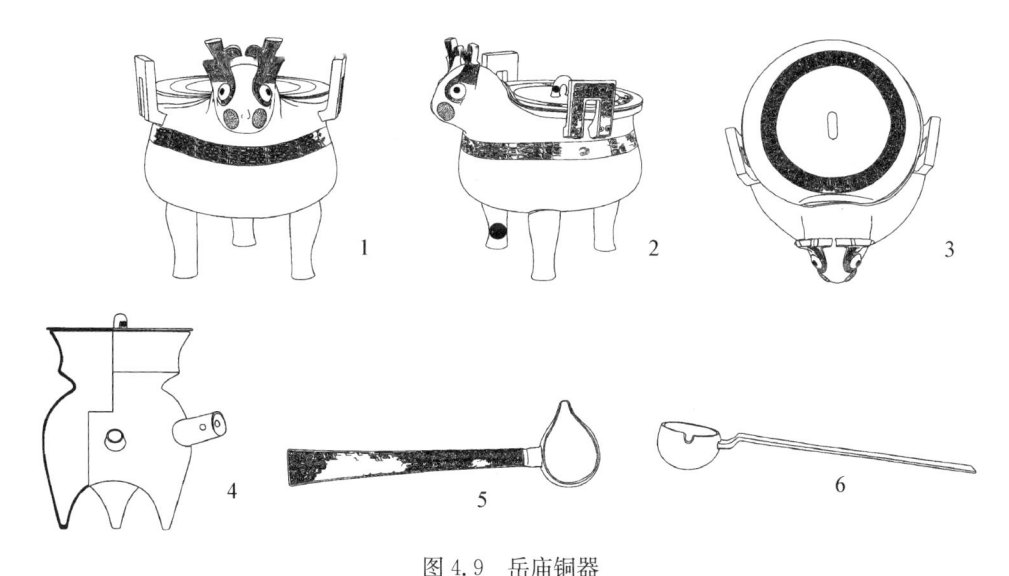

图 4.9 岳庙铜器
1—3. 牺首鼎(正、侧、俯) 4. 曲柄盉 5、6. 匜形斗(俯、侧)

4.9,4)。

匜形斗 斗呈匜形,窄流,圜底。长柄平直,前端弯曲略窄,尾部渐阔,面饰夔纹。通长 33、斗长 8.8、斗宽 5.9 厘米(图 4.9,5、6)。

11. 三塘铜器

庐江三塘墓葬出土铜器包括牺首鼎 1、龙錾匜 1、环耳缶 1、盨 1。

牺首鼎 器作兽形,前端兽首突出,双耳耸立,双目圆睁。直口折沿,附耳微外撇,垂腹,圜底,三蹄足。腹饰一周夔纹,颈下两侧饰浮雕蟠龙纹,器耳饰点线纹,尾部饰扉棱。通高 27.5、口径 20.2 厘米(图 4.10,1—3)。

龙錾匜 瓢形,前有流,流部微翘,流口下有齿状突,三蹄足。一侧置龙形錾,龙首衔沿,龙尾上卷。口下饰夔纹,龙身饰重环纹。通高 18.5、通长 36、口径 7.6 厘米(图 4.10,4—6)。

环耳缶 敞口,束颈,广肩,鼓腹,上附一对半环耳,平底。平盖,中央置半环钮。通高 23.1、口径 18.8、底径 14.5 厘米(图 4.10,7)。

盨 器口圆形,内底呈圆角方形,器身两侧有半环钮,四柱状足,四面有侧裙。子口纳盖,盖顶有四角,对应两侧有衔环钮。周身饰弦纹。高 21、口径 28.5、腹径 23 厘米(图 4.10,8、9)。

图 4.10　三塘铜器

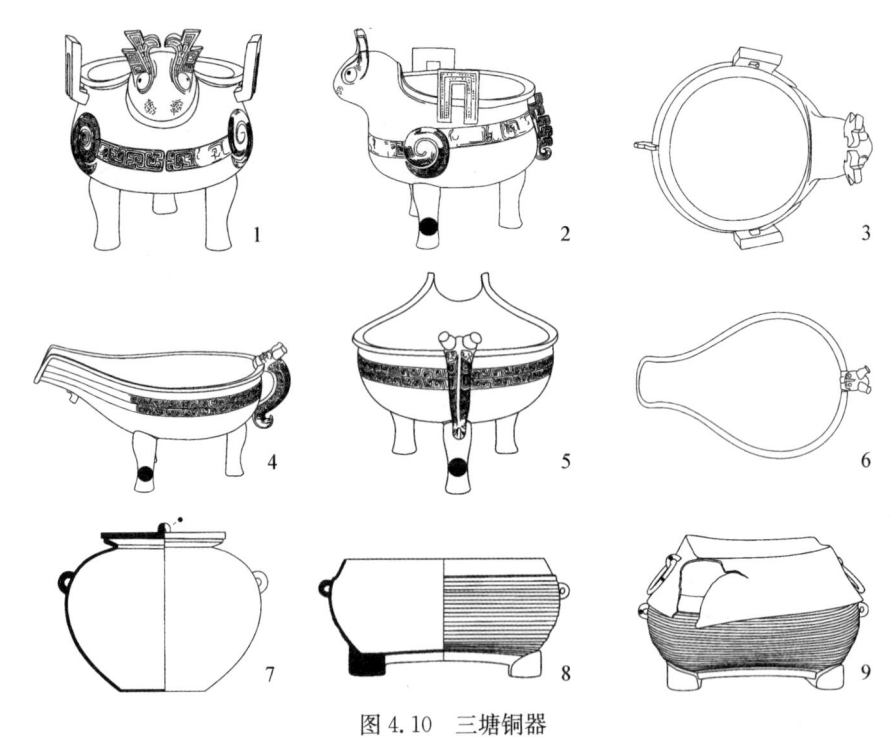

1—3. 牺首鼎(正、侧、俯)　4—6. 龙銎匜(侧、后、俯)　7. 环耳缶　8、9. 盌(正、俯)

12. 庐江盔头

庐江盔头墓葬出土铜器包括变形蝉纹鼎 1、曲柄盉 1。

变形蝉纹鼎　口微敛,折沿,方唇,双立耳,浅腹微鼓,三蹄足。上腹饰一周夔纹,下腹饰变形蝉纹,内有阴刻云纹。腹部平均分布六组扉棱。耳外侧饰夔纹,足根部饰兽面纹。通高 25.5、口径 23.7、腹围 74.8 厘米(图 4.11,1、2)。

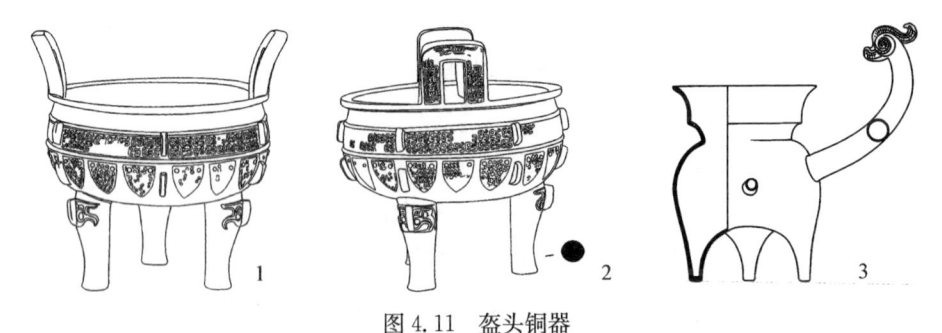

图 4.11　盔头铜器

1、2. 变形蝉纹鼎(正、侧)　3. 曲柄盉

曲柄盉 上部作盘口束颈，下部作空足分裆鬲，腹部有一管状短流，侧置一圆柱形长銎，銎上曲高于盘口，顶端作龙首状，吻部突出，探视盉中。通高 26.6、口径 14.2 厘米(图 4.11,3)。

13. 燕山铜器

六安燕山墓葬出土一组青铜器，其中容器有凤纹尊 1、曲柄盉 1、鬲形盉 1、附耳圈足盘 1、圈足豆 1、匜形斗 1。

凤纹尊 喇叭形口，束颈，垂腹，圈足略外撇。颈部饰一周凤鸟纹，间置两个凸起的兽首，其下又有一周凸弦纹。圈足饰两周凸弦纹。通高 19、口径 19、底径 14 厘米(图 4.12,1、2)。

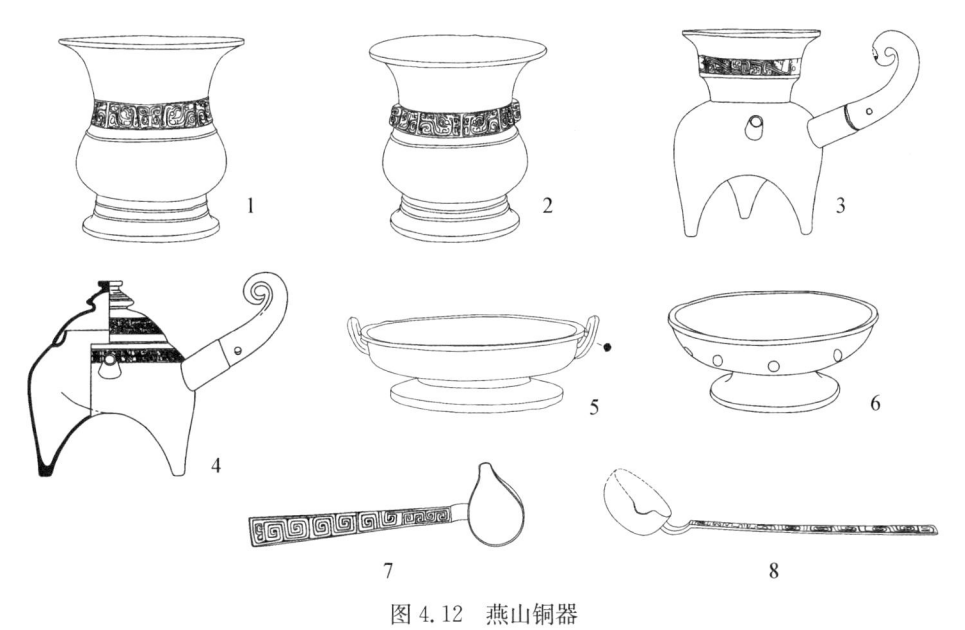

图 4.12 燕山铜器

1、2. 凤纹尊(正、侧) 3. 曲柄盉 4. 鬲形盉 5. 附耳圈足盘 6. 圈足豆 7、8. 匜形斗(俯、侧)

曲柄盉 上部作盘口束颈，下部作空足分裆鬲，腹部有一管状短流，侧置一中空柄，柄分两段，衔接处各有对穿孔，上端向内卷曲。盘口下饰一周龙纹带。通高 20、口径 14.5 厘米(图 4.12,3)。

鬲形盉 器作鬲形，子口，广肩，弧裆，袋足。盖作半球形，顶有两层钮，腹有短流，侧置一中空柄，柄分两段，衔接处各有对穿孔，上端卷曲。肩、盖各饰一周云纹，钮饰瓦纹。通高 20.2、口径 11.5 厘米(图 4.12,4)。

附耳圈足盘 直口,窄沿,方唇,浅直腹,附耳圆折向上,圈足。通高 8.8、口径 25.5 厘米(图 4.12,5)。

圈足豆 敞口,平沿,唇外卷。浅腹,束柄,圈足外撇。盘腹饰一周乳钉。通高 6.2、口径 15.8、腹围 47 厘米(图 4.12,6)。

匜形斗 斗呈匜形,窄流,扁长柄,尾部渐阔,柄饰雷纹。通长 31.5、斗长 9.7、斗宽 6.6 厘米(图 4.12,7、8)。

14. 思古潭铜器

六安思古潭墓葬出土变形蝉纹鼎 2 件。

变形蝉纹鼎 1 口微敛,折沿,方唇,圆腹,圜底,方形立耳外侈,三蹄足。腹上部饰夔纹,下部饰蝉纹,中间以一周弦纹相隔,又有六组扉棱将纹饰隔开。耳外饰点线纹两周。平盖,中间一拱形钮,盖饰一周变形夔龙纹。通高 26.5、口径 24.1 厘米(图 4.13,1—3)。

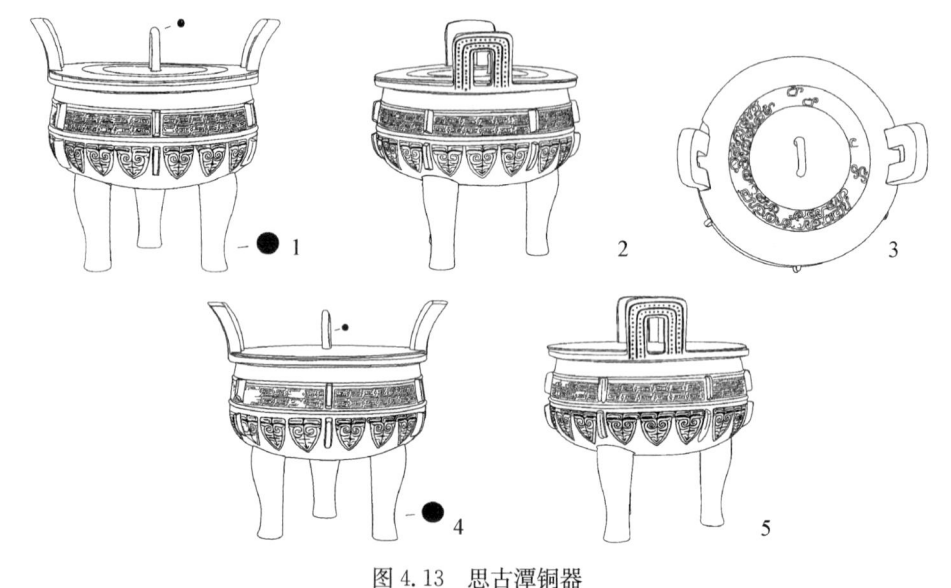

图 4.13 思古潭铜器
1—3. 变形蝉纹鼎 1(正、侧、俯) 4、5. 变形蝉纹鼎 2(正、侧)

变形蝉纹鼎 2 形制同上。通高 26.7、口径 24 厘米(图 4.13,4、5)。

15. 小八里铜器

肥西小八里墓葬出土一组青铜器,其中容器有立耳平盖鼎 2、圈足簋 1、曲柄盉 1、兽足匜 1、附耳圈足盘 1、小方盒 1。

立耳平盖鼎 1 口微敛,折沿,方唇,圆腹,圜底,立耳微外侈,三蹄足。上腹部饰龙纹,平盖,中间一拱形钮,盖上饰窃曲纹。足根作兽面,双目之间有扉棱。高 21.5、口径 22.2、腹围 67 厘米(图 4.14,1,2)。

图 4.14 小八里铜器

1、2. 立耳平盖鼎(正、俯) 3. 圈足簋 4. 曲柄盉 5—8. 兽足匜(侧、后、前、俯) 9、10. 附耳圈足盘(正、侧) 11、12. 小方盒(侧、俯)

立耳平盖鼎 2 形制同上。高 21.9、口径 22.3、腹围 67 厘米。

圈足簋 子口微敛,弧腹,腹部两侧有半环耳,圈足。圆拱形盖,圆盘形捉手。腹、盖各饰二道凸弦纹。通高17.5、口径15.1厘米(图4.14,3)。

曲柄盉　甗形,上为钵形,敛口,斜腹,上腹部饰重环纹。下为鬲形,三袋足。鬲腹有一短管状流,侧置一中空柄。通高18.7、口径15.2厘米(图4.14,4)。

兽足匜　口缘较直,流槽较窄长,深腹圜底,下有四个扁兽足,后有兽首錾。口下饰三角卷云纹,其下又饰窃曲纹。高17、通长31.8、宽17厘米(图4.14,5—8)。

附耳圈足盘　直口,折沿,方唇,圈足,双附耳圆折向上,高出盘口。腹部及圈足饰窃曲纹,耳外壁饰重环纹。内底有铭文,模糊不清。高12.4、口径36.7、底径27厘米(图4.14,9、10)。

小方盒　方形,子口承盖,鼓腹,矮圈足,器四面各有一个鼻钮衔环。盖鼓起,四角凸起成四乳钉。盖、器皆满饰夔龙纹,圈足饰燕尾纹。通高6、口径7.8—8厘米(图4.14,11、12)。

16. 岠山龙钮盖盉[①]

1980年巢湖岠山魏岗大队山杨村出土。

扁球状腹,短直颈,口沿外侈,直流,龙首形錾手,三柱形足。盖为盘龙形,龙首翘起为盖钮。盖、颈部一侧铸有圆环,用"8"字形铰链连接。颈部饰窃曲纹,腹饰瓦纹。通高26.1、口径11.8、腹径16.5厘米(图4.15,1)。

17. 乌龟岗乔夫人鼎

合肥乌龟岗墓葬出土。

附耳平盖鬲形鼎,子口,直腹,弧裆,三蹄形足。平盖有直裙,盖中间置拱形钮,盖缘分置三个角形竖钮。腹饰一周窃曲纹,其下又饰一周凸弦纹。盖面内圈有铭文7字"乔夫人铸其馈鼎",外圈饰一周斜角云纹,盖裙饰一周重环纹。通高25、口径19.8、腹围70厘米(图4.15,2、3)。

18. 磨墩子铉鼎[②]

1977年肥西县井王乡磨墩子出土。

子口承盖,圆腹,圜底,三蹄足,方形附耳。平盖有直裙,盖中心置一拱形钮,其外又置三个矩形钮。腹饰一周顾首龙纹,上下有弦纹作界栏。盖面饰一周窃曲纹,盖裙饰一周重环纹,耳外侧饰点线纹。通高30.21、口径25.8厘米

---

① 安徽博物院:《江淮群舒青铜器》,图072,安徽美术出版社,2013年。
② 安徽省博物馆:《安徽省博物馆藏青铜器》,图53,上海人民美术出版社,1985年。

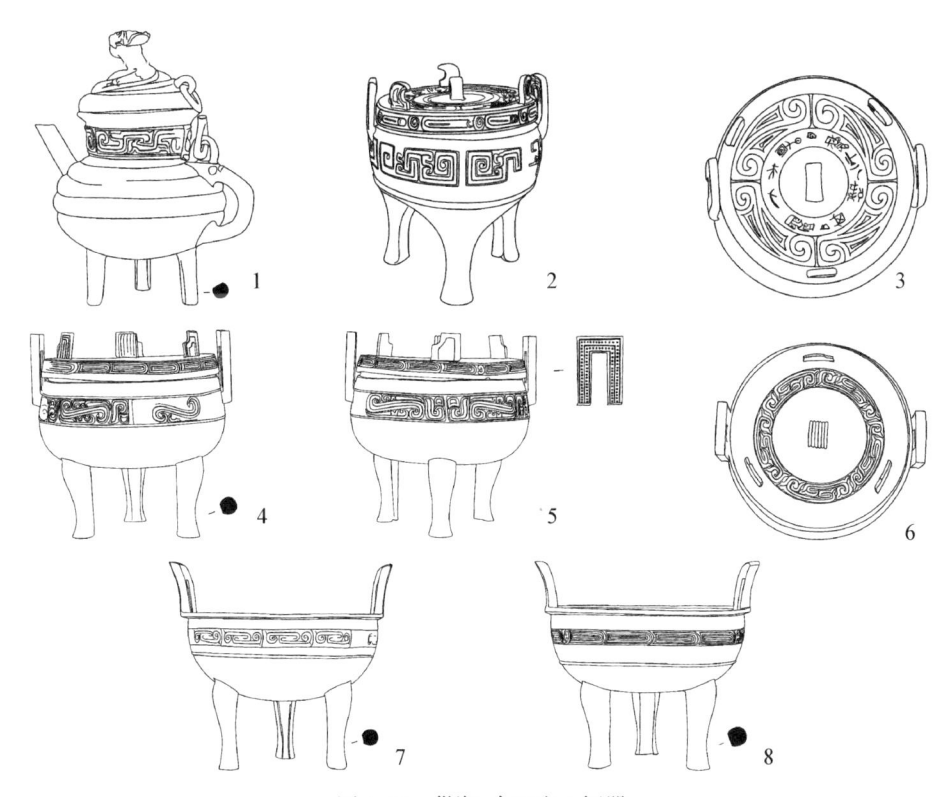

图 4.15 巢湖、合肥出土铜器
1. 龙钮盖盉　2、3. 乔夫人鼎(后、俯)　4—6. 铉鼎(正、后、俯)　7. 窃曲纹鼎　8. 重环纹鼎

(图 4.15,4—6)。

19. 金牛窃曲纹鼎

肥西金牛墓葬出土。

折沿,两立耳微外侈,圆腹,圜底,三蹄形足。口下饰一周窃曲纹,其下又有一道凸弦纹。通高 31.8、口径 34、腹围 100、底径 33.6 厘米(图 4.15,7)。

20. 合肥重环纹鼎[①]

1953 年合肥市出土。

折沿,方唇,双立耳外侈,腹微鼓,三蹄足。腹饰一周重环纹,间以涡纹,其下又饰一周凸弦纹,耳外侧饰点线纹。通高 26、口径 27.4 厘米(图 4.15,8)。

---

① 安徽省博物馆:《安徽省博物馆藏青铜器》,图 20,上海人民美术出版社,1985 年。

21. 魏岗铜器

寿县魏岗墓葬出土一组青铜器,其中容器有牺首鼎1、夔纹鼎1、圈足簠1、龙錾匜1、环耳缶2、小方盒1。

牺首鼎 平直口,圆腹圜底,三钩状扁足,前侧突出,羊颈与腹相连,上为羊头。密合盖,中置半圆钮;一侧作羊尾状下斜,上饰勾连云雷纹,相对的一侧有缺口,可卡入羊颈,口沿铸凸棱一周,扣入器口内。通高11、口径9.2、通长14厘米(图4.16,1—3)。

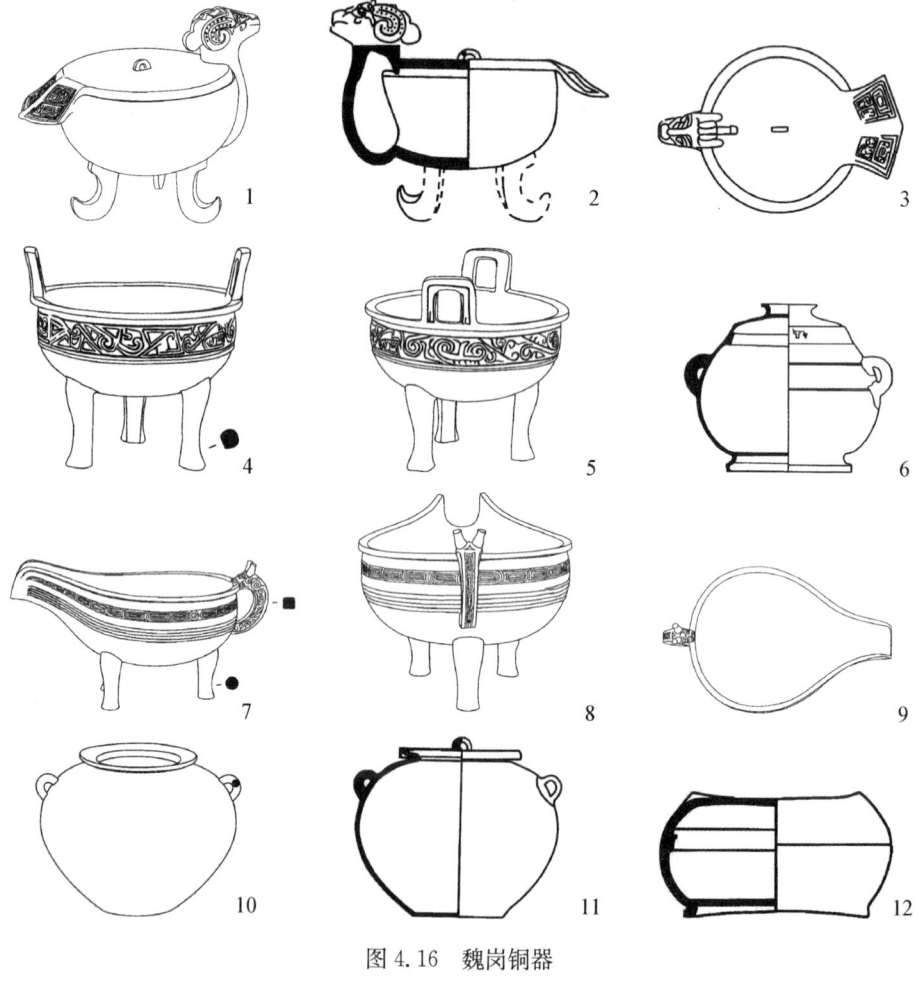

图 4.16 魏岗铜器

1—3. 牺首鼎(后、侧、俯) 4、5. 夔纹鼎(正、侧) 6. 圈足簠 7—9. 龙錾匜(侧、后、俯) 10. 环耳缶1 11. 环耳缶2 12. 小方盒

夔纹鼎　平折沿,立耳略外侈,腹部微鼓,圜底,二蹄足。腹饰一周斜角夔纹,其下又有一周凸弦纹。耳外侧饰点线纹。通高18.5、口径19.2、腹围56厘米(图4.16,4、5)。

圈足簋　子口,鼓腹,腹部置半环耳一对,圈足。覆碗状盖,圈足状捉手,盖裙有铭文" "。腹饰两周凸弦纹。通高17.6、口径12、腹径19.2厘米(图4.16,6)。

龙銴匜　瓢形,流部微翘,折方沿,鼓腹,一侧置弓形銴,截面呈方形,三蹄足。流和腹部饰五道凸弦纹,口沿下至弦纹间饰一道重环纹及圆涡纹;銴手上部作龙首状,銴身饰阴线斜角云雷纹和重环纹。通高24.4、长46、流口宽5、足高10.2厘米(图4.16,7—9)。

环耳缶1　内敛圆口,宽沿外侈,束颈,广弧肩,斜腹内收,小平底。肩附对称半环耳。高20.5、口径15.7、底径12.4、腹围85.2厘米(图4.16,10)。

环耳缶2　宽沿外侈,束颈,广弧肩,肩附对称半环耳,斜腹内收,小平底。平盖,盖中置半环钮。高20.8、腹围84.2、口径11.3、底径13.2厘米(图4.16,11)。

小方盒　略呈圆形,子母口,方圈足,盖顶隆起四角。通高5、宽8.9、口宽8.1厘米(图4.16,12)。

22. 长岗兽耳尊

桐城长岗窖藏出土。

侈口,束颈,宽折肩,腹下敛,高圈足。肩部两侧铸接兽形耳。肩饰四组浮雕蟠龙纹,腹饰波曲状兽纹带,圈足饰斜角云纹。通高41、口径22、腹围108厘米(图4.17,1—3)。

23. 范岗夔龙纹鼎[①]

1987年桐城市范岗出土。

直口宽沿,立耳微外侈,宽体浅腹,圜底,三蹄形足。腹饰一周交龙纹,其下又有一周凸弦纹,耳饰点线纹。腹内底有一鸟形族徽或铭文。通高25.8、口径28.1、腹围78厘米(图4.17,4—6)。

---

① 安徽博物院:《江淮群舒青铜器》,图090,安徽美术出版社,2013年。

图 4.17　桐城出土铜器
1—3. 长岗尊(正、侧、俯)　4—6. 范岗鼎(正、俯、铭文)

24. 杨家牌铜器

怀宁杨家牌墓葬出土一组青铜器,其中容器有牺首鼎1、变形蝉纹鼎2、曲柄盉1、环耳缶1、龙銴匜1。

牺首鼎　器作兽形,折沿,垂腹,附耳,蹄足。前饰兽头,有犄角一对,两眼隆起,后有向上卷曲的小兽尾。角饰重环纹,两耳外侧饰点线纹,腹饰夔龙纹,尾饰云纹。通高28、口径21、最大腹径23、腹深13厘米(图4.18,1、2)。

变形蝉纹鼎1　折沿,方形立耳外侈。鼓腹,圜底,散蹄足。上腹饰一周云纹,上下有凸弦纹作界栏。下腹饰一周变形蝉纹,加乳钉纹,犹如蝉眼。腹上下分置六组扉棱将纹饰隔开。耳饰云纹。通高27.7、口径29.5、腹深12.2厘米(图4.18,3、4)。

变形蝉纹鼎2　形制同上。

曲柄盉　上部盘口束颈,下部鬲形,袋足尖稍有实柱。短流,卷曲銴,分两截铸造,銴前部为六角菱形,尾部为圆形,留有圆孔作联结之用,末端微翘内卷。通高19、口径14.5、腹径15、流长2.7、銴长14厘米(图4.18,5)。

环耳缶　矮领,折沿,肩部有一对半环耳,鼓腹,平底。平盖,盖上有半环钮。通高24、口径17、最大腹径31.5厘米(图4.18,6)。

龙銴匜　瓢形,流口较直,折沿,三蹄形足,龙形銴。流和腹上部饰交龙纹

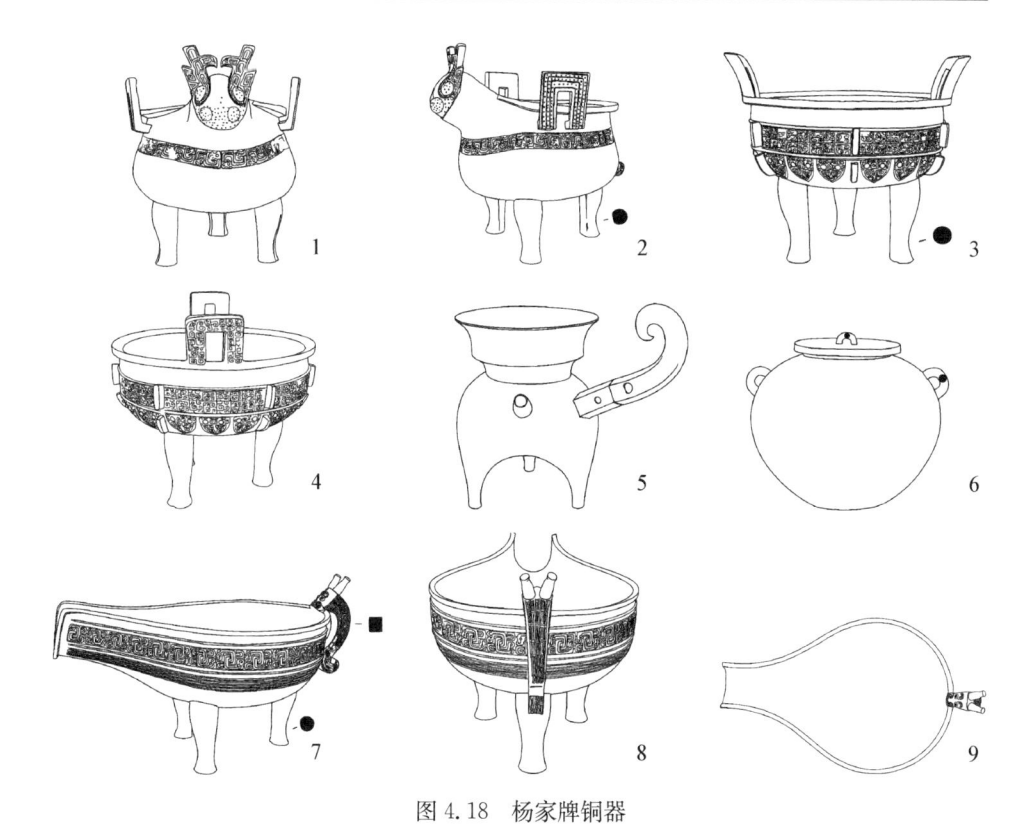

第四章 以舒城为中心的江淮周代铜器的构成 93

图4.18 杨家牌铜器

1、2. 牺首鼎(正、侧) 3、4. 变形蝉纹鼎(正、侧) 5. 曲柄盉 6. 环耳缶 7—9. 龙銴匜(侧、后、俯)

一周,下饰凸弦纹六周。龙銴通体饰重环纹。通高31.4、通长56、流口宽8.5、腹深14.8厘米(图4.18,7—9)。

25. 黄岭铜器

潜山黄岭墓葬出土铜器包括鬲2、曲柄盉1、甗1、鐎盉1。

鬲1 侈口,束颈,折肩,锥足中空。覆碗形盖,圈足捉手。腹上部等距饰三个锯齿状凸棱。通高13.2、口径14、底径11.5厘米(图4.19,1)。

鬲2 形制同上。通高13.6、口径14、底径11.5厘米(图4.19,2)。

曲柄盉 上部作盘口束颈,下部为鬲形,弧裆,三空心足。龙首回顾式曲柄,一侧有管状流。通高19.4、口径14、底径11厘米(图4.19,3)。

连体甗 甑、鬲连体,直口,立耳,弧裆,三空心足。甑腹饰两道凸弦纹,其间有一族徽或铭文。高28、口径19.4、腹围59、底径11.5厘米(图4.19,4、5)。

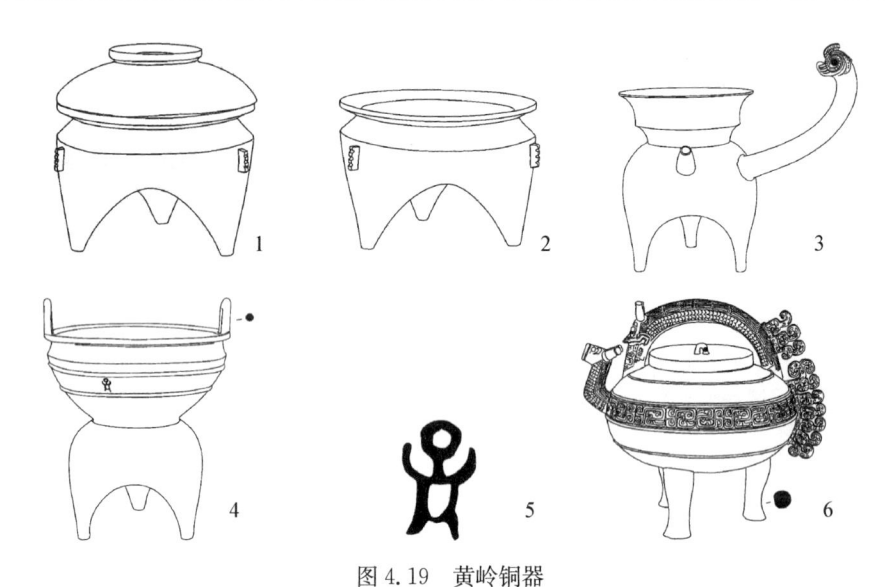

图 4.19 黄岭铜器
1. 鬲1 2. 鬲2 3. 曲柄盉 4、5. 甗及铭文 6. 镳盉

镳盉 直口,扁圆腹,三蹄足。平盖有直裙,盖中心置一半环钮。流及提梁均饰以龙形,扉棱式尾。腹饰一周夔龙纹,上下又各有两道凸弦纹。龙形流口和提梁饰重环纹与鳞纹。高24、口径21.6厘米(图4.19,6)。

26. 竹山铜器

望江竹山墓葬出土铉鼎2件。

铉鼎1 子母口,附耳,鼓腹,圜底,三蹄形足。平盖有直裙,盖中置拱形钮。腹上部饰一周夔纹,上下又有两道弦纹作界栏,腹下部饰一周三角蝉纹。盖面饰一圈夔纹,盖裙饰一周夔纹。耳外侧饰夔纹。高25.5、口径23厘米(图4.20,1,2)。

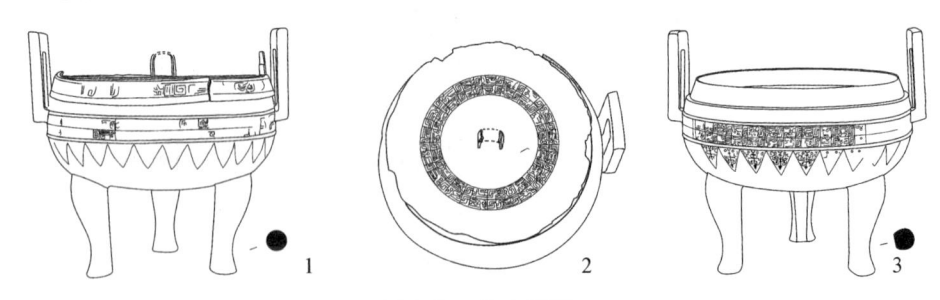

图 4.20 竹山铜器
1、2. 铉鼎1(正、俯) 3. 铉鼎2

铁鼎2 形制同上。高25.5、口径23厘米(图4.20,3)。

27. 大童铜器

无为大童墓葬出土一组青铜器,其中容器有球腹鼎1、垂腹鼎1、分体甗1、鸟钮壶形盉1。

球腹鼎 立耳,球腹,三蹄足。口下饰一周窃曲纹,其下又有一周凸弦纹,耳部外侧饰两条凹弦纹。通高33.5、口径34.8、腹围100、足高13厘米(图4.21,1)。

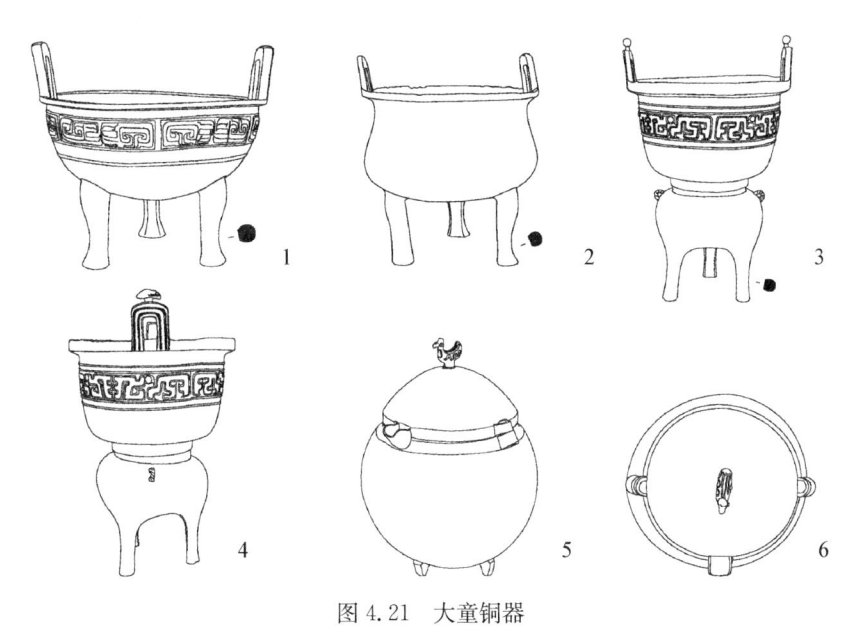

图4.21 大童铜器
1. 球腹鼎 2. 垂腹鼎 3、4. 分体甗(正、侧) 5、6. 鸟钮壶形盉(正、俯)

垂腹鼎 立耳,垂腹,三蹄足。通高16.5、口径14.4、足高6.2、腹围45厘米(图4.21,2)。

分体甗 上部甑形,立耳外侧饰两道凹弦纹,顶置一对小伏兽。口下饰一周窃曲纹,上下各有二周凸弦纹作界栏。下部鬲形,直口,分裆,柱足,肩部一对辫形环耳。通高40.3、甑高19.8、口径30.3、腹围84.2、鬲高22.8、口径14.4厘米(图4.21,3、4)。

鸟钮壶形盉 子母口,卵形腹,一端有短流,器底置三个支钉形足。拱盖有直裙,顶饰鸟形钮。器身、器盖分别置一对贯形耳,可相互扣合。通高23.8、口径13.4、腹围58.6厘米(图4.21,5、6)。

28. 文思铜器

无为文思墓葬出土铜器包括垂腹鼎 1、立耳球腹蹄足鼎 1。

垂腹鼎　宽折沿，方唇，方形立耳微外侈，束颈，垂腹，圜底，蹄形足。腹饰一周夔纹，上下又各有一周凸弦纹。立耳外侧饰点线纹。通高 27.3、口径 23.3、腹径 77.1、耳高 5.5、足高 10.5、腹深 10.3 厘米（图 4.22,1、2）。

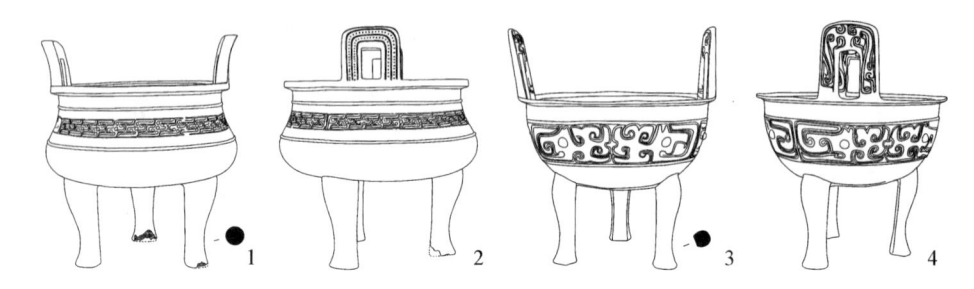

图 4.22　文思铜器

1、2. 垂腹鼎（正、侧）　3、4. 立耳球腹蹄足鼎（正、侧）

立耳球腹蹄足鼎　立耳斜直较高，球腹，三蹄足。腹部饰一周窃曲纹，上下各有一道弦纹作界栏。立耳内外侧均饰云纹。通高 35.7、口径 30.5、腹围 87.4、耳高 10.5、足高 14.2 厘米（图 4.22,3、4）。

29. 小毛家球腹鼎[①]

1988 年含山县林头镇张町小毛家出土。

球腹，圜底，立耳微外侈，三蹄形足。腹饰一周窃曲纹，纹饰较宽，其下又有一道凹弦纹。耳外侧饰两道凹弦纹，内侧饰夔龙纹。通高 31.5、口径 25.3 厘米（图 4.23）。

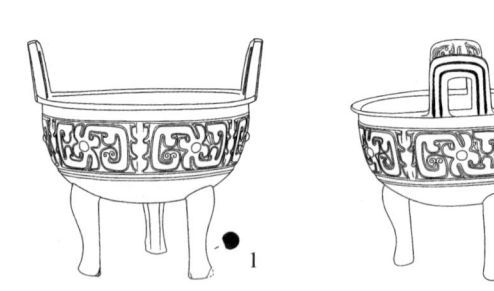

图 4.23　小毛家球腹鼎

1. 正面　2. 侧面　3. 耳内侧纹饰

---

① 安徽博物院：《江淮群舒青铜器》，图 073，安徽美术出版社，2013 年。

30. 谭井燕鋬匜①

1984年天长市于洼乡谭井村出土。

瓢形，浅腹，流槽窄短，流口下有齿状突，三蹄足，燕尾鋬。口下饰顾首龙纹，鋬面饰云雷纹。通高19.5、通长38.1、通宽22厘米（图4.24，1—3）。

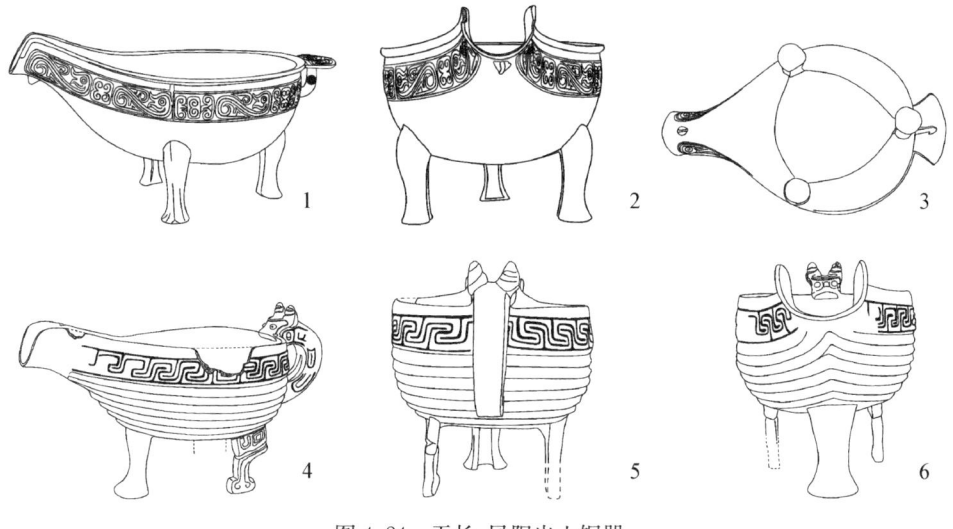

图4.24　天长、凤阳出土铜器
1—3. 燕鋬匜　4—6. 龙鋬匜

31. 李二庄龙鋬匜②

1975年凤阳县李二庄出土。

瓢形，深腹圜底，流槽较窄长，龙形鋬。三足，近鋬处为两扁足，近流处为一蹄足。口下饰一周窃曲纹，其下又饰瓦棱纹。龙形鋬身饰重环纹。通高20、通长36、口长径16.5厘米（图4.24，4—6）。

二、年代推定

目前关于群舒青铜器的年代判断尚较粗略且多抵牾，本节借助周边地区一些年代较为明确的器物及器群对其重新梳理和推定。

---

① 陈建国：《安徽天长县出土西周青铜匜》，《考古》1986年第6期。
② 安徽博物院：《江淮群舒青铜器》，图095，安徽美术出版社，2013年。

凤凰嘴铜器　凤凰嘴牺首鼎腹部所饰由鳞纹组成的蟠龙纹，这种纹饰多饰于盘内底，如肥城小王庄出土的盘。① 盖面所饰蟠带纹由连续的简化窃曲纹组成，类似风格的纹饰见于日照崮河崖 M1:3 鼎②腹部纹饰，崮河崖 M1 的年代在春秋早期。牺首鼎腹部左右两侧饰连续的简化龙纹与斜角云纹组合，斜角云纹常见于商代至西周时期，春秋早期仍可见。因此，凤凰嘴牺首鼎的年代当在西周晚期至春秋早期。

凤凰嘴附耳平盖鼎腹部的两两相连的 S 形龙纹已向细密化方向发展，与真正意义上的所谓"蟠螭纹"有别，较细密但又不互相纠缠连属，为江淮铜器纹饰的风格。③

凤凰嘴鬲的形制与滕县后荆沟 M1:11 鬲④相似，唯凤凰嘴鬲折肩与尖锥足较为明显，二者年代当接近，后荆沟 M1 的年代为春秋早期。

综上，凤凰嘴组的年代应在西周晚期至春秋早期。

魏岗铜器　魏岗鼎腹部所饰三角形变体龙纹（图 4.25,1）与白者君盘⑤纹饰（图 4.25,2）、沂源姑子坪周代墓葬 M1:1 鼎⑥腹部纹饰（图 4.25,3）、沂水东河北墓出土鼎⑦腹部纹饰（图 4.25,4）相近，白者君盘的年代为西周晚期，姑子坪 M1 的年代在西周晚期，⑧沂水东河北墓的年代在春秋早期，魏岗鼎蹄足较细高，

图 4.25　三角形变体龙纹
1. 魏岗鼎　2. 白者君盘　3. 沂源姑子坪 M1:1 鼎　4. 沂水东河北鼎

---

① 朱凤瀚：《中国青铜器综论》（上），第 549—553 页，上海古籍出版社，2009 年。
② 杨深富：《山东日照崮河崖出土一批青铜器》，《考古》1984 年第 7 期。
③ 陈公柔：《徐国青铜器的花纹、形制及其他》，《吴越地区青铜器研究论文集》，香港两木出版社，1997 年。
④ 万树瀛：《滕县后荆沟出土不嬰簋等青铜器群》，《文物》1981 年第 9 期。
⑤ 上海博物馆青铜器研究组编：《商周青铜器纹饰》，第 275 页，文物出版社，1984 年。
⑥ 山东大学考古系、淄博市文物局、沂源县文管所：《山东沂源县姑子坪周代墓葬》，《考古》2003 年第 1 期。
⑦ 马玺伦：《山东沂水发现一座西周墓葬》，《考古》1986 年第 8 期。
⑧ 任相宏：《山东沂源县姑子坪周代遗存相关问题探讨》，《考古》2003 年第 1 期。

年代当已进入春秋时期,因此,魏岗鼎的年代当在春秋早期。

魏岗匜与枣庄东江小邾国墓 M2：5 匜①相近,后者的年代在春秋早期,②腹饰重环纹与瓦棱纹,重环纹与小八里曲柄盉上纹饰相同,形制上除了三小蹄足外,均继承了西周晚期以来匜的形制特征,流口较长且微上扬,腹较深,流与腹部的分界尚不明显,显示其具有较早的特征,因此,魏岗匜的年代当在春秋早期偏早阶段。

朱凤瀚先生提出魏岗簠的形制与当阳赵家湖 M4：6 簠③相似,并将其年代下限判定为春秋中期偏晚阶段。④ 但细察二簠的形制有一定差异,当阳赵家湖簠的圈足较肖严湖簠圈足高,魏岗簠的子口内敛程度及与簠盖的契合程度均较高,二者盖的形制也不同。王峰认为,"二者虽然形态相近,但所言楚式簠的出现时间并不比这两件簠早,很难说明它们的渊源关系。实际上这类楚式簠与这两件簠都源自周式的不加三小足的圈足簠,如询簠、无昊簠,只不过为素面罢了"。⑤ 以年代较晚的楚式簠来作参照比对,势必存在将较早器物的年代定得过晚的可能,结合同出器物的形制与纹饰等,魏岗簠的年代当不会晚至春秋中期偏晚阶段,因此,魏岗簠的形制源于中原地区西周以降的圈足簠,其年代当在春秋早期。

魏岗小方盒的形制与小八里的方盒相近,年代当相去不远。

综上,魏岗组的年代在西周晚期至春秋早期。

金牛鼎　金牛长庄出土立耳鼎与栖霞吕家埠 M1 鼎、⑥洛阳中州路 M2415：4 鼎⑦形制相近。简报将栖霞吕家埠 M1、M2 的年代定在西周晚期,王青将其更正为春秋早期,⑧其说可参照。关于洛阳中州路 M2415 的年代,学界尚存不同看法,有春秋早期和春秋中期两种看法,报告将 M2415 的年代定在春秋早期,郭伟民也持相同观点,⑨李学勤、朱凤瀚等先生则认为其年代当已进入

---

① 李光雨、张云:《山东枣庄春秋时期小邾国墓地的发掘》,《中国历史文物》2003 年第 5 期。
② 李学勤:《小邾国墓及其青铜器研究》,《东岳论丛》2007 年第 2 期。
③ 湖北省宜昌地区博物馆、北京大学考古系:《当阳赵家湖楚墓》,第 121 页,文物出版社,1992 年。
④ 朱凤瀚:《中国青铜器综论》(下),第 1769—1809 页,上海古籍出版社,2009 年。
⑤ 王峰:《淮河流域周代遗存研究》,第 112 页,安徽大学博士论文,2011 年。
⑥ 栖霞县文物管理所:《山东栖霞县松山乡吕家埠西周墓》,《考古》1988 年第 9 期。
⑦ 中国科学院考古研究所:《洛阳中州路(西工段)》,第 87—92 页,图版四五-3,科学出版社,1959 年。
⑧ 王青:《海岱地区周代墓葬研究》,第 36 页,山东大学出版社,2002 年。
⑨ 郭伟民:《当阳赵家湖几座楚墓的年代及其相关问题》,《楚文化研究论集》(5),黄山书社,2003 年。

春秋中期,在春秋中期偏早阶段。① 综上,金牛鼎的年代可以定在西周晚期至春秋早期。

杨家牌铜器　杨家牌匜流口较直,细高蹄足,腹部饰龙纹和瓦纹,龙纹两相蟠绕成一组独立单元,仍具龙纹形态,与信阳平桥 M1∶10 盆盖部和 M2∶6 壶腹部的蟠螭纹②相似。值得注意的是,与模印技术发展繁荣的情况下逐渐细密化的蟠螭纹不同,此类龙纹似乎表现出了逐渐简化的趋势,较晚者如江陵岳山大队出土匜的腹部龙纹。③

杨家牌牺首鼎腹部饰排列紧密但又互不相连属的细小龙纹,与庚儿鼎腹部花纹相近同,年代当相去不远,这种纹饰与典型的蟠螭纹明显有别,可能由西周以来的夔纹演变而来,为江淮地区铜器的一贯风格。杨家牌鼎立耳外撇较甚,腹部饰细密的方格云纹,云纹带下饰一周垂叶三角纹形的变形蝉纹,加饰二乳钉象征蝉目,填以云纹构成主体,以倒三角纹为外框的蝉纹盛行于殷墟时期和西周早期,如宝鸡峪泉西周墓出土的鼎腹部纹饰,④但这种垂叶三角纹则出现稍晚。⑤

综上,杨家牌组的年代可拟定在西周晚期至春秋中期。

岳庙铜器　岳庙牺首鼎腹部纹饰为组合纹饰,包括一身双首龙纹和独体龙纹,分别与枣阳郭家庙 M8 匜⑥口沿下龙纹、信阳明港段湾春秋墓出土的盆⑦腹部龙纹、凤凰嘴铉鼎腹部龙纹相似,耳部亦饰单体龙纹,盖面饰变形窃曲纹,明港段湾春秋墓的年代在春秋早期。岳庙曲柄盉盖面饰由连续的变形窃曲纹组成的蟠带纹,与凤凰嘴牺首鼎、铉鼎的蟠带纹相近。岳庙组的年代当与凤凰嘴组相近,可定在西周晚期至春秋早期。

河口铜器　河口附耳平盖鼎腹部所饰,简报称为窃曲纹并不准确,应为省

---

① 李学勤:《东周与秦代文明》,第 18 页,上海人民出版社,2007 年;朱凤瀚:《中国青铜器综论》(下),第 1592 页,上海古籍出版社,2009 年。
② 河南省博物馆、信阳地区文管会、信阳市文化局:《河南信阳市平桥春秋墓发掘简报》,《文物》1981 年第 1 期。
③ 荆州地区博物馆:《江陵岳山大队出土一批春秋铜器》,《文物》1982 年第 10 期。
④ 王光永:《陕西省宝鸡市峪泉生产队发现西周早期墓葬》,《文物》1975 年第 3 期。
⑤ 朱凤瀚:《中国青铜器综论》(上),第 599 页,上海古籍出版社,2009 年。
⑥ 襄樊市考古队、湖北省文物考古研究所、湖北孝襄高速公路考古队:《枣阳郭家庙曾国墓地》,第 127—129 页,科学出版社,2005 年。
⑦ 信阳地区文管会、信阳县文化馆:《信阳县明港发现两批春秋早期青铜器》,《中原文物》1981 年第 4 期。

变形顾首龙纹,与临沂中洽沟春秋墓 M1：6 盘①腹部龙纹(简报称斜角云纹)相似,系西周早中期顾首龙纹的简省与变形,这种纹饰的特点是龙身斜直,一身双首,龙首回顾相向,多饰于器物圈足、提梁部分,见于伯卣、②史篸、③保卣④等。值得注意的是,河口鼎所饰省变形顾首龙纹不同于晚期纹饰单向、连续的排列特征,而是带有早期纹饰左右对称的布局特征,应当属于过渡时期的特征或可能为本地区铜器具有复古倾向的表现。平盖上所饰窃曲纹(图 4.26,5)为两周之际及其前后常见的所谓 ⊂⊃ 形窃曲纹,如杜伯盨、⑤北滍村应国墓 M1：31 鼎、⑥苏家垅盘、⑦曾太保篸⑧等(图 4.26,1—4),此类纹饰的变化似无规律可循,然细细观察,河口鼎盖纹饰与北滍村 M1：31 鼎、曾太保篸腹部的窃曲纹相似,年代应相接近。中洽沟春秋墓的年代在春秋早期,北滍村 M1：31 鼎的年代在两周之际,曾太保鼎的年代下限在春秋中期偏早阶段,因此,河口鼎的年代当在春秋早期。

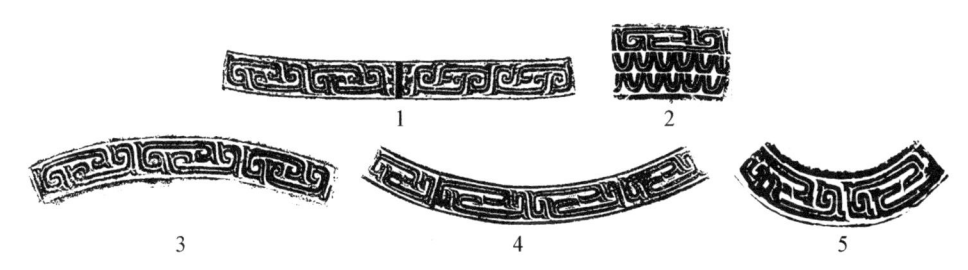

图 4.26 两周之际及其前后的 ⊂⊃ 形窃曲纹

1. 杜伯盨 2. 北滍村 M1：31 3. 苏家垅盘 4. 曾太保篸 5. 河口附耳平盖鼎

河口曲柄盉上部盘腹饰三角形顾首龙纹(图 4.27,1),这种纹饰在西周以后已不多见,但在莒县西大庄 M1：10 壶颈、M1：29 害辖⑨(图 4.27,2)、三门峡虢

---

① 临沂市博物馆：《山东临沂中洽沟发现三座周墓》,《考古》1987 年第 8 期。
② 扶风县文化馆、陕西省文管会：《陕西扶风县召李村一号周墓清理简报》,《文物》1976 年第 6 期。
③ 朱凤瀚：《中国青铜器综论》(上),第 549—552 页,上海古籍出版社,2009 年。
④ 中国青铜器全集编辑委员会：《中国青铜器全集》卷 5,图 172,文物出版社,1996 年。
⑤ 上海博物馆青铜器研究组编：《商周青铜器纹饰》,第 281 页,文物出版社,1984 年。
⑥ 河南省文物研究所、平顶山市文管会：《平顶山市北滍村两周墓地一号墓发掘简报》,《华夏考古》1988 第 1 期。
⑦ 湖北省文物考古研究所：《曾国青铜器》,第 43 页,文物出版社,2007 年。
⑧ 湖北省文物考古研究所：《曾国青铜器》,第 281 页,文物出版社,2007 年。
⑨ 莒县博物馆：《山东莒县西大庄西周墓葬》,《考古》1999 年第 7 期。

国 M2011：330 盆腹①(图 4.27,3)、潢川彭店春秋墓出土盘内底②(图 4.27,4)等却有发现,一方面,这表明这些地区之间存在着某种联系,另一方面,也暗示了它们之间在年代上的关联。莒县西大庄 M1 的年代在西周晚期至春秋初期,三门峡虢国 M2011 的年代在西周晚期偏晚阶段,彭店春秋墓的年代在春秋早期偏晚阶段。

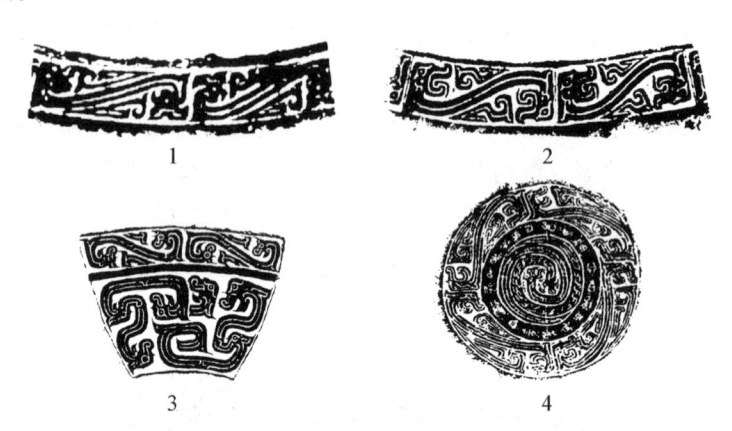

图 4.27　两周之际及其前后的三角形顾首龙纹
1. 河口曲柄盉　2. 莒县西大庄 M1：29 害辖　3. 三门峡虢国 M2011：330 盆　4. 潢川彭店盘

河口牺首鼎腹部所饰窃曲纹因锈蚀不清难以得其原貌,其轮廓与附耳平盖鼎盖部窃曲纹较为相似,由拓片观察,纹饰间夹饰了部分线条,应当是经过改造的变形窃曲纹。

河口小口鼎腹部蟠带纹与日照崮河崖 M1：3 鼎腹部蟠带纹相近。

河口组共出的原始瓷盉所饰水波纹与 S 形堆纹在长江下游地区的原始瓷器中常见,如浙江出土的原始瓷鼎、罐③等,年代多在西周晚期至春秋早期。此外,共出的印纹硬陶罐的形制与纹饰也与凤凰嘴组共出印纹硬陶罐相近。

综上,河口组的年代在西周晚期至春秋早期。

---

① 河南省文物考古研究所、三门峡市文物工作队:《三门峡虢国墓》(第一卷),第 334—338 页,文物出版社,1999 年。
② 郑杰祥、张亚夫:《河南潢川县发现一批青铜器》,《文物》1979 年第 9 期。
③ 浙江省文物考古研究所:《古越瓷韵——浙江出土商周原始瓷集粹》,第 56—90 页,文物出版社,2010 年。

燕山铜器　燕山曲柄盉上部盘腹部互相盘绕的连身龙纹(图4.28,1)与平桥M1：10盆[①](图4.28,2)、三门峡虢国墓M2011：82鼎[②]腹部龙纹(图4.28,3)相同,年代当在春秋早期。燕山盘两附耳与圈足底部一段较高的小直壁与罗山高店盘[③]相近,罗山高店盘的年代在春秋早期。燕山匜形斗形制同于岳庙匜形斗,柄部蟠带纹与凤凰嘴牺首鼎、铉鼎的蟠带纹相近。综上,燕山组的年代当在西周晚期至春秋早期。

图4.28　两周之际的连身龙纹
1. 燕山曲柄盉　2. 信阳平桥M1：10　3. 三门峡虢国M2011：82

长岗铜器　兽耳尊的尊体形制与枣庄东江小邾国墓地出土所谓"罍"[④]相似,枣庄东江小邾国墓地的年代在春秋早期,[⑤]因此,长岗兽耳尊的年代应当不晚于春秋早期。

合肥重环纹鼎　立耳外撇,腹饰重环纹,形制近于洛阳中州路M2415：4鼎,年代可以定在西周晚期至春秋早期。

乌龟岗乔夫人鼎　盖钮、盖边直裙饰重环纹,腹饰变形夔纹,盖面饰省变形顾首龙纹,同于河口附耳平盖鼎腹部、临沂中洽沟春秋墓M1：6盘腹部的省变形顾首龙纹,其年代当在西周晚期至春秋早期。

小八里铜器　小八里立耳平盖鼎的形制与长清仙人台周代墓地M6：B3

---

① 河南省博物馆、信阳地区文管会、信阳市文化局：《河南信阳市平桥春秋墓发掘简报》,《文物》1981年第1期。
② 河南省文物考古研究所、三门峡市文物工作队：《三门峡虢国墓》(第一卷),第323—327页,文物出版社,1999年。
③ 信阳地区文管会、罗山县文化馆：《河南罗山县发现春秋早期铜器》,《文物》1980年第1期。
④ 枣庄市山亭区政协：《小邾国文化》,第32页,中国文史出版社,2006年。
⑤ 李学勤：《小邾国墓及其青铜器研究》,《东岳论丛》2007年第2期;朱凤瀚：《中国青铜器综论》(下),第1664—1667页,上海古籍出版社,2009年。

鼎、①沂水刘家店子春秋墓出土立耳平盖鼎②的形制相近,立耳微外撇的程度与仙人台六号墓所出更为接近,三足根部所饰兽面纹中央皆生出一道扉棱,显示其年代可能较早,长清仙人台六号墓的年代在春秋早期偏晚,沂水刘家店子春秋墓的年代下限为春秋中期之初。

小八里附耳盘的形制与何家台盘、③沂水李家坡盘、④黄君孟夫妇墓G2：A12盘⑤等相似,双耳有圆梗与沿外连接的制法与晋侯墓M93：44盘、⑥苏家垅盘⑦相似,附耳纹饰亦与二盘相似,腹部所饰中目S形窃曲纹(图4.29,1)与枣阳郭家庙GM02：01鼎⑧口沿下纹饰(图4.29,2)、《商周青铜器纹饰》757号鼎口沿下纹饰(图4.29,3)、758号簠⑨口沿下纹饰相似,沂水李家坡墓、晋侯墓地M93、《商周青铜器纹饰》757号鼎与758号簠的年代均在春秋早期,黄君孟夫妇墓的年代下限为公元前648年,张昌平认为何家台盘、苏家垅盘的年代属于两周之际或可晚至春秋初期,并参照信阳地区黄君孟夫妇墓、平桥春秋墓器群将郭家庙GM02的年代定在春秋早期偏晚阶段。⑩综合其形制与纹饰特征,小八

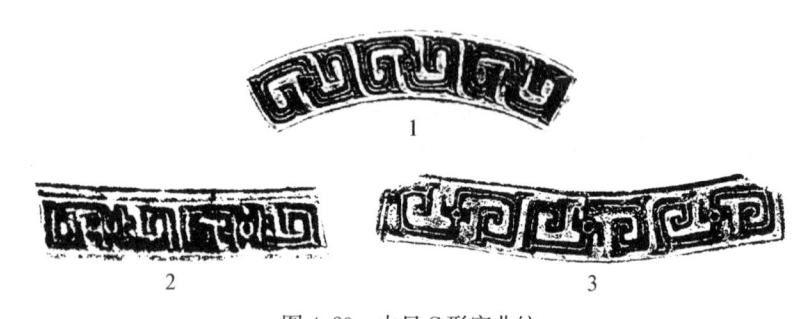

图4.29 中目S形窃曲纹

1. 小八里盘腹 2. 枣阳郭家庙GM02：01鼎口沿下 3.《商周青铜器纹饰》757号鼎口沿下

---

① 山东大学考古系：《山东长清县仙人台周代墓地》,《考古》1998年第9期。
② 山东省文物考古研究所、沂水县文物管理站：《山东沂水刘家店子春秋墓发掘简报》,《文物》1984年第9期。
③ 湖北省文物考古研究所：《曾国青铜器》,第226、227页,文物出版社,2007年。
④ 孔繁刚：《山东沂水县出土一批青铜器》,《考古与文物》1992年第2期。
⑤ 河南信阳地区文管会、光山县文管会：《春秋早期黄君孟夫妇发掘报告》,《考古》1984年第4期。
⑥ 北京大学考古学系、山西省考古研究所：《天马——曲村遗址北赵晋侯墓地第五次发掘》,《文物》1995年第7期。
⑦ 湖北省文物考古研究所：《曾国青铜器》,第42、43页,文物出版社,2007年。
⑧ 襄樊市考古队、湖北省文物考古研究所、湖北孝襄高速公路考古队：《枣阳郭家庙曾国墓地》,第190—192页,科学出版社,2005年。
⑨ 上海博物馆青铜器研究组编：《商周青铜器纹饰》,第267页,文物出版社,1984年。
⑩ 张昌平：《曾国青铜器研究》,第91—95页,文物出版社,2009年。

里附耳盘的年代当不晚于春秋早期。

小八里匜与曲阜鲁国故城乙组墓 M48：11 匜[1]相似，上腹部饰变形蝉纹，下腹部所饰变形窃曲纹（图 4.30,1）的原型见于西周晚期，如 1976 年扶风云塘一号窖藏出土伯公父盨盖顶纹饰[2]（图 4.30,2）等，朱凤瀚先生认为是 S 形窃曲纹的两端添加张口的龙首形，[3]属变形，而非简化，将其归入窃曲纹类。从构成来看，这种纹饰可能是窃曲纹与龙纹的组合型纹饰，在春秋以后较为流行，如 1981 年信阳明港钢铁厂壶[4]盖面纹饰（图 4.30,3）、黄君孟夫妇墓 G2 壶[5]盖面纹饰（图 4.30,4）、新郑祭祀坑 T605K2：12 簠[6]腹部纹饰（图 4.30,5）、信阳平西五号春秋墓铜壶[7]肩腹部纹饰（图 4.30,6）等。曲阜鲁国故城乙组墓 M48 的年代报告定在西周中期，[8]李学勤先生认为在西周晚期，[9]张昌平先生认为在两周之

图 4.30　S 形窃曲纹

1. 小八里匜腹　2. 扶风云塘一号窖藏出土伯公父盨盖　3. 信阳明港钢铁厂壶盖　4. 黄君孟夫妇墓 G2 壶盖　5. 新郑祭祀坑 T605K2：12 簠腹　6. 平西五号春秋墓出土铜壶纹饰（上为肩部，下为腹部）

---

[1] 山东省文物考古研究所、山东省博物馆、济宁地区文物组、曲阜县文管会：《曲阜鲁国故城》，第 151 页，图版柒玖-3，齐鲁书社，1982 年。
[2] 曹玮：《周原出土青铜器》，第 478—480 页，巴蜀书社，2005 年。
[3] 朱凤瀚：《中国青铜器综论》（上），第 580 页，上海古籍出版社，2009 年。
[4] 信阳地区文管会、信阳县文化馆：《信阳县明港发现两批春秋早期青铜器》，《中原文物》1981 年第 4 期。
[5] 河南信阳地区文管会、光山县文管会：《春秋早期黄君孟夫妇发掘报告》，《考古》1984 年第 4 期。
[6] 河南省文物考古研究所：《新郑郑国祭祀遗址》（上），第 123—125 页，大象出版社，2006 年。
[7] 信阳地区文管会、信阳市文管会：《河南信阳市平西五号春秋墓发掘简报》，《考古》1989 年第 1 期。
[8] 山东省文物考古研究所、山东省博物馆、济宁地区文物组、曲阜县文管会：《曲阜鲁国故城》，第 182、183 页，齐鲁书社，1982 年。
[9] 李学勤：《新出青铜器研究》，第 31 页，文物出版社，1990 年。

际，①王青先生认为墓中所出铜匜是西周晚期偏晚至春秋早期的器物，②从形制上看，小八里匜可以早到两周之际或者稍晚，但从其腹部所饰变形窃曲纹的简化以及变形程度来看，与上述河南地区所出郑、黄等国铜器的纹饰更为接近，因此，小八里匜的年代定在春秋早期是合适的。

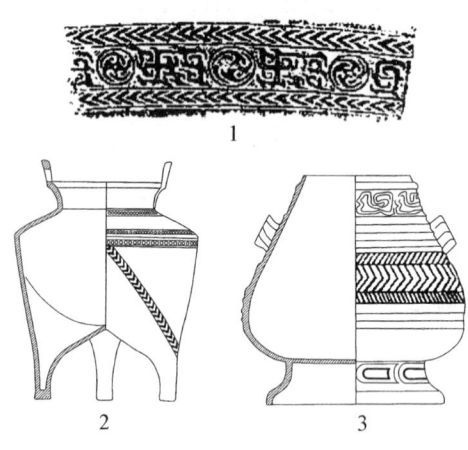

小八里小方盒形制别致新颖，盖缘饰一周连续的顾首龙纹，盖中龙纹一身四龙首，类似风格的龙纹③多见于春秋时期，圈足所饰燕尾纹为南方文化的产物，见于新干大洋洲商代墓葬出土铜器 XDM：4 锥足鼎口沿、XDM：15 扁足鼎口沿、XDM：37 小口折肩鬲腹部④（图4.31,2）和湖南资兴旧市春秋墓 M276：6 鼎⑤腹部上下侧（图4.31,1）。另外，此类纹饰在北方地区也有发现，如新郑唐户村春秋墓 M9：3 壶⑥腹部（图4.31,3），其年代当在春秋早期。

图4.31 燕尾纹
1. 资兴旧市 M276：6 2. 新干大洋洲 XDM：37 3. 新郑唐户村 M9：3

小八里曲柄盉的上部呈敛口钵形，饰一周重环纹，结合同出器物的年代可将其年代下限定在春秋早期。

综上，小八里组的年代在西周晚期至春秋早期。

五里铜器 五里牺首鼎腹部简化夔纹与谢垅附耳平盖鼎腹部夔纹相似，蟠龙纹与凤凰嘴牺首鼎腹部蟠龙纹相同，五里鼎的年代不晚于春秋早期。五里曲柄盉的钵口与黄君孟夫妇墓 G2：A6 盉⑦的钵口近似，年代在春秋早期。立耳

---

① 张昌平：《曾国青铜器研究》，第97页，文物出版社，2009年。
② 王青：《海岱地区周代墓葬研究》，第24页，山东大学出版社，2002年。
③ 上海博物馆青铜器研究组编：《商周青铜器纹饰》，第135页，文物出版社，1984年。
④ 江西省博物馆、江西省文物考古研究所、新干县博物馆：《新干商代大墓》，第13—56页，文物出版社，1997年。
⑤ 湖南省文物考古研究所：《资兴旧市春秋墓出土鼎》，湖南考古网：http://www.hnkgs.com/show_news.aspx?id=97，2009-12-30。
⑥ 开封地区文管会、新郑县文管会、郑州大学历史系考古专业：《河南省新郑县唐户两周墓葬发掘简报》，《文物资料丛刊》(2)，文物出版社，1978年。
⑦ 河南信阳地区文管会、光山县文管会：《春秋早期黄君孟夫妇墓发掘报告》，《考古》1984年第4期。

平盖鼎的形制与小八里平盖鼎相似,唯立耳外撇较甚,因此,立耳平盖鼎的年代应在春秋早期。综上,五里组的年代不晚于春秋早期。

磨墩子附耳平盖鼎 其盖面窃曲纹与河口盖鼎的盖面窃曲纹相同,盖边直裙饰重环纹,腹部省变形顾首龙纹同于河口盖鼎腹部、临沂中洽沟春秋墓 M1∶6 盘腹部的省变形顾首龙纹,其年代当在西周晚期至春秋早期。

盔头铜器 盔头蝉纹鼎形制与杨家牌云纹鼎相似,腹部蝉纹内填 S 形云纹,制作风格与杨家牌鼎腹部蝉纹相似,上腹部饰单体龙纹与明港段湾盆腹部龙纹相似,S 形云纹与信阳平桥 M3 舟①腹部纹饰相似,因此,其年代不晚于春秋早期。

思古潭铜器 蝉纹鼎的变形蝉纹与沂源姑子坪 M1∶11 罍②的垂叶三角纹相似,用以象征蝉目的环纹与黄君孟夫妇墓 G2∶A14 壶③腹部环纹相似,盖面龙纹与明港段湾盆腹部龙纹、凤凰嘴铉鼎 S 形龙纹相近,上腹所饰简化夔纹与谢坳匜銎部、谢坳矩形钮盖鼎腹部夔纹相同。综上,思古潭组的年代在春秋早中期之际。

竹山铜器 两件矩形钮盖鼎大小相同,盖面、附耳及腹部皆饰较为细密的蟠螭纹,下腹部饰三角纹,内填对龙纹,同于琉璃阁 M80 鼎下腹三角纹,④据此,竹山二鼎的年代应在春秋中期阶段。

黄岭铜器 黄岭器群中的器物地方特色显著,且大多为素面,通过比较来进行年代判定较为困难。但器群中的镰盉可以作为判断器群年代上下限的标准器,镰盉于春秋中期开始流行,因此,黄岭器群的年代当不早于春秋中期,黄岭镰盉腹部纹饰由互不纠缠连属的龙纹所组成,纹饰风格与平桥 M2∶5 簠⑤肩部纹饰、平西 M5 出土簠形器⑥以及杨家牌牺首鼎等的纹饰相近似,提梁与兽首流饰重环纹,综上,黄岭镰盉的年代当在春秋中期。黄岭盉的形制与凤凰嘴盉较为相似,然细察之,除了有无器盖之别外,整器比例也有很大

---

① 信阳地区文管会、信阳市文化局:《信阳市平桥西三号春秋墓发掘简报》,《中原文物》1981 年第 4 期。
② 山东大学考古系、淄博市文物局、沂源县文管所:《山东沂源县姑子坪周代墓葬》,《考古》2003 年第 1 期。
③ 河南信阳地区文管会、光山县文管会:《春秋早期黄君孟夫妇墓发掘报告》,《考古》1984 年第 4 期。
④ 郭宝钧:《山彪镇与琉璃阁》,图版伍捌-3,科学出版社,1959 年。
⑤ 河南省博物馆、信阳地区文管会、信阳市文化局:《河南信阳市平桥春秋墓发掘简报》,《文物》1981 年第 1 期。
⑥ 信阳地区文管会、信阳市文管会:《河南信阳市平西五号春秋墓发掘简报》,《考古》1989 年第 1 期。

差别,黄岭鬲较为瘦高,据此,黄岭鬲的年代与镦盉相当。综合以上分析,黄岭组的年代当在春秋中期。

三、文化因素构成

群舒所处的地理位置特殊,周邻文化众多,在群舒文化的发展历程中产生了直接或间接的相互影响,本节着重分析这种影响的具体情况,首先分析文化因素构成,探讨群舒与中原周文化的关系,继而再从器形和纹饰方面考察群舒铜器与周边曾、黄、莒等国铜器的关系。

结合上文所述各器物的文化特征,从宏观的角度可以将群舒铜器的文化因素构成分为本地文化因素和周文化因素两类。本地文化因素包括立耳平盖鼎、附耳平盖鼎、曲柄盉、环耳缶、小口鼎、小方盒、牺首鼎等器形,周文化因素包括立耳盆形鼎、附耳圈足盘、兽足匜、垂腹尊、圈足簋等。前者占较大比例,较为丰富,后者数量较少,可能为中原地区的直接输入,也可能为本地工匠仿铸并加入了创造性因素。

从器物的形制、纹饰来看,群舒铜器还与周边其他地区的铜器存在着相互的影响。

淮河上游地区包括汉阳诸姬、江、黄等众多小国,其中,黄、樊等与群舒的关系较为密切。黄君孟夫妇墓2号椁室出土甗形盉和弇口盉,甗形盉为钵口式,形制与群舒钵口甗形盉较为相似,弇口盉见于六安燕山组,但与群舒器也有一些不同,如盉鋬均为连体式,与群舒盉中常见的分作两段不同,且均未带盖,当为本地铸造。黄君孟夫妇墓 G2:A14 壶腹部所饰环纹在思古潭蝉纹鼎上可见。另外,在信阳平桥 M1、平西 M5 中都发现有陶曲柄盉,平桥 M1 为樊国墓,平西 M5 为番国墓,更加印证了该地区与群舒地区存在着密切的联系。

群舒器中一些流行的纹饰在沂沭河流域的莒文化中可以见到,如由连续的简化窃曲纹组成的蟠带纹见于日照崮河崖 M1:3 鼎腹。临沂中洽沟盘腹省变形顾首龙纹又见于河口 M1:1 盖鼎腹、井王磨墩子盖鼎腹、乌龟岗乔夫人鼎盖。河口与井王磨墩子盖鼎腹部的省变形顾首龙纹采取左右对称的布局方式,较之中洽沟盘腹龙纹单向连续排列的布局方式可能稍早。另外,河口鼎所饰省变形顾首龙纹的每个纹饰单元之间表现出兽面的形象,以各纹饰单元之间的接痕象征兽面鼻、口,左右两侧有兽角与兽目,也显示出年代较早的特征。

垂叶三角形纹在沂源姑子坪 M1 罍、沂水东河北出土舟①等春秋早期器中可见,六安思古潭蝉纹鼎腹部垂叶三角纹内所填蝉身纹饰与沂源姑子坪 M1 罍腹垂叶三角纹内所填纹饰相同。因此,从现有材料看,群舒鼎腹流行的垂叶三角纹或变形蝉纹有可能来自山东地区。

魏岗鼎腹部所饰三角形变体龙纹在中原地区少见,但见于山东沂沭河流域,如沂源姑子坪 M1:1 鼎与沂水东河北鼎腹部。

凤凰嘴鬲颈、肩转折明显,足端呈尖锥状,颇具地方特色,形制相近者在山东可见,如临沂中洽沟 M1:5 鬲、②滕州后荆沟 M1:11 鬲等,唯后者颈、肩多呈弧状转折,滕州后荆沟 M1 为薛国墓葬,与莒同属东夷。临沂中洽沟 M1:5 鬲与同墓采集的陶鬲形制相同,此类陶鬲在山东地区与淮河中下游均有发现,为东夷、淮夷或南淮夷文化的典型器物。

立耳带平盖圆鼎见于商代晚期至西周早中期,其后中原地区不见此类作法,直至春秋中期以后方又兴起带盖之风,且多为弧盖。值得注意的是,在淮夷群舒与郐、莒等东夷古国的春秋早中期鼎中却发现大量平盖立耳鼎,如小八里鼎、长清仙人台周代墓地 M6 鼎、沂水刘家店子 M1 鼎③等,这应当是淮夷、东夷保留较多商周传统文化特征的一个重要方面,同时也表明了二者间有着密不可分的关系。

综上所述,群舒与山东地区尤其是南部沂沭河流域等东夷文化区的关系较为紧密。

在淮河中下游地区,主要是与嬴姓徐国之间的文化交流。徐,原属东夷,史载至迟在晚商时期已经登上历史舞台,西周初期因参与叛周而遭受沉重打击,被迫迁至淮河中下游一带,近年邳州梁王城、鹅鸭城遗址及九女墩徐国大墓的发现证明春秋晚期的徐国城址在现今皖苏两省交界一带。目前发现的徐国青铜器大多散出于徐地以外,且年代多在春秋中期以后。徐与群舒之间曾发生战事,据文献记载,公元前 657 年"徐人取舒",二者间的交流在铜器方面主要反映在牺首鼎、曲柄盉等器物上,如邳州九女墩三号墩出土牺首鼎、绍兴 306 号墓出

---

① 马玺伦:《山东沂水发现一座西周墓葬》,《考古》1986 年第 8 期。
② 临沂市博物馆:《山东临沂中洽沟发现三座周墓》,《考古》1987 年第 8 期。
③ 山东省文物考古研究所、沂水县文物管理站:《山东沂水刘家店子春秋墓发掘简报》,《文物》1984 年第 9 期。

土牺首鼎和曲柄盉等。

长江下游地区,谢埫匜三足、流下带乳突、平錾的作法多见于吴文化区及皖南地区,如江宁陶吴出土匜。[①] 平錾另见于盘形匜,如武进淹城出土盘形匜、[②]顺安铁湖出土盘形匜,[③]这种盘形匜早在点将台文化地层中已有发现,如城头山T15⑥:27陶三足匜,[④]为吴文化的典型器。

小八里小方盒圈足所饰燕尾纹最早见于新干大洋洲商墓,又见于资兴旧市春秋墓,为南方越文化的典型纹饰。

跨区域文化交流方面,先看与淮河中上游、山东等地区之间的文化交流。附耳盖鼎,主要特征为盖顶中心为一环形钮或扁平状方环钮,盖周分置三个矩形钮,两耳附于鼎腹或口沿下,子母口,弧腹或略鼓,亦见卵形腹者。此类鼎在淮河上游、山东与群舒地区春秋早期即已出现,在齐国甚至流行至战国中期。但各区之间鼎的形制也有不同,淮河上游所出以卵形腹鼎最为典型,如新野小西关鼎。[⑤] 高成林结合小西关鼎、上海博物馆藏樊季氏鼎的特征及铭文认为长沙市博物馆藏深腹矮足鼎的产地在以桐柏山附近为中心的汉淮一带,[⑥]观点较为精当,富有启发性。淮河上游同时也见有形制类似山东、群舒所出者,如罗山高店黄墓出土鼎,[⑦]唯其盖边三钮为兽形钮。山东地区与群舒所出形制相近,所见较早者有杞伯每亡鼎、[⑧]枣庄东江小邾国鼎[⑨]等。从目前所掌握的材料来看,此类鼎的起源很可能在淮河上中游一带,春秋中晚期曾经一度流行于中原地区的三晋、郑、卫等国,如洛阳纱厂路东周墓JM32:7鼎、[⑩]尉氏县河东周村墓Ⅱ式鼎、[⑪]侯马上马墓地M15:29鼎[⑫]等,在楚鼎中亦可见,如淅川下寺楚墓

---

① 李蔚然:《南京发现周代铜器》,《考古》1960年第6期。
② 倪振逵:《淹城出土的铜器》,《文物》1959年第4期。
③ 安徽大学、安徽省文物考古研究所:《皖南商周青铜器》,第105页,文物出版社,2006年。
④ 张敏:《宁镇地区青铜文化研究》,《长江流域青铜文化研究》,科学出版社,2002年。
⑤ 郑杰祥:《河南新野发现的曾国铜器》,《文物》1973年第5期。
⑥ 高成林:《长沙市博物馆所藏深腹矮足铜鼎浅析》,《湖南省博物馆馆刊》(2),岳麓书社,2005年。
⑦ 信阳地区文管会、罗山县文化馆:《罗山县高店公社又发现一批春秋时期青铜器》,《中原文物》1981年第4期。
⑧ 孔昭明:《周代金文图录及释文》(增订本一),图二七,台湾大通书局,1971年。
⑨ 枣庄市山亭区政协:《小邾国文化》,中国文史出版社,2006年。
⑩ 洛阳市第二文物工作队:《洛阳市纱厂路东周墓(JM32)发掘简报》,《文物》2002年第11期。
⑪ 郑州市博物馆:《尉氏出土一批春秋时期青铜器》,《中原文物》1982年第4期。
⑫ 山西省考古研究所:《上马墓地》,第31页,文物出版社,1994年。

M7：6鼎。① 总之，附耳平盖鼎对春秋中期以后的盖鼎形制产生了重要影响。

戳印圆点纹与弦纹组合为群舒器典型纹饰，几乎在群舒所有的鼎耳上均有装饰，在附耳平盖鼎的矩形钮上和曲柄盉上也可见到。目前淮河上游仅潢川彭店刘砦番国墓出土立耳鼎的耳部有此装饰，山东地区则有较多发现，如栖霞吕家埠莒国M1、M2鼎、长清仙人台M6：B5鼎、薛国故城M1：62鼎②、齐国交龙纹鼎③等等。另外，在枝江出土郐大子鼎④耳部也可见到这种纹饰。戳印圆点纹在南方原始瓷器上常见，弦纹则为中原鼎、甗的器耳上常见，群舒铜器所饰戳印圆点纹与弦纹组合当来源于此二者的结合。

与周边地区流行中原式连续的龙纹或蟠螭纹不同，江淮地区甚为流行独体排列的小龙纹，见于群舒、曾、徐和钟离器，⑤如杨家牌牺首鼎腹部、铜陵顺安铁湖鼎耳、枣阳郭家庙M8匜口沿下、庚儿鼎腹部、凤阳卞庄M1：17甗耳等，并远播至莒、楚，如沂水刘家店子M1：33壶腹部、淅川下寺M7：9簠直壁、淅川下寺M1：18鼎耳等。这种龙纹应该是由西周时期的夔龙纹演变而来，随着各国纹饰简化、细密化之风及模印技术的盛行而逐渐流传开来。

河口M1：6曲柄盉盘口饰三角形顾首龙纹在春秋时期的中原地区已较为少见，如虢国M2011：330盆腹，但在山东莒文化区等常见，如莒县西大庄M1：29曹辖、临沂中洽沟鬲腹、刘家店子M1：45鬲肩部等，在淮河上游地区也可见，如潢川彭店盘。

燕山曲柄盉盘口所饰龙纹为龙身相连并互相缠绕而成，可能为春秋早期以后最为流行的纹饰——蟠螭纹的雏形之一。这种龙纹在淮河上游屡见，如信阳平桥M1：10盆腹、新野小西关盘腹等，在三门峡虢国M2011：82鼎腹亦可见，很明显是受到了中原地区的影响，但群舒铜器上此类龙纹究竟是受到中原地区的直接影响还是间接由淮河上游地区输入，仍需进一步探讨。

再看与长江中下游地区之间的文化交流。春秋中晚期长江下游的吴、楚及

---

① 河南省文物研究所、河南省丹江库区考古发掘队、淅川县博物馆：《淅川下寺春秋楚墓》，第28页，文物出版社，1991年。
② 山东省济宁市文物管理局：《薛国故城勘查和墓葬发掘报告》，《考古学报》1991年第4期。
③ 中国青铜器全集编辑委员会：《中国青铜器全集》卷9，图1，文物出版社，1997年。
④ 高应勤、夏渌：《〈郐大子伯辰鼎〉及其铭文》，《江汉考古》1984年第1期。
⑤ 安徽省文物考古研究所、凤阳县文物管理所：《凤阳大东关与卞庄》，第54—57页，科学出版社，2010年。

受其影响较深的徐、钟离甚为流行 S 形纹,如镇江谏壁王家山镰盉提梁、青阳庙前龙岗鼎腹、苏州虎丘鼎盖、淅川下寺 M8∶8 鼎盖、绍兴 M306 炉腹、邳州九女墩三号墩盘腹、凤阳卞庄 M1∶17 甗甑部等等,这种纹饰在群舒与淮河上游的樊国春秋早中期器中如信阳平桥 M3 舟腹、庐江盔头鼎腹等已出现,可能是由淮河流域传入长江中下游的。

诚如朱凤瀚先生所言,"蟠虺纹可以说是蟠螭纹的一个变种",[①]我们发现,将群舒相关区域的早期龙纹与晚期蟠螭纹、蟠虺纹进行比较,不但可以明确各区域之间的文化传播与交流状况,其意义还在于,如同前述连身龙纹可能为蟠螭纹的雏形,将淮河上中游一带春秋早中期的缠身龙纹、长江中游楚器及中原器等流行于春秋中晚期的蟠虺纹予以简要梳理,似可大致勾勒出由龙纹发展演变为蟠虺纹的脉络:如从信阳平桥 M1∶10 盆盖部、平桥 M2∶6 壶腹部龙纹到杨家牌匜腹龙纹、江陵岳山大队出土匜腹龙纹、淅川下寺 M36∶8 匜腹蟠虺纹再到长治分水岭 M269∶32 簠腹部、凤阳卞庄 M1∶65 豑[②]外侧的蟠虺纹,经历了由两个单身双首龙纹缠绕到两个单身单首龙纹缠绕再到真正意义上具有蛇纹形态的所谓蟠虺纹的发展演变过程,其中淅川下寺 M36∶8 匜腹龙纹可能处于这种发展演变过程的过渡阶段。从这个角度上观察,则不难得出类似于黄君孟夫妇墓 G2∶A13 匜上的那种蟠螭纹应当与前述连身龙纹联系密切的结论。

小口鼎在楚、徐及皖南地区皆有发现,如淅川下寺 M1、M2,绍兴 M306,繁昌汤家山等,在楚器中尤占重要地位,不仅出土数量最多,而且自春秋中期一直流行至战国中晚期。上述小口鼎中,以河口小口鼎的年代为最早,联系到平盖等特征,小口鼎起源于群舒地区的可能性较大。

桐城长岗出土兽耳尊,形制特殊,尊体与小邾国罍体相同,兽耳的制法见于小邾国壶耳及皖南地区龙耳尊,其来源尚待讨论。

毛颖认为镰盉源于江淮地区北部,[③]观点较为精当。镰盉的分布地域较广,典型镰盉主要出土于楚、吴、越、徐、钟离、蔡等国,群舒所出镰盉与典型镰盉相近,可能受到了楚、吴等国的影响。

---

① 朱凤瀚:《中国青铜器综论》(上),第 558 页,上海古籍出版社,2009 年。
② 安徽省文物考古研究所、凤阳县文物管理所:《凤阳大东关与卞庄》,第 106—111 页,科学出版社,2010 年。
③ 毛颖:《南方青铜盉研究》,《东南文化》2004 年第 4 期。

综上所述，群舒铜器与淮河中上游、沂沭河流域、长江中下游等周边地区的铜器存在着相互的影响，也正如此使得群舒文化成为周边各文化传播、交流的重要纽带。

群舒铜器与周边地区铜器的相互影响与文化交流使得其来源问题显得较为复杂，部分器物可能是由外输入，也可能是由本地仿制而成并且在仿制的过程中加入了本地因素。同时，部分器物的形制特殊，很难从群舒以外的文化当中觅得踪迹，当源自本地陶器器形。陶质曲柄盉在潜山薛家岗、枞阳汤家墩、六安堰墩、霍邱堰台、庐江大神墩等遗址中均有发现，年代多在西周至春秋早期。矩形钮盖鼎的三矩钮及平盖见于堰台遗址陶质器盖，缶、盉等覆碗形器盖见于堰台遗址陶覆碗形盖。此外，带盖缶、折肩鬲等器形也能在本地陶器中找到原型。

最后，简短讨论徐舒的异同。

实际上，从考古学的角度来看，徐舒同源、异源争论的核心与焦点在于徐与舒究竟为一国还是两国，或者说二者的文化是否属于同一考古学文化。另外，徐国铜器的年代多在春秋中晚期，而群舒铜器的年代则多在西周晚期至春秋早中期，二者的年代恰好可以衔接起来，这也是部分学者将徐舒并论的原因之一。因此，回答上述问题的关键在于两方面：第一，二者的器物因素究竟是同多异少还是相反；第二，二者器物之间是否存在传承发展关系。

已知的徐国青铜器，多数分散出于徐国本土以外，对于徐器的认定也以具铭者为主。总体来看，尽管仍存在对部分器物的国属意见不一等问题，对徐国青铜器的认识已较为清晰，尤其是徐王世系已相对清楚。目前，较少争议的徐器计有 57 件，罗列如下：

清光绪十四年（1888 年）江西高安出土的徐王禹又觯 1、徐王义楚觯 1、义楚觯 1。[1]

1923 年河南新郑春秋墓中出土的王子婴次炉 1。[2]

1961 年山西侯马上马村东周墓群十三号墓中出土的庚儿鼎 2。[3]

1979 年江西靖安出土的徐王义楚盥盘 1、徐令尹者旨型炉盘 1、枓 1。[4]

---

[1] 董楚平：《吴越徐舒金文集释》，第 271—275 页，浙江古籍出版社，1992 年。
[2] 郭宝钧：《商周铜器群综合研究》，第 82、83 页，文物出版社，1981 年。
[3] 山西省文物管理委员会侯马工作站：《山西侯马上马村东周墓葬》，《考古》1963 年第 5 期。
[4] 江西省历史博物馆、靖安县文化馆：《江西靖安出土春秋徐国铜器》，《文物》1980 年第 8 期。

1982年浙江绍兴306号墓出土的汤鼎1、炉1、牺首鼎1、瓻形盉1。①

1993年江苏邳州九女墩三号墩出土的牺首鼎1、罐形鼎1、汤鼎1、盆形鼎3、鬲1、方形器1、豆5、壶1、尊1、龙首盉1、罍1、罐1、盥盘5、炉1、甬钟4、镈钟6、钮钟9。②

传世品1,徐王糧鼎。③

经过比较可以发现,二者间存在以下共同点：

首先,器类与形制方面,徐器中发现有群舒典型器牺首鼎与瓻形盉,其形制与舒器中同类器较为相似。

其次,纹饰方面,徐舒器中鼎足等部位均饰兽面纹,常见云雷纹等。值得注意的是,庚儿鼎耳部与腹部龙纹与杨家牌牺首鼎腹部龙纹相似,此类龙纹为江淮地区所常见,广泛流行于群舒、曾、徐、钟离等国。

第三,皆具有仿古倾向,如高安出土的甴在西周早期以后少见,燕山尊的形制及所饰顾首垂冠鸟纹为西周中期所常见。

但徐舒铜器还存在以下不同点：

首先,从分布地域来看,徐器广布于长江中下游地区以及苏北、山西等地,舒器则相对集中,主要分布在以舒城、肥西为中心的安徽江淮中西部地区。

其次,器类方面,徐器中觯、炉、盥盘、壶、豆、方形器、钮钟等不见于舒器,舒器中附耳平盖鼎、缶(含带流缶)、小方盒等则不见于徐器。

再次,形制方面,从器物细部观察后可以发现徐器中的牺首鼎、瓻形盉等与群舒器还是有不小的差别。徐器多与吴楚铜器相似,如靖安出土炉铭文中的官名令尹亦见于楚国铭文,徐王义楚盥盘等器的形制则与吴王光鉴、吴王夫差鉴等相似。舒器早期受到中原文化影响,但较多的是传承和发展了自身的文化特色。

第四,纹饰方面,徐器纹饰主要包括蟠螭纹、蟠虺纹、弦纹、龙纹、兽面纹、云雷纹、绳纹、S形纹、三角纹等,舒器纹饰则包括变形窃曲纹、兽面纹、弦纹、蟠龙纹、垂叶三角纹、顾首龙纹、两两相连的S形龙纹、云雷纹、鳞纹、重环纹等,并且

---

① 浙江省文物管理委员会、浙江省文物考古所、绍兴地区文化局、绍兴市文管会：《绍兴306号战国墓发掘简报》,《文物》1984年第1期。

② 孔令远、陈永清：《江苏邳州市九女墩三号墩的发掘》,《考古》2002年第5期。

③ 董楚平：《吴越徐舒金文集释》,第254页,浙江古籍出版社,1992年。

尤为盛行在鼎等器物的耳部装饰组合的戳印圆点纹与弦纹。此外,即便是二者的同类纹饰也多有不同,如凤凰嘴牺首鼎兽角上的云雷纹则为二方连续,绍兴306号墓出土牺首鼎兽角上的云雷纹为单体排列。

最后,铭文方面,徐器中大多有铭文,舒器中基本不见,仅小八里器群中发现具铭者。

综上所述,徐舒器物异多同少,相互之间并无明显的传承发展关系,二者应当分属不同族群的考古学文化。

四、匜形斗的再认识

在中国古代青铜器中,大件的青铜礼乐器研究得都比较充分,而作为挹取工具的斗和勺,关注的程度却不是很高,对斗、勺的称谓也较为模糊,并没有一个清晰的认识。容庚、张维持根据《仪礼》记载认为挹酒之器皆称为勺。[①] 王振铎认为两者是有区别的,以斗勺二字的书法结体观之,斗之柄出自斗首腰际,勺之柄与勺首通连。[②] 朱凤瀚同意王振铎的说法,按柄部与首部连接位置不同而确定名称。[③] 崔恒升认为"斗因北斗七星之形而得名,斗亦作枓,乃古今字,勺用以挹酒,斗用以挹水,一般来说,斗比勺大……勺之柄出自勺首腰际,斗之柄与斗首通连"。[④] 崔恒升的看法与王振铎正好相反。杜迺松认为勺是挹酒的,常与酒器如尊、方彝等共出,勺在作为舀水的器皿时也称为斗。[⑤] 李济曾经引王振铎之说来探讨勺与斗的起源:"勺大概是由葫芦剖成,斗得形于圆底器,加上一柄。"[⑥]陈梦家认为:"古时勺与斗本为一字。"[⑦]王帅认为至少在东周以前无论勺、斗或是斗、枓之间,其形制特征均异小于同,都是指一种有首的长柄挹酒器。[⑧]在实际的考古出土资料中,并未发现有自名为斗或勺的容器,关于两者的命名,

---

① 容庚、张维持:《殷周青铜器通论》,第64页,科学出版社,1958年。
② 王振铎:《司南指南针与罗经盘——中国古代有关静磁学知识之发现及发明》(上),《中国考古学报》第3册,1948年。
③ 朱凤瀚:《中国青铜器综论》,第269页,上海古籍出版社,2009年。
④ 崔恒升:《安徽出土金文订补》,第77页,黄山书社,1898年。
⑤ 杜迺松:《青铜匕、勺、斗考辨》,《文物》1991年第3期。
⑥ 李济:《记小屯出土之青铜器》,《中国考古学报》第3册,1948年。
⑦ 陈梦家:《海外中国铜器图录》,第34页,台联国风出版社,1976年。
⑧ 王帅:《略论考古发现中的青铜斗形器——兼说伯公父爵与"用献用酌"之礼》,《古代文明》2008年第4期。

主要是参考古代文献资料,学术界尚存争议,未能有统一的意见。

先秦典籍有关斗的记载,如《诗经·小雅·大东》:"维北有斗,不可以挹酒浆。"《诗经·大雅·行苇》:"酌以大斗,以祈黄耇。"①"酌"挹取、斟酒之意,此处之斗即是一种带柄且用以酌酒的挹取器。《周礼·鬯人》:"大丧之大渳,设斗。"郑玄注:"所以沃尸也。"沃,浇也。斗,形似勺,是舀水浇尸体供沐洗器。②《仪礼·少牢馈食礼》:"司宫设罍水于洗东,有枓。"③郑玄注:"凡设水用罍,沃盥用枓。"④《礼记·丧大记》:"浴水用盆,沃水用枓。"⑤《大戴礼记解诂·保傅》:"太宰持斗而御户右。"卢注云:"斗,所以斟也。"⑥我们从周代文献的记载可以看出斗的作用是兼挹水和挹酒作用于一身的,既可以挹酒,也可用来舀水。

文献中关于勺的记载不多,根据东周时期的文献,勺是挹酒器,如《周礼·考工记·梓人》:"梓人为饮器,勺一升,爵一升,觚三升。"⑦这说明勺和爵、觚皆为饮器。《仪礼·士冠礼》:"有篚实勺、觯、角柶。"郑玄注:"勺,尊升,所以斟酒也。"⑧东周以后文献中也有记载,《说文解字》:"枓,勺也。"⑨段玉裁《说文解字注》"枓"字注曰:"尊斗者,谓挹取于尊之勺。"⑩以上说明勺之用同于尊斗,为从盛酒器中挹酒之器。

考古发掘中与盛酒器同出,且表明两者有着直接共存关系的勺有:上海博物馆馆藏商代"责弘"觚附有一勺,勺錾上有"责弘"铭,与觚盖铭相同;今藏于美国纽约大都会博物馆原端方收藏的铜禁,在禁上放有一套酒器,其中铜卣内附有一勺;⑪河南三门峡上村岭5号战国墓出土的镶嵌蟠螭纹方罍,附有一勺;⑫战国时期青铜器的纹饰上也有勺的形象,如上海博物馆藏铜椭杯上,就刻有侍者手持勺从罍中取酒的图像;⑬安阳出土大亚斗,相传出土时斗在罍中;盛酒器守

---

① 周振甫:《诗经译注》,第331、428页,中华书局,2002年。
② 杨天宇:《周礼译注》,第298页,上海古籍出版社,2004年。
③ 杨天宇:《仪礼译注》,第454页,上海古籍出版社,2004年。
④ 段玉裁:《说文解字注》,第261页,上海古籍出版社,1981年。
⑤ 郑玄注、孔颖达疏:《礼记正义》,《十三经注疏》(标点本),第1256页,北京大学出版社,1999年。
⑥ 王聘珍:《大戴礼记解诂》,第59—60页,中华书局,1983年。
⑦ 杨天宇:《周礼译注》,第658页,上海古籍出版社,2004年。
⑧ 李学勤主编:《仪礼注疏》(上),第27页,北京大学出版社,1999年。
⑨ 许慎:《说文解字》,第122页,中华书局,1963年。
⑩ 段玉裁:《说文解字注》,第261页,上海古籍出版社,1981年。
⑪ 杜迺松:《吉金文字与青铜文化论集》,第285页,紫禁城出版社,2003年。
⑫ 文物出版社编著:《中国古青铜器选》,图71,文物出版社,1976年。
⑬ 杜迺松:《吉金文字与青铜文化论集》,第285页,紫禁城出版社,2003年。

宫作父辛觥腹内有一斗,斗柄从盖后端长方孔中伸出;①长安张家坡西周早期墓 M87 所出斗(M87∶9)出土时位于尊内,斗身原为木质,已朽,仅存曲柄及斗身上的两个铜箍,直长约 31.7 厘米;鹤壁庞村西周早期墓葬所出鱼父已卣(0043),出土时腹内亦有一斗,长 21 厘米;②戚家庄 M269 的斗出土时置于觯内;③扶风庄白一号窖藏中出土的四件斗置于一壶中;④宝鸡竹园沟 M13 出土的斗置于提梁卣内。⑤ 通过以上考古材料可以看出,斗与勺皆有挹酒功能,斗勺的形制与命名,王振铎先生的"斗之柄出自斗首腰际,勺之柄与勺首通连"的区分方法与出土情形较为吻合。

庐江岳庙组铜器共 4 件,牺首鼎、曲柄盉、匜形斗、龙首鎣各 1 件,其中匜形斗(图 4.33,1)原报告称为匜形勺,应予更正。该器通柄长 33、柄长 26.7、斗深 4.7、口径 8.7×6 厘米,斗首作匜形,腹较深,敛口有流,在斗口沿下 1.3 厘米处置一长柄。柄与勺相接处有 2 厘米长向下弯曲,然后再向上提高,使柄平面与勺口平行,这样更符合力学原理而便于使用。柄自口沿向后端逐渐加宽成梯形,柄部正面布满变形夔纹(图 4.32,1),成中心对称图形。

岳庙匜形斗柄成乙字形,而乙字形柄斗形器大量出现在西周晚期。2006 年

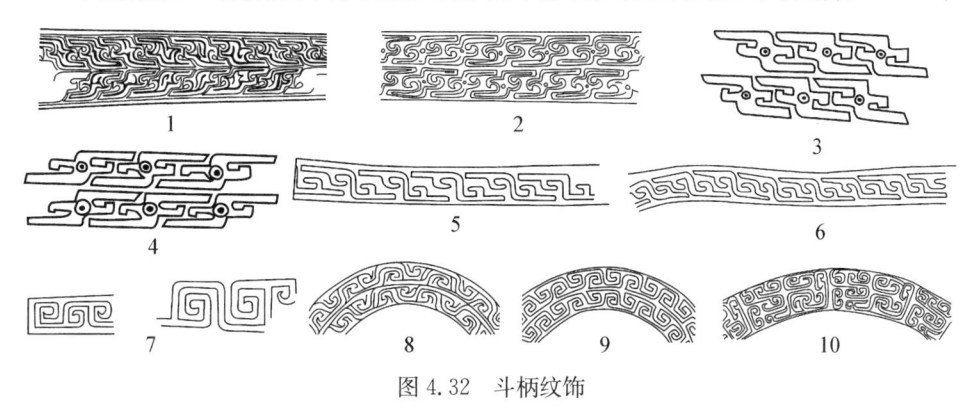

图 4.32 斗柄纹饰

1. 岳庙匜形斗柄部纹饰　2. 谢埠三足匜腹部纹饰　3. 五里牺首鼎腹部纹饰　4. 思古潭鼎腹部纹饰　5. 新郑唐户 M9 出土匜口沿纹饰　6. 新郑唐户青铜轫纹饰　7. 燕山匜形斗柄部纹饰　8. 舒城凤凰嘴铉鼎盖面纹饰　9. 舒城凤凰嘴牺首鼎盖面纹饰　10. 庐江岳庙牺首鼎盖面纹饰

---

① 容庚:《商周彝器通考》,图版六八五,哈佛燕京学社,1941 年。
② 朱凤瀚:《中国青铜器综论》,第 269 页,上海古籍出版社,2009 年。
③ 安阳市文物工作队:《殷墟戚家庄东 269 号墓》,《考古学报》1991 年第 3 期。
④ 尹盛平:《西周微氏家族青铜器群研究》,文物出版社,1992 年。
⑤ 卢连成、胡智生:《宝鸡𢐗国墓地》,文物出版社,1988 年。

图 4.33　匜形斗

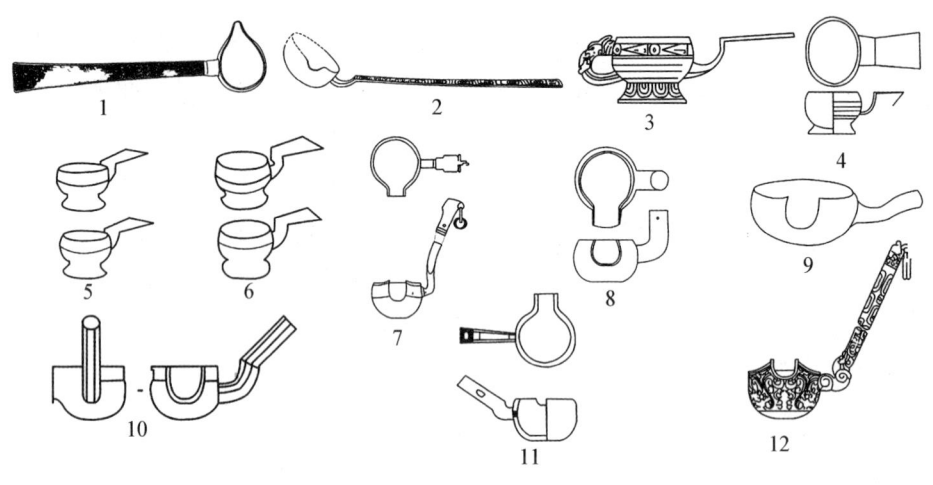

1. 庐江岳庙出土　2. 六安燕山出土　3. 扶风县城关镇五郡村出土　4. 长安张家坡窖藏出土　5. 扶风县庄白召陈村出土 2 件　6. 扶风县黄堆乡云塘村西周一号窖藏出土 2 件　7. 淅川和尚岭二号墓出土　8. 淅川徐家岭十号墓出土　9. 汲县山彪镇一号墓出土　10. 襄阳蔡坡山岗 4 号墓出土　11. 六安城北楚墓出土　12. 曾侯乙墓 C140

扶风县城关镇五郡西村发现西周青铜器窖藏，其中就有 3 件相同的夔龙纹斗[①]（图 4.33,3），形制基本与簋相似，唯把簋一侧耳换成乙字形柄，年代为西周晚期早段。长安张家坡窖藏出土斗（47 号）（图 4.33,4），口微敛，柄近斗首一段作弧形上卷至口部平齐处向外横折，矮圈足呈坡形，底部作阶状。[②] 扶风庄白召陈村窖藏出土 2 件斗（图 4.33,5），斗首敛口，下有圈足，柄呈乙字形，圈足铸成镂空重鳞纹，柄为镂空夔龙纹，[③]年代西周晚期。扶风黄堆乡云塘村西周一号窖藏出土 2 件斗（76FYH1∶8、9）（图 4.33,6），敛口鼓腹，肩腹圆折，圈足外侈，柄呈乙字形。[④]

岳庙匜形斗的斗柄形制与考古发现的斗形器的斗柄相似，都成乙字形，且逐渐增宽，唯斗形器的斗柄宽而短，柄的长度与斗首直径之比较小，而岳庙斗的斗柄长而窄，柄的长度与斗首直径之比较大，突出其挹取的功能。斗形器流行时间在西周晚期，乙字形柄的年代也不会晚于西周晚期。

[①] 宝鸡市考古研究所、扶风县博物馆：《陕西扶风五郡西村西周青铜器窖藏发掘简报》，《文物》2007 年第 8 期。
[②] 中国科学院考古研究所：《长安张家坡西周铜器群》，47 号斗（图版叁二：1），文物出版社，1965 年。
[③] 陕西周原考古队：《扶风庄白大队出土的一批西周铜器》，《文物》1972 年第 6 期。
[④] 陕西周原考古队：《陕西扶风县云塘庄白二号西周铜器窖藏》，《文物》1978 年第 11 期。

岳庙匜形斗的纹饰与谢坳三足匜腹部纹饰(图 4.32,2)、五里牺首鼎(图 4.32,3)、思古潭鼎(图 4.32,4)的腹部纹饰相似,年代都不晚于春秋早期。新郑唐户 M9 出土青铜匜口沿上的纹饰(图 4.32,5)、车马坑中出土 4 件軎的纹饰(图 4.32,6)亦和岳庙斗纹饰相似,唐户 M9 的年代为春秋早期,车马坑出土軎的年代为西周晚期。[①]

综上所述,从器形和纹饰两个方面来看,岳庙斗的年代可定为西周晚期到春秋早期。

六安燕山组铜器也有 1 件匜形斗,伴出垂腹凤纹尊、曲柄盉、弇口有盖鬲形盉、附耳圈足盘等。燕山斗(图 4.33,2)的形制与岳庙斗基本相同,斗作匜形,敛口有流。斗柄正面布满窃曲纹(图 4.32,7),和杜伯盨上的纹饰相似,年代可定为西周晚期到春秋早期。

条形柄匜形斗迄今仅见于江淮地区,其他地方尚未发现。六安燕山村位于舒城、六安之间,从其时代和地望看,应属群舒或六国。庐江岳庙东北距舒城县城 25 公里,也在群舒的核心区域,因此,匜形斗应和牺首鼎、曲柄盉一样,属于群舒的典型器物。

条形直柄的青铜斗,主要流行于殷商时期,群舒条形柄匜形斗,有一定的仿古倾向。从条形柄匜形斗的形制来看,用来挹取酒的可能性不大,其形制不适合在腹深的容器如卣、罍、尊内挹酒,更适合在浅腹侈口的器皿如鼎、簋中挹取或搅拌食物。燕山斗的纹饰和凤凰嘴铉鼎(图 4.32,8)、牺首鼎(图 4.32,9)器盖上的纹饰相似,也和岳庙牺首鼎盖面纹饰(图 4.32,10)相近;岳庙斗的纹饰和五里牺首鼎腹部、思古潭鼎腹部的纹饰相似,也与谢坳附耳平盖鼎腹部纹饰相似,这些都说明了匜形斗与鼎之间存在一定的联系。同时,群舒匜形斗纹饰亦和谢坳三足匜、新郑唐户青铜匜上的纹饰相似,推测这种群舒匜形斗的功用应该是配合鼎使用的食器或为挹水之用。

燕山和岳庙匜形斗的斗柄均为条形直柄,在楚墓中我们发现了大量的曲柄匜形斗,曲柄成圆筒状弯曲向上,斗首为匜形圜底:

1. 淅川和尚岭二号墓出土匜形斗(图 4.33,7),原报告称为匜形勺,敛口,弧腹,圜底,一侧有流,后有柄曲,曲柄銎为方形,柄中部两侧有相对的孔。柄与

[①] 开封地区文管会、新郑县文管会、郑州大学历史系考古专业:《河南省新郑县唐户两周墓葬发掘简报》,《文物资料丛刊》(2),文物出版社,1978 年。

柄帽之间安木柄,木柄已朽。柄帽为管状兽头形,兽口衔一个半环形钮,钮内套一圆环,圆环内又套两个圆环,柄帽銎为圆形,柄帽中部两侧有对穿的圆孔。斗身上部纹饰似龙纹,已经漫漶不清,年代为春秋晚期。①

2. 淅川徐家岭十号墓出土匜形斗(图4.33,8),原报告称为匜形勺,出土时置于鼎内。敛口,弧腹,圜底近平,斗沿一侧有流,流侧有曲柄。曲柄成圆筒状,弯曲向上,上侧有两个对称的小圆孔,年代为战国早期。②

3. 河南汲县山彪镇一号墓出土匜形斗(图4.33,9),郭宝钧称为匜,宽流且左侧生一曲柄,极易握持。无柄一侧,铸成后又附加一层,增其厚重,使与有柄侧平衡,可平置而不倾侧。郭宝钧认为其年代在公元前300—前240年之间,③朱凤瀚认为在战国早期。④

4. 湖北襄阳蔡坡山岗4号墓出土2件匜形斗(图4.33,10),发掘报告称为瓢,应为匜形斗。其中M4∶12斗首为匜形,方唇折沿,直流,圜底,弯曲筒形把,把表面亦起棱,器上腹一周蟠螭纹,年代为战国早期。⑤

5. 安徽六安城北楚墓中出土匜形斗(图4.33,11),原报告称为瓢,应为匜形斗,身圆,腹较深,一侧有短流口,圜底近平,柄略折曲,方形銎,年代为战国中期。⑥

6. 淅川下寺春秋楚墓出土几件匜形斗,M1、M2、M3、M10各出土2件,M11出土1件。斗首呈匜形,曲柄,原报告称为深腹带流勺,应为曲柄匜形斗。M1、M2、M3的年代为春秋晚期前段,M10、M11的年代为春秋晚期后段。⑦

7. 湖北麻城李家湾楚墓中出土匜形斗,原报告称为匜形勺。斗口呈椭圆形,口外卷起凸棱,弧腹,圜底。口一侧设一流,腹壁一端附一中空短直柄,柄与器腹交接处成钩状弯曲,柄正面饰兽面纹,年代为春秋早段。⑧

---

① 河南省文物考古研究所、南阳市文物考古研究所、淅川县博物馆:《淅川和尚岭与徐家岭楚墓》,第45页,大象出版社,2004年。
② 河南省文物考古研究所、南阳市文物考古研究所、淅川县博物馆:《淅川和尚岭与徐家岭楚墓》,第267、273页,大象出版社,2004年。
③ 郭宝钧:《山彪镇与琉璃阁》,第24页,科学出版社,1959年。
④ 朱凤瀚:《中国青铜器综论》,第295页,上海古籍出版社,2009年。
⑤ 湖北省博物馆:《襄阳蔡坡战国墓发掘报告》,《江汉考古》1985年第1期。
⑥ 褚金华:《安徽省六安县城北楚墓》,《文物》1993年第1期。
⑦ 河南省文物研究所、河南省丹江库区考古发掘队、淅川县博物馆:《淅川下寺春秋楚墓》,第75、137、235、257、302页,文物出版社,1991年。
⑧ 湖北省文物考古研究所:《湖北麻城市李家湾春秋楚墓》,《考古》2000年第5期。

8. 湖北枝江关庙山一号墓出土匜形斗，原报告称为勺。斗呈椭圆形口，有短流、尖唇、圜底。柄中空，直径由上至下渐收，近腹处弯曲。柄上部下侧有一穿孔，两侧各有一铸痕，两端铸蟠螭纹，出土时残存木柄，年代为春秋时期。[①]

上述匜形斗皆出土于楚墓之中，斗首形制基本和岳庙、燕山斗一致，匜形，宽流，整体略比条形直柄的匜形斗大，唯斗柄有区别，为曲柄成圆筒状弯曲向上，中空以接木，可暂时称为曲柄匜形斗。淅川徐家岭十号墓匜形斗出土时位于鼎内，应该是配合鼎一起使用的，应为食器。淅川下寺 M2 和 M10 出土的四件匜形斗都位于尊缶之间，推测应为和尊缶配合使用的挹酒之器。曲柄匜形斗流行的年代为春秋早段到战国中期，时间与楚国的崛起相吻合。圆筒曲柄匜形斗在其他地区尚未发现，或为楚灭群舒进程中，受群舒条形柄匜形斗的影响发展而成。

曾侯乙墓出土两件曲柄匜形斗（C.138、C.140），原报告称为青铜勺，出土时置于鉴缶之上。两件匜形斗的形制基本相同（图 4.33,12），斗身为匜形，斗柄为长圆杆，柄前段呈龙首形，接于斗身腰际，柄尾端为兽首形环钮，钮上衔接并列的两圆环。斗身腹部与柄皆有浅刻蟠螭纹。两件勺的腹内壁有相同铭文两行七字："曾侯乙作持用终。"[②]这种斗曲柄向上，始终使斗口保持水平，特别适合在口小腹深的容器如卣、尊、罍内挹酒，况且与鉴缶同出，因此这种匜形斗无疑是在缶中挹酒所用。曾侯乙墓青铜器表现出强烈的楚文化特征，舒之梅等分析了曾侯乙墓青铜器纹饰和铭文，认为春秋中期曾国成为楚国附庸，曾国与楚国关系密切。[③] 曾侯乙墓匜形斗，应是继承发展了楚国曲柄匜形斗，唯形制上稍有区别，曾侯乙墓匜形斗的柄是长圆柱形，和楚文化的圆筒状中空以接木的曲柄有所区别。曾侯乙墓匜形斗的斗首与岳庙、燕山斗的斗首形制基本一致，说明其既受到楚文化的影响，也受到群舒文化的影响，同时又有自己的风格特点。

---

① 枝江县博物馆：《湖北枝江关庙山一号春秋墓》，《江汉考古》1990 年第 1 期。
② 湖北省博物馆：《曾侯乙墓》，第 235 页，文物出版社，1989 年。
③ 舒之梅、罗运环：《楚同各诸侯国关系的古文字资料简述》，《求索》1983 年第 6 期。

第五章

陶器和原始瓷的分型与年代

随着江淮地区田野考古工作的不断深入,一种以折肩陶鬲、曲柄陶盉等为代表的周代遗存在多处遗址被发现,它们不仅地域特色鲜明,并且与已被确认的群舒铜器有着极其相似的形态,因此,在讨论群舒文化的内涵与特征时,陶器和原始瓷的地层和器形自不能为我们所忽略。以若干经过科学发掘、遗存较为丰富并且已经发表的材料为核心,选取具有代表性的器形如鬲、罐、簋、豆、盆、钵、盉等,根据地层关系和器物组合、器形特征以及纹饰的不同,可以进行分组、分期与断代的类型学研究。江淮地区周代考古学文化分期体系的建立,不仅为群舒文化的探寻提供了线索,也为群舒青铜器的研究提供了参照(图 5.1)。

一、陶器的分型与年代

1. 陶器的分型

折肩鬲 是安徽江淮地区最具特色的器类之一,大部分商周遗址中均有发现。折肩鬲早见于肥东吴大墩遗址,标本 T3④:7(图 5.2,1),夹砂红陶,斜折沿,圆唇,鼓腹,有明显折角,瘪裆,圆锥状实足根,腹部以下饰绳纹。简报将其划为第五期,根据地层叠压关系和出土器物的特征分析,该期与含山大城墩遗址第五期相当,年代在西周中期。

含山大城墩遗址共进行过四次发掘,在前三次发掘资料中,标本 T4:4:8 (图 5.2,2),夹砂灰陶,侈口,宽沿,尖唇,束颈,微鼓腹,瘪裆,三乳状空袋足,足尖略平内收,上腹饰二周凹弦纹,腹饰粗绳纹。其形态与肥东吴大墩标本 T3 ④:7 相似,只是肩部折角没有后者明显。该标本为大城墩第四期遗物,开始出

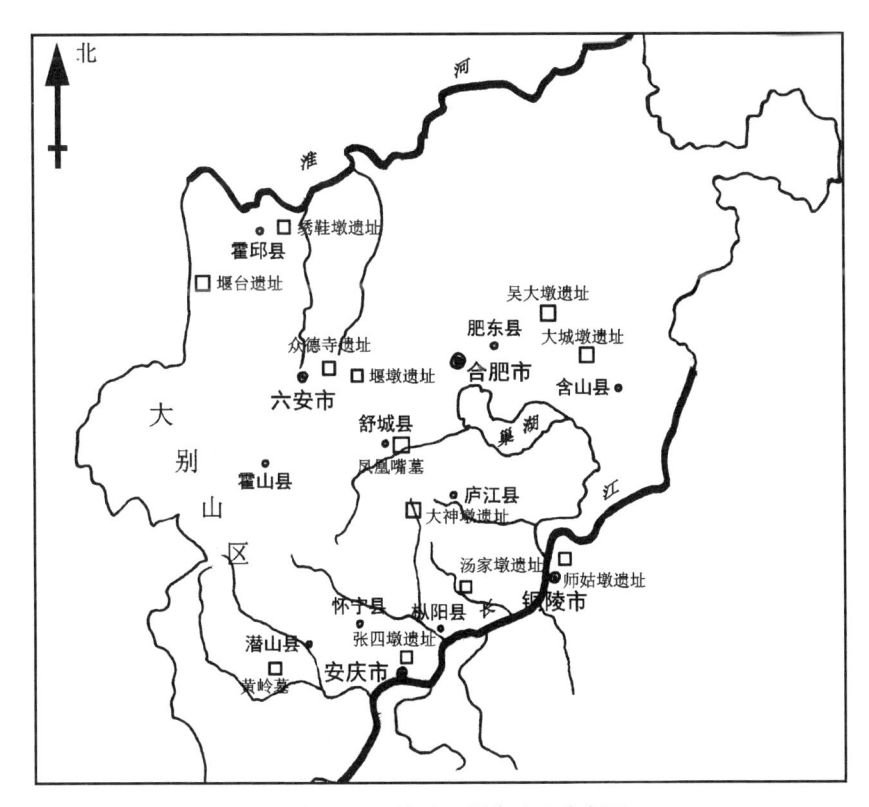

图 5.1 江淮地区周代遗址分布图

现折肩特征。第五期陶鬲一般特征为体近扁方，口唇外侈，颈略内收，肩部外突，有三个矮圆锥状足，足根略平。标本 T5∶4∶20（图 5.2,3），侈口，方唇，微鼓腹，肩部饰一周阴弦纹，肩部以下饰绳纹。该标本已初具折肩鬲雏形。大城墩第四期、第五期大体相当于商周之际和西周早期。在第四次发掘中，折肩鬲均出于第五期地层，标本 T17(5A)∶231（图 5.2,4），夹砂灰陶，斜折沿，方唇，鼓腹，瘪裆，三圆锥形足内收，沿以下至足饰绳纹，腹中部绳纹被抹断。标本 M12∶2（图 5.2,5），夹砂灰褐陶，侈口，方唇，圆肩，联裆，圆锥状足，足尖略平，腹饰二周弦纹，颈至足饰间断绳纹。M12 开口④层下，打破⑤层，标本 T17(5A)∶231 位于 T17⑤A 层，所以标本 M12∶2 晚于 T17(5A)∶231，已经从鼓腹变为圆肩，最大径逐步上移。

霍邱绣鞋墩遗址标本 T1④a∶6（图 5.3,1），为简报第三期遗物，侈口，折沿近平，方唇，短颈，微折肩，弧裆略低，深袋足，实足为锥柱状，通体饰中绳纹。标

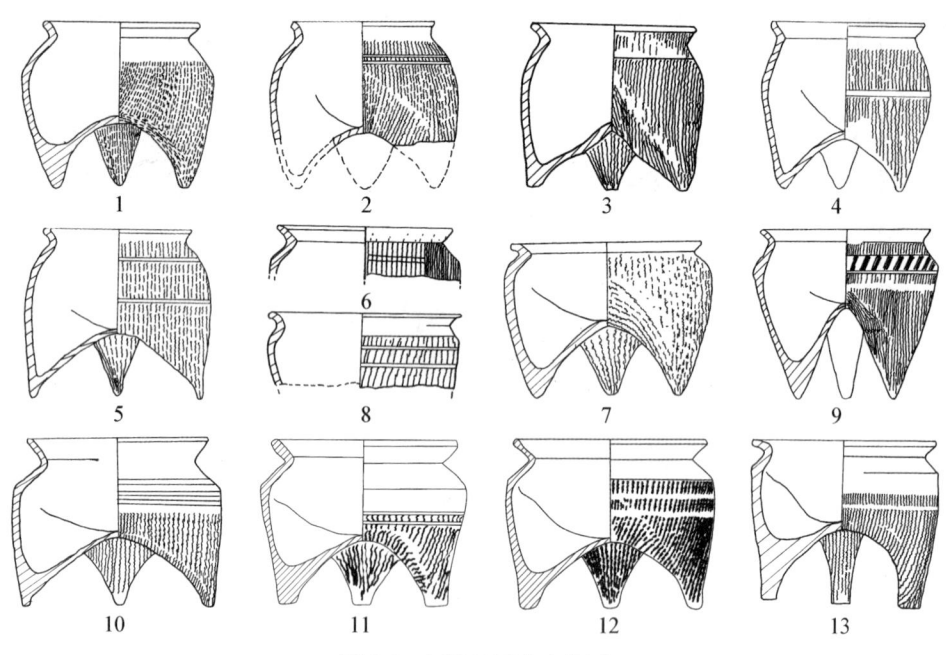

图 5.2　江淮地区出土陶鬲

1. 肥东吴大墩 T3④：7　2. 含山大城墩 T4：4：8　3. 含山大城墩 T5：4：20　4. 含山大城墩 T17(5A)：231　5. 含山大城墩 M12：2　6. 六安众德寺 T1⑦：45　7. 六安众德寺 M1：1　8. 安庆张四墩 T2④：2　9. 枞阳汤家墩 T6⑨：9　10. 霍邱堰台 T0712⑤：9　11. 霍邱堰台 T0909⑦：2　12. 霍邱堰台 T0710⑦：1　13. 霍邱堰台 T0909③：3

本 T1②：9(图 5.3,3)，为简报第四期遗物，夹砂灰陶，侈口，折沿近平，方唇，短颈，广肩，斜腹，最大径在肩部，高弧裆，深袋足，三足呈锥状内收，实足较高，扁平足尖，通体饰中偏细绳纹。第三期、第四期大体相当于西周中期、晚期。六安众德寺遗址标本 T1⑦：45(图 5.2,6)，为简报第四期遗物，夹砂黑灰陶，斜折沿，圆唇，肩部圆折，肩部以下残，饰间断绳纹。标本 M1：1(图 5.2,7)，夹砂黑陶，窄折沿，圆唇，折肩，弧裆较高，裆部内陷呈瘪裆，平足根，三足呈尖锥状内收，通体饰中细绳纹。伴出陶罐一件，标本 M1：2，侈口，折沿，圆鼓腹，平底内凹，腹部有上下两排浅绳纹，夹砂红陶。M1 开口在⑥层下，为竖穴土坑墓，属第四期。第五期虽无完整的陶鬲标本，但基本形制同第四期，唯肩部较突出，沿下角略小。第四期相当于西周中期，第五期相当于西周晚期。

六安堰墩遗址标本 T604⑥：6(图 5.3,8)，夹砂黑陶，内沿稍凹，圆唇，束颈，折肩，斜直腹微向内倾斜，弧裆较高，高柱足，足部较粗壮，接地面积大，肩部

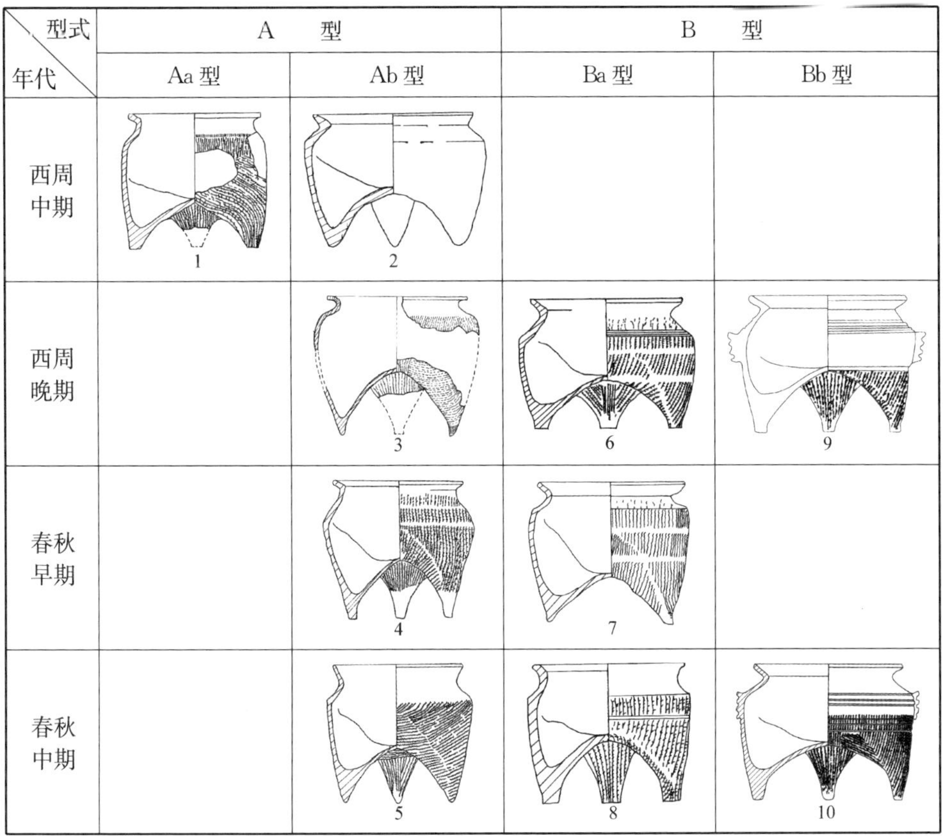

第五章　陶器和原始瓷的分型与年代　125

型式 年代	A 型		B 型	
	Aa 型	Ab 型	Ba 型	Bb 型
西周 中期	1	2		
西周 晚期		3	6	9
春秋 早期		4	7	
春秋 中期		5	8	10

图 5.3　折肩鬲型式划分图

1. Aa 型(绣鞋墩 T1④a：6)　2. Ab 型Ⅰ式(汤家墩 T3⑥：2)　3. Ab 型Ⅰ式(绣鞋墩 T1②：9)　4. Ab 型Ⅱ式(堰台 T1011③：2)　5. Ab 型Ⅲ式(堰台 G1：1)　6. Ba 型Ⅰ式(堰台 T0809⑧：4)　7. Ba 型Ⅱ式(堰台 T0811⑤：3)　8. Ba 型Ⅲ式(堰墩 T604⑥：6)　9. Bb 型(堰台 T0911③：4)　10. Bb 型(堰台 T0810⑤：3)

以下饰间断中绳纹。

安庆张四墩遗址公布了 6 件折肩鬲,特点是折沿或微卷沿,折肩,斜腹,标本 T2④：2(图 5.2,8),卷沿,方唇,折肩,斜腹内收,腹部以下残,器表饰弦断绳纹。这 6 件标本分属张四墩遗址商周遗存的第一期和第二期,其中第一期相当于西周中晚期,第二期相当于西周晚期。

枞阳汤家墩遗址公布折肩鬲 3 件,标本 T3⑥：2(图 5.3,2),夹砂红陶,窄折沿,圆唇,弧裆较高,三足呈尖锥状内收,素面。另外两件腹部以下残,但均能看出明显的折沿、折肩特征。另标本 T6⑨：9(图 5.2,9),斜折沿,圆唇,体瘦较高,腹径大于口径,裆较高,尖足,饰细绳纹,腹上部饰附加堆纹,腹部饰抹断绳纹,也可称为折肩鬲。

庐江大神墩遗址公布了折肩鬲4件,其中两件形制相同,侈口,尖唇,束颈,圆肩,弧裆较高,颈部以下饰绳纹,裆部绳纹被抹。另外两件残破严重,仅剩部分口沿,折沿,圆折肩。

霍邱堰台遗址仅折肩鬲标本就有约20件,其特征包括折肩,斜弧腹,弧裆内瘪和柱状足根,部分标本肩部装饰扉棱。典型折肩鬲标本包括,T0712⑤:9(图5.2,10),夹砂灰褐陶,侈口,折沿,圆唇,束颈,折肩,器腹近直,裆部较矮,肩部以上素面,上腹部饰三道凹弦纹,下腹部饰竖向细绳纹。T0809⑧:4(图5.3,6),夹砂黑陶,足部为红褐色,侈口,高折沿,圆方唇,折肩明显,腹部近直微向内倾斜,弧裆微瘪,矮柱状实足根,器表饰斜向弦断绳纹,肩部以上绳纹被抹平,肩部饰三道凹弦纹。T0909⑦:2(图5.2,11),夹细砂灰陶,侈口,方唇,矮柱状实足根,器表饰竖向细绳纹,肩部以上绳纹抹平。T0811⑤:3(图5.3,7),夹砂灰陶,侈口,方唇,束颈,折肩,腹部微弧向内倾斜,弧裆微瘪,柱状实足根较高,接地面较小,足部有抹痕,器表饰弦断粗绳纹,肩部绳纹被抹平。T0710⑦:1(图5.2,12),夹砂红褐陶,侈口,方唇,束颈,柱状实足根较高,肩部以上素面抹光,肩部以下饰竖向绳纹,腹部饰两道浅凹弦纹。T0909③:3(图5.2,13),夹砂灰陶,侈口,矮折沿,方唇,束颈,折肩,斜直浅腹,高柱状实足根,器腹饰弦断绳纹,肩部绳纹被抹平。T0911③:4(图5.3,9),夹细砂黑陶,侈口,折沿,圆唇,折肩,微弧腹,高弧裆,高柱状实足根,上腹抹光,肩部饰数道凹弦纹,器腹饰一道凹弦纹,足部饰斜向绳纹。标本T0810⑤:3(图5.3,10),夹细砂灰陶,侈口,折沿,圆唇,束颈,折肩,微弧腹,弧裆略低微瘪,高柱状实足根,肩部以上素面抹光,肩部饰三道凹弦纹,肩部以下饰竖向细绳纹,并有三道等距凹弦纹,三足上肩部贴敷三条对称竖向扉棱。我们认为除了报告中的乙类E型鬲之外,有一些标本同样也可称为折肩鬲。标本T1011③:2(图5.3,4),夹砂红褐陶,侈口,折沿,方唇,束颈,高领,鼓肩,弧腹,高弧裆微瘪,高锥状实足根,器表饰竖向细绳纹,颈部绳纹抹平,器腹饰两道凹弦纹,本器同样具有折肩的形态,因此我们认为也应当作为折肩鬲的标本。标本G1:1(图5.3,5),夹砂红褐陶,侈口,折沿较高,方唇,束颈,折肩,斜直腹,瘪裆,深袋足,锥状实足根,器表饰斜向绳纹,肩部以上素面抹光,器腹饰两道浅凹弦纹,原报告将其归为F型鬲。

折肩鬲出土数量不少,形态特征并不完全相同。根据足部特征的不同,可以将其划分为 A、B 两型。

A 型　锥状实足根。侈口折沿,束颈折肩,最大径在肩部,弧裆或微瘪裆,足的外形呈圆锥状,足端面平,一般饰绳纹和凹弦纹,极少数为素面。根据裆部及足部高矮分为 Aa、Ab 两个亚型。

Aa 型　矮锥状实足根,裆部低矮,足部呈矮锥状,实足根,接地面积小,如霍邱绣鞋墩遗址标本 T1④a：6 和霍邱堰台标本 T0712⑤：9。

Ab 型　高锥状实足根,弧裆较高。根据颈部和腹部形状分为Ⅰ、Ⅱ两式。

AbⅠ式　折沿较矮,短颈,斜弧腹,三足内收较明显,典型器物发现于枞阳汤家墩遗址、六安众德寺遗址和霍邱绣鞋墩遗址,如枞阳汤家墩 T3⑥：2、六安众德寺 M1：1、霍邱绣鞋墩 T1②：9。另肥东吴大墩标本 T3④：7,肩部较靠下,形态略有不同,含山大城墩标本 T4：4：8 微鼓腹,与吴大墩 T3④：7 近似,可能为地域差异所致。

AbⅡ式　折沿趋高,束颈,颈部较高,斜直腹,三足略内收,见于霍邱堰台遗址,如标本 T1011③：2 和 G1：1。

B 型　柱状实足根。侈口折沿,少数微卷沿,束颈,折肩,弧裆或者微瘪裆,足呈圆柱状,足根与地面接触面积较大,一般肩部以下皆饰绳纹,部分在肩部加饰一道或数道凹弦纹,有些为弦断绳纹。根据肩部有无扉棱可进一步分为 Ba、Bb 两个亚型。

Ba 型　折肩较明显,肩部无装饰。根据足部高矮和裆部形状可分为Ⅰ、Ⅱ、Ⅲ三式。

BaⅠ式　高折沿,柱状足粗矮,弧裆或弧裆微瘪,典型标本见于霍邱堰台遗址,如 T0809⑧：4、T0909⑦：2、T0806③：1。

BaⅡ式　柱状足加高变细,弧裆微瘪,典型标本仍见于霍邱堰台遗址,如 T0710⑦：1、T0811⑤：3、T0810⑤：5。

BaⅢ式　高柱状实足根,足部粗壮,高弧裆或高弧裆微瘪,典型标本见于六安堰墩遗址和霍邱堰台遗址,如六安堰墩标本 T604⑥：6 和霍邱堰台标本 T0909③：3。

Bb 型　肩部饰三个等距离扉棱,高柱状实足根,弧裆较高或微瘪,典型标本在霍邱堰台遗址出土 7 件,其中两件完整,标本 T0911③：4 和 T0810⑤：3。

曲柄盉 也是安徽江淮地区最具特色的器类之一,已发表的资料主要见于六安堰墩、枞阳汤家墩、庐江大神墩和霍邱堰台遗址。

六安堰墩遗址标本有 2 件,均残。T906⑧∶8(图 5.5,1),夹砂黑陶,上部残,三袋足较深,腹部的宽扁形把上卷翘起,器身一侧所设流口已残,器表饰中绳纹,腰部按有指窝纹,把为素面。T708⑦∶16(图 5.4,1),夹砂红褐陶,下半部残,钵形盘,敛口,方唇,斜腹,口沿下饰三道凹弦纹,下腹部为抹平绳纹,腰部按压指窝纹,箅上开有 12 个圆孔,下表面饰中绳纹,箅与盘为分制后按接相连。

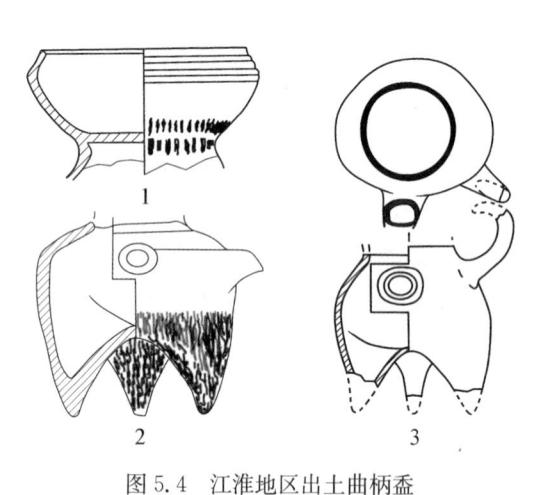

图 5.4 江淮地区出土曲柄盉
1. 堰墩 T708⑦∶16 2. 汤家墩采∶6 3. 大神墩 T322③∶1

枞阳汤家墩遗址标本采∶6(图 5.4,2),夹砂黑皮陶,红褐胎,上半部残,折肩,锥状足内收,足端平,腹部有流口和扁把手,肩上部饰弦纹,下部饰绳纹。

庐江大神墩遗址标本 2 件,整体形状为带把手的甗形,T323③∶1(图 5.5,2),夹砂黄褐陶,直口,方唇,中间有 8 个漏孔,直流上翘,下部鬲腹较直,浅袋足,高弧裆,实足根较高,角状鋬手,顶端为兽头状,腰际有一周半月形的指压痕迹,下部通饰绳纹。T322③∶1(图 5.4,3),夹砂灰陶,粗短流,角状鋬手顶端残,鼓腹,深袋足,高弧裆,腰部以上残,素面。

霍邱堰台遗址出土 8 件,较完整的 2 件,标本 T0909⑦∶1(图 5.5,3),夹砂灰陶,上部钵形,敛口,方唇,斜弧腹,底部有两周箅孔,下部鬲形,微鼓腹,弧裆微瘪,柱状实足根,腹部设一流一把,流、把呈直角,两者均残,上体素面,下体饰绳纹,束腰处按压一周指窝纹。标本 T1010③∶1(图 5.5,4),夹砂灰陶,鬲形,敛口,圆唇,鼓腹,瘪弧裆,柱状实足根,腹部设一流一把,均残,器表饰绳纹。

曲柄盉出土完整器不多,根据其整体形态,可分为 A 型甗形盉和 B 型鬲形盉。

型式 年代	A 型		B 型
	Aa 型	Ab 型	
西周晚期	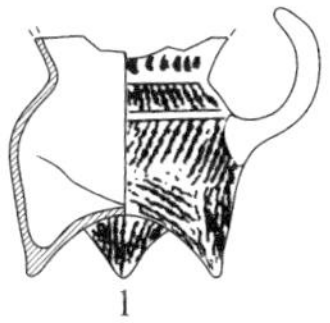 1	 3	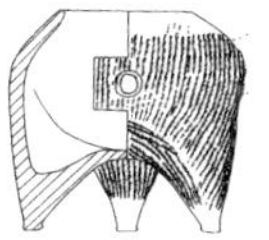 4
春秋早期	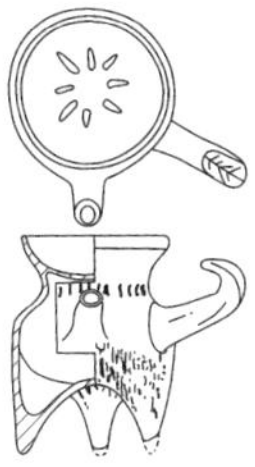 2		

图 5.5 曲柄盉型式划分图

1. 堰墩 T906⑧：8　2. 大神墩 T323③：1　3. 堰台 T0909⑦：1　4. 堰台 T1010③：1

A 型　甗形盉，整体形状为甗形，上部为一钵口，钵底部多有箅孔，下部为鬲形，在鬲腹部设有一流一把，二者呈直角，钵、鬲结合处多按压指窝纹。根据其足部特征不同，可分为 Aa 和 Ab 两亚型。

Aa 型　下部鬲足为锥状。此型器物占大多数，根据其腹部和足部变化可分二式。

AaⅠ式　鼓腹，袋足，足根较矮，如六安堰墩遗址标本 T906⑧：8 和庐江大神墩遗址标本 T322③：1，另外霍邱堰台遗址出土的一些曲柄盉足也为锥状，但仅存足部，无法辨识上部形态。

AaⅡ式　直腹，肩微折，足根较高，如庐江大神墩遗址标本 T323③：1。

Ab 型　下部鬲足为柱状。此型器物发现不多，代表标本为霍邱堰台遗址 T0909⑦：1。

B 型　鬲形盉，整体形状为敛口鬲形，在鬲腹部设有一流一把，呈直角。此型器物比较少见，除霍邱堰台 T1010③：1 外，尚未有其他发现。

折腹簋　在安徽江淮地区发现数量不多，主要见于含山大城墩、六安堰墩和霍邱堰台遗址。

大城墩遗址折腹簋标本出土于第四次发掘的 M12,属大城墩五期,M12:1(图 5.6,3),泥质黑陶,侈口,卷沿,束颈,斜肩,折腹,圜底,喇叭状高圈足,圈足饰两周弦纹,与前述大城墩鬲 M12:2 出土于同一单位。

型式 年代	A 型	B 型
西周中期		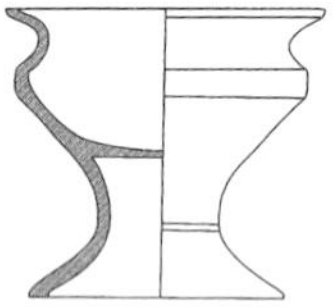 3
西周晚期	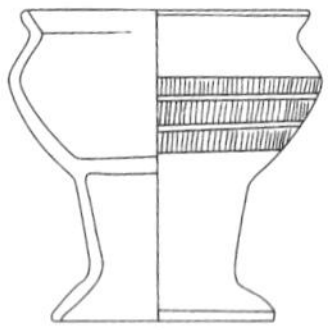 1	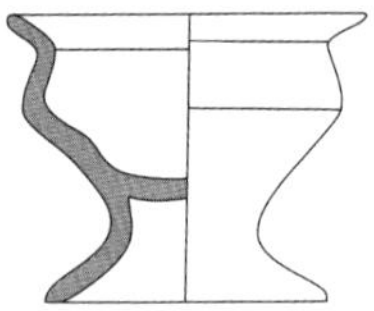 4
春秋早期		
春秋中期	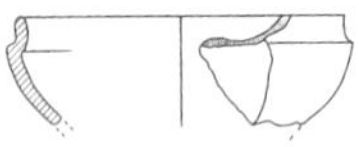 2	

图 5.6　折腹簋型式划分图
1. 堰台 T1114⑤:1　2. 堰台 T0810④:9　3. 大城墩 M12:1　4. 堰墩 T1006⑧:10

六安堰墩遗址出土一件折腹簋,标本 T1006⑧:10(图 5.6,4),泥质红陶,器表磨光,平沿略斜,圆唇,折腹,喇叭形圈足。根据堰墩遗址的地层关系,该折腹簋早于鬲 T604⑥:6。

霍邱堰台遗址出土较多,公布资料的有 14 件,较完整的具有代表性的有标本 T1114⑤:1(图 5.6,1),泥质灰陶,方唇,下腹部饰竖向绳纹,并饰三周凹弦纹与绳纹相交。标本 T0713⑦:5,泥质磨光黑陶,方唇,柄部及圈足残,素面。标本 M48:1,泥质磨光黑陶,圆唇,素面,肩部、圈足各饰两道凹弦纹,柄部可见竖向刮削痕。T0810④:9(图 5.6,2),泥质磨光黑陶,方唇,柄残,素面。

根据折腹篮的整体形状,可将其划分A、B两型。

A型　腹径大于口径。此型主要见于霍邱堰台遗址,根据其口沿形态可分二式。

Ⅰ式　侈口,折沿,如霍邱堰台标本T1114⑤:1。

Ⅱ式　直口,如霍邱堰台标本T0810④:9。

B型　口径大于腹径。根据其口沿形态不同可分二式。

Ⅰ式　卷沿,如含山大城墩M12:1和霍邱堰台M48:1。

Ⅱ式　折沿,如霍邱堰台T0713⑦:5和六安堰墩T1006⑧:10。

折肩盆　发现数量不多,但分布较为广泛,肥东吴大墩、含山大城墩、六安堰墩、枞阳汤家墩、庐江大神墩和霍邱堰台遗址均有发现。

肥东吴大墩标本T3④:8(图5.8,1),泥质灰陶,侈口,宽斜折沿,高颈,突肩,深腹,斜壁,小平底,颈部饰数周弦纹,颈饰绳纹。

含山大城墩有折肩盆两件,发表于前三次发掘资料中,标本T6④:20(图5.7,1),泥质黑陶,侈口,折沿,高颈,折肩,小平底,上腹饰数周凹弦纹,下腹饰凹弦纹和绳纹。标本T5④:6(图5.7,2),泥质灰陶,敞口,斜沿,沿内有一周凹槽,束颈,折肩,小平底略内凹。

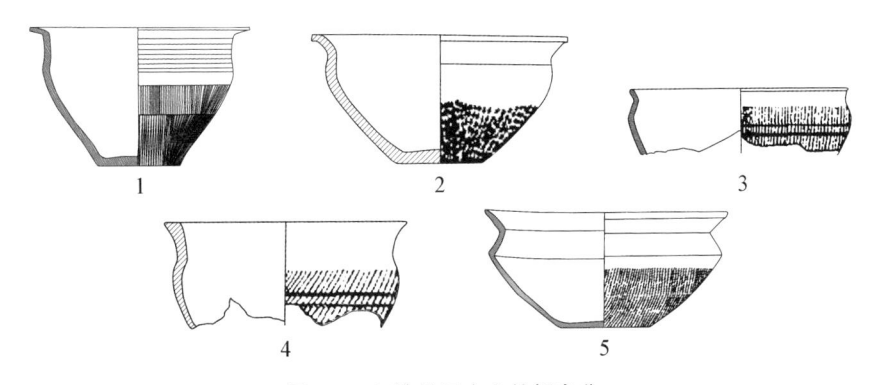

图5.7　江淮地区出土的折肩盆
1. 大城墩T6④:20　2. 大城墩T5④:6　3. 汤家墩H1:1　4. 汤家墩T4④:12　5. 堰台T0909④:3

六安堰墩出土一件,标本T408⑤:30(图5.8,5),夹砂红褐陶,侈口,圆唇,折肩,平底微内凹,器表饰有较浅的抹光绳纹。

枞阳汤家墩出土两件,均残,标本H1:1(图5.7,3),夹砂灰陶,敞口,宽平

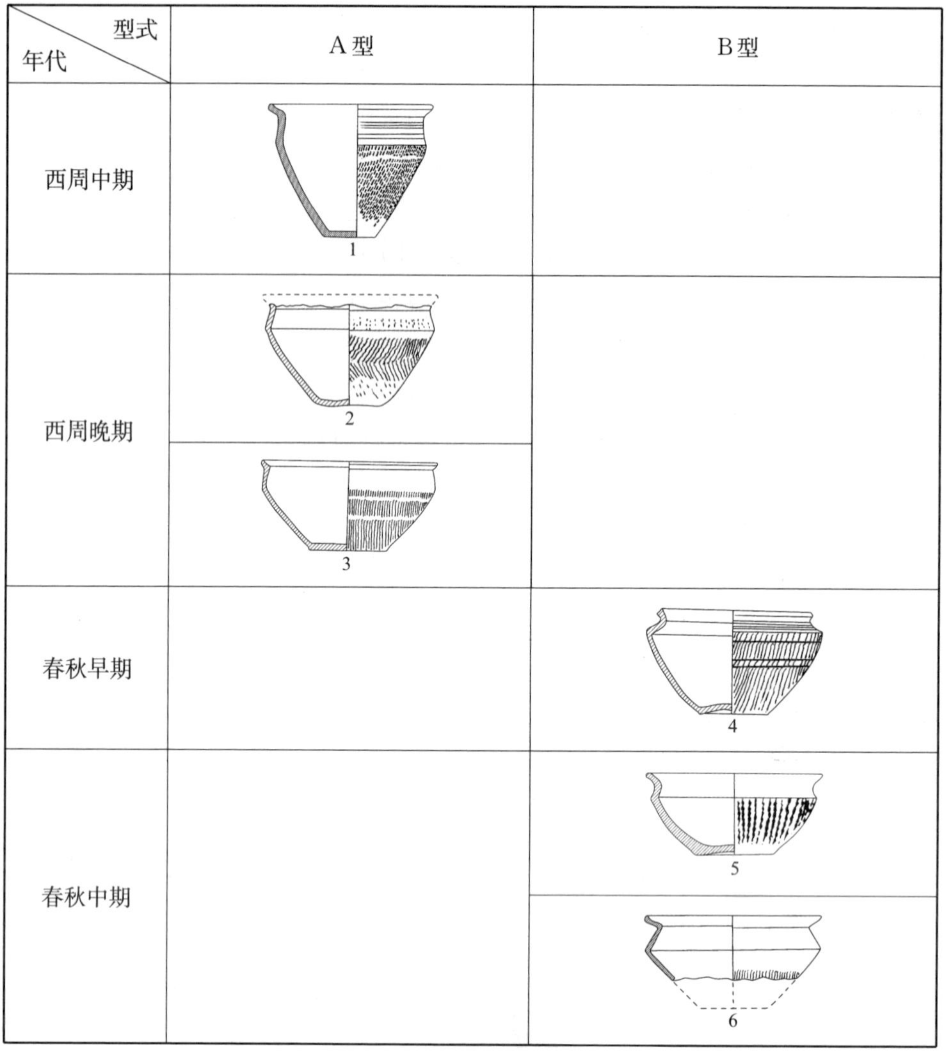

型式 年代	A型	B型
西周中期	1	
西周晚期	2 3	
春秋早期		4
春秋中期		5 6

图 5.8 折肩盆型式划分图

1. 吴大墩 T3④：8　2. 堰台 T1010⑦：1　3. 堰台 T0909⑥：1　4. 堰台 T0913③：4　5. 堰墩 T408⑤：30　6. 堰台 T0810⑤：7

沿,圆唇,耸肩,饰间断绳纹。标本 T4④：12(图 5.7,4),夹砂灰陶,短折沿,圆唇,肩微折,饰间断绳纹。

庐江大神墩遗址出土一件,残破不能修复,仅有部分口沿残片。

霍邱堰台遗址出土折肩盆数量较多,公布资料的有 12 件,典型标本有

T1010⑦：1(图 5.8,2)，泥质红褐陶，口沿残，平底，器表饰斜向绳纹，肩及下腹部绳纹抹平。标本 T0913③：4(图 5.8,4)，夹砂灰陶，侈口，方唇，束颈，凹底，器表饰绳纹，腹部贴敷两周附加堆纹。标本 T0909⑥：1(图 5.8,3)，夹砂灰陶，侈口，方唇，束颈，平底，腹部饰竖向绳纹，以两周凹弦纹间断。标本 T0909④：3(图 5.7,5)，泥质黑陶，侈口，圆唇，束颈，平底微凹，腹部饰绳纹，肩部素面抹光。标本 T0810⑤：7(图 5.8,6)，泥质红褐陶，侈口，圆唇，束颈，下部残，下腹饰绳纹，肩部素面抹光。

根据折肩盆的折肩程度不同可分为 A、B 两型。

A 型　折肩特征不十分突出，肩颈多小于口径。根据器腹深度不同可分三式。

A 型Ⅰ式　器腹较深，器底较小，如肥东吴大墩 T3④：8 和含山大城墩 T6④：20。

A 型Ⅱ式　器腹趋浅，如含山大城墩 T5④：6 和霍邱堰台 T1010⑦：1。

A 型Ⅲ式　器腹较浅，器底较大，整体较扁，如霍邱堰台 T0909⑥：1。

B 型　折肩特征明显，肩颈多大于或等于口径。根据其口沿和腹部形态不同可分三式。

B 型Ⅰ式　窄折沿，斜弧腹，平底微凹，如霍邱堰台 T0913③：4 和枞阳汤家墩 T4④：12。

B 型Ⅱ式　宽折沿，斜弧腹，平底微凹，以霍邱堰台 T0909④：3 和六安堰墩 T408⑤：30 为代表。

B 型Ⅲ式　宽折沿，斜直腹，平底，如霍邱堰台 T0810⑤：7。

2. 陶器的年代

根据各遗址的地层关系，可将以上器物分为 4 组，其关系如下表(表 5.1)：

表 5.1　陶器分组表

组别	代表地层和单位	代　表　器　物
一组	绣鞋墩第三期(T1④a 层)、众德寺第四期(M1)、吴大墩第五期(T3④)、大城墩第四期(T4④)、汤家墩第一期(T3⑥)	Aa 型、AbⅠ式折肩鬲，BⅠ式折腹簋和 AⅠ式折肩盆
二组	绣鞋墩第四期(T1②)、堰台第二期(T0809⑧、T0909⑦、T0909⑥、T0806③、T0911③、T1010③、T1114⑤)、堰墩(T906⑧、T1006⑧)	AbⅡ式、BaⅠ式、Bb 型折肩鬲，AaⅠ式、Ab 型、B 型曲柄盉，AⅠ式、BⅡ式折腹簋和 AⅡ、AⅢ式折肩盆

续　表

组别	代表地层和单位	代表器物
三组	堰台第三期（T0710⑦、T0811⑤、T0913③）、汤家墩第二期（T4④）、大神墩（T323③）	BaⅡ式折肩鬲，AaⅡ式曲柄盉和BⅠ式折肩盆
四组	堰台第四期（T0909③、T0909④、T0810④、T0810⑤）、堰墩（T408⑤、T604⑥）	BaⅢ式、Bb型折肩鬲，AⅡ式折腹簋，BⅡ式、BⅢ式折肩盆

一组器物中，Aa型鬲以霍邱绣鞋墩遗址标本T1④a：6（图5.9,1）为代表，属于该遗址第三期遗物，同一地层出土折肩罐T1④a：35（图5.9,2）与霍邱堰台折肩罐M36：1（图5.9,3）形态近似，M36：1和BⅠ式折腹簋M48：1（图5.9,4）属于同期，此类折腹簋在含山大城墩第四次发掘资料中也有发现（M12：1，图5.9,5），属于其第五期，大城墩第四次发掘资料中的分期与前三次并不相同，通过与前三次发掘资料的对比，其年代应在前三次的第五期和第六期之间，大体相当于西周中期。

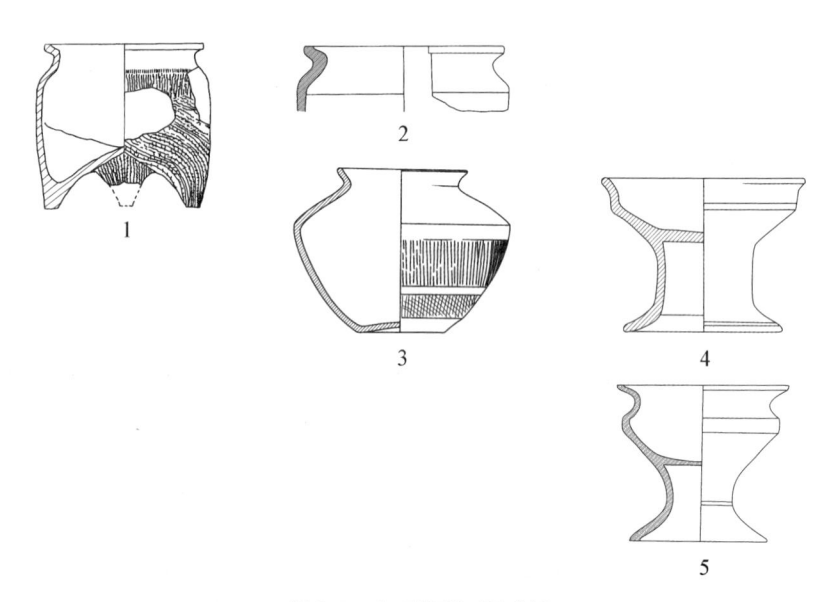

图5.9　Aa型鬲和BⅠ式簋

1. 绣鞋墩T1④a：6　2. 绣鞋墩T1④a：35　3. 堰台M36：1　4. 堰台M48：1
5. 大城墩M12：1

AbⅠ式鬲典型标本为枞阳汤家墩T3⑥：2、六安众德寺M1：1（图5.10,1）

和霍邱绣鞋墩 T1②:9。众德寺 M1 开口在⑥层下,伴出的鼓腹罐 M1:2(图5.10,2),与霍邱堰台 M43:4(图5.10,3)和 M32:3 鼓腹罐形态近似,后二者属于堰台遗址第二期,年代在西周中期偏晚。绣鞋墩 T1②:9 从地层上来说晚于 Aa 型的 T1④a:6,为绣鞋墩遗址第四期遗物,年代在西周晚期。汤家墩 T3⑥:2(图5.10,4)形态上与众德寺 M1:1 酷似,但为素面,比较特殊,在其稍晚地层出土折肩罐一件 T2⑤:12(图5.10,5),此折肩罐与霍邱堰台 T0915(11)a:1(图5.10,6)形制和纹饰近同,不晚于西周中期。

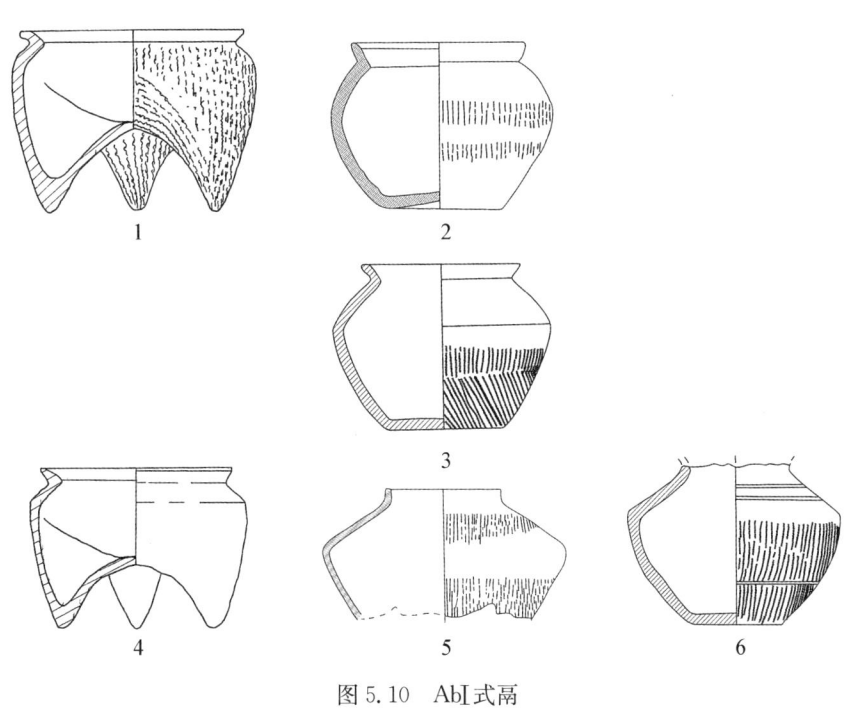

图5.10 AbⅠ式鬲

1. 众德寺 M1:1 2. 众德寺 M1:2 3. 堰台 M43:4 4. 汤家墩 T3⑥:2 5. 汤家墩 T2⑤:12 6. 堰台 T0915(11)a:1

AⅠ式折肩盆见于肥东吴大墩遗址和含山大城墩遗址(图5.11,1)第五期,在吴大墩遗址中与 AbⅠ式鬲 T3④:7 属于同期。1997 年沣西地区考古发掘中出土了类似于 AⅠ式折肩盆的标本 H8:1(图5.11,2),其年代属于沣西四期,为西周中期。①

---

① 中国社会科学院考古研究所丰镐工作队:《1997 年沣西发掘报告》,《考古学报》2000 年第 2 期。

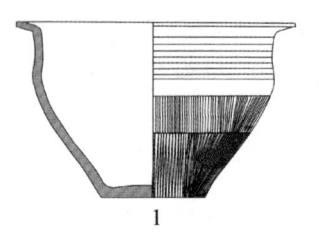

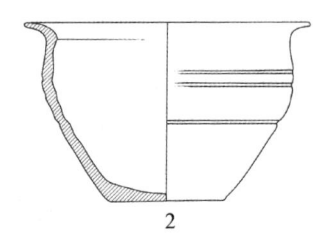

图 5.11　AⅠ式盆和沣西地区出土的陶盆
1. 大城墩 T6④：20　2. 沣西 97SCMH8：1

综上，一组器物的年代约相当于西周中期。

二组器物中，AbⅡ式鬲典型标本为霍邱堰台 T1011③：2 和 G1：1。T1011③：2 与 T0813⑤层属同一年代组，为堰台遗址第二期，根据碳十四测年数据，[①]位于 T0813⑤层的木炭样本年代为距今 2615±30 年，经高精度表校正后，约为公元前 853 至公元前 765 年，年代在西周晚期至春秋早期。G1 开口于 T0705③层下，打破⑦层，年代较晚，属于堰台遗址最晚一期，其年代约在春秋中期。因此 AbⅡ式鬲年代跨度较大，从西周晚期至春秋中期均有使用。

二组的 BaⅠ式鬲与北京大学 1979 至 1981 年在湖北孝感聂家寨遗址采集的陶鬲[②]（图 5.12,2）型式接近，该简报将其年代定为西周中期。但根据堰台遗址地层，T0809⑧：4（图 5.12,1）、T0909⑦：2 和 T0806③：1 均位于同地层组，与 T0813⑤层年代接近，属于堰台遗址二期。

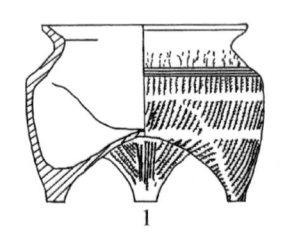

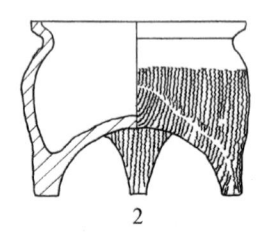

图 5.12　BaⅠ式鬲和湖北孝感地区出土陶鬲
1. 堰台 T0809⑧：4　2. 孝感聂家寨遗址采集

[①] 安徽省文物考古研究所：《霍邱堰台——淮河流域周代聚落发掘报告》，第 379 页，科学出版社，2010 年。

[②] 北京大学考古专业商周组、山西省考古研究所、河南省安阳、新乡地区文化局、湖北省孝感地区博物馆：《晋豫鄂三省考古调查简报》，《文物》1982 年第 7 期。

根据霍邱堰台遗址地层关系，属于同期器物的还有二组的 Ab 型曲柄盉(T0909⑦：1)、B 型曲柄盉(T1010③：1)、AⅠ式折腹簋(T1114⑤：1)、AⅡ式折肩盆(T1010⑦：1)和 AⅢ式折肩盆(T0909⑥：1)。根据上述 T0813⑤层的碳十四数据，二组器物的年代约在西周晚期。

三组器物中 BaⅡ式折肩鬲以霍邱堰台 T0811⑤：3、T0810⑤：5 为代表，根据堰台遗址的地层堆积情况，T0811⑤层、T0810⑤层和 T0913③层均叠压在二期的 T0809⑧层和 T0806③层之上，属于堰台遗址的第三期地层组，又根据器物特征显示，两类之间并无明显断层，应是一脉相承，因此 BaⅡ式鬲应当稍晚于 BaⅠ式。在山东沂源县姑子坪周代墓葬 M2 中出土的折肩陶鬲标本 M2：6[①](图5.13,3)，侈口，方唇，折沿折肩，弧形裆内凹，实足根较为细高，肩部磨光并饰三周凹弦纹，肩部以下饰绳纹，其形制特点与堰台 T0811⑤：3(图 5.13,1)近似。姑子坪 M2：14 罍(图 5.13,4)同堰台 M36：1 陶罐(图 5.13,2)也极其相似，二者年代应相去不远。姑子坪 M2 年代约在西周晚至春秋早期，同组的 BⅠ式折肩盆(T0913③：4)也属于同期，因此我们推断三组器物的年代应当在春秋早期。

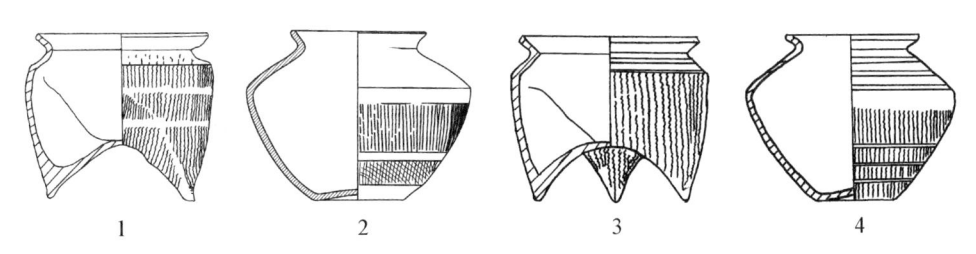

图 5.13　BaⅡ式鬲
1. 堰台 T0811⑤：3　2. 堰台 M36：1　3. 姑子坪 M2：6　4. 姑子坪 M2：14

四组器物中，BⅡ式折肩盆(T0909④：3)和 BⅢ式折肩盆(T0810⑤：7)均属于堰台四期，与该遗址 T0813③层为同一年代组，根据报告提供的碳十四年代数据，为距今 2 475±30 年，经高精度表校正年代后为公元前 770 至公元前 480 年，年代区间在春秋早期偏晚至春秋中期。[②] 根据与 BⅠ式盆特点相比较来看，

---

① 山东大学考古系、淄博市文物局、沂源县文管所：《山东沂源县姑子坪周代墓葬》，《考古》2003 年第 1 期。
② 安徽省文物考古研究所：《霍邱堰台——淮河流域周代聚落发掘报告》，第 379 页，科学出版社，2010 年。

BⅡ式应当稍早于BⅢ式。

河南信阳平西五号墓①中随葬的一件陶鬲(图5.14,2),形态特征与六安堰墩BaⅢ式鬲 T604⑥:6(图5.14,1)相似,该器物为夹砂黑陶,侈口折沿,束颈折肩,斜腹内收,弧裆较高,高柱状实足根,肩至足部遍饰绳纹,腹部饰四道凹弦纹。不同的是这件陶鬲三足上肩部各有一个附耳为扁圆形,这在目前所出折肩鬲资料中是较罕见的。平西五号墓的年代在春秋早期,因此我们推断BaⅢ式折肩鬲的年代在春秋早期至春秋中期。

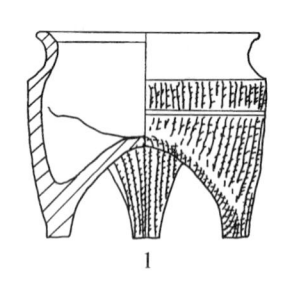

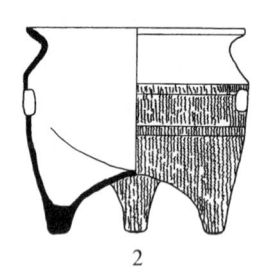

图5.14　BaⅢ式鬲和信阳地区出土陶鬲
1. 六安堰墩 T604⑥:6　2. 信阳平西五号墓出土

综上,四组器物的年代约为春秋中期。

此外,从Bb型鬲两件典型标本 T0911③:4(图5.15,1)和 T0810⑤:3的陶质和纹饰的考究程度来看,它们均为"仿铜陶鬲",形制比较特殊。依堰台遗址地层关系,二者在年代上存在差异,分别与 T0813⑤层和 T0813③层为同年代组,根据上述碳十四数据,其年代分别约在西周晚期和春秋中期,分属二组和四组器物。在湖北大悟吕王城遗址,也发现一件类似的仿铜陶鬲,②标本 T5⑥:137(图5.15,2),夹砂褐色陶,侈口,折沿,折肩,腹壁近直,柱状足较高,腹部近肩处装饰三个等距离扉棱,肩部以下饰绳纹。此类仿铜陶鬲在张家坡墓地发现较多,如 M160:7,但折肩特征不见于张家坡墓地。张家坡墓地Ⅵ式仿铜陶鬲的年代在西周中期至晚期。③ 根据霍邱堰台的地层关系,我们推断Bb型折肩鬲的年代当在西周晚期至春秋中期。

---

① 信阳地区文管会、信阳市文管会:《河南信阳市平西五号春秋墓发掘简报》,《考古》1989年第1期。
② 孝感地区博物馆:《湖北大悟吕王城遗址》,《江汉考古》1990年第2期。
③ 中国社会科学院考古研究所沣西发掘队:《1967年长安张家坡西周墓地的发掘》,《考古学报》1980年第4期。

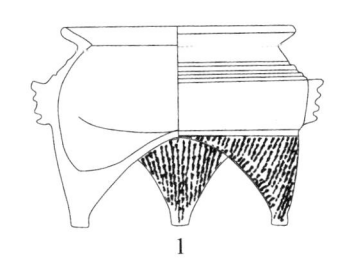

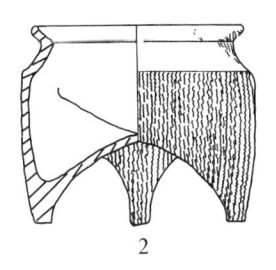

图 5.15　带扉棱的仿铜陶鬲
1. 堰台 T0911③∶4　2. 大悟吕王城 T5⑥∶137

综合以上分析,我们基本可以划分出上述典型器物的序列关系(图 5.16),一至四组器物之间基本没有缺环,其对应的年代分别为西周中期、西周晚期、春秋早期和春秋中期。

3. 文化因素的构成

在安徽江淮周边的信阳地区、鄂东北地区和鲁东南地区,或多或少均有一些相似器物的发现,它们之间既存在共性,也存在一定的差异。

信阳地处淮河上游,与安徽江淮地区尤其是皖西六安地区接壤,属于大别山北麓的山前丘陵、平原地带,这一地区在周代是黄国、樊国等嬴姓方国活动的区域。信阳地区周代遗址和墓葬中有类似折肩鬲、曲柄盉等器物出土,与安徽江淮地区周代文化面貌呈现出一定的相似性。平西五号墓[①]和黄季佗父墓[②]出土的陶折肩鬲与BaⅢ式鬲相似,平桥一号墓[③]出土的曲柄盉(M1∶1)与 Ab 型曲柄盉类同,孙砦遗址[④]出土的陶簋 T1∶29、陶盉 T1∶22 与 AI 式簋和曲柄盉形态接近,Ⅱ式盆也与BⅡ式盆较为相似,固始平寨古城遗址 B 型簋 T1⑤∶1[⑤] 与 AI 式簋造型较为一致,罗山天湖商周墓地也有类似折肩盆[⑥]发现,可见信阳地区周代文化因素与安徽江淮地区有一定的相似性。但是深入分析,它们的差异也较为明显,如折肩鬲,在安徽江淮地区周代遗址中较为普遍,几乎所有遗址都

---

① 信阳地区文管会、信阳市文管会:《河南信阳市平西五号春秋墓发掘简报》,《考古》1989 年第 1 期。
② 信阳地区文管会、光山县文管会:《河南光山春秋黄季佗父墓发掘简报》,《考古》1989 年第 1 期。
③ 河南省博物馆、信阳地区文管会、信阳市文化局:《河南信阳市平桥春秋墓发掘简报》,《文物》1981 年第 1 期。
④ 河南省文物研究所:《信阳孙砦遗址发掘报告》,《华夏考古》1989 年第 2 期。
⑤ 北京大学考古系、信阳地区文物管理委员会:《河南固始平寨古城遗址发掘报告》,《考古学报》2000 年第 3 期。
⑥ 信阳地区文管会、河南省罗山县文化馆:《罗山天湖商周墓地》,《考古学报》1986 年第 2 期。

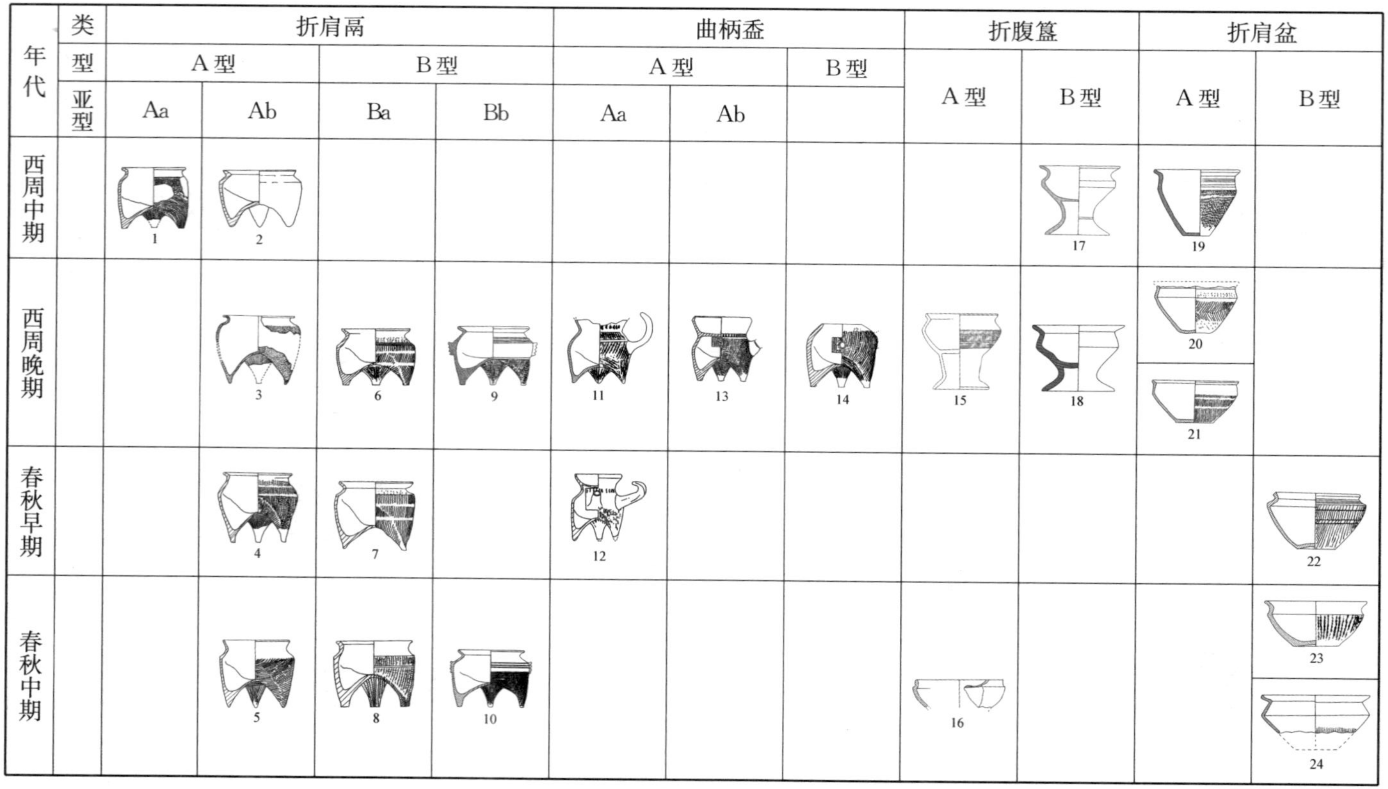

图 5.16 典型陶器发展序列

1. 绣鞋墩 T1④a:6 2. 汤家墩 T3⑥:2 3. 绣鞋墩 T3⑥:2 4. 堰合 T1011③:2 5. 堰合 G1:1 6. 堰合 T0809⑧:4 7. 堰合 T0811⑤:3 8. 堰墩 T604⑥:6 9. 堰合 T0911③:4 10. 堰合 T0810⑤:3 11. 堰墩 T906⑧:8 12. 大神墩 T323③:1 13. 堰合 T0909⑦:1 14. 堰合 T1010③:1 15. 堰合 T1114⑤:1 16. 堰合 T0810④:9 17. 堰墩 M12:1 18. 大城墩 T1006⑧:10 19. 吴大墩 T3④:8 20. 堰合 T1010⑦:1 21. 堰合 T0909⑥:1 22. 堰合 T0913③:4 23. 堰墩 T408⑤:30 24. 堰合 T0810⑤:7

有不同数量的出土,而信阳地区则仅见于个别墓葬中,遗址中出土的陶鬲与安徽江淮地区有着较为明显的差别。信阳地区折肩鬲的造型与安徽江淮地区也有明显不同,如平西五号墓出土折肩鬲在肩部设有三个环耳,为安徽江淮地区所未见。信阳地区折腹簋也仅见与安徽江淮地区 AⅠ式簋相似的器物,鲜见其他型式,而安徽江淮地区 B 型折腹簋的存在则体现了二者之间更大的差异。

鄂东北地区为大别山、桐柏山的山前丘陵和平原地带,在地理位置上与信阳地区紧邻。这一地区的周代遗存与安徽江淮地区也有相同的文化因素,大悟吕王城遗址出土数件折肩鬲,①部分与BaⅠ式鬲造型相似,出土的折肩盂实际上就是前述折肩盆。在孝感聂家寨遗址中也采集到与BaⅠ式鬲造型类似的折肩鬲。②凤凰台遗址调查发现的盂,类同于BⅡ式折腹簋,余家河遗址调查发现的折腹盆③与BⅡ式盆较为相像。在枣阳郭家庙曾国墓地中出土一件折肩盆,④与大悟吕王城折肩盆形制相似,但造型与安徽江淮地区折肩盆有一定的差异。以上材料表明,鄂东北地区有部分遗存与安徽江淮地区存在一定的共性,说明两地之间存在一定的文化交流。但是与信阳地区一样,鄂东北地区与安徽江淮地区遗存也存在不小的差异,如鄂东北地区几乎没有发现曲柄盉,只在罗田庙山岗遗址出土一些类似盉把手的器物,⑤该遗址出土的小口柱足鬲等器物更多地体现了楚文化因素。鄂东北地区折肩鬲多为宽折沿和柱状足,并且从发现数量和发现范围来看,也远不如安徽江淮地区。

鲁东南地区在周代为莒国的活动范围,王青在研究山东地区周代墓葬时,把这一区域划分为一个单独的"莒文化分布区"。⑥ 林沄先生指出:"鲁东南区的鬲是很有特点的……其实这种鬲和胶东地区'珍珠门文化'和'南黄庄文化'的鬲都没有渊源关系,反而和王迅认为是淮夷文化的鬲相近。"⑦还有学者将这一

---

① 孝感地区博物馆:《湖北大悟吕王城遗址》,《江汉考古》1990 年第 2 期。
② 北京大学考古专业商周组、山西省考古研究所、河南省安阳、新乡地区文化局、湖北省孝感地区博物馆:《晋豫鄂三省考古调查简报》,《文物》1982 年第 7 期。
③ 李端阳、陈明芳:《湖北孝感市古文化遗址调查简报》,《考古》1994 年第 9 期。
④ 襄樊市考古队、湖北省文物考古研究所、湖北孝襄高速公路考古队:《枣阳郭家庙曾国墓地》,第 276 页,科学出版社,2005 年。
⑤ 湖北省文物考古研究所、黄冈地区博物馆、罗田县文物管理所:《湖北罗田庙山岗遗址发掘报告》,《考古》1994 年第 9 期。
⑥ 王青:《海岱地区周代墓葬研究》,第 168 页,山东大学出版社,2002 年。
⑦ 林沄:《海岱地区周代墓葬研究·序》,山东大学出版社,2002 年。

地区出土的鬲命名为"莒式鬲",[①]并和王迅所论"淮式鬲"做过相关比较。在山东沂源姑子坪墓葬[②]中出土的折肩陶鬲（M2∶6）与BaⅡ式鬲造型几乎一样,在临沂中洽沟[③]出土了与江淮陶鬲有所区别的折肩鬲,并且出土了折肩盂,与折肩盆形制基本一样。可见,鲁东南地区与安徽江淮地区之间的相似文化特征还是有的,但是由于地缘关系,该地区受齐文化、鲁文化的影响可能更大一些,文化面貌与江淮地区还是有较大的差别,如该地区并未发现曲柄盉,该地出土的"莒式鬲"与江淮之间的"淮式鬲"也有一定的差别。

通过以上与信阳地区、鄂东北地区和鲁东南地区相关周代遗存的比较,可以看出以折肩鬲、曲柄盉、折腹簋和折肩盆为代表的安徽江淮地区本地文化在与周边地区文化的交流和联系中相互影响,相互渗透,因而出现了一些相同的文化因素。但是在交流的过程中,各地都更多地保留了本地文化的特色。

历时性方面,西周中期以前,安徽江淮地区商周文化遗存更多地体现出了周文化和晚商文化因素,如绣鞋墩一期鬲口沿和二期鬲足在张家坡西周墓地中均能找到其原型,[④]众德寺二、三期鬲口沿亦与之相仿。吴大墩四期的弧腹鬲和袋足鬲和沣西出土部分陶鬲[⑤]几无二致,大城墩四期鬲、簋等器物和郑州人民公园出土标本[⑥]器形相似,而具有本地特征的器物群暂未有发现,因此,西周中期以前,安徽江淮地区的商周文化还未形成本地方的特色,文化面貌与中原地区没有太大的差别。

从西周中期开始,具有本地特征的 Aa 型、AbⅠ式鬲,BⅠ式簋和 AⅠ式盆开始出现,这些器类的发现尚不十分普遍,且在前期文化中都能找到其母型,应是在周文化基础之上进行的改变。在与这些器物出土的相同地层和单位中,还出土了一些常见于中原地区的器形,如绣鞋墩二期出土的弧腹鬲与张家坡墓地的Ⅶ式鬲非常相似,大城墩遗址第五期出土的陶豆（T17⑤b∶234）[⑦]和张家坡墓地Ⅱ

---

① 禚柏红:《莒文化研究》,《东方考古》第 6 辑,科学出版社,2009 年。
② 山东大学考古系、淄博市文物局、沂源县文管所:《山东沂源县姑子坪周代墓葬》,《考古》2003 年第 1 期。
③ 临沂市博物馆:《山东临沂中洽沟发现三座周墓》,《考古》1987 年第 8 期。
④ 中国社会科学院考古研究所沣西发掘队:《1967 年长安张家坡西周墓地的发掘》,《考古学报》1980 年第 4 期。
⑤ 中国社会科学院考古研究所丰镐工作队:《1997 年沣西发掘报告》,《考古学报》2000 年第 2 期。
⑥ 河南省文化局文物工作队第一队:《郑州商代遗址的发掘》,《考古学报》1957 年第 1 期。
⑦ 安徽省文物考古研究所、含山县文物管理所:《安徽含山大城墩遗址第四次发掘报告》,《考古》1989 年第 2 期。

式豆造型一致。这些都体现了这一时期安徽江淮地区的本地文化开始发生,与原有的中原文化因素形成了分庭抗礼的局面。

到了西周晚期,具有本地特征的器物大量涌现,AbⅠ式鬲继续沿用,AbⅡ式、BaⅠ式、Bb型鬲开始出现,AⅠ式、BⅡ式折腹簋和AⅡ式、AⅢ式折肩盆也开始有出土,而且未见于中原地区的器类——曲柄盉开始见于各个遗址。相应的,中原文化特征的陶器数量开始减少。本地文化因素强势发展,周文化因素力量有所削弱,二者此消彼长,强弱之势立判。这一时期正是本地族群文化最为繁荣的时期,从典型器物出土数量来看,西周晚期明显多于西周中期,从出土器形种类来看,西周晚期也是最全的一期,涵盖了四类八式,可以看出这些器物所代表的本地族群文化在这一时期得到全面发展。

春秋早期是本地文化继续发展的时期。从器形上来看,折肩鬲、曲柄盉有着与前期一脉相承的关系,A型折腹簋继续沿用,折肩盆出现新的型式,但是折肩风格继续保存。

安徽江淮地区有一批西周晚期至春秋早期墓葬资料,其中发现的青铜折肩鬲、曲柄盉等器物造型与相关陶器造型极其相似,其间应当存在一种继承性的渊源关系。我们有理由相信,这些与群舒青铜器有着渊源关系的陶器器类和青铜器一样,代表的是同一族属的文化。陶器与青铜器齐头并进的发展,作为本地文化的主流因素,是这一时期文化发展的特征。

到了春秋中期,折肩鬲继续存在,B型柱状足鬲的出土数量明显多于A型锥状足鬲,且其柱状足越来越高,可能是受楚式鬲高裆的影响。盆的折肩特征越发明显,显得更加棱角分明。A型折腹簋继续发展,开始出现敛口趋势,更有特色的B型簋则基本消失。可以看出,上述器物所代表的本地族属文化在这一时期发展平稳,器物特征在细节上有所变化,但是总体上保留了前期的主要特点,其文化性质没有改变。

春秋中期以后,这一地区出土器物的特征则出现了比较明显的变化。折肩鬲等特色器形逐渐消失,各遗址中印纹硬陶和原始瓷器的数量开始增多,显然是受吴文化的影响。到了春秋晚期至战国,随着楚文化的东进,淮式鬲逐渐被小口高裆的楚式鬲所取代而退出历史舞台,其他特色器形基本消亡,它们代表的本地族群文化也逐渐被楚文化所覆盖。

通过上述比较和分析,我们可以得出以下两点认识:第一,以折肩鬲、曲柄盉、折腹簋和折肩盆等为代表的安徽江淮地区周代文化是区别于周边地区的本地族群文化,在文化属性上是一个有别于其他文化的独立发展的文化。第二,这个独立的本地族群文化大致经历了西周中期的发生、西周晚期至春秋中期的繁荣、春秋中期以后逐渐消亡的历史过程。

二、淮式鬲的再认识

20世纪90年代,王迅最早将在江淮地区出土的一种周代陶鬲称为"淮式鬲",主要特征有折肩,三足内聚,裆较高,足尖较细,多饰绳纹,并定性为西周时期出现的典型淮夷陶器。[①] 2002年,学术界基本认可江淮地区西周时期出现的折肩鬲、淮式鬲是探寻淮夷文化的重要线索。[②] 2004年,高广仁、邵望平引论淮式鬲具有高跟平足、折肩等特点。[③] 因此,淮式鬲实际上就是上述折肩鬲。作为江淮地区重要的特征器形,淮式鬲在群舒文化研究中自不可或缺。在上节对折肩陶鬲的形制和年代有了初步认识的基础上,我们再来观察江淮地区出土的青铜折肩鬲。

江淮地区青铜折肩鬲最早在舒城凤凰嘴墓葬出土,共有3件,形制基本相同,侈口,束颈,折肩,高弧裆,尖锥状足。伴出器物包括附耳平盖鼎、牺首鼎、曲柄盉和罐形缶等,其中牺首鼎、曲柄盉等器形特殊,是群舒文化的重要构成因素,时空特征明显。潜山黄岭墓又出土4件,形制相同,侈口,束颈,折肩,斜腹,三空心尖锥状足,肩下饰一对称扉棱,有盖,盖上有一圆形捉手。伴出器物包括曲柄盉、龙形提梁盉和连体甗,简报定其年代为春秋早期。

折肩铜鬲与折肩陶鬲之间当存在着某种联系。凤凰嘴鬲和黄岭鬲折沿、折肩明显,非常接近于上述Ba型鬲,而高弧裆和三尖锥状足又非常接近于Ab型鬲。三尖锥状足的陶折肩鬲最早见于江淮地区,因此,有理由认为凤凰嘴和黄岭出土的青铜折肩鬲,器形源自本地区的折肩陶鬲。

江淮地区周边,河南信阳平桥春秋墓M1出土青铜折肩鬲2件,[④]形制相

[①] 王迅:《东夷文化与淮夷文化研究》,第115页,北京大学出版社,1994年。
[②] 安徽省文物考古研究所:《安徽考古的世纪回顾与思索》,《考古》2002年第2期。
[③] 高广仁、邵望平:《析中华文明的主源之一——淮系文化》,《东方考古》第1辑,科学出版社,2004年。
[④] 河南省博物馆、信阳地区文管会、信阳市文化局:《河南信阳市平桥春秋墓发掘简报》,《文物》1981年第1期。

同,侈口,圆唇,鼓腹,分裆,三柱状袋足,足根平齐,颈部饰窃曲纹,腹部与三足上部有较小扉棱,唇沿上有十二字铭文。信阳明港共出土两批青铜器,第一批有青铜折肩鬲2件,侈口,束颈,折肩,分裆,袋足,足外有扉棱,肩部饰重环纹,腹部饰直弦纹。第二批有青铜折肩鬲2件,侈口,束颈,折肩,分裆,袋足,素面无纹饰。[1] 信阳黄君孟夫妇墓出土青铜折肩鬲2件,形制不同,标本G2∶A4敛口,折肩,斜腹,三足外撇,腹部饰窃曲纹,口沿下有十六字铭文。标本G2∶A5敛口,折肩,斜腹,三足较直,腹部饰窃曲纹,口沿下有十字铭文。[2] 信阳平西五号墓除出土陶折肩鬲外,另有青铜折肩鬲一件,侈口,尖唇,束颈,折肩,斜腹,高柱状足,肩下三空足上部各饰一扁圆形扉棱,肩上饰重环纹一周。[3] 黄君孟夫妇墓等级较高,其器物组合也较丰富,总体上以鼎、豆、壶、甗、盘、匜为主,黄夫人墓还随葬有曲柄盉和罐,其中青铜豆和青铜壶鲜见于群舒文化遗存,而曲柄盉也以柱状实足、腹部圆凸的特点与群舒曲柄盉有显著的区别。黄君孟夫妇墓器形颇显厚重,与凤凰嘴组和黄岭组相比,虽同为折肩鬲,但其差异大于共性。

湖北京山苏家垄出土黄季鬲2件,形制、大小和纹饰相同,宽口沿薄唇,腹饰一周方形环纹,腹与足之间有一道弦纹,三足上饰有新月形扉棱,口沿上铸有九字铭文。[4] 随县桃花坡M2出土青铜折肩鬲2件,形制、大小和纹饰相同,口沿近平,折肩,裆较高,颈部饰环带纹。[5] 随县周家岗出土青铜折肩鬲2件,形制、大小和纹饰相同,敛口,斜平沿,折肩,三袋足,足下端呈柱形,口下饰重环纹一周,口沿上有铭文,被刮掉。[6] 枣阳郭家庙曾国墓地出土青铜折肩鬲一件,标本GM17∶3,敛口,仰折沿,方唇,束颈,斜折肩,弧裆,肩部饰重环纹。[7]

曾国青铜折肩鬲以郭家庙鬲和苏家垄黄季鬲最具代表性,郭家庙鬲为矮截

---

[1] 信阳地区文管会、信阳县文化馆:《信阳县明港发现两批春秋早期青铜器》,《中原文物》1981年第4期。
[2] 信阳地区文管会、光山县文管会:《春秋早期黄君孟夫妇墓发掘报告》,《考古》1984年第4期。
[3] 信阳地区文管会、信阳市文管会:《河南信阳市平西五号春秋墓发掘简报》,《考古》1989年第1期。
[4] 湖北省博物馆:《湖北京山发现曾国铜器》,《文物》1972年第2期。
[5] 随州市博物馆:《湖北随县安居出土青铜器》,《文物》1982年第12期。
[6] 随州市博物馆:《湖北随县发现商周青铜器》,《考古》1984年第6期。
[7] 襄樊市考古队、湖北省文物考古研究所、湖北孝襄高速公路考古队:《枣阳郭家庙曾国墓地》,第64页,科学出版社,2005年。

锥状足,肩部饰重环纹,这也是曾国折肩鬲的普遍特点。郭家庙 GM17 的随葬铜器组合为鼎、壶、鬲、杯,与江淮地区有较大区别,其中鼎为附耳圜底蹄形足,口沿下饰一周窃曲纹。青铜折肩鬲肩部饰有重环纹的风格与信阳地区表现出了较大的共性,如信阳平西五号墓折肩鬲特点也是柱状足,肩部饰有重环纹。另外京山苏家垅黄季鬲也是折肩重环纹鬲,其上铭文为"惟黄朱柢用吉金作鬲",是嫁到曾国来的黄国女子的器物。① 苏家垅组器形除鬲外,还有鼎、豆、壶、甗、簋、盉、盘、匜等,其中豆和壶鲜见于群舒器群,而与黄国器群更为接近。因此,曾国和黄国遗存在文化面貌上表现出了较多的一致性,联系也较为紧密,与以凤凰嘴和黄岭组为代表的群舒遗存则差异较大,其文化属性也有较明显的区分。

　　山东沂水县河北村出土青铜鼓腹鬲 1 件,折肩不明显,平沿外折,束颈,微鼓腹,分裆,款足。② 临沂中洽沟发现青铜折肩鬲 1 件,侈口,折沿,微鼓腹,裆较高,袋足较深,实足根呈圆柱状,肩饰夔纹。③ 在同一地点还伴出有陶折肩鬲,夹砂灰陶,侈口,斜沿,沿上饰四道凹弦纹,分裆较高,实足根呈圆柱状,颈部抹光,肩部有凹槽一道,腹足饰细绳纹,腹部绳纹有抹平截断痕。莒县西大庄出土鼓肩鬲 1 件,方唇,侈口,束颈,鼓肩,联裆,高袋形足,通体素面。④ 鲁东南地区青铜折肩鬲足略呈锥状,这与江淮地区类似,但其肩部纹饰却与信阳地区和曾国表现出了较大的共性。莒县西大庄的青铜鬲虽为素面,但呈鼓腹形态,折肩并不明显,这也是这一地区青铜鬲的特点。禚柏红曾将其命名为"莒式鬲",并与"淮式鬲"做过比较,提出莒式鬲应是在中原周式瘪裆袋足鬲的基础上,糅合了当地夷人素面鬲的文化因素,而产生的一种新的文化因素,并认为莒式鬲的形制极同于江淮地区的淮式鬲,二者可能同出一源,"莒式鬲"影响"淮式鬲"的可能性较大。⑤ 然而通过我们前文的分析,淮式鬲的产生也是在中原周式鬲的基础上同本地文化因素结合而来,在本地有不间断的传承,流行年代从西周中晚期至春秋中期,其上限与莒式鬲并无太大差异。在青铜鬲的比较中,二者形制虽有相似之处,但是就"折肩"这一特征,莒式鬲远没有淮式鬲表现明显,甚至在

---

① 李学勤:《论汉淮间的春秋青铜器》,《文物》1980 年第 1 期。
② 马玺伦:《山东沂水发现一座西周墓葬》,《考古》1986 年第 8 期。
③ 临沂市博物馆:《山东临沂中洽沟发现三座周墓》,《考古》1987 年第 8 期。
④ 莒县博物馆:《山东莒县西大庄西周墓葬》,《考古》1999 年第 7 期。
⑤ 禚柏红:《莒文化研究》,《东方考古》第 6 辑,科学出版社,2009 年。

莒式鬲中就没有发现纯粹的折肩鬲,无论是凤凰嘴鬲还是黄岭鬲,与鲁东南地区还是存在一定差异的。对此张钟云有过论述,他提出:"除舒城的尖足鬲外,其余地方皆为平柱足。从时间上看,本地的鬲要早于随县和信阳地区的,而山东地区的折肩不明显。因此,这种鬲很可能发源于江淮区域,而尖足是其母型。"[①]

陈学强整理了信阳、随州和皖西地区的部分青铜折肩鬲,推断青铜折肩鬲渊源于东夷文化的圆肩鬲,在与本土文化的交流中,改圆肩为折肩,改细足为粗壮的柱足。其中群舒所属的皖西地区青铜折肩鬲的型式较为统一,尖足、高体的特征也较为原始,因此其发生也应当较早。[②]

所谓淮式鬲,应为专指江淮地区出土的折肩锥足鬲,不论是陶鬲还是铜鬲。折肩陶鬲与折肩铜鬲形态既相一致,时空范畴又相重叠,应为同一文化或族群之遗存。折肩鬲的分布,以淮河以南、大别山以东、巢湖以西、南及皖南沿长江地区为核心,核心区周边,可为淮河上游、大别山西麓和鲁东南地区。折肩陶鬲的年代,至迟在西周中期既已出现,西周晚期至春秋早期最为兴盛,春秋早期后段至春秋中期渐趋衰落。

从器物形态上来说,在六安、舒城、庐江等地出土了数量可观的西周至春秋时期墓葬,出土的牺首鼎、曲柄盉、折肩鬲等青铜器作为群舒文化之遗存已被学界广泛认可。而同一地域出土的曲柄陶盉、折肩陶鬲,其与铜器之间的关联显而易见,其文化属性也应与青铜器一样,为群舒遗存。

因此,从器物形制、地域和年代三方面综合来看,折肩鬲、曲柄盉等一批具有地方特征的器物,它们的出现与消亡,反映了群舒族群的兴衰历程。

三、原始瓷的分型与年代

江淮地区出土周代原始瓷多为残片,较完整器约有26件,可辨器形为豆、碗、盅、盂和盖,主要出土单元罗列如下(图5.17):

枞阳汤家墩遗址 出土原始青瓷30余片,均为青釉,釉层不均匀,脱釉较多,器形有豆、碗、盅、盖、盂等,原发掘报告将该遗址划分为两期,一期原始瓷数

---

① 张钟云:《淮河中下游春秋诸国青铜器研究》,《考古学研究》(四),科学出版社,2000年。
② 陈学强:《青铜折肩鬲渊源初探》,《苏州文博论丛》第2辑,文物出版社,2011年。

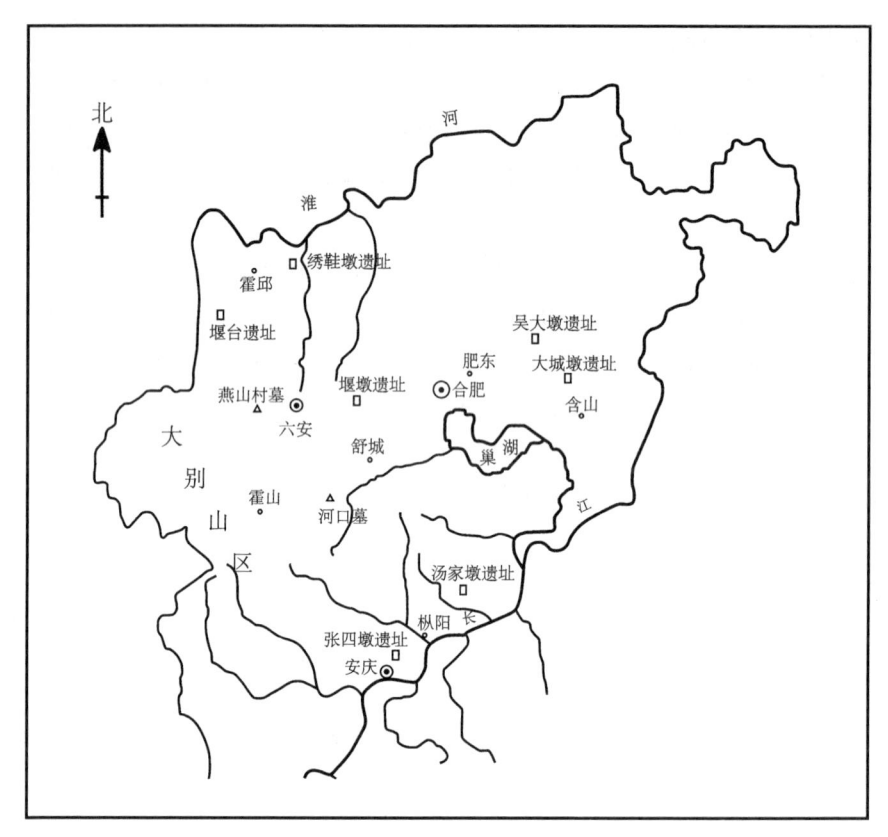

图 5.17　江淮地区周代原始瓷出土地点

（□表示遗址地点，△表示墓葬地点）

量极少,二期明显增加,其中较完整可复原器物 11 件。

一期碗 1 件。标本 T7⑦∶13,侈口,尖唇,饼状圈足。口径 12.5、底径 6.4、高 4 厘米(图 5.18,1)。

二期豆 4 件。标本采∶8,敞口,尖唇,折腹,喇叭形把,豆盘内外壁均有弦纹。口径 13.6、底径 6.4、高 7 厘米(图 5.18,2)。标本 T4④∶18,口残,折腹,矮圈足,内壁有一组弦纹,外壁下部一道凹弦纹。底径 6.4、残高 4 厘米(图 5.18,3)。标本 T6③∶29,把残,敞口尖唇,斜沿,折腹,内外底均有弦纹。口径 10.4 厘米(图 5.18,4)。标本 T2③∶15,盘残,喇叭形豆把,足外撇。底径 8、残高 5.8 厘米(图 5.18,5)。

盅 3 件。标本 T1⑤∶1,敞口,尖唇,斜直壁,平底,内壁有弦纹。口径

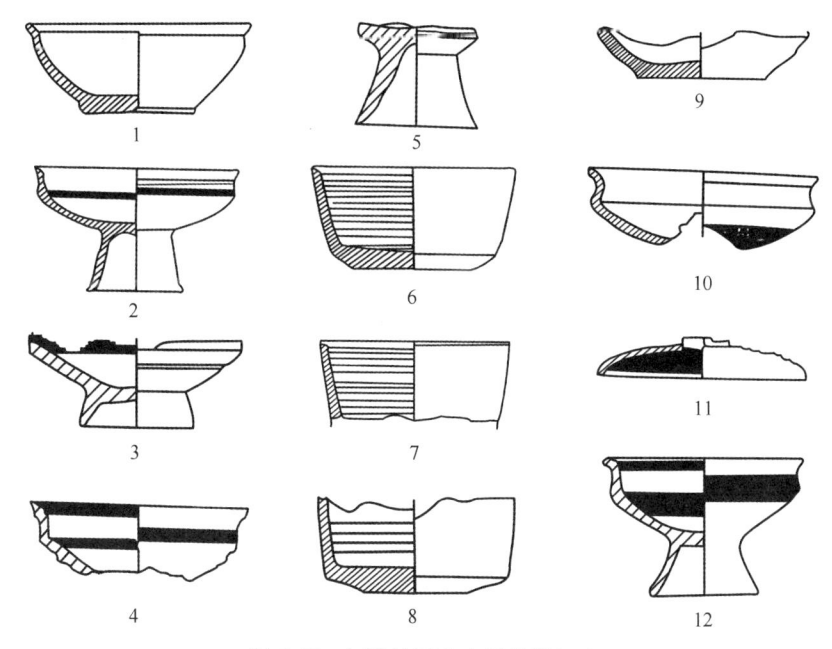

图 5.18 江淮地区出土原始瓷(一)

汤家墩 1. 瓷碗 T7⑦：13 2—5. 瓷豆 采：8、T4④：18、T6③：29、T2③：15
6—8. 瓷盅 T1⑤：1、T4④：19、T8③：31 9. 瓷碗 T6④：27 10. 瓷盂 H2⑤：14
11. 瓷盖 H2：2 六安堰墩 12. 瓷豆 T707②：3

10.4、底径 5.8、高 5.2 厘米(图 5.18,6)。标本 T4④：19,底残,敞口,卷沿,尖唇,内壁有弦纹。口径 11.2 厘米(图 5.18,7)。标本 T8③：31,口残,平底,内壁有弦纹。底径 5.2、残高 4.2 厘米(图 5.18,8)。

碗 1 件。标本 T6④：27,口残,凹底,内壁有弦纹。底径 7.6、残高 1.5 厘米(图 5.18,9)。

盂 1 件。标本 H2⑤：14,底残,侈口,圆唇,束颈,折肩,腹下部压印席纹。口径 14、残高 4 厘米(图 5.18,10)。

盖 1 件。标本 H2：2,侈口圆唇,内壁弦纹。口径 10.4、高约 1.6 厘米(图 5.18,11)。

六安堰墩遗址 原始瓷种类和数量较少,仅见豆一种。标本 T707②：3,灰白胎,器表所施青釉已大部分脱落,侈口,圆唇,斜腹略弧,高圈足,器表及豆盘内有多道轮制时留下的细密旋痕。口径 13.8、高 9.2 厘米(图 5.18,12)。

肥东吴大墩遗址 第五期西周中期文化遗存中出土原始瓷豆 1 件。标本

T3④∶3，敞口，圆唇，腹微折，高圈足，素面施青釉。口径10.5、高4.5厘米（图5.19,1）。

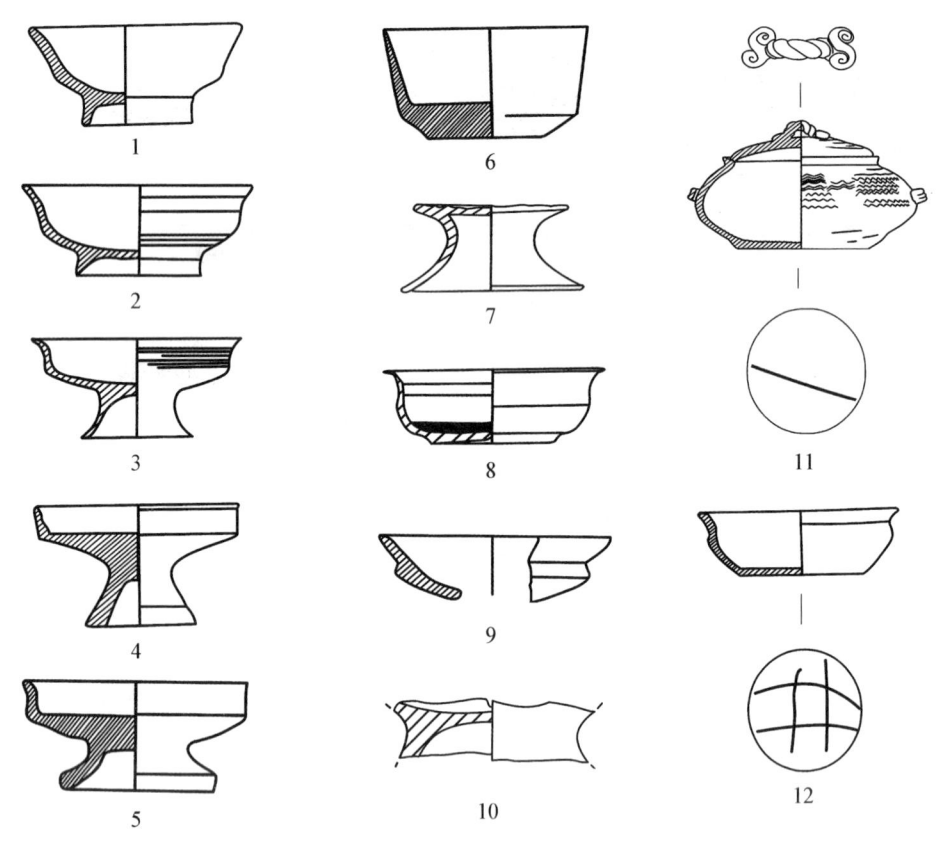

图5.19 江淮地区出土原始瓷（二）

吴大墩 1. 瓷豆 T3④∶3 大城墩 2—5. 瓷豆 T3∶4∶7、T3∶3∶1、T6∶2∶4、T1∶2∶6 6. 瓷盅 T5∶3∶7 霍邱堰台 7. 瓷豆 T0813③∶7 8. 瓷碗 T0913②∶3 绣鞋墩 9. 瓷豆 T1③∶76 张四墩 10. 残豆把 T3④∶12 河口墓 11. 瓷盂 M1∶9 燕山墓 12. 瓷碗

含山大城墩遗址 第五期西周早期地层出土豆1件。标本 T3∶4∶7，敞口，尖唇，斜壁，圆底，高圈足，腹饰数周凹弦纹，外施一层薄釉。口径9.8、高15.6厘米（图5.19,2）。

第六期西周晚期至春秋早期地层出土豆4件。如标本 T3∶3∶1，敞口，尖唇，折盘，喇叭形圈足，腹外壁和内壁饰数周阴弦纹。口径13.4、高5.9厘米（图5.19,3）。标本 T6∶2∶4，口外侈，方唇，折壁平底，柄较高，喇叭形圈足。口径

13、高7.3厘米(图5.19,4)。标本T1∶2∶6,敞口,尖唇,浅折盘,矮柄,喇叭形圈足(图5.19,5)。

盅2件。大小形制相同,口外侈,尖唇,深腹,壁稍斜,平底,小圆饼圈足,饰数周凹弦纹。如标本T5∶3∶7。口径11.3、高6.4厘米(图5.19,6)。

霍邱堰台遗址　第四期春秋早中期地层出土豆1件。标本T0813③∶7,豆盘残,矮粗柄,喇叭状圈足,素面。底径9.4、残高6.4厘米(图5.19,7)。

碗1件。标本T0913②∶3,侈口,卷沿,微折腹,矮圈足,素面。口径11、底径6、高4厘米(图5.19,8)。

霍邱绣鞋墩遗址　第四期西周晚期地层出土原始瓷豆1件。标本T1③∶76,残,敞口,尖唇,斜腹外折,外表有轮制痕,内盘底有旋纹,白灰色。口径12厘米(图5.19,9)。

安庆张四墩遗址　西周晚期地层出土原始瓷豆1件。标本T3④∶12,仅余残豆把,为原始青瓷(图5.19,10)。

舒城河口墓　除成组铜器以外,出土印纹陶罐2件和原始瓷盉1件。标本M1∶9,盉盖圆隆,中央置绳索状半环钮,钮的两端附S形贴塑,底部有轮制旋涡痕迹,并刻陶文"一"。口外侈,广肩,扁圆腹,底微凹。腹两侧附对称半环耳,耳上饰两道弦纹。器表施一层极薄的酱色釉,腹饰细波浪纹。通高7.8、口径7.4、腹径11.4厘米(图5.19,11)。

六安燕山墓　除成组铜器以外,出土印纹硬陶3件和原始瓷碗1件。碗敞口,双唇,宽口沿外折,口面向内倾斜,束颈,圆肩,最大腹径在肩部,自肩而下渐收敛,圆饼实足。内底有螺旋纹,外底心刻有"井"字符号。胎灰白坚硬,除外底露胎表里均施青黄色釉。口径13.6、高3.8、底径7.8厘米(图5.19,12)。

此外,江淮地区还有一些商周遗址出土原始瓷,如安徽怀宁跑马墩遗址出土印纹硬陶及原始瓷,[1]安徽枞阳金山大小神墩遗址出土少量原始瓷,[2]安徽巢湖庙集大城墩遗址出土原始瓷豆,[3]安徽安庆棋盘山遗址出土原始瓷碗、豆、罐、

---

[1] 杨德标、金晓春、汪茂东:《安徽怀宁跑马墩遗址发掘的主要收获》,《文物研究》第8辑,黄山书社,1993年。
[2] 安徽省地方志编纂委员会:《安徽省志·文物志》,第25页,方志出版社,1998年。
[3] 中国考古学会编:《中国考古学年鉴》(1987年),第158、159页,文物出版社,1988年。

杯①等。

江淮地区周代原始瓷的年代,除上述地层关系之外,还可做基本的器形比较分析。

豆　出土数量最多,共14件,其中10件较完整豆根据圈足的高矮可划分成A、B两型。

A型:敞口,矮圈足。根据腹部特征又进一步划分为两个亚型。

Aa型:斜折腹,浅盘。标本汤家墩T4④:18(图5.20,1)。

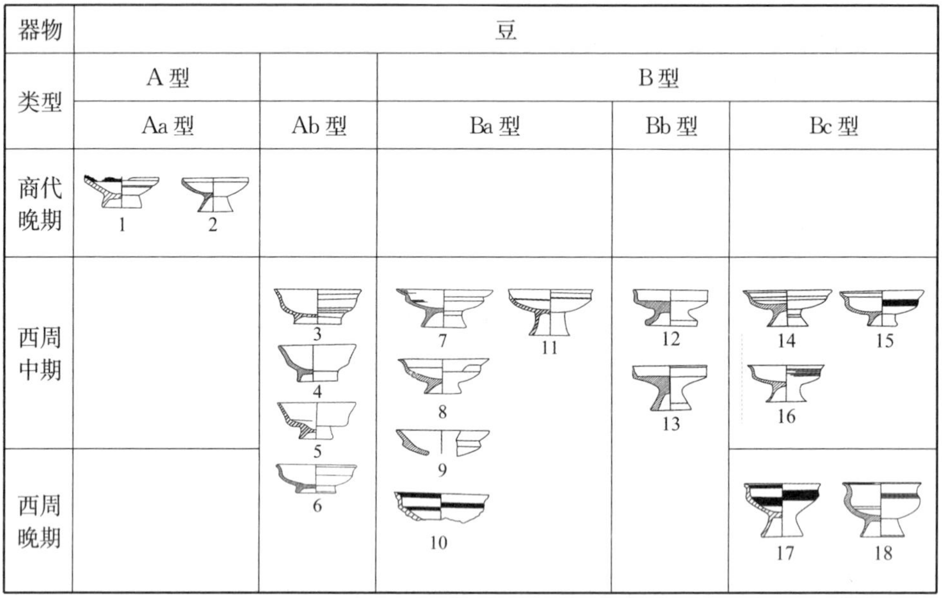

器物类型	豆				
	A型		B型		
	Aa型	Ab型	Ba型	Bb型	Bc型
商代晚期	1　2				
西周中期		3　4　5	7　8　9　11	12　13	14　15　16
西周晚期		6	10		17　18

图5.20　原始瓷器物型式演变图(一)

豆 1. 汤家墩T4④:18　2. 江山和睦江和(乌)1:1　3. 大城墩T3:4:7　4. 吴大墩T3④:3　5. 师姑墩T6④:9　6. 屯溪M2:70　7. 千峰山D16M2:4　8. 海宁夹山D6M3:19　9. 绣鞋墩T1③:76　10. 汤家墩T6③:29　11. 汤家墩采:8　12. 大城墩T1:2:6　13. 大城墩T6:2:4　14. 大城墩T3:3:1　15. 句容浮山VM1:1　16. 屯溪M5:35　17. 堰墩T707②:3　18. 屯溪M7:10

Ab型:微折腹,深腹。标本大城墩T3:4:7(图5.20,3)、吴大墩T3④:3(图5.20,4)。

B型:喇叭形把,高圈足。根据豆柄的粗细、盘和腹部的特征又进一步划分

---

① 中国考古学会编:《中国考古学年鉴》(2006年),第212、213页,文物出版社,2007年。

为三个亚型。

Ba型：粗豆柄，尖唇，浅盘。标本绣鞋墩T1③∶76(图5.20,9)、汤家墩T6③∶29(图5.20,10)和采∶8(图5.20,11)。

Bb型：细高豆柄，微敞口，浅盘，折腹。标本大城墩T1∶2∶6(图5.20,12)、T6∶2∶4(图5.20,13)。

Bc型：细高豆柄，敞口，深盘，腹微鼓。标本大城墩T3∶3∶1(图5.20,14)、堰墩T707②∶3(图5.20,17)。

碗 共4件，其中3件较完整器，根据口部不同可分为两型。

A型：侈口，尖唇，矮圈足，凹底。根据腹部特征又可以划分为两个亚型。

Aa型：折腹。标本汤家墩T7⑦∶13(图5.21,1)。

Ab型：腹部微鼓。标本堰台T0913②∶3(图5.21,4)。

B型：敞口，双唇，宽口沿外折，口面向内倾斜，束颈，圆肩，最大腹径在肩部，自肩而下渐收，圆饼实足。标本燕山原始瓷碗(图5.21,6)。

盂 共2件，器形差别较大，可划分为A、B两型。

A型：侈口圆唇，束颈，折肩。标本汤家墩H2⑤∶14(图5.21,9)。

B型：外侈口，带盖，盖中央置绳索状半环钮，钮两端附"S"形堆塑，广肩，扁圆腹，腹两侧附对称半环耳，底微凹。标本舒城河口M1∶9(图5.21,11)。

盅 共5件，形制相似，差别不大，均为外侈口，卷沿，尖唇，斜直壁，口大底小，平底，小圆饼圈足。典型标本为汤家墩T1⑤∶1(图5.21,13)和大城墩T5∶3∶7(图5.21,15)。

Aa型豆与浙江江山和睦出土的原始瓷豆江和(乌)1∶1(图5.20,2)[①]相近，年代约为商代后期。[②] Ab型豆与安徽铜陵师姑墩T6④∶9豆(图5.20,5)[③]和安徽屯溪土墩墓M2∶70钵(图5.20,6)[④]相近，师姑墩豆的年代约为西周中晚期，屯溪M2的年代应不晚于西周晚期。因此，Ab型豆的年代约为西周中晚期。A型原始瓷豆的演变趋势为圈足变矮，腹部加深。

[①] 牟永抗、毛兆廷：《江山县南区古遗址、墓葬调查试掘》，《浙江省文物考古所学刊》(1981)，文物出版社，1981年。
[②] 杨楠：《商周时期江南地区土墩遗存的分区研究》，《考古学报》1999年第1期。
[③] 安徽省文物考古研究所：《安徽铜陵县师姑墩遗址发掘简报》，《考古》2013年第6期。
[④] 安徽省文化局文物工作队：《安徽屯溪西周墓葬发掘报告》，《考古学报》1959年第4期。

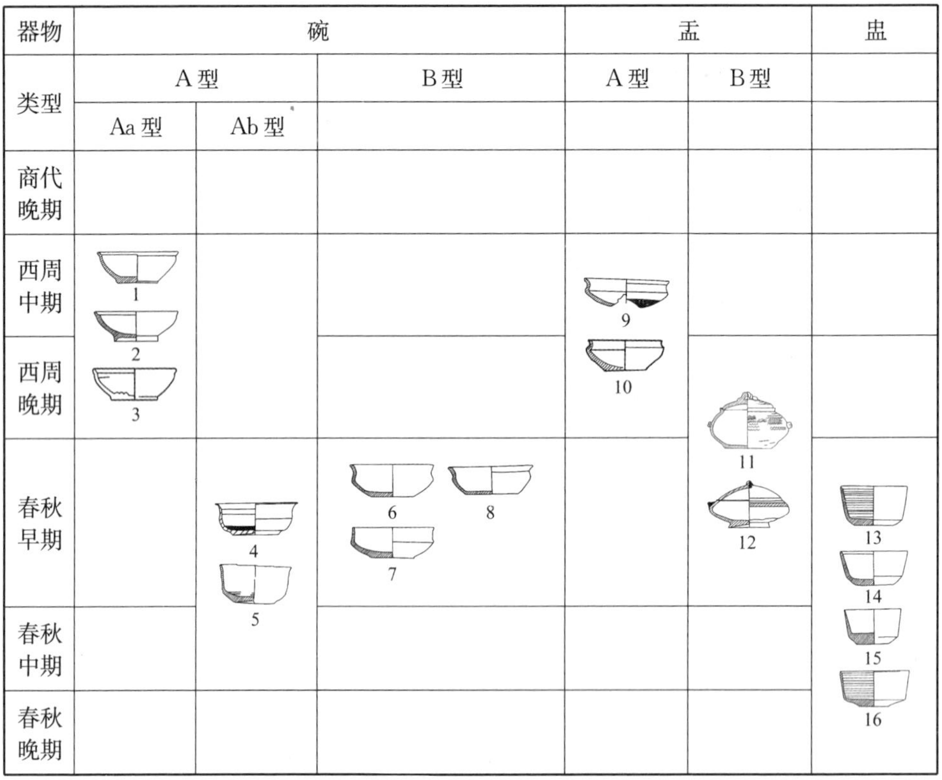

器物	碗			盂		盅
类型	A型		B型	A型	B型	
	Aa型	Ab型				
商代晚期						
西周中期	1, 2			9		
西周晚期	3			10	11	
春秋早期	4, 5		6, 7, 8		12	13, 14
春秋中期						15
春秋晚期						16

图 5.21 原始瓷器物型式演变图(二)

1. 汤家墩 T7⑦∶13 2. 宁国官山 T612③∶9 3. 师姑墩 T7④∶10 4. 堰台 T0913②∶3 5. 长兴便山 D403∶4 6. 燕山墓 7. 铜陵古铜矿遗址 8. 丹阳凤凰山 T502④∶2 9. 汤家墩 H2⑤∶14 10. 宁国官山 T611②∶15 11. 河口墓 M1∶9 12. 横山墁儿墩 DHM∶45 13. 汤家墩 T1⑤∶1 14. 铜陵古铜矿遗址 15. 大城墩 T5∶3∶7 16. 安吉三官土墩墓 M1∶3

Ba 型豆与汤家墩 T6③∶29、绣鞋墩 T1③∶76、安徽南陵千峰山土墩墓 D16M2∶4豆(图 5.20,7)近似,千峰山豆的年代约为西周末或更早一些;[①]又与浙江海宁夹山土墩墓 D6M3∶19豆(图 5.20,8)近似,海宁夹山豆的年代约为西周中期。[②] 因此,Ba 型豆的年代可拟定在西周中期至西周晚期。Bb 型豆,与江苏句容浮山果园 M2∶6、M3∶1豆相似,年代约在西周中期,不晚于西周晚期;[③]

[①] 安徽省文物考古研究所:《安徽南陵千峰山土墩墓》,《考古》1989 年第 3 期。
[②] 杨楠:《商周时期江南地区土墩遗存的分区研究》,《考古学报》1999 年第 1 期。
[③] 南京博物院:《江苏句容县浮山果园西周墓》,《考古》1977 年第 5 期。

又与江苏丹徒赵家窑团山 T204(6)∶7 豆相似,年代约为西周早中期。[①] 屯溪土墩墓 M1∶3、22、31 豆亦与之相似,M1 的年代,可定为西周前期。[②] 因此,Bb 型豆的年代不早于西周早期,同时不晚于西周晚期。Bc 型豆,大城墩 T3∶3∶1 与句容浮山土墩墓 VM1∶1 豆(图 5.20,15)形制相似,年代约为西周中期;[③] 又与屯溪土墩墓 M5∶35 豆(图 5.20,16)相似,M5 的年代比 M1 稍晚,年代约在西周中期。[④] 堰墩 T707②∶3 与屯溪土墩墓 M4∶5、M7∶10 豆(图 5.20,18)相似,年代约为西周中晚期,[⑤]因此 Bc 型豆的年代约为西周中晚期。

Aa 型碗与宁镇地区马迹山遗址 T4②∶14 碗形制相似,以同期镇江丹徒断山墩第二期木炭作为标本得出的碳十四测年数据为公元前 787±80 年,树轮校正为公元前 890±100 年,约为西周中期;[⑥]与安徽宁国官山西周土墩墓 T612③∶9 碗(图 5.21,2)相似,年代约在西周中期偏晚至西周晚期;[⑦]又与师姑墩 T7④∶10 碗(图 5.21,3)形制相似,年代约为西周中晚期。[⑧] 因此,Aa 型碗的年代约为西周中期,最晚可延续到西周晚期。

Ab 型堰台 T0913②∶3 碗出土于该遗址第四期文化层,根据碳十四测年数据,年代为距今 2 475±30 年,经高精度表校正,约在春秋早中期;[⑨]又与浙江长兴县便山土墩墓 D403∶4 盅式碗(图 5.21,5)近似,年代应不早于西周中晚期,不晚于春秋中晚期。[⑩] 因此,Ab 型碗的年代可拟定在春秋早中期。

B 型碗与江苏金坛鳖墩西周墓 M1∶2 碗相近,金坛鳖墩 M1 木炭标本碳十四测年数据为距今 2 820±105 年,树轮校正年代是 2 935±130 年,[⑪]有的学者认为墓葬同出瓷器年代应较碳十四测年数据晚,大体处于春秋早期。[⑫] 其他近似

[①] 团山考古队:《江苏丹徒赵家窑团山遗址》,《东南文化》1989 年第 1 期。
[②] 邹厚本:《江苏南部土墩墓》,《文物资料丛刊》(6),文物出版社,1982 年。
[③] 杨楠:《商周时期江南地区土墩遗存的分区研究》,《考古学报》1999 年第 1 期。
[④] 李国梁主编:《屯溪土墩墓发掘报告》,第 102—106 页,安徽人民出版社,2006 年。
[⑤] 殷涤非:《安徽屯溪周墓第二次发掘》,《考古》1990 年第 3 期;杨楠:《商周时期江南地区土墩遗存的分区研究》,《考古学报》1999 年第 1 期。
[⑥] 张敏:《宁镇地区青铜文化研究》,《长江流域青铜文化研究》,科学出版社,2002 年。
[⑦] 安徽省文物考古研究所:《安徽宁国市官山西周遗址的发掘》,《考古》2000 年第 11 期。
[⑧] 安徽省文物考古研究所:《安徽铜陵县师姑墩遗址发掘简报》,《考古》2013 年第 6 期。
[⑨] 安徽省文物考古研究所:《霍邱堰台——淮河流域周代聚落发掘报告》,第 379 页,科学出版社,2010 年。
[⑩] 浙江省文物考古研究所:《浙江长兴县便山土墩墓发掘报告》,《浙江省文物考古研究所学刊(1980—1990)》,科学出版社,1993 年。
[⑪] 镇江市博物馆、金坛县文化馆:《江苏金坛鳖墩西周墓》,《考古》1978 年第 3 期。
[⑫] 刘兴、吴大林:《谈谈镇江地区土墩墓的分期》,《文物资料丛刊》(6),文物出版社,1982 年。

材料还有,安徽铜陵铜矿遗址出土原始瓷碗(图5.21,7),年代在春秋早期;[1]江苏丹阳凤凰山遗址出土原始瓷碗 T502④∶2(图5.21,8),年代在春秋前期。[2]因此,B型碗的年代可拟定为春秋早期。

A型盂与宁国官山遗址 T612③∶12、T611②∶15 盂(图5.21,10)形态相似,年代约在西周中期偏晚至西周晚期。[3]

B型盂出自墓葬,同出鼎、簋、盉、缶铜器组合,器形和纹饰风格体现了西周晚至春秋早期的特点。[4] 江苏丹徒横山馒儿墩 DHM∶45 盂(图5.21,12)与之相似,时间约为两周之际。[5] 因此,B型盂的年代约在西周晚期至春秋早期。

盅的比较材料有:铜陵古铜矿遗址出土原始瓷盅(图5.21,14),年代为春秋早期;[6]浙江安吉三官土墩墓 M1∶3 盅(图5.21,16),[7]年代约为春秋晚期。因此,原始瓷盅的出现时间应不晚于春秋早期,延续使用可至春秋晚期。

综上所述,似可得出如下认识:

1. 原始瓷所出单元年代。绣鞋墩遗址:西周中期;堰墩遗址:西周中晚期;汤家墩遗址:西周中、晚期至春秋时期;吴大墩遗址:不晚于西周晚期;大城墩遗址:西周中晚期至春秋时期;堰台遗址:春秋早中期;河口墓:西周晚期至春秋早期;燕山墓:西周晚期至春秋早期。

2. 江淮地区商代原始瓷出土数量有限,除 Aa 型豆以外,还有若干零星发现,如,1974年安徽肥西馆驿大墩孜遗址商文化上层出土原始瓷豆残器3件,1983年安徽六安东古城商城遗址采集青釉瓷罐肩部残片等。[8] 西周时期,江淮地区原始瓷数量开始明显增多,其中又以西周中晚期最为多见。

江淮地区周代原始瓷纹饰单一,素面器物所占比例较高。纹饰以弦纹为

---

[1] 安徽省文物考古研究所、铜陵市文物管理所:《安徽铜陵市古代铜矿遗址调查》,《考古》1993年第6期。
[2] 凤凰山考古队:《江苏丹阳凤凰山遗址发掘报告》,《东南文化》1990年第1期。
[3] 安徽文物考古研究所:《安徽宁国市官山西周遗址的发掘》,《考古》2000年第11期。
[4] 安徽省文物考古所、舒城县文物管理所:《安徽舒城县河口春秋墓》,《文物》1990年第6期。
[5] 南京博物院、镇江博物院、丹徒县文教局:《江苏丹徒横山、华山土墩墓发掘报告》,《文物》2000年第9期。
[6] 安徽省文物考古研究所、铜陵市文物管理所:《安徽铜陵市古代铜矿遗址调查》,《考古》1993年第6期。
[7] 浙江省文物考古研究所:《安吉三官土墩墓发掘简报》,《东方博物》2010年第3期。
[8] 胡悦谦:《安徽古青瓷和浙江古青瓷的关系》,《安徽省博物馆四十年论文选集(1956—1996)》,黄山书社,1996年。

主,个别复杂的可见旋纹、席纹、波浪纹等。纹饰在器物的内外壁、盘内外、底内外以及盖内外各个部位均有出现(表5.2)。

表5.2 原始瓷纹饰统计表 （单位:件）

纹饰\器形	豆	碗	盅	盂	盖
弦　纹	5	1	5	1	1
旋　纹	1				
螺旋纹		1			
席　纹				1	
波浪纹				1	
素　面	8	1			

釉色以青釉为主,胎色多呈灰色或灰白色,釉层多不均匀,脱釉较多。原始瓷上釉方法可分为浸釉法和刷釉法,一般而言,浸釉法胎釉结合较好,而刷釉法釉层多有剥落,以枞阳汤家墩和六安堰墩遗址出土的瓷豆为例,表釉多见剥落,釉层浓淡不均,似有流釉痕迹,疑为刷釉法上釉。

轮制工艺已较为普遍,如六安堰墩出土的原始瓷豆器表及豆盘内有多道轮制时留下的细密旋痕,霍邱绣鞋墩遗址出土的原始瓷豆外表有轮制痕,河口墓原始瓷盂底部亦有轮制留下的旋涡痕迹。

贴塑是把预先捏制好的部件采用粘贴方法,使其和整体结为一体,起到装饰作用。河口墓原始瓷盂,盖中央立绳索状半环钮,形如两绳相交,方便提携,集装饰和实用为一体,钮的两端对称附有"S"形的贴塑。

西周时期,安徽江淮地区为淮夷文化所覆盖,在巢湖以西、大别山以东地区建立了众多的群舒方国。群舒故地所出周代遗存,如牺首鼎、折肩鬲、曲柄盂等为群舒文化或族群所创造,学界几成定论。春秋中期以后,楚国先后兼并了沿淮的一些小国,又征服了群舒。随着东南吴越的相继兴起,吴越与楚国在江淮地区交争不断,直到进入战国以后,楚威王灭越,尽取江东吴国故地,从江北到江东,包括整个江淮地区皆为楚有。由此可见,西周春秋时期,江淮群舒故地除了融合中原周文化的本土文化之外,还受到过楚文化和吴越文化的影响。那么,在江淮群舒故地与上述群舒遗物伴出的原始瓷,其文化属性又是如何呢?

我们认为,江淮群舒文化遗存中的原始瓷,是受吴越文化影响下的产物,甚至就是吴越文化的向北迁播,理由如下:

首先,群舒故地出土的原始瓷豆、碗、盅和盂,与皖南、苏南、浙北土墩墓出土的同类器物相似,具有明显的江南文化特点,如上文所述原始瓷豆与屯溪、南陵千峰山、海宁夹山、句容浮山等土墩墓所出相近,原始瓷碗与宁国官山土墩墓、铜陵师姑墩遗址、铜陵古铜矿遗址、江苏金坛鳖墩西周墓、江苏丹阳凤凰山遗址等所出相近,原始瓷盅与安吉三官土墩墓、铜陵古铜矿遗址所出相似等。

其次,群舒故地出土的原始瓷以豆、碗、盅、盂等日常生活用品为主,不见北方地区常见的簋、罍、瓮、瓿等器形,使用身份没有严格的限制,这与皖南、苏南、浙北等吴越文化区平民和贵族墓葬皆出原始瓷的现象一致。而河南、陕西等北方省份出土的原始瓷,大多出自墓主身份偏高的大墓中,以晋侯墓地为例,出土原始瓷的墓葬只有晋侯及其夫人墓,陪葬墓中未见一件原始瓷,且原始瓷随葬时常和重型青铜器放置一处,可见在北方原始瓷的使用及随葬上有着身份上的区别。[1]

再次,吴越土墩墓中硬陶和釉陶同出的现象极为普遍,已成为吴越文化的一个典型特征,而群舒故地原始瓷和印纹硬陶同出的比例同样极高。在上述材料中,除霍邱绣鞋墩遗址未见印纹硬陶外,其余遗址均有出土记录,具体情形如:汤家墩遗址出土印纹硬陶600余片,陶色有红褐和灰色两种,纹饰有回纹、席纹、方格纹、叶脉纹、复线回纹、三角填线纹、菱形填线纹、折线纹、水波纹、米筛纹、复线菱形纹、圆圈纹、三角纹、变体雷纹等10多种,可辨器形有罐和瓮。堰墩遗址出土印纹硬陶以瓮为主,多回纹、席纹、云雷纹等。吴大墩遗址与原始瓷同出的第五期文化层出土印纹硬陶。大城墩遗址印纹硬陶出土较多,纹饰主要有方格纹、席纹、叶脉纹、几何纹、波折纹、弦纹、菱形纹等。张四墩遗址出土了不少印纹硬陶残片,纹饰有回纹、席纹。堰台遗址出土少量印纹硬陶,纹饰有席纹、回纹、方格交叉纹等。河口墓出土印纹硬陶罐2件,形制大小相同,器表拍回形纹。燕山墓出土硬陶罐1件,无纹饰,另有一件回纹印纹硬陶器。

第四,河口和燕山墓中出土的原始瓷器底部有清晰的刻划符号,这种做法

---

[1] 孟耀虎、任志录:《晋侯墓地出土原始青瓷》,《文物世界》2002年第2期。

广见于屯溪土墩墓、安徽广德赵联土墩墓、[①]千峰山土墩墓、江苏无锡璨山土墩墓、[②]浙江驿亭凤凰山土墩墓、[③]浙江衢州发现的原始瓷[④]等。有学者曾对屯溪土墩墓出土刻划符号进行了研究,认为屯溪原始瓷和几何印纹硬陶刻划的文字与符号,是由古越族创造并使用的。[⑤]

第五,河口墓中出土的原始瓷盂的绳索状钮、"S"形贴塑,见于江浙两地,皖南也有一定数量出土,主要地点如江苏溧水宽广墩墓、[⑥]江苏金坛裕巷土墩墓群一号墩、[⑦]江苏丹徒衡山、华山土墩墓、[⑧]浙江德清三合塔山土墩墓、[⑨]浙江德清独仓山和南王山土墩墓、[⑩]浙江绍兴洪家墩村墓葬、[⑪]浙江德清火烧山原始瓷窑址[⑫]等。

第六,从窑业技术来看,硬陶和原始瓷的成功烧造要求很高的温度(1 200℃),像中原地区的商代升焰式竖穴窑,窑室最高温度超不过1 000℃,只能烧造灰陶、红陶、白陶,而不能烧造硬陶和原始瓷,南方地区的龙窑则可以堪此重任。目前南方原始瓷窑址的考古发现集中于江西、浙江、福建地区,如江西鹰潭角山商代中晚期原始瓷窑址,除了窑炉遗迹外还伴随出土有大量原始瓷残片,[⑬]吴城遗址发现的原始瓷窑址更是被认为是中国殷商时期南方地区原始瓷的烧造中心;[⑭]浙江地区主要有东苕溪中游商代原始瓷窑群、[⑮]德清火烧山、亭

---

① 安徽省文物考古研究所:《安徽广德县经济开发区赵联土墩墓发掘简报》,《文物研究》第16辑,黄山书社,2006年。
② 无锡市博物馆:《无锡璨山土墩墓》,《考古》1981年第2期。
③ 浙江省文物考古研究所、浙江省上虞市博物馆:《浙江上虞驿亭凤凰山西周土墩墓》,《南方文物》2005年第4期。
④ 衢州市文物管理委员会:《浙江衢州市发现原始青瓷》,《考古》1984年第2期。
⑤ 王业友:《安徽屯溪发现的先秦刻划文字或符号刍议》,《东南文化》1991年第2期。
⑥ 刘建国、吴大林:《江苏溧水宽广墩墓出土器物》,《文物》1985年第12期。
⑦ 南京博物院:《江苏金坛裕巷土墩墓群一号墩的发掘》,《考古学报》2009年第3期。
⑧ 南京博物院、镇江博物院、丹徒县文教局:《江苏丹徒横山、华山土墩墓发掘报告》,《文物》2000年第9期。
⑨ 德清县博物馆:《浙江德清三合塔山土墩墓》,《东南文化》2003年第3期。
⑩ 浙江省文物考古研究所、德清县博物馆:《浙江德清县独仓山及南王山土墩墓发掘简报》,《考古》2001年第10期。
⑪ 周燕儿、蔡晓黎:《绍兴出土的印纹硬陶和原始青瓷器》,《东方博物》2005年第1期。
⑫ 朱建明:《浙江德清原始青瓷窑址调查》,《考古》1989年第9期;故宫博物院古陶瓷研究中心:《"浙江原始青瓷及德清火烧山等窑址考古成果汇报展"学术座谈会综述》,《故宫博物院刊》2012年第5期。
⑬ 江西省文物工作队、鹰潭市博物馆:《江西鹰潭角山窑址试掘简报》,《华夏考古》1990年第1期。
⑭ 黄水根:《吴城商代遗址考古三十年》,《南方文物》2003年第3期;李玉林:《吴城商代龙窑》,《文物》1989年第1期;黄水根、申夏:《吴城遗址商代窑炉的新发现》,《南方文物》2002年第2期。
⑮ 浙江省文物考古研究所、湖州市博物馆、德清县博物馆:《浙江东苕溪中游商代原始瓷窑址群》,《考古》2011年第7期。

子桥原始瓷窑址①以及萧山前山春秋战国原始瓷窑址;②福建地区则有武夷山西周原始瓷窑址。③ 江淮地区近年来原始瓷出土的数量越来越多,但尚未发现生产原始瓷的窑址,因此,群舒地区的原始瓷很有可能来自陶瓷烧制技术发达的江浙闽,或即吴越地区。

综上所述,江淮群舒故地的原始瓷和苏浙、皖南等南方地区的共性较大,无论是从器物的形制、装饰艺术还是到使用习俗都惊人的相似,而江淮之间的原始瓷无论是出土数量、器物的精美程度,都远不如吴越地区,因此,西周、春秋时期,群舒文化与吴越文化之间相互碰撞、相互影响,但在原始瓷方面,更多的应是吴越文化对江淮地区的北向影响。

---

① 浙江省文物考古研究所、故宫博物院、德清县博物馆:《德清火烧山——原始瓷窑址发掘报告》,第16—19页,文物出版社,2008年。
② 浙江省文物考古研究所、萧山博物馆:《浙江萧山前山窑址发掘简报》,《文物》2005年第5期。
③ 武夷山市博物馆:《武夷山市竹林坑西周原始青瓷窑址调查简报》,《福建文博》2011年第1期。

第六章
一个以矿冶为中心的青铜文化个案

在今江淮南部、长江北岸的安徽枞阳地区,自商代晚期到西周、春秋时期,存在着颇具特色的青铜文化。枞阳青铜文化遗存内涵丰富,集矿冶遗址、聚落遗址和墓葬及其所出青铜器三位一体,是不可多得的青铜时代考古和青铜文化研究的个案。枞阳北接江淮,南与铜陵、池州隔江而望,是中原、江淮与长江以南地区文化交流的重要通道。基于丰富的铜矿资源和发达的青铜工业,枞阳青铜文化在中华文明的形成和发展过程中发挥了重要的作用,留下了丰富的物质文化遗产。枞阳青铜文化研究的课题,应包括建立区域青铜文化的年代序列和空间分布形态,探明区域青铜工业的规模与技术水平,揭示区域铜矿资源、青铜工业和青铜文化三者之间的内在联系,最后概括区域青铜文化发展的演进路线和动力。通过对区域矿冶、聚落的兴替与青铜文明之间关系的阐述,还可以为探讨群舒文化在江淮地区发展的政治、经济和文化背景提供一个新视角。

一、三位一体的青铜文化遗存

《左传·文公十二年》:"群舒叛楚。夏,(楚)子孔执舒子平及宗子,遂围巢。"清光绪《重修安徽通志》卷四四:"宗,国名,群舒之属,即枞阳也。"西周至春秋早期,群舒所属的宗国全部、桐国的一部地域均在今枞阳县境。

春秋战国时期沿长江主干上出现了较大规模的水运活动,并且出现了不少沿江布列的港口集市,它们大都是由居民集散地发展到军事港埠,再逐渐发展成为城邑都市,安徽省境内较为著名的有枞阳、陵阳、鸠兹等。战国时从鄂城运舟下浮,经过彭蠡,直至枞阳(鄂君启舟节作"松阳")。长江流经县域84公里的枞阳,不仅矿产、动植物资源丰富,种植业、矿冶业开发时间早,而且滨江负湖,境内有不少夹江和长江相连,腹地的白荡湖、陈瑶湖、菜子湖及横埠、汤沟、麻溪诸水更将沿江与内地的水路贯通一气。商至战国的一千五百多年里,今枞阳县域的民间水运、舟师水上交锋以及商业性航运、商业贸易等活动已相当频繁。这一时期,聚落群体广布,铜矿采冶业发达,人文活动较为活跃,留下了诸多珍贵的文化遗产。

枞阳县境内现已发现先秦文化遗址 112 处(参见表 6.2),其中商周遗址 109 处,具有数量多、分布广、类型较全等特点,可分为聚落遗址、矿冶遗址和墓葬(群)三大类。

1. 聚落遗址

历年来枞阳县共发现商周聚落遗址 88 处(其中 19 处含有新石器文化遗存),大都分布在境内通江的白荡湖、菜子湖、陈瑶湖、两赛湖(神灵赛与羹脍赛)4 个水系的两岸阶地之上,白荡湖流域 51 处,菜子湖流域 25 处,陈瑶湖流域 6 处,两赛湖流域 3 处,其他地区 3 处。接近长江干流附近、两水交汇处、河湖周围开阔地带是遗址相对集中的地方,分布尤为密集。

聚落遗址多为台地土墩形,绝大多数为人工挑筑,高出周围地面 2 至 4 米,最高可达 7 米以上;有一小部分为自然山坡,如狮子山、钱家嘴、会圣岩、锅底峰遗址等;还有少数则利用自然山地或土丘营建,如王家大墩、草家墩、毛墩遗址等。从外形上看,遗址大多数近似椭圆或圆形,次为不规则形(或为自然、人为因素破坏而形成),也有一些近似长方(条)形。面积从数十平方米到上万平方米不等,1 万平方米以上的有 21 处,2 万平方米以上的有 10 处,有 2 处达 3 万多平方米,还有 1 处达 4 万多平方米。有些集中分布在一个区域的遗址往往是多个面积较小的遗址围绕着规模较大的中心聚落散布,如菜子湖东岸的五郎寨遗址面积达 20 350 平方米,以它为中心,东、南、北三方分布着草皮墩、杨家大屋神墩、魏家墩、墩家地、五叉河大小神墩、徐家嘴等遗址;白荡湖东岸的余家墩遗址面积达 35 500 平方米,周围有黄金榜神墩、四姑墩、夏家墩、余庄神墩等遗址环绕。不少集中分布在一地的遗址规模大致相当,依次排列或不规则分布,似无明显的中心聚落,如菜子湖东北部一带的胜利大神墩、高升大神墩、外畈大小神墩、泊稍神墩、高塥神墩、夜成墩等遗址,白荡湖以南区域的史家李庄阴头山、万桥王庄神墩、丁家湾磨子地、蛇墩、施家墩等遗址。还有些面积大的遗址独处一地，如白荡湖西南的头墩、二墩遗址，面积达 41 710 平方米，东南部江湖洲圩平原区西北的耙和地遗址，面积为 36 120 平方米，目前周围均没有发现有其他遗址存在的迹象。另外，还有不少遗址是大小台地相连，如五叉河大小神墩、外畈大小神墩、头墩二墩、船形牛形地、周岗双墩、鞠隐大小神墩等遗址。

枞阳聚落遗址文化层厚 1 至 5 米不等，不少遗址的地表或断崖可见红烧土、灰坑等遗迹和文化遗物。历年来在遗址上采集、发掘的遗物有铜器、石器、陶器、原始瓷器、印纹硬陶五大类。铜器有方彝、鼎、尊、镰、刀、锸、镞、矛、削、凿、锥等。石器有钺、锛、斧、铲、镞、纺轮、网坠、凿、臼、杵、球、刀形割器等。陶器可辨器形有鬲、罐、甗、鼎、斝、瓮、尊、甑、簋、豆、盆、盘、钵、碗、纺轮、网坠、球、范等。原始瓷器均为青釉，可辨器形有簋、豆、碗、盅、盂等。印纹硬陶可辨器形有罐、瓮、豆、盆等。陶器以鬲、罐数量最多，豆、钵、盘次之。鬲足可分瘦长尖锥状、长锥状、圆锥状、柱状长足、柱状矮足、袋状矮足、锥状平足、圆柱状平足等类。质地分夹砂和泥质两种，夹砂陶数量至少占 80% 以上，以夹砂红褐陶和夹砂黑陶为主，夹砂灰陶次之；泥质陶可分红褐、黑、灰三种，泥质红褐陶所占比例大，还发现少量的白陶片。器表纹饰丰富，有绳纹、弦纹、附加堆纹、方格纹、刻划纹、圆圈纹、指窝纹、叶脉纹、连珠纹、戳印纹、席纹等，以绳纹为主，约占 60% 以上，可分粗绳纹、细绳纹，有一些弦（间）断绳纹，其次为素面和附加堆纹。印纹硬陶陶色有红褐、灰褐等，纹饰有回纹、席纹、方格纹、叶脉纹、复线回纹、三角填线纹、菱形填线纹、折线纹、水波纹、米筛纹、复线菱形纹、圆圈纹、三角纹、变体雷纹、变形田字纹等。

1988 年至 1990 年间，安徽省文物考古研究所对枞阳县全国第二次文物普查时发现的 73 处古文化遗址中含有新石器时代文化遗存的 17 处遗址进行了复查，除毛竹园一处为单一的新石器时代文化遗址外，小柏墩、祖家墩、夜成墩、子午（华）墩、杨（朱）家墩、陈家山、船形地、余家墩、竹衣庵、金山大（神）墩、（高塥）神墩、岗西小墩、狮子山、义津大神墩、锅底峰等均为新石器至商周时期遗址。[1]

20 世纪 80 年代初，安徽省文物考古研究所对小柏墩遗址进行了试掘，初步判断小柏墩商代遗存与二里冈上层相接近，时代约在商代中期偏晚。[2] 此外，在

---

[1] 阚绪杭、方国祥：《枞阳县新石器时代文化遗址调查报告》，《文物研究》第 8 辑，黄山书社，1993 年。
[2] 安徽省考古研究所：《安徽枞阳、庐江古遗址调查》，《江汉考古》1987 年第 4 期。

韦家墩、施家墩、华表大墩、查林墩、和平神墩、城墩、头墩二墩、神墩庄、外畈大小神墩、高升大墩、史家李庄阴头山等遗址发现有鬲、大口尊、罐等，不见鼎。鬲的实足根瘦长而尖，素面，腹片所饰绳纹比较规整；大口尊敞口，方唇，口径比肩径大；罐底大都内凹。这些器物特征与郑州二里冈上层同类器物相似，年代约当二里冈上层。汤家墩、祖家墩、西流寺墩、唐山神墩、大小印墩、排行大小神墩等遗址采集的陶片，多饰细绳纹，圆锥形鼎足，侈口尖唇鬲口沿，圆锥形平鬲足，钵圈足，罐圈足，浅盘豆，鸡首耳等标本的特征与肥东乌龟滩遗址、含山大城墩遗址第四期同类器物相近似，具有商文化的因素，年代为商末至西周早期。

1989年3月，在囗山镇桃花村施家墩遗址采集的青铜刀，与湖北盘龙城、郑州商城的铜刀标本在形制、长度上都很相近；施家墩、汤家墩遗址发现的青铜镞双翼外张、身近三角形的形制与郑州二里冈时期的镞有相似之处。1977年发现于横埠镇的一件商代石钺，[①]梯形，上端中部对钻一圆孔，两面圆孔旁各细线阴刻一个符号，有学者初步拟定为"辰"字（图6.1）。

图6.1 石钺及刻符
1. 正面 2. 刻符 3. 背面

西周时期的文化遗存也有较多发现：寺墩遗址第三层为西周早期；饶家墩、柏坂（稍）大（神）墩遗址含有西周中晚期的文化层堆积；会圣岩、锅底峰、小柏墩遗址均有西周时期遗存；小北墩的带把盆、柏坂（稍）大（神）墩的算珠形纺轮、仿铜花纹的陶钵及几何形印纹硬陶纹样在江苏"湖熟文化"的遗址与墓葬中都能见到，这反映了它们之间的联系。从印墩遗址、井边神墩、龙城小墩、龟山、小王庄神墩等遗址采集的标本分析，袋状或圆锥状绳纹鬲足、大高圈足簋、喇叭

---

① 安徽省地方志编纂委员会：《安徽省志·文物志》，第286页，方志出版社，1998年。

状豆柄、侈口鼓腹(鬲)片等遗物的器形、纹饰,或见于中原地区的周文化,或与中原地区周文化同类器物有某些共同点。[1] 但有些器物如内填泥块的圆锥体实足、细长形豆柄、壶环耳、平底罐残件等,与含山大城墩第五期、湖北孝感地区[2]同类陶器特征相似,年代相当于西周中期。鲤鱼地、江桥大墩、五郎寨等遗址上采集的鬲足多呈圆锥状平底,有的为圆柱状平底,有刮削痕迹,有一些足的底部呈圪塔状,素面鬲增多,器体的上部多饰弦纹,簋基本不见,印纹硬陶明显增多,其特征与含山大城墩第六期、湖北孝感地区西周晚期同类器物相似,年代约为西周晚期或春秋初年。有些遗址发现了小件青铜工具、有段石锛和不少的原始瓷、硬纹硬陶等,应受到了宁镇地区同时期文化的影响。

1989年9至10月间,安徽省文物考古研究所对汤家墩遗址进行了发掘。汤家墩遗址位于周潭镇七井村,南距长江不远,地处长江冲积平原与山区的交界地带,是一处典型的台形遗址,面积约6700平方米。发掘区在遗址西部,发掘面积198平方米。出土遗物以陶器为主,器类有鬲、罐、豆、甗、钵、瓮等,另有一定数量的原始瓷、印纹硬陶、石制工具和小型青铜工具,还发现有铜容器陶范和铜矿石等,结合此前遗址内出土的一件青铜方彝,可确定该遗址是一处具有一定等级规模的聚落和冶铸遗址。简报将该遗址分为两期,1期以⑥—⑨层为代表,2期以③—⑤为代表,两期在器形上基本一致,包括有大型鼓肩鬲、弧腹鬲、折肩鬲、鼓(折)肩罐、折腹簋、粗柄折盘豆、细柄折盘豆、曲柄盉、敛口钵、瓮等器类,器形衔接自然。晚期印纹硬陶及原始瓷器明显增多,可见盅、矮圈足豆等器形。经与周边地区同类遗存的地层和典型器物相比较,汤家墩一期年代相当于西周中期至西周晚期,二期年代相当于西周晚期至春秋早期。

2013年6月,与枞阳一江之隔的铜陵师姑墩遗址发掘资料公布。师姑墩晚期遗存涵盖自西周早中期之际至春秋早中期,代表性器形有绳纹鬲、刮面鬲、曲柄盉等,与江北地区枞阳汤家墩、庐江大神墩乃至江淮北部地区霍邱堰台、六安堰墩等遗址出土器形有很多联系。师姑墩遗址出土青铜冶铸遗物包括铜矿石、炉壁、陶范、石范、炉渣和小件铜器等,亦可与汤家墩遗址相比较(表6.1)。

---

[1] 杨德标、杨立新:《安徽江淮地区的商周文化》,《中国考古学会第四次年会论文集》,文物出版社,1983年。
[2] 北京大学历史系考古专业、山西省考古研究所、河南省安阳、新乡地区文化局、湖北省孝感地区博物馆:《晋豫鄂三省考古调查简报》,《文物》1982年第7期。

表 6.1 师姑墩、汤家墩周代遗存对比一览表

		师姑墩遗存	汤家墩遗存
陶器	器类	鼎、鬲、豆、盆、罐、盘、曲柄盉	鬲、甗、曲柄盉、罐、瓮、簋、尊、盆、豆、碗、小杯、钵、盘、网坠、纺轮、护耳瓿
	鬲	刮面鬲、绳纹鬲、素面鬲	绳纹鬲、素面鬲、附加堆纹鬲
		鼓腹鬲、折肩鬲、带把鬲	鼓腹鬲、折肩鬲
	曲柄盉	管状流、槽状流	管状流
印纹陶	器类	罐、瓮、盂	罐、瓮
	纹饰	回字纹、重回纹、曲折纹、变形云雷纹、复线吕字纹、叶脉纹等	回纹、席纹、方格纹、叶脉纹、复线回纹、三角填线纹、菱形填线纹、折线纹、水波纹、米筛纹、复线菱形纹、圆圈纹、三角纹、变体雷纹等
原始瓷	器类	豆、碗、盘、盂、罐	豆、碗、盅、盂、器盖
	纹饰	弦纹、戳印纹、"S"形纹	弦纹、席纹
石器		钺、矛、镞、磨石	镞、锛、铲、斧、凿、臼、杵、砺石、穿孔器、靴形刀、球、圭形器、勺形器
铜器		容器口沿、器足、锛、削、镞、矛	镶铜钉豆把、镞、锸、凿、锥、镰；方彝
青铜冶铸	遗物	陶范、石范、陶炉壁、炼渣	陶范、炼渣、铜矿石
	陶范纹饰	弦纹、云雷纹（卷草纹）	弦纹、云雷纹

2. 矿冶遗址

枞阳地区位于长江中下游多金属成矿带中部，是该成矿带自西向东依次分布的鄂东南、九瑞、安庆—贵池、枞庐、铜陵、宁芜和宁镇七个大型矿集区之一，铁、铜、金矿产资源十分丰富。该地地处亚热带气候区，山林茂密，柴薪充足，水网如织，交通便利，至迟到西周时期枞阳地区便发展出一套包括铜矿开采、冶炼和青铜器铸造的完整青铜工业体系。

枞阳地区金属矿床的发育，来自中生代火山岩盆地的演化与形成。根据最新的地质调查，枞庐盆地内分布有数十个铜矿床（点），矿化类型以热液脉型为主。位于盆地中东部井边镇一带的井边铜矿床，包括井边矿段和石门庵矿段，是目前已探明的最大铜矿床，铜金属资源量为1万多吨，铜平均品位为1.31%。铜矿体由不同尺度的矿脉组成，长度一般为200—500米，宽度通常为20—50厘

米,最宽可达 4 米。矿体埋藏浅,部分地段出露地表。矿石构造主要为脉状、网脉状和角砾状构造。矿石中主要金属矿物有黄铜矿、黄铁矿、斑铜矿、镜铁矿和辉铜矿,脉石矿物主要为石英、方解石和重晶石等。在地表氧化带中,可见孔雀石、铜蓝、蓝铜矿、胆矾等。① 位于枞庐盆地南缘的拔茅山铜矿床,矿化特征类似,但降低边界品位圈定的矿体则具有带状斑岩铜矿特征。在盆地周边和相邻的隆起地区如庐江沙溪等地,已发现多个大型的斑岩型和矽卡岩型铜矿床。②

枞庐地区铜矿藏小矿点和矿化点较多,且距地表浅近,较为适合古代技术条件下的开采和冶炼。广泛分布的阔叶林的麻栎、苦槠树、青岗栎等硬质材,是冶炼的理想燃料。

自 20 世纪 80 年代第二次全国文物普查以来,枞阳县境内先后发现有先秦时期古矿冶遗址 16 处,其中采冶遗址 15 处,冶铸遗址 1 处,主要分布在县境东北部的白湖、钱铺、周潭和中部的会宫、雨坛等乡镇。1989 年,安徽省文物考古研究所在枞阳境内发现了井边、柿树宕、大凹岗、苏家凹、铜山、拔茅山、牛头山、大包(刨)山等矿冶遗址,其年代上限可至东周,下限至宋代。③ 嗣后,县文物部门又发现了铜坑、铜矿岭、罗黄斗、天头山等矿冶遗址。在第三次文物普查中,又在腊鹅地、沙墩等地发现了古矿井,均为采矿遗址④(图 6.2)。

1989 年发掘的汤家墩遗址出土了大量冶铸遗物,初步认定其为一处包含有冶铸活动的聚落遗址。出土遗物包括陶范残片 7 块,内侧光滑,有的饰云雷纹和弦纹,有的呈弧形,均为铸造铜容器的范模;还发现了铜矿石原料、铸铜液渣以及锛、凿、刮、锥、镰、镞等种类的铜器,有的铜器表面黏附许多小砂粒。李学勤根据汤家墩遗址出土青铜方彝的造型和纹饰等因素,推断其年代不晚于周初,且为本地铸造而非输入品。⑤ 由此可见,枞阳地区的青铜冶铸技术,最迟在西周早期就已发生,并已达到一定的工艺水平。

井边采矿遗址,位于将军乡(今钱铺乡)井边村,东接无为县,北连庐江县,地处山区,古矿井主要分布在狮形山、石湾吴家大洼、扫墓垴等地,散布面积约

---

① 张乐骏、周涛发、范裕、袁峰、马良:《安徽庐枞盆地井边铜矿床的成矿时代及其找矿指示意义》,《岩石学报》2010 年第 9 期。
② 张寿稳:《安徽省枞阳县拔茅山铜矿地质特征》,《资源调查与环境》2007 年第 3 期。
③ 汪景辉:《安徽古代铜矿考古调查综述》,《文物研究》第 8 辑,黄山书社,1993 年;杨立新:《安徽沿江地区的古代铜矿》,《文物研究》第 8 辑,黄山书社,1993 年。
④ 枞阳县文物管理所:《枞阳县全国第三次文物普查资料》,2011 年。
⑤ 李学勤:《安徽南部存在颇具特色的青铜文化》,《学术界》1991 年第 1 期。

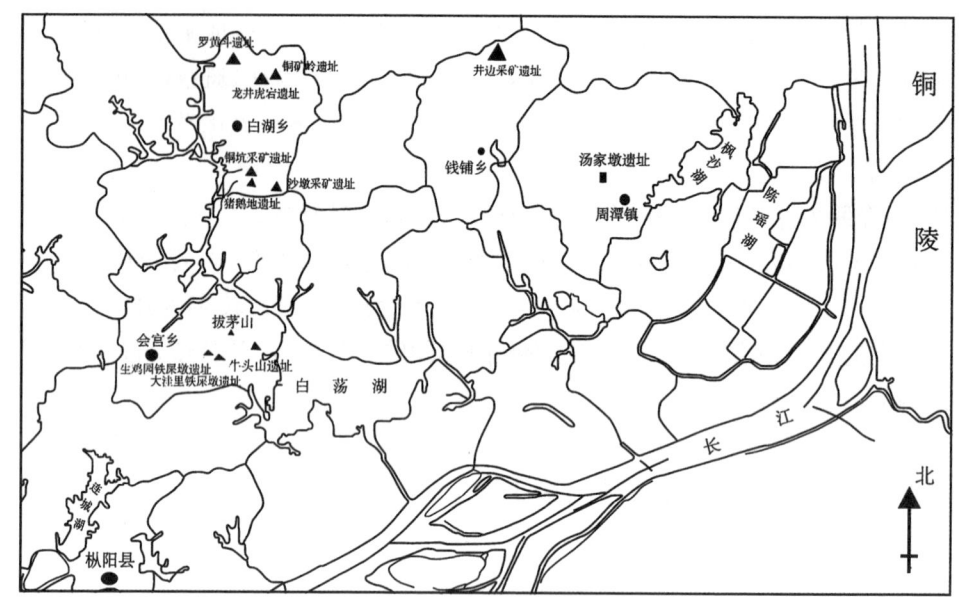

图 6.2　枞阳县古矿冶遗址分布图
（▲表示采冶遗址，■表示冶铸遗址）

300 多万平方米。1989 年,经调查发现该遗址有古矿井 6 个,竖井深达 40 余米,斜井深约 5 至 10 米。古矿井大都淤塞,有木头支护,多已腐朽。发现的遗物有带銎的青铜凿、石滑轮、木锹、竹筐、接水槽以及绳纹夹砂红陶罐等,年代在东周前后。[①] 2013 年,经对枞阳县文物管理所藏采自井边古矿井支护木样本碳十四测年,其年代距今 2 260±30 年。井巷的围岩上留有凿或钎的痕迹,说明当时采矿的手段主要是使用金属工具来凿撬矿石。部分矿井内有一层木炭屑,有的上面还有一层用火烧烤的红烧土,推测当时采掘矿石使用了"火爆法"或"火焖法"。这种方法是先用火烧烤矿层,再浇水或覆盖土,使矿层经过急剧的热胀冷缩,酥脆开裂,再用铜铁工具凿撬剥离出矿石。这种方法在炸药尚未发明的时代,比用锤钎直接剥离矿石,要省工省力得多。与井边遗址相邻的庐江石门庵、无为望天乡一带也多见古矿井,发现的采矿工具有木锤、平衡石、铜钎、铜凿等,这一区域应是古代规模较大的采冶中心。[②]

[①] 安徽省文物考古研究所、枞阳县文物管理所:《枞阳县井边东周采铜矿井调查》,《东南文化》1992 年第 5 期。

[②] 杨立新:《安徽沿江地区的古代铜矿》,《文物研究》第 8 辑,黄山书社,1993 年。

2013年,结合枞阳县第三次文物普查最新数据,我们又对枞阳县境内的部分古矿冶遗址进行了实地踏勘复查,记录了详细的遗址地理信息,采集了大量矿石、炼渣、陶片等标本,为研究古代炼铜技术、矿冶遗址年代等提供了大量第一手资料。白湖乡山河村佛陀山东麓的铜坑采矿遗址,当地人俗称"鸡窝",系古代露天开采遗存。露天开采方式一般适用于露头矿,要求矿体浅,有一定的面积及铜矿储量,具有铜矿资源利用充分、回采率高、贫化率低等优点,但需剥离大量废石,是人类最早采用的一种采矿方式,沿用至近现代。白湖乡山河村腊鹅山西麓的腊鹅地采矿遗址,也是一处露天开采铜矿石的遗址。白湖乡龙井村的龙井虎宕采矿遗址,俗称"古人洞",2007年当地矿工在顺着原井口继续往下开采时曾发现有平巷以及较多圆木和木铲,推测应是一处竖井——平巷相结合的古代采矿遗址。白湖乡古楼村罗黄斗山西麓的罗黄斗采矿遗址,洞口处隐约可见一平向和斜向矿井。白湖乡龙井村铜矿岭山东麓的铜矿岭采矿遗址,应是一处先露采至一定深度后,再追踪矿脉凿井开采留下的遗迹。会宫镇晓春村牛头山西侧山坡的牛头山采矿遗址,矿坑略呈"八"字形,四周均为山岩,当地人称"古人坑",是古代开采铜矿留下的遗迹。会宫镇建设村的拔茅山采矿遗址,南边紧邻拔茅山脚的小铜山,根据矿井残存结构,应为露天开采。

根据已有的调查,枞阳地区矿冶遗址有如下特点:第一,采矿遗址大都坐落于低山丘陵区的山腰至山脚的缓坡部位,而冶炼遗址大都坐落于山脚,多与聚落遗址互为一体。第二,遗址附近均有可通长江的河流湖泊,交通便利。第三次文物普查中,在钱铺、周潭镇还发现2条平地用块石铺设,山坡经过整治处理或由人践踏而形成的古栈道,有一段路面可见凹陷的车辙痕迹。[①] 第三,采(铜)矿遗址周围基本没有炼渣堆积,采出的矿石均运至距离不远处冶炼。第四,有的遗址采矿时间长,不同的历史时期连续开采,如钱铺、会宫古矿区的开采时代从东周一直延续至唐宋。绝大多数古代采矿区在建国后乃至现在仍有人继续开采,顺着老矿井开采,往往有意想不到的收获,老矿井成为商家追逐的新宠,甚至出现了老矿井的竞拍租金比新发现的矿产地价格要高的现象。

据《尚书·禹贡》记载:夏时,南方的荆扬两州是重要的产铜基地,扬州"厥贡惟金三品(金银铜)",向北输送到中原。而古扬州之域唯安徽沿江地区铜矿

[①] 枞阳县文物管理所:《枞阳县全国第三次文物普查资料》,2011年。

资源最丰富,发现的古矿冶遗址最多。枞阳在夏商时期,为扬州之域,属于文献记载中产铜之地的范围。西周时期的翏生盨等铜器铭文记载有周王朝多次向南淮夷地区发动战争,将金(即铜)作为最重要战利品的史料,如"王征南淮夷,翏生从……执讯折首,俘戎器,俘金"、"伐南淮夷,俘金,用作宝鼎"、"克狄淮夷,抑燮繁汤,金道锡行"等,这些铭文反映了周王朝向枞阳所在的南淮夷之域掠取铜料并保证运铜道路安全畅通的情况,也在一定程度上反映了这一地区铜矿开采业的发展盛况。

3. 先秦墓葬

枞阳境内已发现数量可观的先秦时期墓葬(群),其中前程、官塘等地发现有西周墓葬,杨市等地发现有春秋墓葬,旗山等地发现有战国墓群。其中墓葬及其他遗址地点出土或征集的青铜器有:

1977年,枞阳镇旗山村发现战国墓葬数座,出土剑6、戈1。

1978年,在枞阳镇旗山村征集青铜器数件,计有剑3、矛2,削、戈各1。

1982年10月,枞阳镇达观山战国墓出土鼎、权各2,壶、戈、勺、剑、镈各1。

1985年4月,第二次文物普查时在浮山镇会圣村征集周代铜鼎1。

1985年6月,第二次文物普查时在枞阳镇下枞阳征集剑1。

1986年10月,在义津镇征集剑1。

1987年7月,周潭镇汤家墩遗址出土方彝1。

1987年10月,在钱铺乡井边村狮子山采矿遗址旁采集凿1。

1987年12月,枞阳镇老庄村发现战国墓葬1座,出土鼎、壶、勺各1。

1987年12月,金社乡杨市村来龙岗发现春秋土坑墓1座,出土鼎2、匜1。

1988年1月,在枞阳镇老庄村征集剑1。

1988年3月,在枞阳镇陆家湾征集镞8、剑2、矛1。

1988年9月,在枞阳镇旗山村征集剑1。

1988年10月,在枞阳镇蒲洲村发现战国墓葬1座,出土鼎、壶、勺、剑各1。

1989年3月,在㹀山镇桃花村施家墩遗址采集刀、镞、锸各1,残器3。

1989年9月,在周潭镇汤家墩遗址采集矛1。

1989年10月,在周潭镇祖家墩遗址采集削1。

1989年9至10月间,安徽省文物考古研究所发掘汤家墩遗址,出土镰2,锸、凿、锥、镞各1。

1990年2月,在周潭镇汤家墩遗址征集剑1。

1990年3月,枞阳镇旗山村发现鼎、勺各1。

1990年11月,安徽省文物考古研究所发掘旗山村来龙岗7座战国竖穴土坑墓,出土镜、蚁鼻钱各1,剑、戈、镞各2。[①]

1991年6月,在㽏山镇㽏山村征集锸1。

1992年5月,横埠镇官塘村寺墩发现西周时期竖穴土坑墓,出土鼎2、尊1。

1993年6月,枞阳镇渔业村发现剑1。

1996年2月,官埠桥镇前程村发现西周时期竖穴土坑墓,出土鼎2,爵、尊各1。

2001年1月,枞阳镇旗山村留庄组发现壶1。

2001年4月,枞阳镇旗山村出土蚁鼻钱5,剑、戈、镜各1。

2002年7至8月,安徽省文物考古研究所发掘横埠镇官塘寺墩遗址,出土镞、刀等铜器。

2006年3月,在枞阳镇旗山墓群区内建设工程中发现数座战国时期墓葬,出土剑8,镜2,壶、勺、矛、刀、残器各1,共15件。

2006年4至7月,安徽省文物考古研究所对位于枞阳镇旗山村的战国西汉墓群沙河墓地进行了抢救性发掘,清理战国墓72座,出土保存较为完整的铜器有:剑14,戈6,矛5,镞3,句鑃、镜、镦各1,共31件。[②]

2007年8月,在枞阳镇旗山墓群区银塘路发现战国时期镜2、剑1。

上述出土青铜器较多的地点位于县城东部的低山丘陵地带,是一处以战国墓为主,并有少量春秋、西汉墓的大型墓群,又称旗山墓群。1990年11月,安徽省文物考古研究所和枞阳县文物管理所在旗山村来龙岗旁发掘7座战国时期的墓葬,均为长方形竖穴土坑墓,墓壁光滑,部分墓有壁龛和脚窝坑,少数墓积石或积沙,出土文物60多件,其中有典型楚文化遗物"四山镜"和蚁鼻钱。[③] 2006年4至7月间,安徽省文物考古研究所在旗山墓群沙河工地发掘清理了72座战国晚期到战国末期的墓葬,出土文物400多件。墓葬形制均为长方形竖穴岩(土)坑墓,可分为带斜坡或竖穴式墓道(M18有一级台阶)墓、不带墓道、台阶

---

① 杨鸠霞:《枞阳旗山战国楚墓》,《中国考古学年鉴》(1991年),文物出版社,1992年。
② 叶润清:《枞阳县旗山战国西汉墓群沙河墓地》,《中国考古学年鉴》(2007年),文物出版社,2008年。
③ 杨鸠霞:《枞阳旗山战国楚墓》,《中国考古学年鉴》(1991年),文物出版社,1992年。

的宽坑墓和窄坑墓三类,葬具多为一棺一椁或单棺,有的无棺。从墓葬形制、随葬器物上对墓主的族属进行初步判断,大部分属于楚人或楚遗民墓,少数墓葬可能是越人或越遗民墓。① 沙河墓地出土的青铜句𫓯,目前仅发现于春秋战国时期的吴越地区,长江以北地区少见,该句𫓯应为战国早中期越国器物,可能是战利品或以敬献的方式葬入沙河墓地 M18 楚墓中的。②

表 6.2　枞阳县先秦文化遗存统计表

序号	遗址名称	时代	类型	地点	面积（平方米）
1	方正旧石器出土地点	旧石器	聚落遗址	横埠镇方正村	13 900
2	毛竹园遗址	新石器	聚落遗址	会宫镇老桥村	5 100
3	祖家墩遗址	新石器、商周	聚落遗址	周潭镇严潭村	15 600
4	狮子山遗址	新石器、商周	聚落遗址	官埠桥镇官山村	14 200
5	岗西小墩遗址（已消失）	新石器、商周	聚落遗址	官埠桥镇官山村	3 000
6	余家墩遗址	新石器、商周	聚落遗址	会宫镇拔毛村	35 500
7	柏树墩遗址	新石器、商周	聚落遗址	会宫镇会宫村	10 400
8	魏家墩遗址	新石器、商周	聚落遗址	雨坛乡合兴村	21 000
9	子华墩遗址（省级重保单位）	新石器、商周	聚落遗址	浮山镇向阳村	22 000
10	会圣岩遗址	新石器、商周	聚落遗址	浮山镇浮渡村	9 600
11	锅底峰遗址	新石器、商周	聚落遗址	浮山镇浮渡村	1 800
12	义津大神墩遗址	新石器、商周	聚落遗址	义津镇塔桥村	5 880
13	夜城墩遗址	新石器、商周	聚落遗址	麒麟镇新安村	6 200
14	竹衣庵遗址	新石器、商周	聚落遗址	麒麟镇麒麟村	6 100
15	高堨神墩遗址	新石器、商周	聚落遗址	麒麟镇麒麟村	900
16	船形地遗址	新石器、商周	聚落遗址	钱桥镇兴旺村	11 700
17	小柏墩（双塘）遗址	新石器、商周	聚落遗址	钱桥镇钱桥村	13 000
18	金山大神墩遗址	新石器、商周	聚落遗址	金社乡金山村	6 750

---

① 叶润清:《枞阳县旗山战国西汉墓群沙河墓地》,《中国考古学年鉴》(2007 年),文物出版社,2008 年。
② 郑玲、叶润清:《试析安徽枞阳旗山战国墓出土铜句𫓯》,《文物》2010 年第 12 期。

续　表

序号	遗址名称	时代	类型	地点	面积（平方米）
19	陈家山遗址	新石器、商周	聚落遗址	金社乡桃山村	21 600
20	朱(杨)家墩遗址	新石器、商周	聚落遗址	横埠镇横埠村	15 000
21	合龙印墩遗址	新石器、商周	聚落遗址	横埠镇合龙村	990
22	韦家墩遗址	商周	聚落遗址	枞阳镇大青山村	4 700
23	徐庄神墩遗址	商周	聚落遗址	枞阳镇古塘村	3 860
24	排行大小神墩遗址	商周	聚落遗址	枞阳镇长安村	18 400
25	施家墩遗址	商周	聚落遗址	㐱山镇桃花村	4 320
26	蛇墩遗址	商周	聚落遗址	㐱山镇周山村	3 650
27	丁家湾磨子地遗址	商周	聚落遗址	㐱山镇万桥村	5 600
28	万桥王庄神墩遗址	商周	聚落遗址	㐱山镇万桥村	20 000
29	史家李庄阴头山遗址	商周	聚落遗址	㐱山镇万桥村	25 500
30	印墩遗址	商周	聚落遗址	汤沟镇彭山村	1 200
31	陈屋墩遗址	商周	聚落遗址	汤沟镇彭山村	54
32	和平神墩遗址	商周	聚落遗址	汤沟镇共义村	5 250
33	耙和地遗址	商周	聚落遗址	老洲镇桃园村	36 120
34	墩头遗址	商周	聚落遗址	周潭镇联合村	3 180
35	汤家墩遗址（省级重保单位）	商周	聚落(冶炼)遗址	周潭镇七井村	13 400
36	船形、牛形地遗址	商周	聚落遗址	周潭镇严潭村	5 200
37	西流寺墩遗址	商周	聚落遗址	周潭镇联合村	13 500
38	吴家墩遗址(已消失)	商周	聚落遗址	陈瑶湖镇高桥村	
39	龟山遗址	商周	聚落遗址	白梅乡东山村	5 000
40	城墩遗址	商周	聚落遗址	横埠镇横山村	19 200
41	大小印墩遗址	商周	聚落遗址	横埠镇山水村	1 950
42	谷家墩遗址	商周	聚落遗址	横埠镇新庄村	248
43	孙家园遗址(已消失)	商周	聚落遗址	横埠镇黄山村	

续 表

序号	遗址名称	时代	类型	地点	面积（平方米）
44	寺墩遗址	商周	聚落遗址	横埠镇官塘村	4 100
45	范潭小城墩遗址	商周	聚落遗址	横埠镇范潭村	770
46	周岗双墩遗址	商周	聚落遗址	横埠镇周岗村	26 300
47	井边神墩遗址	商周	聚落遗址	钱铺乡井边村	24
48	陈庄墩遗址	商周	聚落遗址	项铺镇白石村	13 500
49	唐山神墩遗址	商周	聚落遗址	项铺镇白石村	6 760
50	船头遗址	商周	聚落遗址	白湖乡龙井村	340
51	船尾遗址	商周	聚落遗址	白湖乡龙井村	2 490
52	神墩庄遗址	商周	聚落遗址	白湖乡旸岭村	5 320
53	龙城小墩遗址	商周	聚落遗址	白湖乡龙城村	14 250
54	头墩·二墩遗址	商周	聚落遗址	官埠桥镇宋马村	41 710
55	黄金榜神墩遗址	商周	聚落遗址	官埠桥镇陆岗村	4 030
56	毛园神墩遗址（县级重保单位）	商周	聚落遗址	官埠桥镇继光村	23 240
57	岱冲大神墩遗址	商周	聚落遗址	官埠桥镇岱冲村	5 568
58	查林墩遗址	商周	聚落遗址	雨坛乡毛山村	4 100
59	倪庄大小神墩遗址	商周	聚落遗址	雨坛乡雨坛村	4 160
60	钱家嘴遗址	商周	聚落遗址	雨坛乡车富村	12 600
61	五叉河大小神墩遗址	商周	聚落遗址	雨坛乡双丰村	1 250
62	草皮墩遗址	商周	聚落遗址	雨坛乡双丰村	12 500
63	徐家嘴遗址	商周	聚落遗址	雨坛乡双丰村	4 000
64	杨家大屋神墩遗址	商周	聚落遗址	雨坛乡双丰村	1 100
65	墩家地遗址	商周	聚落遗址	雨坛乡双丰村	18 000
66	五郎寨遗址	商周	聚落遗址	雨坛乡双丰村	20 350
67	华表大墩遗址	商周	聚落遗址	会宫镇城山村	16 500
68	余庄神墩遗址	商周	聚落遗址	会宫镇晓冲村	5 540

续 表

序号	遗址名称	时代	类型	地点	面积（平方米）
69	王墩遗址	商周	聚落遗址	会宫镇庆华村	15 400
70	四姑墩遗址	商周	聚落遗址	会宫镇拔茅村	4 780
71	江桥大墩遗址	商周	聚落遗址	会宫镇光裕村	4 000
72	王家大墩遗址	商周	聚落遗址	会宫镇毕山村	12 600
73	夏家墩遗址	商周	聚落遗址	会宫镇栏桥村	11 900
74	高升大墩遗址	商周	聚落遗址	义津镇高升村	2 590
75	鲤鱼大墩遗址	商周	聚落遗址	义津镇义东村	8 480
76	小王庄神墩遗址	商周	聚落遗址	义津镇牛集村	15 750
77	胜利大神墩遗址	商周	聚落遗址	义津镇胜利村	2 990
78	磨子山遗址	商周	聚落遗址	浮山镇女儿桥村	23 300
79	鞠隐大小神墩遗址	商周	聚落遗址	浮山镇女儿桥村	4 880
80	杨家墩遗址（已消失）	商周	聚落遗址	浮山镇太平村	
81	大土阁遗址	商周	聚落遗址	麒麟镇石婆村	5 780
82	泊稍神墩遗址	商周	聚落遗址	麒麟镇泊塘村	6 930
83	外畈大小神墩遗址	商周	聚落遗址	麒麟镇梅花村	2 438
84	毛墩遗址	商周	聚落遗址	钱桥镇宣庄村	17 500
85	草家墩遗址	商周	聚落遗址	钱桥镇邹姚村	700
86	二官墩遗址	商周	聚落遗址	钱桥镇邹姚村	9 800
87	鲤鱼地遗址	商周	聚落遗址	钱桥镇邹姚村	5 238
88	鲢鱼墩遗址	商周	聚落遗址	钱桥镇马塘村	21 000
89	坟坛遗址	商周	聚落遗址	钱桥镇钱桥村	9 860
90	饶家墩遗址	商周	聚落遗址	钱桥镇邹姚村	2 849
91	井边矿冶遗址（7口矿井、已消失）	东周	采矿遗址	钱铺乡井边村	
92	柿树宕矿冶遗址（已消失）	东周	采矿遗址	钱铺乡虎栈村	
93	大凹岗矿冶遗址（已消失）	东周	采矿遗址	钱铺乡虎栈村	

续 表

序号	遗址名称	时代	类型	地点	面积(平方米)
94	苏家凹矿冶遗址(已消失)	东周	采矿遗址	钱铺乡鹿狮村	
95	铜山矿冶遗址(已消失)	东周	采矿遗址	金社乡金山村	
96	铜矿岭矿冶遗址	东周	采矿遗址	白湖乡龙井村	300
97	罗黄斗矿冶遗址	东周	采矿遗址	白湖乡古楼村	11
98	腊鹅地矿冶遗址	东周	采矿遗址	白湖乡山河村	132
99	沙墩矿冶遗址	东周	采矿遗址	白湖乡山河村	790
100	铜坑矿冶遗址	东周	采矿遗址	白湖乡山河村	160
101	龙井虎宕矿冶遗址	东周	采矿遗址	白湖乡龙井村	9
102	天头山矿冶遗址(已消失)	东周	采矿遗址	雨坛乡雨坛村	
103	牛头山矿冶遗址	东周	采矿遗址	会宫镇晓冲村	67
104	拔茅山矿冶遗址	东周	采矿遗址	会宫镇建设村	195
105	大刨山矿冶遗址(已消失)	东周	采矿遗址	会宫镇城山村	
106	王家嘴西周墓	西周	墓葬	官埠桥镇前程村	
107	官塘西周墓	西周	墓葬	横埠镇官塘村	
108	太子岗西周墓群	西周	墓葬	周潭镇大山村	
109	杨市春秋墓	春秋	墓葬	金社乡杨市村	
110	旗山墓群	战国	墓葬	枞阳镇旗山、长安等村	62 500
111	达观山战国墓	战国	墓葬	枞阳镇达观山	
112	县政协战国墓	战国	墓葬	枞阳镇县政协办公室后	

二、青铜器的年代与性质

本节以若干墓葬出土或有明确出土地点的青铜容器为考察对象,在拟定其年代的基础上,探讨其文化面貌和属性。

1. 汤家墩方彝①

1987年出土于周潭镇七井村汤家墩遗址。

全器由盖、身、座三部分组成。盖作四面坡庑殿式屋顶形，顶部伸出方柱，柱上为四阿式钮；子母口，斜直壁腹，高圈足，足上有铸孔，兽形耳，盖、腹四角有云形扉棱，圈足内悬挂一铜铃。盖饰凤鸟，钮饰阴细线的三角雷纹，腹上部饰直棱纹，下部饰兽面纹，圈足饰夔龙纹，均以云雷纹为地。通高44、口长边长20、短边宽18、底长边长12.7、短边宽10.5厘米（图6.3、4）。

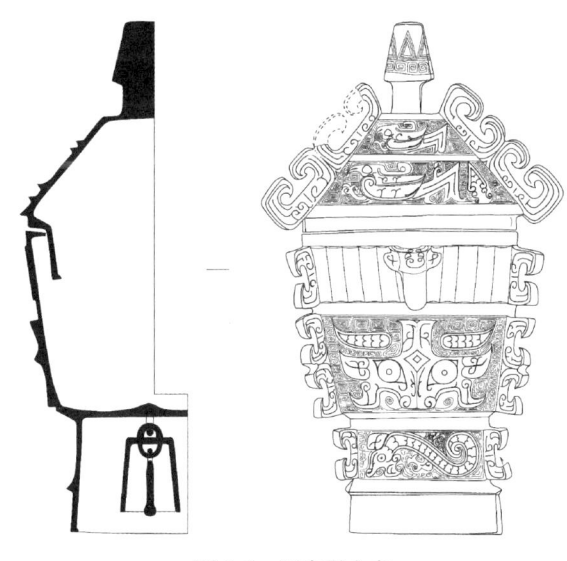

图6.3 汤家墩方彝

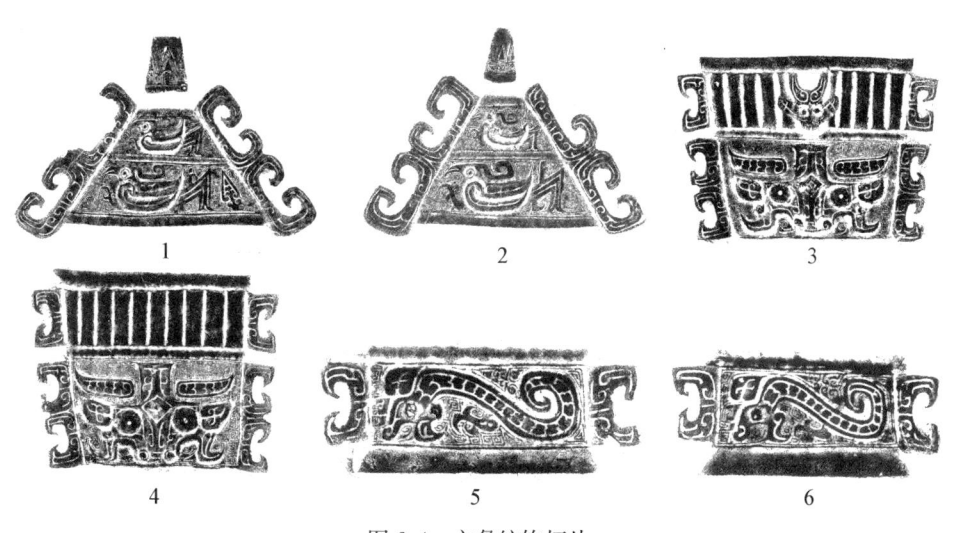

图6.4 方彝纹饰拓片
1,2. 盖部（正、侧） 3,4. 腹部（正、侧） 5,6. 圈足（正、侧）

① 方国祥：《安徽枞阳出土一件青铜方彝》，《文物》1991年第6期。

圈足内有小铃铛，如山西石楼县二郎坡出土兽面纹瓿、[1]河南安阳出土火龙纹罍，[2]均在外底设有小铃铛，年代为商代晚期。西周早期继续发展，尤其是在离周原不远的宝鸡纸坊头同一墓室出土强伯双耳方座簋 BZFM1：7、[3]四耳簋 BZF M1：8、[4]双耳簋 BZFM1：10[5]三件铜器，圈足内均有铜环及小铜铃。三件簋的形制及纹饰与武王时期标准器天亡簋和利簋相似，呈双耳或四耳、深腹、高圈足，下连四方座，器表饰兽面纹。此外，上海博物馆馆藏的鄂叔簋、[6]兽面纹簋[7]也是这种设计。鄂叔簋方座铭文"噩（鄂）弔（叔）作宝尊彝"，可认为是噩国器物，地望在随州一带。[8] 另据禹鼎铭"鄂侯驭方率南淮夷、东夷广伐南国、东国"，说明西周晚期之前噩（鄂）国在南方的影响力是很大的。以这种圈足下带铜铃的铜器为线索，似乎可以把强国（宝鸡）、鄂国（随州）、枞阳三个地方联系起来。

兽首銴的设计，中原地区商代末期已经出现，如上海博物馆藏亚其爵、[9]夨爵、[10]宁角、[11]宁罍。[12] 到了西周早期，这种设计更为流行，如洛阳北窑村出土母鼓方罍（M6：1）、[13]宝鸡纸坊头一号墓圆罍（BZF M1：13）[14]等。最值得关注的是在安徽东至出土的一件青铜罍，[15]其下腹部所饰的兽首銴，与汤家墩方彝上的兽首銴几乎完全一致。东至圆罍肩部饰龙纹和涡纹组合，这种组合纹饰多出现在鼎、簋等食器的口沿下，在西周早期青铜簋如鸟纹方座簋、[16]鄂叔簋、火龙纹四耳簋、[17]仲伸簋[18]等器上多有发现。随州叶家山西周墓出土曾侯谏圆鼎

---

① 山西省文物管理委员会保管组：《山西石楼县二郎坡出土商周铜器》，《文物参考资料》1958年第1期。
② 陈佩芬：《夏商周青铜器研究·西周篇》，第74页，上海古籍出版社，2004年。
③ 卢连成、胡智生：《宝鸡强国墓地》，第24、29页，文物出版社，1988年。
④ 卢连成、胡智生：《宝鸡强国墓地》，第29、30页，文物出版社，1988年。
⑤ 卢连成、胡智生：《宝鸡强国墓地》，第35页，文物出版社，1988年。
⑥ 陈佩芬：《夏商周青铜器研究·西周篇》，第73—75页，上海古籍出版社，2004年。
⑦ 陈佩芬：《夏商周青铜器研究·西周篇》，第78—79页，上海古籍出版社，2004年。
⑧ 张昌平：《论随州羊子山新出噩国青铜器》，《文物》2011年第11期。
⑨ 陈佩芬：《夏商周青铜器研究·夏商篇》，第190、191页，上海古籍出版社，2004年。
⑩ 陈佩芬：《夏商周青铜器研究·夏商篇》，第188、189页，上海古籍出版社，2004年。
⑪ 陈佩芬：《夏商周青铜器研究·夏商篇》，第201页，上海古籍出版社，2004年。
⑫ 陈佩芬：《夏商周青铜器研究·夏商篇》，第347页，上海古籍出版社，2004年。
⑬ 洛阳文物工作队：《洛阳北窑西周墓》，第88页，文物出版社，1999年。
⑭ 卢连成、胡智生：《宝鸡强国墓地》，第35页，文物出版社，1988年。
⑮ 安徽大学、安徽省文物考古研究所：《皖南商周青铜器》，第54、55页，文物出版社，2006年。
⑯ 陈佩芬：《夏商周青铜器研究·西周篇》，第71页，上海古籍出版社，2004年。
⑰ 陈佩芬：《夏商周青铜器研究·西周篇》，第80页，上海古籍出版社，2004年。
⑱ 陈佩芬：《夏商周青铜器研究·西周篇》，第82页，上海古籍出版社，2004年。

(M2∶6)①上腹部也饰有这种纹饰组合。根据李学勤先生的分析,其年代在西周早期,即成康时期。②此外,在洛阳北窑西周铸铜遗址中发现有这种组合纹饰的圆鼎外范(H84∶1),③根据报告的分期,也定在西周早期,最迟不过西周中期。综合以上分析,可初步断定东至青铜罍的年代为西周早期。

方彝的扉棱,呈对称钩形,可分为四个部分,分别是盖部的两组、上腹部的一组、中下腹部的两组及圈足部的一组。根据任雪莉对宝鸡戴家湾铜器的分析,④其 A 型钩状扉棱与枞阳方彝扉棱近似,尤其是 Aa 型Ⅰ式和 Aa 型Ⅱ式,其年代分别定在殷墟四期晚段和成康之际。此外,李学勤先生曾对汤家墩方彝的扉棱进行过观察,称其为断续的云形扉棱,与藏于美国福格艺术博物馆的方彝扉棱相似,福格所藏可能出于宝鸡戴家湾,时代属于西周初期。⑤

通过对比一些时代较为明确的商代和西周的方彝,我们发现商代尤其是殷墟时期的方彝,几乎全部设有 8 条扉棱,而西周早期仍有设 8 条扉棱的方彝,到西周中期,几乎不见 8 条扉棱,多数只在四个转角上设 4 条扉棱。4 条以上扉棱的繁缛装饰大概是商代晚期的风格,西周中期崇尚简约,使得 4 条扉棱的方彝得到发展。此外,商代的方彝大多数在圈足上都有弧形或长方形缺,也有少数无缺;而西周的方彝多数是圈足无缺的。汤家墩方彝设 4 条扉棱,圈足无缺,倾向于西周时期的造型。马承源先生总结西周时期的方彝特点,有所谓直壁低体高盖式,⑥基本与汤家墩方彝的形制相吻合。因此,从形制上看,汤家墩方彝虽有部分商代晚期的特征,但总体而言,更接近于西周早期的风格。

从纹饰上看,柱钮上饰为复线三角纹,其中不夹其他纹饰。这种三角纹,朱凤瀚先生认为在二里冈上层文化偏晚已经出现,并作为主要纹饰使用,殷代至春秋早、中期则少见。⑦但是,曲阜鲁故城西周墓出土青铜壶(M48∶16)⑧腹部就饰有这种三角纹,根据铜壶上的铭文及伴出的青铜器铭文,其年代也在西周

---

① 湖北省文物考古研究所、随州市博物馆:《湖北随州叶家山西周墓地发掘简报》,《文物》2011 年第 11 期。
② 李学勤:《湖北随州叶家山西周墓地笔谈》,《文物》2011 年第 11 期。
③ 洛阳市文物工作队:《1975—1979 洛阳北窑西周铸铜遗址的发掘》,《考古》1983 年第 5 期。
④ 任雪莉:《宝鸡戴家湾铜器的艺术风格》,《宝鸡文理学院学报(社会科学版)》2012 年第 3 期。
⑤ 李学勤:《安徽南部存在着颇具特色的青铜文化》,《学术界》1991 年第 1 期。
⑥ 马承源:《中国青铜器》,第 227 页,上海古籍出版社,2003 年。
⑦ 朱凤瀚:《中国青铜器综论》,第 598 页,上海古籍出版社,2009 年。
⑧ 山东省文物考古研究所、山东省博物馆、济宁地区文物组、曲阜县文管会:《曲阜鲁国故城》,第 151 页,齐鲁书社,1982 年。

早期以后,但不过春秋。繁昌汤家山出土青铜盉,流上也饰有这种三角纹。曲阜鲁故城青铜壶上的三角纹为多个三角形镶嵌,汤家墩和汤家山三角纹为两个三角形镶嵌,中间有较大的空间。

　　盖上每面分为上下两层纹饰,主纹都是鸟纹,尖喙,头上饰冠羽,短翅上翘,脚前伸,尾羽下折,末端分叉。这种纹饰被陈公柔、张长寿先生称为小鸟纹,流行的年代在殷末周初。[1] 陈、张文中提及的小鸟纹I6式,与汤家墩方彝盖上所饰鸟纹近似。宝鸡出土的柉禁方座卣、弗里尔美术馆收藏的亚其吴乍母辛卣、藏于日本的效父簋都饰有这种鸟纹,其年代也大致在殷末周初。

　　器盖下层鸟纹后面还饰有倒置蝉纹,蝉纹腹部呈"心"形,无足,腹上饰粗条纹,这种纹饰在殷墟西区第三墓区874号墓出土的祖辛父鼎、上海博物馆馆藏的矿鼎、[2]射女鼎[3]都有出现,年代在商代晚期。此外,宝鸡峪泉西周墓出土的蝉纹鼎,[4]朱凤瀚先生认为其年代到了西周早、中期。[5] 因此,这种蝉纹从商代一直延续到了西周。汤家墩方彝所饰蝉纹相对于鸟纹仅占有很小的空间,应该属于一种辅助性纹饰。

　　方彝的腹部、上半部饰直棱纹。有学者指出直棱纹最早出现在商代晚期,西周早期最为兴盛,西周中期以后开始衰落。[6] 洛阳北窑西周墓地出土白懋父簋(M37:2)[7]腹部饰直棱纹,西周早期器。宝鸡纸坊头一号墓出土四耳簋(BZFM1:8)、茹家庄双耳簋(M2:8)[8]在圈足中部饰直棱纹,都是西周早期的典型器形。上海博物馆馆藏的川鼎、[9]网鼎[10]在腹中部也饰有直棱纹,陈佩芬先生认为其年代在西周早期。

　　腹部下半部饰浮雕牛首纹,张口怒目,牛角两端微向上尖翘。这种牛角兽面纹在二里冈时期和殷墟一期就有发现,西周早期也很流行。陈公柔、张长寿

---

[1] 陈公柔、张长寿:《殷周青铜容器上鸟纹的断代研究》,《考古学报》1984年第3期。
[2] 陈佩芬:《夏商周青铜器研究·夏商篇》,第100页,上海古籍出版社,2004年。
[3] 陈佩芬:《夏商周青铜器研究·夏商篇》,第104页,上海古籍出版社,2004年。
[4] 王光永:《陕西省宝鸡市峪泉生产队发现西周早期墓葬》,《文物》1975年第3期。
[5] 朱凤瀚:《中国青铜器综论》,第576页,上海古籍出版社,2009年。
[6] 梁彦民:《浅析商周青铜器上的直棱纹》,《文博》2002年第2期。
[7] 洛阳文物工作队:《洛阳北窑西周墓》,第80页,文物出版社,1999年。
[8] 卢连成、胡智生:《宝鸡強国墓地》,第367页,文物出版社,1988年。
[9] 陈佩芬:《夏商周青铜器研究·西周篇》,第38页,上海古籍出版社,2004年。
[10] 陈佩芬:《夏商周青铜器研究·西周篇》,第40页,上海古籍出版社,2004年。

先生认为"殷代晚期和西周早期的铜甗中大都在足上部饰牛角兽面纹"。[1] 纸坊头一号墓出土甗(BZF M1∶5)[2]腹部饰有这种牛首纹,根据同出的其他有铭铜器,年代应在西周早期。随州叶家山西周墓地出土的疑父方座簋[3]所饰,与汤家墩方彝牛首纹更为相似,牛首中央都有一个小菱形,牛角中间的装饰手法也相似,差别细微。另外,叶家山牛首纹装饰在方座平面上,汤家墩方彝的牛首纹也装饰在平面上,铸造技术手法应相接近。根据发掘报告,叶家山 M1 定在西周成康时期,M27 定在昭王晚期或昭穆之际,大体上也就是西周早期到西周中期以前。陕西张家坡墓地出土的青铜甗(M253∶1),[4]鬲部也饰有这种牛首纹,根据铭文及纹饰,年代定在共懿时期。保利艺术博物馆馆藏兽面纹甗,[5]鬲腹饰高浮雕牛首纹,定为西周早期。这种纹饰除了在青铜甗、簋上出现过,在其他器形上也有发现,如洛阳北窑西周墓出土方鼎(M686∶1),[6]器身饰牛首纹,首部眉、目、口、鼻连接,双角作粗大的牛角状,根据伴出器物,年代定为西周早期。上海博物馆馆藏古父已卣,[7]腹部也饰有这样的牛首纹,这件直筒形卣与甘肃灵台百草坡 1、2 号墓、宝鸡竹园沟 M13 出土直筒提梁卣形制相似,年代也定在西周早期。

圈足上饰有夔龙纹,张口,单角高耸,拱背卷尾。宝鸡纸坊头一号墓四耳簋(BZFM1∶9)[8]圈足所饰夔龙纹与汤家墩方彝纹饰极为相似,只是纸坊头四耳簋以两条龙为一个单元装饰,汤家墩方彝以一条龙为一个单元装饰,纸坊头四耳簋的年代在西周早期。

通过上述比较分析可以看出,汤家墩方彝所饰纹饰主要流行于商代晚期到西周早期,但总的来说,汤家墩方彝纹饰与西周早期铜器纹饰更为接近,无论是腹部的直棱纹、牛首纹,还是圈足的夔龙纹,在宝鸡纸坊头都有发现,显示了汤家墩方彝与宝鸡纸坊头铜器的某种联系。汤家墩方彝的鸟纹、夔纹以

---

[1] 陈公柔、张长寿:《殷周青铜容器上兽面纹的断代研究》,《考古学报》1990 年第 2 期。
[2] 卢连成、胡智生:《宝鸡强国墓地》,第 20、23 页,文物出版社,1988 年。
[3] 湖北省文物考古研究所、随州市博物馆:《湖北随州叶家山西周墓地发掘简报》,《文物》2011 年第 11 期。
[4] 中国社会科学院考古研究所:《张家坡西周墓地》,第 145、146 页,中国大百科全书出版社,1999 年。
[5] 保利艺术博物馆:《保利艺术博物馆藏青铜器》,第 8 页,1999 年。
[6] 洛阳文物工作队:《洛阳北窑西周墓》,第 73 页,文物出版社,1999 年。
[7] 陈佩芬:《夏商周青铜器研究·西周篇》,第 184—186 页,上海古籍出版社,2004 年。
[8] 卢连成、胡智生:《宝鸡强国墓地》,第 30—33 页,文物出版社,1988 年。

单个的形式进行装饰,这与中原地区器物上鸟纹、夔纹的使用方式又有明显区别。

汤家墩方彝研究,还有一个重要信息载体,这就是出土方彝的汤家墩遗址。王峰认为汤家墩大型折(鼓)肩陶鬲为周文化的变体,受到了中原周文化的影响,汤家墩遗址的年代应为周代。① 从出土印纹硬陶的纹饰上看,有回纹、席纹、方格纹、叶脉纹、复线回纹、三角填线纹、菱形填线纹、折线纹、水波纹、米筛纹、复线菱形纹、圆圈纹、三角纹、变体雷纹等,其中回纹、折线纹、菱形纹、席纹,与溧水、丹阳西周土墩墓出土的印纹硬陶纹饰相似。② 原始瓷方面,报告中 AⅡ式原始瓷豆,③折腹、矮圈足的特点与溧水、丹阳西周土墩墓的原始瓷豆相似。屯溪土墩墓的Ⅲ式豆,④基本与枞阳的Ⅱ、Ⅲ式瓷豆相似。综合上述对比,汤家墩遗址延续时间至少到了西周中期。

因此,参考遗址的年代,将汤家墩方彝的年代定在西周早期也是合理的。

2. 前程铜器

前程墓葬出土一组青铜器,有素面鼎1、窃曲纹鼎1、弦纹爵1和觚形尊1。

素面鼎 立耳,腹较深,腹壁近直,下腹微鼓,圜底,柱足,足根部略粗,通体素面无纹饰。通高20.6、口径14.2、腹深10.7厘米(图6.5,1)。

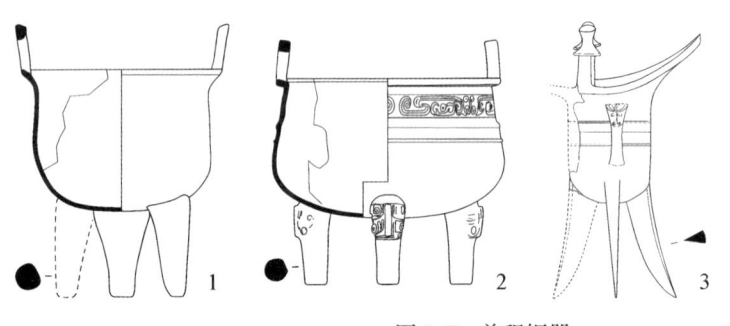

图6.5 前程铜器
1. 素面鼎 2. 窃曲纹鼎 3. 弦纹爵 4. 觚形尊

---

① 王峰:《淮河流域周代遗存研究》,第43页,安徽大学博士论文,2011年。
② 镇江市博物馆:《江苏溧水、丹阳西周墓发掘简报》,《考古》1985年第8期。
③ 安徽省文物考古研究所:《安徽枞阳县汤家墩遗址发掘简报》,《中原文物》2004年第4期。
④ 李国梁主编:《屯溪土墩墓发掘报告》,第83页,安徽人民出版社,2006年。

第六章 一个以矿冶为中心的青铜文化个案　183

山东济阳刘台子西周墓 M3 出土的王季鼎[①]与前程鼎近似，足根部略粗，M3 设有不规则形状的腰坑，年代在西周早期偏晚。浚县辛村出土的 M29：2 鼎，[②]也是重要的参考器物，此鼎通体无纹饰，足根也呈略粗状，郭宝钧先生把 M29 的年代定在西周早期。2002 年洛阳市唐城花园西周墓出土的青铜鼎，[③]与前程立耳鼎也非常相似，其足上粗下细，呈柱足状，年代在西周早期偏晚。因此，该鼎年代应该在西周早期偏晚。

窃曲纹鼎　立耳，束颈短直，垂鼓腹，腹身较深，腹最大径在器身下部，三柱足。口下饰一周窃曲纹，间以蝶形纹，上下有弦纹作界栏，近中腹部又饰有一周凸弦纹。足根部饰兽面纹，间有突起扉棱（图 6.5，2；图 6.6）。通高 19.4、口径 11.6、腹深 8 厘米。

图 6.6　前程窃曲纹鼎纹饰拓片
1. 口下　2. 足根

从形制上看，垂腹的特征可与张家坡墓地 M145：1[④]相比较，M145 的年代在西周昭穆时期，这一特征是中原西周中期比较流行的形制。带鼻棱脊兽面纹足的特征，与洛阳北窑西周墓 M1：3、[⑤]竹园沟四号墓 BZM4：12[⑥]鼎可以比较，洛阳 M1 的年代在西周早期，[⑦]竹园沟 M4 墓主强季执事于康王末年至昭王晚年。西周晚期也存在足根部有扉棱的盆形鼎，但足已呈粗蹄形，如小克鼎、禹

---

① 德州地区文物局文物组、济阳县图书馆：《山东济阳刘台子西周墓地第二次发掘》，《文物》1985 年第 12 期。
② 郭宝钧：《浚县辛村》，第 34 页，图版拾-2，科学出版社，1964 年。
③ 高ষ省：《洛阳新获西周青铜器管见》，《上海文博论丛》2006 年第 3 期。
④ 中国社会科学院考古研究所：《张家坡西周墓地》，第 135 页，中国大百科全书出版社，1999 年。
⑤ 洛阳市文物工作队：《洛阳北窑西周墓》，第 79 页，文物出版社，1999 年。
⑥ 卢连成、胡智生：《宝鸡强国墓地》，第 145 页，文物出版社，1988 年。
⑦ 洛阳市文物工作队：《洛阳北窑西周墓》，第 348 页，文物出版社，1999 年。

鼎、史颂鼎。前程鼎足仍为短柱形，更多呈现出西周中期的特点。此外，枞阳周边也发现多件类似垂腹鼎，如烟墩山宜侯墓、[1]铜陵县西湖轮窑厂出土，[2]只是柱足根部没有兽面纹和凸起扉棱，其年代也大致在西周早期偏晚或中期之初。

　　从纹饰上看，窃曲纹主要流行于西周中晚期和春秋早期，该鼎颈部饰一周分散形窃曲纹，由几段离散曲线构成，朱凤瀚先生认为这种窃曲纹是由顾龙纹省变而来。[3]前程鼎窃曲纹可以与 1964 年张家坡西周墓地出的 6 号鼎[4]相比较，6 号鼎的年代在西周中期。窃曲纹间的蝶形纹，繁昌县汤家山出土窃曲纹鼎上饰有此种纹饰，年代在西周中期到西周晚期。[5]因此，前程窃曲纹鼎的年代可定在西周中期到西周晚期。

　　弦纹爵　筒形腹，尖尾微上翘，流末端置两帽形柱，直壁深腹，卵底。腹置扁圆形兽首吐舌鋬，刀形三足等距分布，腹部饰三周凸弦纹。通高 20.9、腹围 19.8、流长 5.3、足高 9、柱高 4.6 厘米（图 6.5,3）。

　　该爵腰腹合为一体，形似动物之卵，这种器身流行于商晚期到西周。三足外撇明显，作刀形，不同于殷代爵流行的三棱锥形足，且尾高翘，帽形高柱立于流口与鋬之间。

　　从纹饰上看，腹部饰有三道弦纹，这种装饰多流行于商代，到西周时期多为二道。三弦纹爵一般配有素面鋬，该爵却配兽面鋬，这种组合状况显示该爵的年代可能稍晚。

　　从器形上看，筒形腹，伞状柱，弓形鋬并饰兽面，刀形足，器底圜凸似"卵"底，这种器身流行于商晚期到西周，如安阳小屯 M333∶R2034，[6]现藏于故宫博物院的凤纹爵。[7]伞状柱出现的时间较晚，西周早期及之后才流行，如洛阳北窑西周墓白丰爵 M368∶4。[8]依据杜金鹏先生商周青铜爵的研究，[9]前程爵应属

---

[1] 江苏省文管会：《江苏丹徒县烟墩山出土的古代青铜器》，《文物参考资料》1955 年第 5 期。
[2] 安徽大学、安徽省文物考古研究所：《皖南商周青铜器》，第 25 页，文物出版社，2006 年。
[3] 朱凤瀚：《中国青铜器综论》，第 580 页，上海古籍出版社，2009 年。
[4] 中国科学院考古研究所沣西考古队：《陕西长安张家坡西周墓清理简报》，《考古》1965 年第 9 期。
[5] 张爱冰、陆勤毅：《繁昌汤家山出土青铜器的年代及其相关问题》，《文物》2010 年第 12 期。
[6] 石璋如：《小屯·第一本·遗址的发现与发掘·丙编·殷墟墓葬之五·丙区墓葬·上》，中研院历史语言研究所，1980 年。
[7] 国家文物局：《中国文物精华大辞典·青铜卷》，第 8 页，上海辞书出版社、商务印书馆（香港）有限公司，1995 年。
[8] 洛阳市文物工作队：《洛阳北窑西周墓》，第 216 页，文物出版社，1999 年。
[9] 杜金鹏：《商周铜爵研究》，《考古学报》1994 年第 3 期。

于晚期第9、10段，即西周早期到西周中期。因此，前程爵的年代大致在西周早期偏晚或西周中期。

觚形尊　口、足残，应呈喇叭口，长颈，腹微鼓（图6.5,4）。

从器体造型看，应属于觚形尊，年代应在西周早期偏晚，具体分析见下节官塘铜器兽面纹尊。

根据上述各器形制和纹饰的比较分析，可以拟定前程组铜器的年代为西周中期或稍早。

3. 官塘铜器

官塘墓葬出土铜器包括重环纹鼎2、兽面纹尊1。

兽面纹尊　侈口呈喇叭状，长颈，鼓腹，圈足，腹饰两组兽面纹，两侧配以鸟纹，腹部近颈、足处又各饰两道凸弦纹。通高24.3、口径21.3、最宽腹围53.3、圈足径14.5厘米（图6.7,1；图6.8,1）。

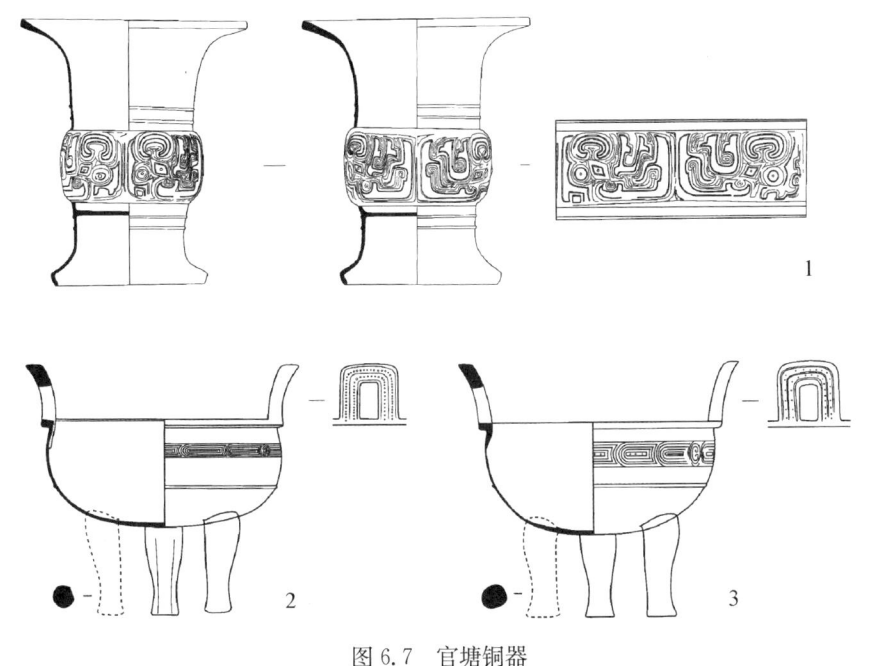

图6.7　官塘铜器
1. 尊　2. 鼎1　3. 鼎2

从形制上看，这种大口筒形尊亦称为觚形尊，器身可明显分为三段。这一

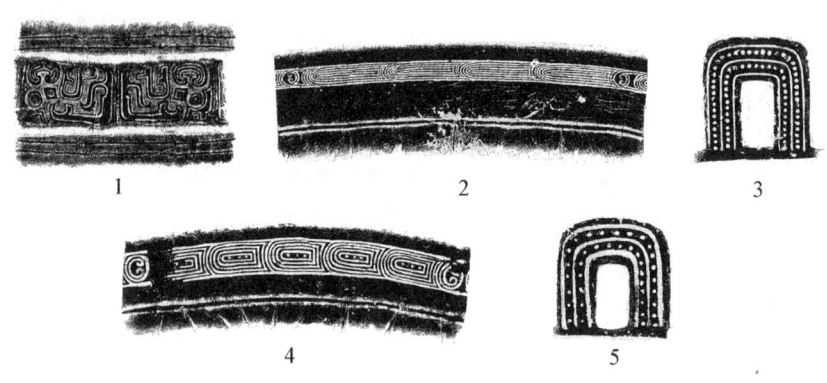

图 6.8 官塘铜器纹饰拓片
1. 尊　2、3. 鼎1(口下、耳)　4、5. 鼎2(口下、耳)

型式的尊,如庄白丰姬墓 4 号尊,①主要流行在西周昭王时期,下限或可至穆王时期。② 周原遗址庄李西周墓 M9∶3 尊,③年代在西周早期偏晚的成康时期,不晚于昭王时期。洛阳东郊西周墓 M13∶9 尊,④腹部所饰饕餮纹具晚商风格,根据同出的陶器和其他铜器分析,墓葬定在西周初期,墓底有腰坑,此尊大概是商代晚期到西周初期殷遗民的遗物。洛阳机务段家属楼西周墓出土兽面纹尊,⑤敞口,鼓腹,高圈足,腹饰细云雷纹组成的双突目兽面,腹部纹样上端及下端均饰双弦纹。房山琉璃河西周墓 M52∶11(据铭文称为复尊),⑥也属于这种形制,腹部上、下分别饰有一条双勾的夔纹。

屯溪土墩墓 M1∶90 尊,⑦器形与官塘尊相似,腹部主体为兽面纹,两侧各配龙纹和小鸟纹。该尊内底还铸有"父乙"二字,显然是商人常用的日名,可能是殷遗民的遗物,年代应在西周早期。

1980 年随州羊子山出土青铜尊,⑧根据同出的青铜鼎、爵、戈及纹饰,年代在西周早期。张昌平综合多年羊子山出土青铜器判断羊子山为西周早期噩国

---

① 陕西省考古研究所等:《陕西出土商周青铜器》(三),图版三七、三八,文物出版社,1980 年。
② 卢连成、胡智生:《宝鸡𢐗国墓地》,第 485 页,文物出版社,1988 年。
③ 周原考古队:《陕西扶风县周原遗址庄李西周墓发掘简报》,《考古》2008 年第 12 期。
④ 张剑、蔡运章:《洛阳东郊 13 号西周墓的发掘》,《文物》1998 年第 10 期。
⑤ 高西省:《洛阳新获西周青铜器管见》,《上海文博论丛》2006 年第 3 期。
⑥ 中国科学院考古研究所、北京市文物管理处、琉璃河考古工作队、房山县文教局:《北京附近发现的西周奴隶殉葬墓》,《考古》1974 年第 5 期。
⑦ 李国梁主编:《屯溪土墩墓发掘报告》,第 35、36 页,安徽人民出版社,2006 年。
⑧ 随州市博物馆:《湖北随县安居出土青铜器》,《文物》1982 年第 12 期。

公族墓地。① 叶家山西周墓 M1：019 尊，②形制与官塘鼎近似，腹部主体纹饰为兽面纹，两侧上下分别饰夔龙纹和鸟纹，综合 M1 的其他器物，年代大体在西周成王或康王时期。李学勤先生认为 M1：019 兽面纹尊与河南浚县辛村的沫伯逘尊很像，沫伯逘尊属于成王时。③ M1 有椭圆形腰坑，坑内殉狗，有可能是殷遗民墓葬。从纹饰上看，官塘尊的腹部以雷纹衬地，饰有三组纹饰，分别是兽面纹，可见两角相向外卷，角尖圆润，圆目，菱形回字形耳，有鸟纹，呈现简体"U"字形，有倒置夔龙纹。

这种兽面纹、鸟纹、夔龙纹的组合与叶家山西周墓 M1：019 尊、屯溪 M1：90 尊的组合相似，只是官塘尊上的鸟纹、夔龙纹较为省略简化。从纹饰的发展演变来看，官塘尊的年代可能晚于叶家山 M1：019 尊。

官塘尊兽面纹两角向外卷，角尖圆润，圆目，菱形回字形耳，与琉璃河黄土坡 M253 出土堇鼎腹部所饰兽面纹④相似，只是官塘尊兽面纹角尖圆润而堇鼎兽面纹角尖锐利。根据堇鼎铭文"匽侯命堇饎大保"，陈公柔、张长寿先生定为成康时器。⑤ 官塘尊简体立鸟纹呈"U"形，鸟头昂首向前，尖喙，鸟尾呈弧形分两股尾羽，两股尾羽呈 90 度垂直。以鸟纹为腹部兽面主纹陪衬，殷墟到周代早期较为流行。官塘尊倒置夔龙纹，伸首向前，尾部 90 度垂直上扬，有一角一足。龙目等面部特征均无清晰描绘，应为简化省变。

综合上述器形、纹饰的对比分析，官塘尊的年代应为西周早期。值得注意的是，这件西周早期风格的兽面纹尊与西周晚期风格的重环纹鼎共存的现象。在中原地区，西周中期以后觚形尊逐渐消失了，但在长江下游地区，西周晚期甚至春秋、战国的墓葬中还有发现，如寿县蔡侯墓、⑥邳州九女墩春期晚期墓、⑦绍兴 306 号战国墓⑧等，关于这种现象，已有多家论述，不再赘述。

---

① 张昌平：《论随州羊子山新出噩国青铜器》，《文物》2011 年第 11 期。
② 湖北省文物考古研究所、随州市博物馆：《湖北随州叶家山西周墓地发掘简报》，《文物》2011 年第 11 期。
③ 李学勤：《湖北随州叶家山西周墓地笔谈》，《文物》2011 年第 11 期。
④ 上海博物馆青铜器研究组编：《商周青铜器纹饰》，第 9 页，图 20，文物出版社，1984 年。
⑤ 陈公柔、张长寿：《殷周青铜容器上兽面纹的断代研究》，《考古学报》1990 年第 2 期。
⑥ 安徽省文物管理委员会、安徽省博物馆：《寿县蔡侯墓出土遗物》，图版 9-1、2，13-1，科学出版社，1956 年。
⑦ 孔令远、陈永清：《江苏邳州市九女墩三号墩的发掘》，《考古》2002 年第 5 期。
⑧ 浙江省文物管理委员会、浙江省文物考古所、绍兴地区文化局、绍兴市文管会：《绍兴 306 号战国墓发掘简报》，《文物》1984 年第 1 期。

重环纹鼎 1　两耳微外撇,立于口沿。敛口,折沿方唇,圆鼓腹,圜底,下置三个实体蹄形足,蹄足内侧平直,鼎底部有烟炱痕迹。口沿下饰一周重环纹,纹作四重,重环纹之间较为紧密,有上下弦纹作界栏。下腹饰有一周凸弦纹。立耳外侧饰两周小圆点纹,间以凹弦纹。通高 25.7、口径 26.8 厘米(图 6.7,2;图 6.8,2、3)。

重环纹鼎的器形在江淮地区多有发现,1980 年合肥征集 1 件,1994 年桐城高桥镇长岗村窖藏内发现 1 件。

山东栖霞吕家埠 M1 鼎、M2 鼎,[①]侈口,平沿外折,弧腹,圜底,上粗下细的蹄足与官塘鼎非常相似,简报定为西周时期。莒县西大庄有三个形制、纹饰相同、大小递减的青铜鼎,[②]器身与官塘鼎相似,蹄足明显成熟,年代在西周晚到春秋初期。临沂中洽沟有四件形制、纹饰相同的鼎,[③]M1∶1 圜底比官塘鼎要明显,器身呈现半球状,蹄足也表现得较官塘鼎成熟,年代在西周晚到春秋早期。洛阳中州路 M816 鼎,[④]器身、足与官塘鼎近似,彭裕商先生认为其年代在西周夷、厉二世,即西周中晚期。综上,从器形上看,官塘鼎的年代应在西周晚期。

重环纹一般是由若干相同的环体镶嵌而组成的纹带,有些环体中间隔一些小纹饰,环一端外弧,一端内凹。环体的层数存在差异,有一重、二重、三重等。马承源先生认为重环纹是龙蛇之类的鳞图案变形演变而来,盛行于西周中晚期。[⑤]官塘鼎上的重环纹镶嵌得很紧凑,与中原地区重环纹略有差异。铜陵谢垅球腹蹄足鼎,重环纹饰为三重,年代在西周晚期。[⑥]铜陵金口岭重环纹鼎,[⑦]纹饰为二重,从形制上观察,时代约在西周中期或晚期。当涂县姑孰镇出土 1 件,[⑧]其饰有一重。有学者认为,重环纹首先出现在西周中期的周原地区,后流行于西周晚期至春秋早期。[⑨] 官塘鼎重环纹达到四重,应该是由横鳞纹转化而

[①] 栖霞县文物管理所:《山东栖霞县松山乡吕家埠西周墓》,《考古》1988 年第 9 期。
[②] 莒县博物馆:《山东莒县西大庄西周墓葬》,《考古》1999 年第 7 期。
[③] 临沂市博物馆:《山东临沂中洽沟发现三座周墓》,《考古》1987 年第 8 期。
[④] 中国科学院考古研究所:《洛阳中州路(西工段)》,第 58 页,科学出版社,1959 年。
[⑤] 上海博物馆青铜器研究组编:《商周青铜器纹饰》,第 26 页,文物出版社,1984 年。
[⑥] 张爱冰:《铜陵谢垅出土青铜器的年代及其相关问题》,《东南文化》2009 年第 6 期。
[⑦] 安徽大学、安徽省文物考古研究所:《皖南商周青铜器》,第 46 页,文物出版社,2006 年。
[⑧] 安徽大学、安徽省文物考古研究所:《皖南商周青铜器》,第 146 页,文物出版社,2006 年。
[⑨] 傅玥:《青铜器上的重环纹源流探析》,《云南民族大学学报(哲学社会科学版)》2010 年第 3 期。

来的重环纹作为几何纹饰继续发展的结果。

鼎耳所饰点线纹，在江淮和皖南出土铜器上多有发现，如杨家牌牺首鼎、谢垅附耳夔纹鼎、十字铺附耳夔纹鼎、立耳扉棱鼎、河口鼎、思古潭鼎等。山东栖霞吕家埠 M1 鼎耳外侧饰三道粗弦纹，间饰圆点纹，腹部饰窃曲纹。M2 鼎腹饰重环纹，[①]耳饰点线纹，年代在西周时期。基于以上分析，官塘重环纹鼎 1 的年代可拟定在西周晚期。

重环纹鼎 2　耳外撇，立于口沿上，腹较深，鼎体略呈半球形，三蹄足。口沿下饰一周重环纹，纹作四重，最小一环内有一个长方形，其上有 1 或 2 或 3 个小凹点，有上下弦纹作界栏，下腹又饰有一周凸弦纹。立耳外侧饰两周小圆点纹，间以弦纹，但小圆点的密集程度较鼎 1 为低。通高 27、口径 27.8 厘米(图 6.7，3；图 6.8，4、5)。

从器形上看，鼎 2 与鼎 1 基本相同。从纹饰上看，鼎 2 的重环纹与鼎 1 略有不同，最小环内有一个长方形条，且其上有小凹点。宣城正兴出土的重环纹鼎，与鼎 2 重环纹相似，只是最小环内的长方形条上无小凹点。因此，鼎 2 的年代应与鼎 1 相同，即西周晚期。

根据上述器物形制和纹饰的比较分析，可以拟定官塘铜器的年代为西周晚期。

4. 杨市铜器

杨市墓葬出土铜器包括变形蝉纹鼎 2、龙錾匜 1。

变形蝉纹鼎 1　口微敛，折沿方立耳，浅腹微鼓，圜底，三蹄足。腹上部饰凸弦纹两周，内填细密小凹点纹，下腹饰变形蝉纹，加乳钉纹，犹如蝉眼，腹上下有六组扉棱将纹饰隔开。耳外侧饰细密点纹，间以弦纹。通高 26.2、口径 23.4、腹围 73 厘米(图 6.9，1；图 6.10，1、2)。

变形蝉纹鼎 2　形制同上，通高 26.2、口径 23.4、腹围 75 厘米(图 6.9，2；图 6.10，3、4)。

从器形上看，这种侈耳，鼓腹，圜底，三蹄足的鼎，在中原西周晚期到春秋早期都是较为常见的形制。但凹点纹和变形蝉纹的组合及腹部装饰的扉棱，明显具有地方特色。杨家牌云纹鼎，形制与杨市鼎完全相同，下腹也饰有变形蝉纹，

[①]　栖霞县文物管理所：《山东栖霞县松山乡吕家埠西周墓》，《考古》1988 年第 9 期。

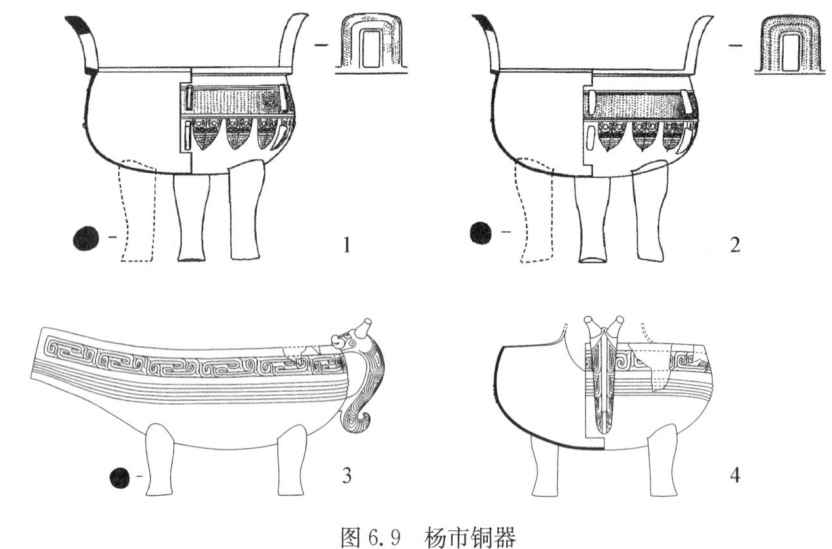

图 6.9 杨市铜器
1. 鼎1 2. 鼎2 3、4. 匜

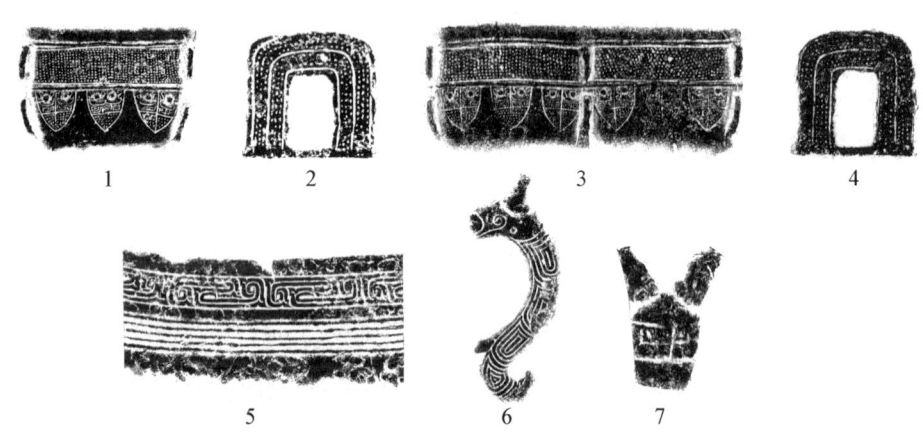

图 6.10 杨市铜器纹饰拓片
1、2. 鼎1(腹、耳) 3、4. 鼎2(腹、耳) 5—7. 匜(腹、鋬、龙首)

唯上腹饰云纹与杨市鼎饰凹点纹不同。盔头鼎的器形、纹饰与杨家牌鼎基本相同,唯在蹄足根部饰短扉棱,构成简化兽面纹饰。思古潭鼎亦近同,上腹部饰蟠虺纹,有方形环钮平盖。

综上所述,这种形制的鼎应是仿照了中原地区西周中、晚期的浅腹、蹄足鼎,而在春秋早期,这种扉棱饰鼎在江淮地区形成自己的特色,并向南和东影响到皖南和宁镇地区。因此，杨市鼎的年代可拟定在春秋早期。

龙錾匜　瓢形，粗短流，四蹄足，龙錾衔沿，双角竖起。口下饰一周窃曲纹，其下为五周瓦纹，錾上饰重环纹。总长49.5、腹宽28.2、高24、流长11、流宽12、足高10、腹深13.5厘米（图6.9,3、4；图6.10,5—7）。

早期龙錾匜多为扁足，例如宗仲匜，[①]錾呈龙形无卷尾，扁足；山东邹县七家峪村西周铜匜，[②]錾呈卷尾龙形状，扁足。蹄足的龙錾匜还有，怀宁杨家牌、庐江三塘、寿县魏岗、江苏丹徒磨盘墩、[③]枣庄东江村春秋墓M2[④]出土的青铜匜，年代大致在西周晚期到春秋早期。龙錾匜多出现在江北地区，在形制上受中原影响较多。杨市匜腹部纹饰为"⊂⊃"字形上下相叠合、头尾相连的窃曲纹，朱凤瀚先生认为此式窃曲纹主要流行于西周晚期。[⑤] 杨市匜錾饰重环纹，流行于西周晚期到春秋早期。

根据上述两件器物的比较分析，杨市铜器的年代可拟定在春秋早期。

5. 浮山雷纹鼎[⑥]

1985年枞阳浮山镇会圣村出土雷纹鼎1件。

方形两耳微外撇，立于口沿，折沿方唇，圆腹圜底，三蹄足。口沿下饰一周"S"形雷纹，下腹饰一周凸弦纹。通高24.4、口径27.3、腹围78.0厘米（图6.11、12）。

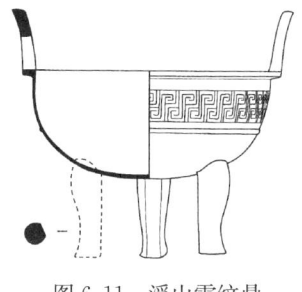

图6.11　浮山雷纹鼎　　　　图6.12　浮山雷纹鼎纹饰拓片

浮山鼎形制与前述官塘鼎基本相同，不再赘述。鼎腹所饰"S"形雷纹，可与

---

① 吴镇烽、朱捷元、尚志儒：《陕西永寿、蓝田出土西周青铜器》，《考古》1979年第2期。
② 王轩：《山东邹县七家峪村出土的西周铜器》，《考古》1965年第11期。
③ 南京博物院、丹徒县文管会：《江苏丹徒磨盘墩周墓发掘简报》，《考古》1985年第11期。
④ 朱凤瀚：《中国青铜器综论》，第1672页，上海古籍出版社，2009年。
⑤ 朱凤瀚：《中国青铜器综论》，第580页，上海古籍出版社，2009年。
⑥ 安徽大学历史系、枞阳县文物管理所：《枞阳商周青铜器》，待刊。

扶风召李西周墓出土壶圈足上纹饰相比较，①只是召李壶纹饰呈倒"S"形。浮山鼎的年代，应在春秋早期。

根据初步的观察和比较研究，枞阳出土青铜器包含的文化因素有商文化因素、周文化因素和地方文化因素。

汤家墩方彝，商末周初的特征，器底设小铃铛，商代晚期在中原地区多见，西周早期在中原以外地区仍有发现。前程立耳鼎具有商末周初的特征。官塘变形兽面纹尊，属于典型的三段式觚形尊，最早出现于商代晚期。商周王朝更迭，但商文化的影响并没有迅速消失。

前程窃曲纹鼎垂腹、带鼻棱脊兽面纹足的特征，西周中期在中原地区多见，明显具有中原周文化的因素。官塘重环纹鼎，西周晚期到春秋早期在中原、山东地区多见。汤家墩方彝上的直棱纹、牛首纹、夔龙纹，西周早期青铜器上常见。前程弦纹爵的形制、纹饰明显具有中原周文化的特色。官塘尊上的兽面纹、鸟纹、夔龙纹组合装饰也是西周时期较为常见的。

前程鼎窃曲纹中间饰有蝶形纹，应为地方特色。官塘鼎耳上的点线纹，江淮地区最为流行，在鲁南薛国、莒国境内也有发现。杨市变形蝉纹鼎所饰扉棱，在江淮及皖南多有发现，其他地区少见。蹄足的龙形鋬匜，足的形态与西周晚期到春秋早期鲁南、江淮地区鼎、匜相似。

施劲松认为，中原青铜器对长江流域青铜器的产生和发展都具有决定性的意义，而且对长江流域的影响是持续不断的，只是在不同时期的影响大小、强弱不同。② 西周晚期以前，枞阳及其所在的江淮南部更多地吸收了晚商文化和周文化因素，这一时期的代表性器物如前程组铜器与中原地区出土的青铜器并无差别，无论器形还是纹饰都鲜有创新，器壁较薄，纹饰素面或者铸造不统一，整体看起来较为粗糙。

1980年代安徽省文物考古研究所曾调查、试掘过枞阳浮山、小北墩遗址，③小北墩商代遗存与二里冈上层接近。汤家墩遗址也有商文化因素，如短斜沿高裆鬲、高领鬲、斜腹折沿瓮、圆肩矮圈足簋、敛口高柄豆等。怀宁跑马墩遗址④的

---

① 扶风县文化馆、陕西省文管会：《陕西扶风县召李村一号周墓清理简报》，《文物》1976年第6期。
② 施劲松：《长江流域青铜器研究》，第299页，文物出版社，2003年。
③ 安徽省文物考古研究所：《安徽枞阳、庐江古遗址调查》，《江汉考古》1987第4期。
④ 杨德标、金晓春、汪茂东：《安徽怀宁跑马墩遗址发掘的主要收获》，《文物研究》第8辑，黄山书社，1993年。

年代为商、周之际,一期遗存的圆锥形鼎、圈足钵、豆、盘、圈足罐等,明显具有商文化因素。

周文化也在较早时期到达这一地区。郑玄《毛诗谱》:"至纣,又命文王典治南国江、汉、汝旁之诸侯。"《太保玉戈》"六月丙寅,王在丰,令太保省南国,帅汉,遂殷南,令厉侯辟……",记载周王令太保召公省视南土,沿汉水南下,召集江汉地区的诸侯朝见周王。禹鼎铭"鄂侯驭方率南淮夷、东夷广伐南国、东国",说明西周晚期之前噩(鄂)国在南方的影响力很大,与包括枞阳在内的南淮夷地区有着密切的联系。翏生盨铭文"王征南淮夷,翏生从……执讯折首,孚戎器,孚金",使我们了解到南淮夷在西周晚期以前确实已经拥有青铜资源及自己的器物。

西周晚期到春秋早中期,该地区属于淮夷、群舒文化区。西周晚期,周王室衰落式微,长江流域青铜器的发展迎来了契机,这一时期的代表铜器有官塘组铜器、杨市组铜器等。

重环纹立耳蹄足鼎最早出现在中原及山东地区,这种鼎由北向南传播,可能是东夷族群南迁带来的。扁棱鼎,在江淮地区发现多件,并有向南、向东传播的迹象。龙錾蹄足匜当是东夷文化南下与当地文化碰撞的结果。从史料上看,西周晚期到春秋早期的群舒小国受到北方嬴姓徐国的控制。《左传》鲁僖公三年(前657年)记载,"徐人取舒"。因此,这一时期江淮地区的青铜器与鲁南、苏北地区的青铜器文化面貌相似,可理解为东夷文化对该地区的影响。

通过上述分析可以看出,枞阳青铜器的整体文化面貌受中原及周边文化的影响强烈,形成这种现象的原因是什么呢?

首先,枞阳位于长江下游的北岸,江淮地区的南部,与铜陵、池州等地仅有一江之隔,是中原、江淮与长江以南地区文化交流的重要通道。从东西方来看,枞阳所处的长江安徽段又是连接长江中游江汉地区与长江下游宁镇地区的重要通道。可以说,枞阳是南北、东西文化区的节点,与外界的联系十分顺畅。枞阳境内河流纵横,水系发达,河网密度每平方公里0.22公里,有的水系可常年通航,如横埠河可直通长江,水上运输十分便利。因此,枞阳县在内部运输和对外交通方面均具有得天独厚的优势。

其次,枞阳位于长江中下游多金属成矿带中部,铁、铜、金矿产资源十分丰富,仅枞阳境内就调查发现多处采矿、矿冶、冶炼遗址,如井边古铜矿遗址、汤家墩铸造遗址等。据初步研究，枞阳及周边区域至迟到西周时期已形成了包括铜矿开采、冶炼和青铜铸造的完整工业体系。这些材料表明，枞阳地区属于资源要地，在青铜时代，铜矿作为重要的战略物资，外界对该区域的关注和争夺较早，影响也较大，导致该区域青铜文化面貌不断变化。豆海峰运用安徽和江汉地区的考古材料论证商时期中原商文化对安徽沿江平原西段（包括枞阳）文化的影响是通过长江中游江汉地区渗透过来的，这与商王朝追求这一区域丰富的铜矿资源有关。[①]

综上所述，枞阳出土青铜器可分为五组，分别为西周早期的汤家墩铜器，西周中期的前程铜器，西周晚期的官塘铜器和春期早中期的杨市铜器、浮山铜器。枞阳出土青铜器年代跨度较大，西周晚期以前受商文化、周文化影响强烈，西周晚期到春秋早期开始形成自己的文化风格。枞阳出土青铜器所反映的复杂文化面貌，其原因一是战略地理位置重要，交通条件优越；二是铜矿资源丰富，吸引了外来文化的进入。

三、青铜器的铸造工艺和矿料来源

1. 青铜器的范铸工艺

本节在当前青铜器铸造工艺研究成果的基础上，对枞阳县文物管理所藏11件青铜器进行了整理，包括鼎6件、爵1件、彝1件、尊1件、匜1件及复合剑1件。一般而言，对古代青铜器铸造工艺的研究方法主要有两种，一是观察青铜器上遗留的铸造痕迹，二是用科学实验的方法对传统工艺进行复原，[②]本工作利用第一种方法对这批青铜器的铸造工艺进行初步观察。

依据纹饰，6件鼎可分为窃曲纹鼎、重环纹鼎、雷纹鼎和变形蝉纹鼎，下面依次就其范铸技术中的制范技术和纹饰技术进行分析和讨论。

窃曲纹鼎（ZW00982）　出土于前程，年代为西周。该鼎个体较小，破碎严重。两耳略向内靠，口沿外折，方唇，敛颈，深腹，腹下部微鼓，圜底，下接三蹄足。三蹄足形状大体一致，均上部较粗，下部较细。器耳内外侧中央各有一道凹弦纹，口沿下部饰一周以云雷纹为底的窃曲纹，蹄足上部外侧饰有兽面纹，中

[①] 豆海峰：《试论安徽沿江平原商代遗存及与周边地区的文化联系》，《江汉考古》2012年第3期。
[②] 韩炳华：《灵石旌介青铜器铸造工艺分析》，《科学技术与辩证法》2009年第2期。

间有一道扉棱。

由于破损严重,锈蚀较多,该鼎腹部铸造痕迹不甚清晰。器底外壁,两蹄足之间可见清晰的弧线三角形铸缝,为铜鼎底部泥范与腹部泥范的分型之处。另外器底外壁发现有三条从中心通向三蹄足根部的凸棱,组成"人"字形,分别与三蹄足根部内侧相连接。这三道凸棱横截面呈三角形,上尖下宽,比较规整,应为底范刻划痕(图 6.13,1)。关于底范刻划的原因,目前解释颇多,例如:一说是因为鼎、簋等类器物的底部不能太厚,但太薄又影响其强度,所以在外底施加凸棱以加强底部,此类凸棱主要是起底部加强筋的作用;二说是金属溶液充型后,器物铸型内的气体和夹杂物会排浮在上面,所以这类底范上的这些刻划还起到了集渣、集气的作用,从而减少了产生气孔和加渣的可能,同时,还能提高铜液的充型能力;还有一说认为青铜器腹底部刻划痕仅是一种装饰性的图案,这一现象在西周时期的横水倗国墓地、北京琉璃河燕国墓地、长安普渡村长由墓、宝鸡强国墓地等地也有发现,可能底部刻划作为一种减少铸造缺陷的技术在当时业已通行。[①] 而观察枞阳出土的这件窃曲纹鼎,器形小,体量轻,作为模仿中原青铜器而在底部进行刻划装饰的可能性比较大。

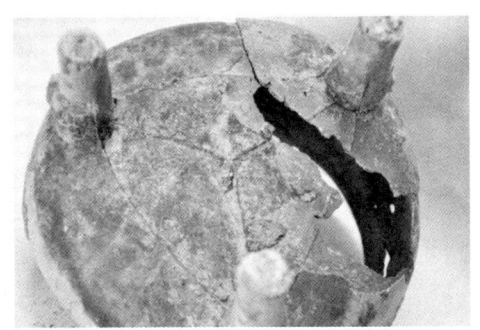

图 6.13 鼎的范铸工艺(一)
1. 器底范线 2. 纹饰

[①] 肖梦龙、刘伟:《吴国青铜器综合研究》,科学出版社,2004 年;朱凤瀚:《中国青铜器综论》,上海古籍出版社,2009 年;刘煜:《殷墟青铜器制作工艺的技术演进》,《21 世纪中国考古学与世界考古学——纪念中国社会科学院考古研究所成立五十周年大会暨 21 世纪中国考古学与世界考古学国际学术研讨会论文集》,中国社会科学出版社,2002 年。

器表铸痕虽已不太清楚,但结合底部范痕,可认为腹部采用了三分法制模,铸缝应在三蹄足根部外侧中央,并向上延伸至器物口沿。此外,从底部铸造痕迹看,未能清楚辨认金属芯撑。三凸棱交点部位的痕迹为浇冒口的可能性比较大,此鼎为倒立浇铸成型无疑。

该鼎为泥范整体浑铸而成,其铸型应由三块腹部泥范、一块腹部泥芯及一块底部泥范组成。足内是否有盲芯未知。鼎耳与口沿为整铸,耳孔也是呈外大里小状,且外表面光滑,可知耳的分型面当在双耳外侧,耳孔泥芯由腹部泥芯自带。

该鼎腹部窃曲纹凸起的线条及眼球为在范面压塑而成,瞳孔凹陷处为粘贴泥条而成,其云雷纹底应是在压塑的纹饰凹槽内粘贴细泥条来塑造凹槽纹饰的(图6.13,2)。三蹄足外表面均有一致的兽面纹,由于鼎足中央为分型处,故纹饰从扉棱中心分型,分别在腹范两边缘内压塑,对合后为一个完整扉棱型腔,兽面纹压制同腹部窃曲纹。

该器外表面虽明显经过打磨,铸痕不清,但器底铸痕明显,"人"字形刻划痕的使用表明当时工匠在技术上进行了改进。

重环纹鼎(ZW00950) 出土于官桥,两件形制、大小均相同,年代为西周。口微敛,微平折沿,方唇,两方形耳立于口沿上外侈,一耳残断。颈部微内收,腹部呈半圆形,圜底,下接三蹄足,根部及足端略粗,中间较细。耳部外侧为三道凹弦纹和两道凹珠点纹,器腹上部饰一周细密重环纹,器腹下部饰一周凸弦纹。

该鼎三蹄足外侧中央各有一条竖直铸缝,并向口沿方向延伸,贯穿腹部纹饰带,直至器物口沿(图6.14,2),三足上两条铸缝分别与器底外壁三角形范缝相连接(图6.14,1)。耳部采用分铸法,可能先铸器体,再将鼎耳插嵌于口沿进行补铸,耳下延伸二段,伸入鼎沿内,起加固作用(图6.14,2)。其具体制作方法应与司母戊鼎鼎耳制作原理类似,即鼎耳是在鼎身铸成后再在上安模,翻范,浇铸成型的,浇铸口可能设在鼎耳朝内没有花纹的一面,铸后再打磨。[①]

该鼎铸痕清晰,器身应为泥范整体浑铸而成。其铸型应由三块腹部泥范、一块腹部泥芯及一块底部泥范组成,推测鼎足可能有盲芯。器耳分铸,单独制

[①] 冯富根、王振江、白荣金、华觉明:《司母戊鼎铸造工艺的再研究》,《考古》1981年第2期。

图 6.14　鼎的范铸工艺(二)
1. 底范线、器底铸痕　2. 足范线、器耳分铸

作耳范,插接于器身进行合铸。此外,器底发现几处较厚部位,可能是浇冒口所在或是后来补铸的痕迹(图6.14,1)。未见芯撑痕迹。

该鼎纹饰简单,器身重环纹及凸弦纹为在范面直接压塑而成,器耳的三道凹弦纹及凹珠点纹可能是在范面粘贴泥条和半圆形小珠制作而成的。

雷纹鼎(ZW00929)　出土于浮山,年代为春秋时期。鼎口微侈,平折沿,方唇,两方形耳立于口沿上微外侈,圜底,下接三蹄足,蹄足内侧扁平,蹄足根部及足端略粗,中间较细,一足残断。从残断的一足可见其为空心。器耳素面,器身口沿下饰雷纹及凸弦纹各一周。

该鼎三蹄足外侧中央均可看到一条竖直铸造范缝,并向口沿方向延伸,贯穿腹部纹饰带,直至器物口沿。这三条相对应的竖直铸缝将整个纹饰带大体等分为三部分,应为三块器腹泥范的分型之处(图6.15,1)。该鼎底部,两蹄足之间均可见到弧线形铸缝,其在器底外壁组成一弧线三角形,应为铜鼎底部泥范与腹部泥范的分型处,此外,器底外壁发现有金属芯撑一块(图6.15,2)。该鼎器耳与口沿为整铸,耳为实心。鼎足空心,内部为盲芯。

该鼎器表范铸痕迹清晰,为泥范整体浑铸而成,使用了分型制模、分模制范、制作芯盒等技术。这些范铸方法较为原始,中原地区在二里头文化时期及商代早期即已使用。[①] 根据器表铸痕推测,该鼎使用了标准的三分法设计的模,器物铸型由三块腹部泥范、一块底部泥范、一块腹部泥芯和三块鼎足全盲泥芯组成。两方形直立沿耳的耳孔均呈外大内小状,说明鼎耳的型出自泥芯,铜鼎

---

①　董亚巍:《范铸青铜》,第12页,北京艺术与科学电子出版社,2006年。

图 6.15 鼎的范铸工艺(三)
1. 竖直铸缝、纹饰误差　2. 器底范线与芯撑、足端

腹部泥范与腹部泥芯的分型面在双耳的外侧,耳部半盲泥芯由腹部泥芯自带,与腹部泥芯为一个整体。有学者指出,商至西周耳模外宽里窄、耳孔外大里小的鼎耳,多是在泥芯上造型的。这是因为一般圆形器的模都采用三分法,如果将耳固定在模上,就需要制作三个模,这样作模很难保证口沿以下的尺寸及纹饰的契合。因此,制模时只制作 1/3 型,做出的模两边为 120 度夹角,在这个模上复制三块范,对合后即是一个 360 度的圆形鼎空腔。另外,泥芯是在芯盒中制作的,制作泥芯时,将耳模安置在芯盒内的对称边缘,泥芯制好后,从泥芯中取出耳模时,泥芯上就具有了两耳的型腔。耳模是成型的空腔,拔模后泥芯体上耳的空腔中就会留下自带芯。所以,耳模一般都会作成外宽里窄,而耳孔则是外小里大的形状,则完全是为了从泥芯上顺利拔模。[①] 底范的三角形范线向上折,与足内侧两范线相接,这与鼎足的铸造有关。这种三角形底范的设计,使腹部内范可以不带足部,且鼎足可以延长,摆脱早期鼎足为锥形的状态。[②] 此外,该器底部浇冒口残痕不甚清楚,推测应为倒立浇铸成型,浇冒口设置可能位于足端或器底(图 6.15,2)。

该鼎纹饰简单,为一周云雷纹及一周弦纹,均为凸起的阳纹纹饰,纹饰较为平滑,基本与纹饰区外的器表素面区位于同一平面。据此推测,该器物模上是不塑纹饰的,器物纹饰是翻范后在范面进行压塑的,故铸出的纹饰为阳纹。而芯盒制作也是在无纹的模上进行的,即先翻制一套泥范,泥范面上无凹陷纹饰

[①] 董亚巍:《范铸青铜》,第 26 页,北京艺术与科学电子出版社,2006 年。
[②] 朱凤瀚:《中国青铜器综论》,第 758 页,上海古籍出版社,2009 年。

的凹型,粘贴泥片后,制成的芯盒内壁是平直的,与器表几何形状保持平行一致。[①]此外,该鼎纹饰带分为三部分,纹饰带是分别在每块范面上压塑,纹饰接缝处即为合范处,纹饰带范线与足贯通,同一范内纹饰间未见铸缝,可知其并未采用中原地区的单元纹饰模技术。而接缝处纹饰的连接紧密度不如同一范内两纹饰连接紧密,纹饰与器壁不相符合,弦纹明显不在同一条线上,此为范制过程中的误差(图 6.15,1)。

垂叶纹鼎(ZW00955)　出土于杨市,两件形制、大小、纹饰均相同,年代为春秋。鼎口微敛,折沿方立耳,腹下部微鼓,圜底,足内侧扁平,根部及足端均略粗,中间较细。器耳外侧表面有三道凹弦纹,其间填以规则排列的细小凹珠点纹。腹上部有两道凸弦纹,内饰凹珠点纹,下腹饰三角蝉纹,腹上下有六组扉棱将纹饰隔开。器足亦皆素面。

铜鼎锈蚀严重,且范痕铸后被打磨干净,铸造痕迹不甚清晰,但此鼎的范铸逻辑性还是比较明显的。据足部内侧及其他部位的范痕,这两件鼎也应采用了标准的三分法设计的模,器物铸型由三块腹部泥范、一块弧线三角形底部泥范、一块腹部泥芯和三块鼎足全盲泥芯组成,与上述云雷纹鼎分范法大致相同(图 6.16,1)。其腹部泥范分型处当在蹄足外侧中央一线延伸至口沿,贯穿腹部纹饰及扉棱,即从扉棱厚度的中心分型;而两足之间的扉棱则没有分型,当是与制

图 6.16　鼎的范铸工艺(四)
1. 全器分范、鼎足　2. 腹部及扉棱分范

---

① 董亚巍:《范铸青铜》,第 22 页,北京艺术与科学电子出版社,2006 年。

作纹饰一样在范面压塑出来的凹槽扉棱型(图6.16,2)。鼎耳与口沿为整铸,鼎耳外宽里窄、耳孔外小里大。据此可知其铸造方法当与上述雷纹鼎鼎耳相同,即鼎耳的型出自泥芯,制作泥芯时,耳模为随意安置在芯盒内的对称边缘,故这两件三角蝉纹鼎的鼎足布列仍为匀称的"耳足五点配列式"。器底外壁未发现金属芯撑,为使三角形底范悬空,推测可能底范侧边有三个榫卯和三方壁范相扣,由壁范负担重量。[①] 此外,其中一鼎的一蹄足上发现浇冒口痕迹,说明器物采用倒立浇铸成型,浇冒口设在铜鼎足部(图6.16,1)。

这两件鼎纹饰工整、细致,既有阳纹,也有阴纹,采用了压塑及堆塑相结合的纹饰制作技术。凸起的阳纹纹饰主要是两周凸弦纹和类似乳钉状的垂叶内的纹饰,系在范面压塑而成。而两周凸弦纹下的细凹弦纹、鼎耳的三道细凹弦纹、蝉纹的轮廓线及内部的凹槽式雷纹则可能是在范面堆塑了细泥条。同理,该鼎器腹上部、鼎耳外侧、垂叶纹内部的凹珠点纹也是制作时在范面粘贴细小的半圆形小珠而成。至于该鼎的扉棱,可分为两类,与鼎足对应的三组扉棱制作时在每块范面的两端上只留半个厚度,两块范对合后才是一个完整的扉棱空腔;而另三组扉棱位于范面中心,只需在范面压塑出完整型腔即可。

窃曲纹匜(ZW00953) 出土于杨市,年代为春秋时期。该匜破损较严重,其形制为长槽流深腹四蹄足龙形鋬式,鋬部及靠近流槽的一足断裂。器身略呈瓢形,口沿较直,流槽窄长,深腹圜底,下接四蹄足,后部有龙形鋬,龙有两柱形角,龙尾向外卷曲。口下饰有一周窃曲纹,其下饰有瓦楞纹。龙形鋬的龙身两侧各饰一周重环纹,这种造型及纹饰为西周至春秋时期常见。

该器铸痕不甚清晰,从蹄足与器身接合处可看到在器腹有折角形凹陷痕迹(图6.17,1),故推测该匜器身与蹄足应为整铸,若器身与器足分铸不仅可以看到明显接铸痕迹,而且足断裂处应在足根部而非腹部。比较同期中原地区及长江流域出土青铜匜的铸造方法,推测其采用了分型铸造,铸后组装的铸制工艺,即先铸器身,再铸接附件。制作时器范共分三块,即壁范二分,底范方形,包四足内侧。

龙形鋬可能采用插接法与器身铸合,龙口部插接于匜口沿,龙尾内侧使用

[①] 郭宝钧:《商周铜器群综合研究》,第34页,文物出版社,1981年。

图 6.17 匜的范铸工艺
1. 匜足细部　2. 龙形錾榫卯结构　3. 龙形錾分范方式

榫卯与器腹相扣(图 6.17,2),固定于器身。龙尾的榫卯结构位于尾部内侧的铜块上,这样设计可能是为了起更好的固定作用。

龙形錾为单独制作而成,錾分范处在器身中央,范线贯穿头尾(图 6.17,3)。龙尾内侧的实心铜块可能为浇冒口所在。铜块上还设置了榫头,用于和器腹进行卯接。

该匜纹饰简单,器身窃曲纹及瓦楞纹直接在腹范面上压塑,龙形錾器身上的细重环纹纹饰简单,直接在范面上压印即可。龙形头部纹饰漫漶不清,推测其纹饰也是在范面直接压制而成。龙形錾的柱形龙角铸法类似,在两块范面直接压塑。但由于龙角呈两端粗中间细的形状,所以单个龙角的压塑也采用了两次压塑法,即一次压塑一半,两次压塑便成一整体。这样的操作,就会在范面压塑出两个对称的柱形龙角。

兽面纹尊（ZW00952）　出土于官塘,年代为西周。该尊形体似觚而稍粗,器口呈圆形,上口侈大,呈大喇叭状,腹部鼓出,圈足较高。颈与腹连接处饰两周凸弦纹,腹部饰有兽面纹,腹与圈足连接处也饰有两周凸弦纹。圈足有一孔。器身、圈足均有破碎。

该尊器身共见两道范缝,从圈足贯穿至口沿,对开分型,腹部各有一组兽面纹,可知尊范共两块(图 6.18)。泥芯上下各一块,形成圈足和尊的内腔。圈足部破碎孔洞大,无法推测是

图 6.18　尊的范铸工艺

否有十字形镂孔。该尊分型少,铸造时有一定难度。腹部兽面纹有不对称现象,恐与分型少,在范面压制纹饰时产生偏差有关。与此尊类似的分范法,殷墟常见,此类觚泥范仅为两块,亦属对开分型,型芯为上下各一块。[①] 中原地区自商代中期起,圆形尊上出现了扉棱,而观察西周时期的一些圆形尊,发现许多尊有三段扉棱出现错位的现象,从而认为尊的范是分为三段制作的。[②] 根据此尊表面的范痕,其铸形三段六分的可能性不大。

弦纹爵(ZW00981) 出土于前程,年代为西周。该爵破损严重,流残失,尾较长,口沿有两根蘑菇状的柱,直壁圆体圜底,腹部有一兽头鋬,三锥足外撇。腹饰三周凸弦纹,为商晚期至西周早期的风格。

该爵破损较严重,且范痕经过打磨,但仍依稀可辨。爵腹底部与三足相接处有范痕,并有向腹部中心延伸的趋势,其余部分被打磨掉了,并可见三足为实心足,推测爵底范采用三分法(图6.19,1)。鋬内侧对应的爵腹可见到范痕,且鋬内侧爵腹弦纹与两边连接完整(图6.19,2),故推测爵腹采用了四分法,分型处应分别在流、尾、鋬中心及与鋬对称的相对位置。爵鋬外面中心隐约可见到一道范痕,鋬内侧有两道披缝,故推测鋬的制作采用了在鋬内侧设置活块芯使之成型。爵口沿上的两方形柱外宽内窄,说明爵的柱是在泥芯上制作的,这样的设计,是为了便于从泥芯上向外拔出柱模。爵的柱冒为蘑菇状,两短粗中间细,若柱冒为整范,则不易脱模。根据冒下部的范痕,可知柱冒是两半对开型制

图6.19 爵的范铸工艺
1. 爵底分范法 2. 爵鋬范痕 3. 爵冒

[①] 冯富根、王振江、华觉明、白荣金:《殷墟出土商代青铜觚铸造工艺的复原研究》,《考古》1982年第5期。

[②] 董亚巍:《西周早期圆形尊的范铸模拟实验研究》,《中原文物》2010年第1期。

成的实心冒,其中一半是在泥芯上成型,另一半则在范上(图6.19,3)。综上,该爵分范复杂,共采用三块底范、四块腹范、一块腹芯,鋬为活块造型,柱和冒分别在泥芯和范上成型。

该爵纹饰简单,器身凸弦纹及鋬上兽面纹为在范面上直接压塑而成。

方彝(ZW00889) 出土于汤家墩,年代为西周。该彝铸造精美,纹饰复杂。方彝体高,截面纵短横长,共分三段,屋顶形盖,腹壁直,向下收束,下承方形圈足,圈足内有一悬铃。器体共有四段扉棱。盖顶立有一方形伞状柱。方彝四面纹饰基本相同,唯一横长面腹上部中央各饰有一个牛首形环。盖面纹饰分两层,以云雷纹为地,再饰以大小凤鸟纹。器腹上部饰粗短凸棱纹,下部饰牛角兽面纹,以云雷纹为地。圈足饰有云雷纹地夔龙纹。扉棱两侧亦有纹饰。

该方彝扉棱的外侧面虽然被铸后打磨掉了合范的范缝,但在扉棱的凹处中央,还是可以看到未被打磨掉的范缝痕迹(图6.20,1),故该方彝器盖铸型使用了四块壁范,一块泥芯。圈足处的扉棱与腹部的扉棱不在一条直线上,圈足与腹部可能为分段铸造,其铸型由各自四块壁范和腹部泥芯及圈足泥芯组成。腹部牛首形环及圈足内部悬铃应为分铸铸接而成。盖顶伞状柱出土时已断裂,其铸造方法未知,推测应为分铸插接而成。该方彝纹饰复杂,凸出器表的凤鸟纹、牛首兽面纹、夔龙纹应是在范面压塑而成。作为地纹的云雷纹呈细小凹槽式,并高出方彝基体面纹饰,其制作应是在压塑的纹饰凹槽内粘贴泥条所致。[1] 在器物的纹饰区外围可见到一些凸起的细线(图6.20,2),这些凸线不是范缝,而是在范面画出的起稿线,用以设计纹饰区域,因此,浇铸后除纹饰外亦留下了凸

图6.20 方彝的范铸工艺
1. 扉棱范痕 2. 范面起稿线 3. 牛首细部

---

[1] 董亚巍:《范铸青铜》,第17页,北京艺术与科学电子出版社,2006年。

起的方格起稿线。这种在范面起稿制作纹饰的方法始于商代早期,一直沿用到西周以后。① 此外,该方彝扉棱两边也饰有凹槽式细纹饰,这些凹槽纹饰的制作,应是在范面的扉棱型腔面上粘贴泥条制成的。该器由扉棱中心分范,扉棱在范面的阴型边缘上只是半个厚度,两块壁范合起来才是一个完整的扉棱型腔,所以制范后范面边缘的扉棱是敞开着的,便可顺利在范面边缘的扉棱型腔面上粘贴细泥条制作纹饰。②

该方彝腹部的牛首形环内对应的腹部纹饰与两边连贯,推测这个牛首形环应是分铸插接而成(图6.20,3)。该牛首形环范痕被打磨,推测采用了两分的范铸法。牛首纹饰及耳、角等直接在范面上压塑即可。圈足内有一悬铃,应为与腹部铸接。铃由铃舌、挂舌环、铃体、挂铃环四部分组成。铃舌居铃体中央,应为先铸,再由挂舌环将其套接在铃内。挂舌环也于铃体先铸。最后,将挂铃环与铃钮相套与方彝圈足腹底铸接而成。铜铃的铸型由两块壁范及一块泥芯组成。

复合剑(ZW00859) 出土于旗山村,年代为战国。据成分分析,该剑为砷铅锡铜铁的合金(表6.3)。刃部和脊部合金成分差别较大,剑脊颜色较剑刃浅,剑刃含锡量大于剑脊,锡易氧化发黑,表明了铸铜工匠使用两种合金来铸制复合剑。③ 春秋时期的《考工记》已总结了铜锡合金的六种配比,用以铸造不同用途的青铜器物。作为刺杀武器的青铜剑,先用低锡青铜铸造剑脊,再用高锡青铜铸造剑从,使青铜剑刚柔相济,以提高战斗力。该剑素格、素箍,剑首遗失,估计也是素首,剑茎两侧及剑箍两侧可明显见到范缝(图6.21),所以该剑采用了两分法进行分范,且剑身与剑茎、剑箍分开铸造。由于该剑剑身由两种青铜合

表6.3 青铜复合剑 ZW00859-2 剑刃与剑脊成分分析(%)

ZW00859-2	Sn	Pb	Cu	Fe	As
剑刃	70.38	10.68	13.26	3.07	1.35
剑脊	66.97	11.08	12.42	3.75	3.79

---

① 董亚巍:《范铸青铜》,第17页,北京艺术与科学电子出版社,2006年。
② 董亚巍:《范铸青铜》,第17页,北京艺术与科学电子出版社,2006年。
③ 郁永彬、梅建军、张爱冰、王乐群:《安徽枞阳地区出土先秦青铜器的初步科学分析》,《中原文物》2014年第3期。

金组成,故剑身应采用了二次浇铸法,即先铸剑脊,再分别浇铸两侧剑从。该剑浇冒口不明,推测应位于剑身一侧。

这件复合剑的形式较为特殊,群舒故地并不多见,但其铸造方法并不复杂。从外表观察,枞阳出土的复合剑与上海博物馆藏青铜复合剑外观相似,并且同属吴越风格,制作工艺理应相同或相近。[①] 利用铜合金的不同性能铸造青铜剑,使之达到最好的使用效果,也是工匠们对青铜认识深入的体现。

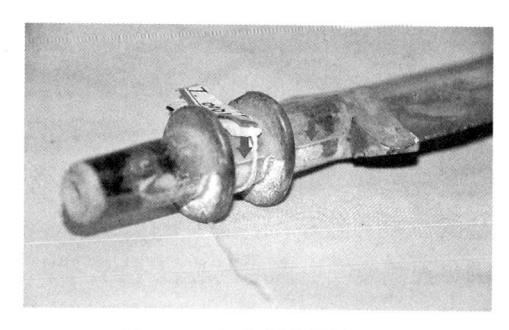

图 6.21　复合剑的范铸工艺

综合以上各器范铸工艺的分析,可以从制范技术和纹饰技术两方面得到以下初步认识:

关于范铸工艺中的制范技术。铜容器的铸造以整体浑铸为主,器物主体均为一次性整体铸造而成,部分器物的耳、鋬、足采用了分铸法,包括嵌插铸合法、焊接法。前者如重环纹鼎的耳,铜匜的四足、龙形鋬,后者如方彝圈足内的铜铃等。铜鼎均采用三分分范法,其铸型由三块壁范和一块三角形底范及一块腹部泥芯组成,基本为"3—△+1"形式。早期三足器铸造均为"三足过足包底铸法",到商代晚期开始出现三角形底范,并成为主流。[②] 以后底范的形状也逐渐丰富,这是范铸技术进步的一个表现。一些鼎足可明显见有盲芯,另一些虽无法观察到,但据铸型工艺可以推测包含盲芯。从技术角度来说,圆鼎足部盲芯的设置,与耳、足"五点配列式"及分范位置在三足中线,三足之间设三角形底范有很大关系,是殷墟中期到晚期之间铸型技术演进的一个特点。[③] 部分器物底部发现可能是金属芯撑的痕迹。铜鼎浇冒口均位于鼎足部,采用倒浇的方法。龙鋬四足匜的铸型工艺为"2+1+1"的形式,即由两块腹范、一块底范、一块腹部泥芯组成。四足分别铸造,再与腹部整铸。龙形鋬采用榫卯结构与器身铸接,浇冒口位于足端,采用倒立浇铸的形式。兽面纹尊的铸型工艺为"2+1+1"

[①] 郁永彬、梅建军、张爱冰、王乐群:《安徽枞阳地区出土先秦青铜器的初步科学分析》,《中原文物》2014 年第 3 期。
[②] 郭宝钧:《商周铜器群综合研究》,第 35 页,文物出版社,1981 年。
[③] 张昌平、刘煜、岳占伟、何毓灵:《二里冈文化至殷墟文化时期青铜器范型技术的发展》,《考古》2010 年第 8 期。

的形式,即由两块泥范、一块腹部泥芯和一块圈足泥芯组成,浇冒口位于圈足底沿,采用倒立浇铸的形式。弦纹爵的铸型工艺为"4+3+1"的形式,即由四块腹部泥范、三块底部泥范和一块腹部泥芯组成。鋬为活块造型,柱和1/2的冒出自腹部泥范,另1/2的冒出自泥芯。浇冒口位置不明,位于足端或柱冒处。方彝的铸型工艺为"4+4+4+3"的形式,即由四块盖部泥范、四块腹部泥范、四块圈足泥范及一块盖部泥芯、一块腹部泥芯、一块圈足泥芯组成。腹部与圈足分段铸接,盖顶伞状柱为分铸插接而成,圈足内部铜铃为分别制作再与器体铸接。浇冒口位置不明,器身浇冒口应位于圈足底沿。复合剑铸型工艺简单,采用两分法分范。由于剑身为二次浇铸,所以剑身与剑首部位分别铸造再进行整铸。

总体说来,枞阳这一组青铜器铸型并不复杂,如青铜鼎与同时期中原地区相比较为简单,但也不乏青铜方彝这一类铸型复杂的器物,可见工匠在器物形制上的技术选择。这组青铜器在铸后均进行过修整打磨,多不见铸造范缝,给分析其范铸方法带来极大困难,故推测难免有误。而且浇铸口痕迹不清晰,可能主要为倒立浇铸成型,浇冒口多设置于器物蹄足、圈足或底范与壁范的合范之处。此外,这组青铜器中发现有一件复合剑,采用了二次浇铸法。依据中国冶金史上铜铁复合技术出现的时间,推测这件器物的年代当不早于战国早期。

关于范铸工艺中的纹饰技术。青铜器纹饰多很简单,主要采用在范面上直接压塑纹饰的方法,如云雷纹鼎、重环纹鼎、窃曲纹鼎、三角蝉纹鼎、龙形鋬匜、爵等的纹饰。方彝造型精美,纹饰复杂,为商周青铜器中的精品。方彝纹饰的制法除在范面上直接压塑外,还在范面上作起稿线,以设计纹饰区域。作为陪衬的地纹为细密的云雷纹,其制法应是在压塑的纹饰凹面内粘贴泥条来塑造细凹槽纹饰的。方彝横长面上的牛首形环纹饰制法也是在范面直接压塑而成。虽然这组青铜器运用的纹饰技术种类繁多,但是,无论是纹饰压塑技术,还是商代中期开创的压塑主纹后起稿,再用泥条粘贴地纹的纹饰堆塑技术,都显得较为原始。而春秋中期以后中原地区广泛流行的单元纹饰范拼对技术,在这组青铜器上未见踪影,这也体现了其纹饰制作上的原始性。

总之,枞阳只是群舒故地中的一个很小区域,本次调查采集的信息局限于枞阳县文管所藏的部分器物,当然不能全面反映群舒青铜器的铸造工艺,但是,管中窥豹,可见一斑。通过这组器物的分析可以了解到,在属群舒外围小国的"宗"国所在地,其青铜器范铸工艺基本沿袭商代至西周的技术,而与此同时的中原地区则使用着更为进步的铸造技术了。究其原因,可能有二:一是青铜器制作技术在当时可谓国家机密,中原诸侯国自然对其严格控制;二是青铜器制作技术的传播有一个时间差,西周至春秋早期,群舒小国可能还停留在早期青铜器的制作工艺阶段。当然,某一地区的青铜器铸造技术不能只简单地以先进、落后来区分,我们还应该考虑技术风格的影响,技术风格应包括从原材料到工具再到艺术风格等一系列流程的选择。群舒青铜器制作的陶模、陶范、制作工具、青铜配比等尚未完全清楚,但是在艺术风格上,群舒选择了一种不同于中原的器形和纹饰,而艺术终究是由技术体现的,故在青铜器铸造上,群舒地区有其自身的特点,既有落后于中原地区的工艺,也有其独特的工艺方法。

2. 青铜器的材质与工艺

本工作选取枞阳出土青铜器样品进行实验分析研究,希望这批新的检测数据,有助于更好地揭示枞阳地区先秦青铜技术特征和工艺水平,为该地区两周考古学及冶金史研究提供新材料。

2012年4月,我们对枞阳县文物管理所馆藏青铜器进行了现场考察,并进行了便携式XRF无损分析和铜器样品采集。样品均取自器物残破处,在满足分析条件的情况下所取样品尽可能小。尽量选取不同种类的器物,以增强样品代表性,同一种类器物尽量选多件取样,以增加可比性。本工作共对20件器物进行取样分析,包括5件西周铜器,1件春秋铜器和14件战国铜器,计铜鼎6件、铁足鼎2件(T00053取样2个)、铜爵1件、铜尊1件、铜壶1件、铜勺1件、铜剑3件、铜矛2件(T00059取样2个)、铜戈2件、铜匜1件,详见表6.4。

化学成分检测和金相组织观察　按照标准的金相试样制备方法制好样品后,在Leica DM4000M金相显微镜下观察并拍照,其中铜器样品在观察、拍照前用3‰三氯化铁盐酸酒精溶液浸蚀。在观察金相组织后,使用SEM-EDS分析样品基体及其各相的元素组成。本次分析所用扫描电子显微镜为德国ZEISS EVO18高分辨扫描电镜,能谱仪采用BRUKER X Flash Detector 5010,分析条件设定为加速电压20千伏,工作距离7—10毫米,激发时间≥60秒。考虑到样品成分偏析和锈蚀等因素,在分析时尽量选取锈蚀较少的不同部位进行多次扫描,取平均值代表样品合金成分,对于某些样品中所含的微小夹杂物颗粒,由于只做定性,故只做一次测定。结果见表6.5、表6.6。

表 6.4　取样信息统计表

器　名	馆藏号	实验号	出土地点	取样信息	取样数量	时期
弦纹爵	T00138	ZY009	官桥前程	腹部断口处	1	西周
瓠形尊	T00141	ZY018		圈足残断处	1	
铜　鼎	T00140	ZY012		腹部残破处	1	
	T00139	ZY015		口沿残破处	1	
	T00107	ZY006	横埠官塘	耳残断部	1	
龙錾匜	T00110	ZY013	金社杨市	腹部残破处	1	春秋
铜　鼎	T00033	ZY005	旗　山	腹部残破处	1	战国
	T00058	ZY019		盖部残破处	1	
	T00065	ZY014		器盖残片	1	
弦纹壶	T00159	ZY017		壶盖残破处	1	
铜　剑	T00016-1	ZY007		残断处	1	
	T00031	ZY008		柄部残破处	1	
	T00057	ZY020		刃部残破处	1	
铜　矛	T00020	ZY004		残断处	1	
铜　戈	T00018	ZY002		残断处	1	
铁足鼎	T00034	ZY021	老　庄	腹部残破处	1	
	T00053	ZY011		器盖残破处	2	
		ZY022		腹部残破处		
铜　勺	T00055	ZY010		残断处	1	
铜　戈	T00154	ZY003		残断处	1	
铜　矛	T00059	ZY001	陈家湾	刃部残破处	2	
		ZY016		銎部残破处		

第六章 一个以矿冶为中心的青铜文化个案 209

表 6.5 枞阳地区出土先秦青铜器的化学组成和金相组织鉴定结果

器名	馆藏号	实验号	取样信息	测试部位	主要元素成分(Wt%) Cu	Sn	Pb	其他	金相显微组织	材质与制作技术
铜鼎	T00140	ZY012	腹部残破处	区域面扫	84.8	1.2	14.0		铸后受热，基体为 α 固溶体，晶内存在偏析，未见 δ 相，有细小硫化物夹杂，铅颗粒弥散分布，可见铸造缩孔	Cu－Sn－Pb 合金，铸后退火
				区域面扫	83.3	1.2	15.6			
				平均成分	84.0	1.2	14.8			
	T00139	ZY015	口沿残破处	区域面扫	95.3	2.7	2.0		α＋(α＋δ)树枝晶组织，偏析明显，部分晶内有滑移带，(α＋δ)共析组织数量多，形态细小，沿枝晶分布，细小硫化物夹杂均匀分布，可见铸造缩孔	Cu－Sn－Pb 合金
	T00107	ZY006	耳残断部	区域面扫	89.0	1.0	10.0		铸后受热，铜 α 固溶体等轴晶组织，铅和硫化物夹杂分布较均匀，α 等轴晶晶界颗粒状，多孤立存在于晶内，局部存在滑移带	Cu－Pb(Sn) 合金，铸后受热（图 6.22.1）
				区域面扫	88.3		10.6	Fe: 1.1		
				区域面扫	88.2	1.0	9.7	Fe: 1.1		
				平均成分	88.5	0.7	10.1	Fe: 0.7		
	T00033	ZY005	腹部残破处	区域面扫	70.5	8.0	21.5		基体不明显偏析的 α 相，晶间可见少量(α＋δ)共析体，铅呈大小不等颗粒状分布于晶内，大量硫化物夹杂弥散分布	Cu－Sn－Pb 合金，铸造
				区域面扫	67.0	7.2	25.8			
				平均成分	68.8	7.6	23.6			
	T00058	ZY019	盖部残破处	区域面扫	70.0	10.6	19.5		α 固溶体树枝晶粗大，(α＋δ)共析组织数量较少，呈岛屿状分布，大小不等铅颗粒均匀分布，基体有见少量硫化物夹杂	Cu－Sn－Pb 合金，铸造（图 6.22.2）
	T00065	ZY014	器盖残片	区域面扫	81.7	2.0	16.3		α 固溶体树枝晶组织，偏析明显，(α＋δ)共析组织数量均匀分布，呈岛屿状分布，大小不等铅颗粒均匀分布，基体有少量硫化物夹杂	Cu－Sn－Pb 合金，铸造

续表

器名	馆藏号	实验号	取样信息	测试部位	Cu	Sn	Pb	其他	金相显微组织	材质与制作技术
铁足鼎	T00034	ZY021	腹部残破处	区域面扫	70.1	1.9	28.1		铸后受热，基体是不明显偏析的α相，局部出现等轴晶粒，为再结晶晶粒，晶间残存少量(α+δ)相，有硫化物夹杂和大小不等铅颗粒弥散分布	Cu-Sn-Pb合金，铸后受热
				区域面扫	60.9	7.8	31.2			
				区域面扫	71.6	1.7	26.7			
				平均成分	67.5	3.8	28.7			
	T00053	ZY011	器盖残破处	区域面扫	88.7	11.3			铸后受热，铜α固溶体等轴晶组织，晶内有极少量δ相，晶粒δ相同界出现锈蚀，有铅和硫化物夹杂颗粒分布	Cu-Sn合金，铸后受热(图6.22,3)
				区域面扫	90.1	9.9				
				平均成分	89.4	10.6				
		ZY022	腹部残破处	区域面扫	86.0	14.0			α+(α+δ)相较多，形态细小，(α+δ)相呈网状、连接成网状、硫化物夹杂呈颗粒状，沿共析组织分布，有自由铜沉淀	Cu-Sn合金，铸造(图6.22,4)
				区域面扫	85.2	14.8				
				平均成分	85.6	14.4				
弦纹爵	T00138	ZY009	腹部断口处	区域面扫	96.5	3.5			铸后受热，α固溶体等轴晶组织，(α+δ)共析存组织，少量硫化物和高铁相夹杂物	Cu-Sn合金，铸后退火
				区域面扫	96.5	3.5				
				平均成分	96.5	3.5				
觚形尊	T00141	ZY018	圈足残断处	区域面扫	89.2	0.9	9.9		铸后受热，铜α等轴晶组织夹杂呈不规则颗粒状，多相连均匀分布于α等轴晶晶界，或孤立存在于晶内	Cu-Pb合金，铸后退火
				区域面扫	88.6	1.0	10.5			
				平均成分	88.9	0.9	10.2			
龙鋬四足匜	T00110	ZY013	腹部残破处	区域面扫	72.5	21.0	6.6		α+(α+δ)共析枝晶组织，偏析明显，部分α晶枝晶均匀分布，(α+δ)共析组织数量多，沿晶界夹杂和铅颗粒均匀分布，共析体优先腐蚀，有自由铜沉淀，可见铸造缩孔	Cu-Sn-Pb合金，铸造
				区域面扫	86.9	5.8	7.3			
				平均成分	79.7	13.4	13.9			

续 表

器名	馆藏号	实验号	取样信息	测试部位	主要元素成分(Wt%) Cu	主要元素成分(Wt%) Sn	主要元素成分(Wt%) Pb	主要元素成分(Wt%) 其他	金相显微组织	材质与制作技术
弦纹壶	T00159	ZY017	壶盖残破处	区域面扫	66.0	33.4		Si: 0.6	α+(α+δ)树枝晶组织,偏析明显,(α+δ)共析组织数量多,沿枝晶均匀分布,连接成网状,共析体全部腐蚀,有少量硫化物夹杂	Cu-Sn合金,铸造
				区域面扫	69.0	31.0				
				平均成分	67.5	32.2		Si: 0.3		
铜勺	T00055	ZY010	残断处	区域面扫	84.7	15.3			α+(α+δ)树枝晶组织,偏析明显,粗大多角花斑状(α+δ)共析组织,大量成网状,大小不等铅颗粒和铸造缩孔弥散分布	Cu-Sn合金,铸造
				区域面扫	84.0	16.0				
				平均成分	84.3	15.7				
铜剑	T00016-1	ZY007	残断处	区域面扫	81.2	18.9			α+(α+δ)树枝晶组织,偏析明显,(α+δ)共析组织数量多,呈多角形斑纹状,连接成网状,(α+δ)优先锈蚀,有自由铜沉淀	Cu-Sn合金,铸造
				区域面扫	81.6	18.5				
				平均成分	81.4	18.7				
	T00031	ZY008	柄部残破处	区域面扫	87.8	12.2			α+(α+δ)树枝晶组织,偏析明显,(α+δ)共析组织数量多,连接成网状,有黑色缩孔	Cu-Sn合金,铸造
				区域面扫	76.2	23.8				
				平均成分	82.0	18.0				
	T00057	ZY020	刃部残破处	区域面扫	69.9	30.2			α固溶体树枝晶粗大,偏析明显,锈蚀沿晶界分布连接成网状,残留有细小δ相,可见细小硫化物夹杂和自由铜沉淀	Cu-Sn合金,铸造
				区域面扫	66.8	33.2				
				区域面扫	65.0	35.0				
				平均成分	67.2	32.8				

续　表

器名	馆藏号	实验号	取样信息	测试部位	主要元素成分(Wt%) Cu	Sn	Pb	其他	金相显微组织	材质与制作技术
铜矛	T00020	ZY004	残断处	区域面扫	68.1	31.9			α+(α+δ)树枝晶组织，偏析明显，(α+δ)共析组织数量多，形态细小，沿枝晶均匀分布，硫化物夹杂颗粒状，沿共析组织分布，边缘锈蚀，有自由铜沉淀	Cu－Sn 合金，铸造
				区域面扫	79.4	20.6				
				平均成分	73.8	26.2				
	T00059	ZY001	刃部残破处	区域面扫	85.0	3.5	11.1		α+(α+δ)枝晶组织，偏析明显，(α+δ)共析组织数量较多，均匀分布于枝晶间隙，(α+δ)优先腐蚀，有少量自由铜沉淀，少量铝颗粒及夹杂物沿晶体分布	Cu－Sn－Pb 合金，铸造(图6.22.5)
				区域面扫	73.6	15.9	10.5			
				区域面扫	85.2	3.8	11.0			
				平均成分	81.3	7.8	10.8			
		ZY016	銎部残破处	区域面扫	88.4		11.6		铅青铜组织，α固溶体枝晶粗大，偏析明显，铅分布不均匀，呈点状均匀分布，细小铅颗粒，夹杂沿δ相分布	Cu－Pb 合金，铸造
				区域面扫	88.9		11.1			
				平均成分	88.7		11.3			
铜戈	T00018	ZY002	残断处	区域面扫	77.1	15.6	7.3		α+(α+δ)树枝晶组织，偏析明显，有较多的(α+δ)共析体连接成网状，α相优先腐蚀，有少量铝颗粒存在	Cu－Sn－Pb 合金，铸造
				区域面扫	78.1	15.3	6.6			
				平均成分	78.0	15.5	6.9			
	T00154	ZY003	残断处	区域面扫	70.7	28.0		Si:1.2	铸后受热，铜锡α相，晶内残存细小δ相，有细小铸造缩孔，晶间出现锈蚀，有少量自由铝颗粒沉淀	Cu－Sn 合金，铸后受热(图6.22.6)
				区域面扫	62.0	26.3		Si:1.1		
				平均成分	66.4	27.2		Si:1.2		

青铜器的技术特征 从 20 件枞阳出土青铜器上取样 22 件,其中 3 件铁足鼎样品取自铜质部分。经成分和金相检测,发现这批铜器样品存在四个特点:① 22 件样品主要为铅锡青铜、锡青铜和铅青铜,其中 1 件铜矛刃部为铅锡青铜,鍪部为铅青铜;② 器物皆为铸造成型,部分器物如铜戈(T00154)呈铸后受热组织;③ 所有样品均含有大小不等夹杂物颗粒;④ 部分样品中有自由铜沉淀。下面分别加以讨论:

(1) 此次分析的 22 件样品中,有 7 件铅锡青铜,均为东周时期铜器,锡含量在 2.0%—15.5%,铅含量在 6.9%—28.7%;有 11 件锡青铜,其中 6 件东周铜器锡含量超过 17%,最高达 32.8%,被认为是高锡青铜,[1]另外 5 件锡含量在 2.7%—15.7%;有 4 件铅青铜,其中 1 件为铜矛(T00059)的鍪部,铅含量在 11.3%。总体看来,铅锡青铜合金元素含量的变化幅度较大,高锡青铜在锡青铜中所占的比例较大,铅青铜集中在西周阶段,由于分析样品数量有限,尚不能对该地区先秦铜器的合金配比规律和特征做进一步探讨。

有些器物不同部位合金元素含量和组织状态存在差异,如铁足鼎(T00053)的器盖和腹部、铜矛(T00059)的刃部和鍪部。检测显示每件器物上的两件样品合金组成和金相组织均不一样(见表 6.5;图 6.22,3、4),表明铁足鼎的器身和器盖应分别制成;而铜矛的刃部为铅锡青铜,鍪部为铅青铜,区别明显,可能是对铜矛使用过程中出现的缺损进行补铸造成的,这种现象在古代青铜器中较为常见,[2]但由于铜矛表面打磨较好,加之锈蚀严重,未能观察到两次浇铸的接口。

(2) 此次分析的 22 件铜器样品皆为铸造组织,包括铜锡二元合金铸造组织、铜铅二元合金铸造组织、铜锡铅三元合金铸造组织和铸后受热组织等。11 件锡青铜中有 9 件锡含量均大于 6%,其中 6 件为高锡青铜,显微组织也都呈现与锡含量相吻合的特征(见表 6.5),呈 α 固溶体加($\alpha+\delta$)共析体铸造组织,偏析明显,($\alpha+\delta$)共析体粗大,互联成网状,有少量铸造缩孔。值得注意的是,铁足鼎(T00053)的器盖和铜戈(T00154)显示铸后受热,组织出现均匀化。铜戈(T00154)局部可见($\alpha+\delta$)相(图 6.22,6),表明这件铜戈受热温度较低,受热时

---

[1] Scott D A, *Metallurgy and microstructure of ancient and historic metals* (Los Angeles: The J. Paul Getty Trust, 1991), p. 25.
[2] 李济、万家保:《古器物研究专刊·第四本·殷虚出土青铜鼎形器之研究》,中研院历史语言研究所,1970 年。

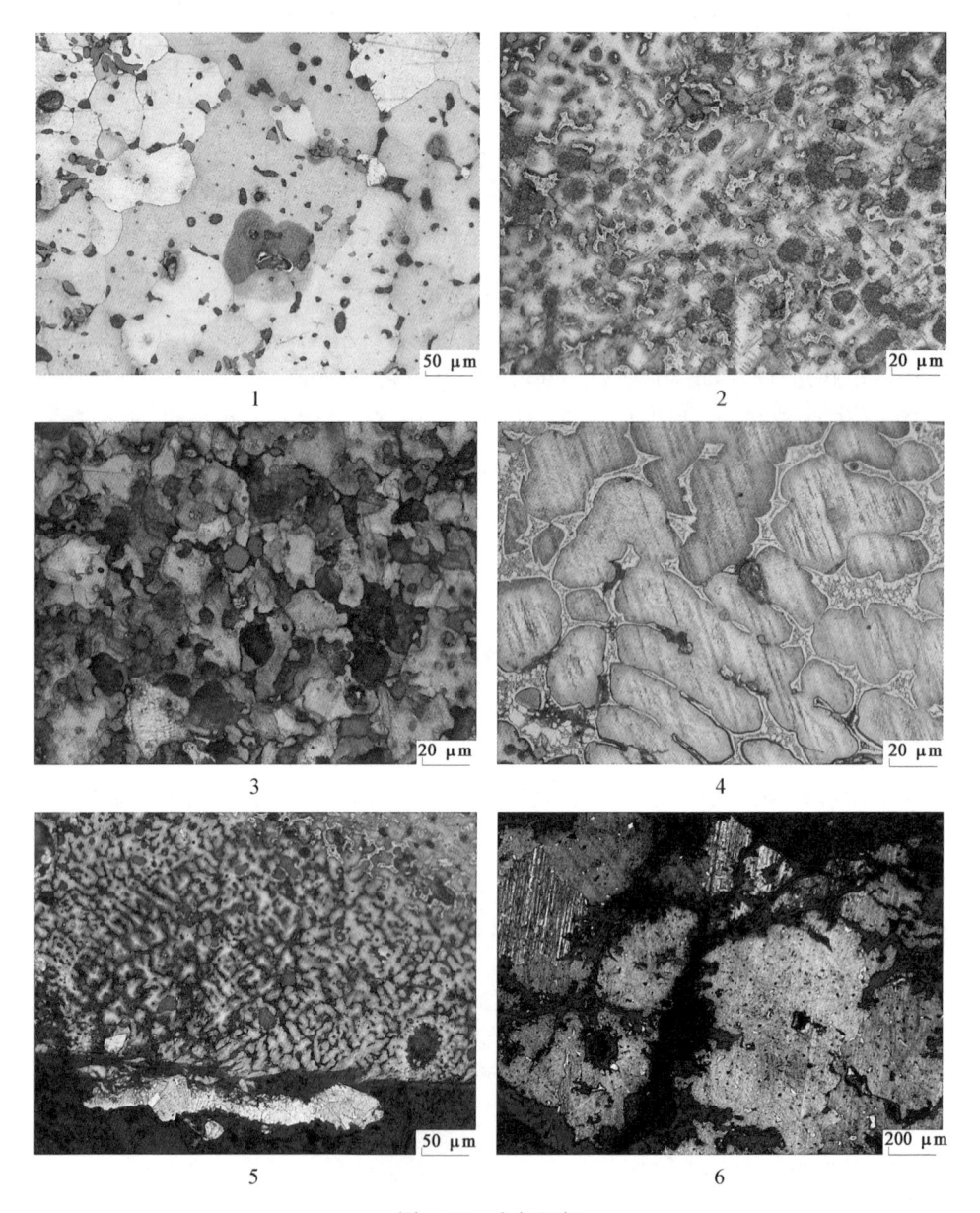

图 6.22　金相组织

1. 重环纹鼎 T00107 耳残断部　2. 铜鼎 T00058 盖部　3. 铁足鼎 T00053 器盖　4. 铁足鼎 T00053 腹部
5. 铜矛 T00059 刃部　6. 铜戈 T00154 残断处

间较短,组织未完全均匀化。

4件铅青铜的铅颗粒以点状、块状、球状均匀分布于晶内或晶间,其中重环纹鼎(T00107)、立耳鼎(T00140)和弧形尊(T00141)样品均有组织均匀化的特征,表明它们铸后受过热(图6.22,1)。鼎和尊等容器可供食物、水和酒的蒸煮或保温,应是在使用过程中受热造成的。7件铅锡青铜中,铅含量均较高,铜鼎(T00033)和铁足鼎(T00034)的腹部铅含量达25%左右,呈不规则大颗粒状分布于铜基体中,另外5件器物的铅颗粒形态稍小,大多沿共析体分布。部分铅锡青铜器物也出现铸后受热现象,组织出现均匀化(图6.22,2)。

(3) 本次分析的22件铜器样品夹杂物以硫化物为主,呈小颗粒状,多与铅或($\alpha+\delta$)共析体伴生,或存在于晶粒界面上。扫描电镜对样品硫化物夹杂成分的分析结果表明,多数样品的含硫量在20%左右(表6.6),硫化物夹杂的存在表

表6.6 枞阳出土部分东周铜器所含夹杂物的成分分析

器物名	馆藏号	实验号	取样部位	夹杂物主要成分 (Wt %)			备 注
				S	Cu	Fe	
铜鼎	T00033	ZY005	腹部残破处	26.6	73.4		铜硫化物
	T00058	ZY019	盖部残破处	18.8	80.1	1.1	铜硫化物(含铁)
	T00139	ZY015	口沿残破处	22.1	75.6	2.3	铜硫化物(含铁)(图6.23,1)
	T00107	ZY006	耳残断部	22.7	73.8	3.5	铜硫化物(含铁)(图6.23,2)
铁足鼎	T00053	ZY011	器盖残破处	18.6	81.4		铜硫化物
		ZY022	腹部残破处	21.9	75.6	2.5	铜硫化物(含铁)
弦纹爵	T00138	ZY009	腹部断口处	26.1	61.1	12.9	铜硫化物(含铁)(图6.23,3)
弧形尊	T00141	ZY018	圈足残断处	18.7	79.0	2.3	铜硫化物(含铁)
龙錾四足匜	T00110	ZY013	腹部残破处	15.1	78.7	6.2	铜硫化物(含铁)
弦纹壶	T00159	ZY017	壶盖残破处	20.5	75.3	4.2	铜硫化物(含铁)
铜剑	T00031	ZY008	柄部残破处	18.4	81.6		铜硫化物
铜矛	T00020	ZY004	残断处	21.5	78.5		铜硫化物(图6.23,4)
铜戈	T00018	ZY002	残断处	20.6	79.4		硫化物

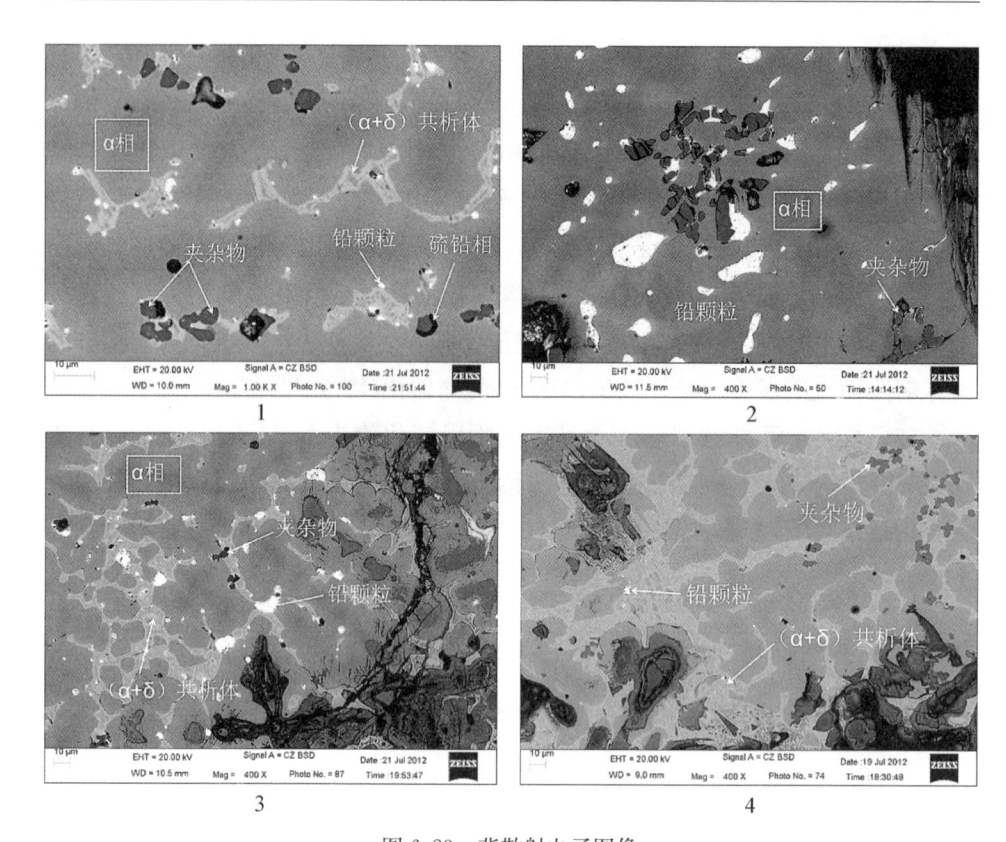

图 6.23 背散射电子图像

1. 窃曲纹鼎(T00139)组织 2. 重环纹鼎(T00107)组织 3. 弦纹爵(T00138)组织 4. 铜矛(T00020)组织

明冶炼所用矿石不是纯净的氧化矿。部分为含铁的铜硫化物夹杂,有学者就古代铜器中铁含量做过研究,认为铁含量的变化能够反映铜矿冶炼技术的某种改变。[1]

冶铜技术产生早期所开采的高品位氧化铜矿中含铁矿石较少,在相对低的温度和较差的还原条件下,铁矿石被还原成金属铁的可能性很小。当开采的铜矿逐渐进入到富含铁矿石的硫化矿带时,会在造渣过程中加入铁矿石造渣。一方面,铜器中会夹裹含铁的硫化物;另一方面,在较高的冶炼温度和较强的还原条件下,这些铁矿石被还原成金属铁并熔入铜中的可能性就较大,冶炼得到的

---

[1] Craddock P T, Meeks N D, "Iron in ancient copper", *Archaeometry* (1987), 29(2): 187-204.

是含铁较多的粗铜。枞阳汤家墩使用硫化矿冶炼冰铜,[①]皖南铜陵、南陵、贵池、繁昌等地出土的周代菱形铜锭含铁量较高,特别是安徽贵池徽家冲出土的菱形铜锭铁含量高达30%。[②] 由此可见,这些铜器铜料可能是采用硫化矿石冶炼所得。

青铜剑的制作工艺 吴、越是我国最早铸造青铜剑的地区之一。《新序·杂事篇》云:"夫剑产干、越。"高诱注:"干,吴也。"3件取样分析的青铜剑(T00016-1、T00031和T00057)均为锡青铜,锡含量分别为18.0%、18.7%和32.8%。锡含量适当的合金能够保证较高的机械性能;布氏硬度大于80,一般多在150—200;抗拉强度大于17(吨/平方英寸),一般多在19—20(吨/平方英寸)适合于制造用于刺杀、射击及切削等用途的剑、矛、镞之类锋刃器,[③]3件铜剑合金含锡量均符合这种要求;另外,当锡含量接近19%时,合金呈现金灿灿的色泽,正是作为铜剑所需要的颜色,表明吴越地区铸铜工匠已熟练掌握器物种类跟合金材料选择之间的对应关系。

编号为T00016-1的铜剑与古越阁藏兽面纹剑较为相似,古越阁藏兽面纹剑的剑格上同时使用了错金和镶嵌孔雀石工艺,[④]这种工艺和装饰风格在吴越地区较为常见。枞阳文管所藏的铜剑剑格上可见较多错金纹饰,错金纹饰之间有凹槽,可能是用来镶嵌绿松石或孔雀石等,但由于镶嵌物已脱落而无法确知。

东周时期吴越出现的青铜复合剑,从一个侧面反映了古代工匠对青铜合金成分与性能之间关系的深刻了解,剑的中脊和两刃用合金成分不同的青铜铸接而成,由于剑脊与剑从成分的差异导致了剑身出现了两种色泽,因此又将这种剑称为双色剑。陈佩芬、[⑤]何堂坤、[⑥]彭适凡[⑦]等曾对青铜复合剑做了成分和组织的研究,指出其是采用低锡和高锡青铜两种合金制作而成。廉海萍对上海博物馆藏的4把复合剑残剑的制作工艺进行了研究,结果表明吴越青铜剑基本是采用低锡青铜制作韧性好的剑脊,高锡青铜制作强度和硬度高的剑从,使用榫

---

① 郁永彬、王开、陈建立、梅建军等:《皖南地区早期冶铜技术研究的新收获》,《考古》2015年第5期。
② 华觉明:《中国古代金属技术——铜和铁造就的文明》,第74—78页,大象出版社,1999年。
③ 孙淑云:《当阳赵家湖楚墓金属器的鉴定》,《中国冶金史论文集》(2),科学出版社,1994年。
④ 李学勤:《古越阁所藏青铜兵器选粹》,《文物》1993年第4期。
⑤ 陈佩芬:《古代铜兵铜镜的成分及有关铸造技术》,《上海博物馆馆刊》第1辑,上海人民出版社,1981年。
⑥ 何堂坤:《鄂州战国青铜兵刃器初步考察》,《江汉考古》1990年第3期。
⑦ 彭适凡、华觉明、王玉柱:《江西出土的青铜复合剑及其检测研究》,《中原文物》1994年第3期。

卯结构以铸接法将剑脊与剑从结合成一体。① 丁忠明等对山东新泰周家庄出土的2把青铜复合剑进行了检测分析,结果表明新泰青铜复合剑的低锡区设置在剑脊与剑刃之间,截面结构呈现4个燕尾槽形、2个六边形、1个哑铃形的3种形式。②

枞阳出土的复合剑(T00016-2)的剑脊呈米黄色,表面粗糙,剑从呈暗绿色,有釉质感,表面平整。便携式XRF分析表明,枞阳出土的复合剑的刃部和脊部合金成分差别较大,脊部的锡含量小于刃部,表明了铸铜工匠使用两种合金来铸制复合剑。从外表观察,枞阳出土的复合剑与廉海萍分析的上海博物馆藏青铜复合剑外观相似,并且同属吴越风格,制作工艺理应相同或相近。

本节对枞阳出土的部分先秦青铜器进行了初步检测分析。22件样品中有11件锡青铜、7件铅锡青铜和4件铅青铜;所有器物均为铸造成型,部分器物金相组织有铸后受热特征。铁足鼎的器身和器盖合金成分不同,应是分别制成。铜矛的刃部为铅锡青铜,銎部为铅青铜。该地区出土的东周青铜剑的制作工艺较为复杂,3件取样分析的铜剑均为高锡青铜,部分铜剑还使用了错金、镶嵌及复合剑的制作工艺。尽管本次分析的样品数量有限,尚不足以全面揭示该地区出土青铜器的材质和制作工艺特征,但为继续深入地研究该地区先秦青铜技术和区域青铜文化积累了数据资料。

3. 青铜器的矿料来源

微量元素示踪法是青铜器矿料来源研究中常用的自然科学方法之一。国外学者自20世纪60年代即开始探索这一方法的应用,迄今已建立了意大利阿尔卑斯山铜矿、阿戈尔多铜矿以及北美各自然铜矿床的特征元素数据库,并将微量元素示踪法和铅同位素示踪技术相结合,探讨了北欧青铜时代瑞典铜器的矿料来源,认为瑞典铜器所用铜料主要来自意大利的阿尔卑斯山铜矿、伊比利业半岛和撒丁岛。近年来,国内学者也开始关注微量元素示踪法在青铜器矿料来源研究中的应用,探讨了铜矿冶炼过程中微量元素的化学行为和变化规律,筛选出对铜矿来源具有指示意义的示踪元素组合,并采用这一方法,对来自安

---

① 廉海萍、谭德睿:《东周青铜复合剑制作技术研究》,《文物保护与考古科学》2002年增刊。
② 丁忠明、曲传刚、刘延常、吴来明、穆红梅:《山东新泰出土东周青铜复合剑制作技术研究》,《文物保护与考古科学》2012年增刊。

徽淮北、铜陵、南陵、繁昌、滁县以及山西侯马、陕西扶风和辽西地区等地青铜器的矿料来源进行了初步研究。①

目前,应用微量元素示踪法探讨青铜器矿料来源时,主要采用ICP-AES测定青铜器基体的微量元素。ICP-AES分析需采用酸溶法进行样品制备,对锈蚀严重的青铜器难以测定其微量元素。激光剥蚀电感耦合等离子体质谱仪(LA-ICP-MS)是20世纪80年代出现的一种固体微区化学组成测定的新技术。该技术采用激光剥蚀系统代替使用强酸溶解样品的前处理过程,从而可直接分析固体样品,具有无需预处理、需要样品量小、快速、无损、灵敏度高等特点,可望用于古代金属文物微量元素的原位无损分析。

在国外,LA-ICP-MS已在钱币、陶器、铁器、颜料等考古材料的研究中得到较好的应用,甚至被认为可取代X射线荧光分析和中子活化分析。② 2011年,凌雪等首次采用LA-ICP-MS测定了甘肃礼县、陕西陇县、宝鸡、凤翔出土春秋时期秦青铜器的微量元素,探讨了该方法分析金属文物微区微量元素的可行性;③ 2013年,陈开运等人通过对古钱币中的铅同位素进行飞秒激光剥蚀——多接收电感耦合等离子质谱分析,建立了铅同位素原位微区无损伤分析方法。④

本工作将采用激光剥蚀电感耦合等离子体质谱(LA-ICP-MS),对枞阳境内出土西周至战国时期青铜器和汤家墩遗址出土炼渣中的铜颗粒进行微量元素原位无损分析,以探明枞阳出土青铜器的矿料来源,为探讨枞阳古铜矿资源的输出奠定科学基础,并有望建立一种金属文物微量元素原位无损分析的新方法。

实验所用青铜器残品均采自枞阳县文物管理所。2012年4月,我们对枞阳县文物管理所的青铜器进行了现场考察和样品采集。采集样品时,严格遵循

---

① 秦颖、朱继平、王昌燧、董亚巍:《利用微量元素示踪青铜器矿料来源的实验研究》,《东南文化》2004年第5期;魏国锋、秦颖、杨立新、张国茂、龚长根、谢尧亭、范文谦、王昌燧:《若干古铜矿及其冶炼产物输出方向判别标志的初步研究》,《考古》2009年第1期;魏国锋、秦颖、王昌燧:《若干地区出土部分商周青铜器的矿料来源研究》,《地质学报》2011年第3期。

② 廖华军、罗武干、李桃元等:《吉家院墓地出土青铜器的矿料来源初探》,《华夏考古》2013年第2期。

③ 凌雪、贾腊江、柳小明、金普军、杨小刚、袁洪林、赵丛苍:《春秋时期秦青铜器微量元素的激光剥蚀等离子体质谱》,《兰州大学学报(自然科学版)》2012年第48卷第1期。

④ 陈开运、范超、袁洪林、包志安、宗春蕾、戴梦宁、凌雪、杨颖:《飞秒激光剥蚀—多接收电感耦合等离子质谱原位微区分析青铜中铅同位素组成—以古铜钱币为例》,《光谱学与光谱分析》2013年第5期。

"最小干预"、"保护文物的原真性"等文物保护的基本原则,在具有代表性器物断口和残破处截取少量样品,尽量不破坏文物的原貌,并对器物全貌、取样部位进行了照相和文字记录,查证了器物的原始编号等资料。本次工作共采集13件青铜器样品,其中西周时期4件,春秋时期1件,其余均为战国时期。

铜颗粒样品为炼渣中的颗粒夹杂,所用炼渣分别采自汤家墩遗址和铜陵矿冶遗址。古粗铜样品采自湖北黄石铜绿山矿冶遗址。样品详细情况如表6.7所示。

表6.7 样品概况

实验编号	馆藏号	样品名称	时代	采样信息	出土地点
tjdc-1	—	铜颗粒	商代晚期	炼渣断面	汤家墩遗址
tjdc-2	—	铜颗粒	商代晚期	炼渣断面	汤家墩遗址
tjdc-3	—	铜颗粒	商代晚期	炼渣断面	汤家墩遗址
tjdc-4	—	铜颗粒	商代晚期	炼渣断面	汤家墩遗址
tlsc-1	—	古粗铜	东周	遗址采集	铜绿山矿冶遗址
tlc-1	—	铜颗粒	东周	炼渣断面	铜陵矿冶遗址
zy-1	T00110	龙銎匜	春秋	銎残破处	枞阳杨市村
zy-2	ZW00898	铜勺	战国	腹部残片	枞阳旗山村
zy-3	T00053	铁足鼎	战国	器盖残处	枞阳老庄村
zy-4	T00065	铜鼎	战国	腹部残片	枞阳旗山村
zy-5	T00065	铜鼎	战国	腹部残片	枞阳旗山村
zy-6	T00159	弦纹壶	战国	盖残破处	枞阳旗山村
zy-7	T00034	铁足鼎	战国	腹部残片	枞阳旗山村
zy-8	T00154	铜戈	战国	残断处	枞阳老庄村
zy-9	T00059	铜矛	战国	銎部残破处	枞阳陈家湾
zy-10	T00139	窃曲纹鼎	西周	口沿残破处	枞阳官桥镇前程村
zy-11	T00140	立耳鼎	西周	腹部残破处	枞阳官桥镇前程村
zy-12	T00138	弦纹爵	西周	腹部断口处	枞阳官桥镇前程村
zy-13	T00141	觚形尊	西周	圈足残断处	枞阳官桥镇前程村

仪器和测试条件 青铜器和炼渣中铜颗粒微量元素的原位分析在中国科学院壳幔物质与环境重点实验室进行。测试所用的 LA‑ICP‑MS(激光剥蚀电感耦合等离子体质谱)由美国 PerkinElmer/SCIEX 公司生产的 Elan DRCII型等离子体质谱仪和美国 Coherent 公司生产的 GeoLas Pro 激光剥蚀系统组成。

激光器种类:ArF 准分子激光;激光波长:193 nm;能量密度:10 J/cm²;剥蚀速率:5—10 Hz;He 载气流速:0.3 L/min;激光预热时间:~30 s;激光剥蚀时间:40 s;激光束斑直径:32 μm;剥蚀类型:单点剥蚀;每次剥蚀深度:0.1—0.2 μm。

实验方法 采用切割机将炼渣切割到合适大小,并使炼渣中所夹杂的铜颗粒出露于断面;对青铜器进行超声波清洗,然后将其镶嵌在电木粉中,进行表面抛光处理,使之出现一个光亮无污染的测试平面。将镶嵌、打磨、抛光后的青铜器样品和带有铜颗粒的炼渣样品放置于 80 cm³ 的剥蚀池中,剥蚀的物质送入四级杆质谱仪中,首先在高温等离子体中进行离子化,然后在四级杆质谱中进行测定,元素的检出限可达 ppt 级。

前期工作中,本课题组已对铜矿冶炼过程中微量元素的化学行为进行了较为深入的研究,筛选出了对铜矿来源具有指示意义的示踪元素组合。[1] 本次实验中,仅对青铜器和铜颗粒中对铜矿来源具有指示意义的 Co、Ni、As、Au、Ag、Sb、Bi 等元素进行了分析检测,结果如表 6.8 所示。

表 6.8 青铜器和炼渣中铜颗粒的 LA‑ICP‑MS 分析结果(μg/g)

实验编号	样品名称	Co	Ni	As	Ag	Sb	Au	Bi
tjdc‑1	铜颗粒	121.43	195.43	9 311.81	1 103.92	4 129.35	9.04	918.09
tjdc‑2	铜颗粒	207.44	460.36	28 172.66	733.36	2 867.99	2.97	909.09
tjdc‑3	铜颗粒	115.74	1 434.89	4 638.93	2 596.62	288.08	27.71	404.13
tjdc‑4	铜颗粒	305.32	985.32	3 622.80	9 763.82	1 025.40	5.65	12 035.43
tlsc‑1	古粗铜	14.00	1 205.90	72.70	798.48	185.16	17.01	17.19
tlc‑1	铜颗粒	78.60	86.72	210.44	228.24	16.58	3.08	24.90

---

[1] 魏国锋、秦颍、杨立新、张国茂、龚长根、谢尧亭、范文谦、王昌燧:《若干古铜矿及其冶炼产物输出方向判别标志的初步研究》,《考古》2009 年第 1 期;魏国锋、秦颍、王昌燧等:《若干地区出土部分商周青铜器的矿料来源研究》,《地质学报》2011 年第 3 期。

续 表

实验编号	样品名称	Co	Ni	As	Ag	Sb	Au	Bi
zy-1	铜匜	218.38	209.91	1 653.60	2 727.05	350.56	9.03	14 718.47
zy-2	铜勺	402.22	1 013.86	4 058.96	3 232.08	1 262.48	28.20	1 005.75
zy-3	铁足鼎	133.89	804.59	3 538.12	3 039.88	1 833.61	18.11	1 958.73
zy-4	铜鼎	309.02	686.16	2 849.77	2 735.90	1 574.52	18.96	1 688.70
zy-5	铜鼎	335.68	723.52	2 052.11	2 660.40	1 075.46	20.33	2 330.27
zy-6	弦纹壶	286.50	2 519.65	10 698.91	2 998.59	5 353.80	93.82	617.43
zy-7	铁足鼎	261.74	729.77	3 629.47	3 945.50	1 021.27	11.66	1 908.83
zy-8	铜戈	81.10	31.32	272.56	341.43	19.16	0.32	28.28
zy-9	铜矛	35.68	357.45	1 714.60	2 819.25	260.49	16.10	447.08
zy-10	窃曲纹鼎	68.07	129.31	2 104.67	1 589.66	675.19	3.39	4 408.49
zy-11	立耳鼎	7.55	15.96	2 251.69	7 906.91	349.34	9.03	7 587.33
zy-12	弦纹鼎	111.77	167.84	4 948.18	1 109.79	1 420.02	7.76	4 106.95
zy-13	铜尊	8.48	46.45	1 161.08	2 641.64	362.55	1.66	1 337.15

汤家墩遗址炼渣中铜颗粒的 LA-ICP-MS 分析　采用微量元素示踪法研究枞阳青铜器的矿料来源,首先应探明枞阳古铜矿冶炼金属产品的微量元素特征,这是解决枞阳青铜器矿料来源的前提和基础。

枞阳位于长江中下游金属成矿带中部,铜矿资源十分丰富。20 世纪 80 年代以来,安徽省文物考古研究所先后在枞阳县境内发现了井边、拔茅山、铜山、铜矿岭、牛头山、生鸡园、安凤中学、腊鹅地、罗黄斗等铜矿开采遗址,时代上至商周、下至宋代,散布范围数百平方公里。商周时期的汤家墩遗址位于枞阳县周潭镇七井村,1989 年发掘时发现了炼渣、陶范、铜矿石、炉壁等冶炼遗物。采用 LA-ICP-MS 对汤家墩遗址古炼渣中的铜颗粒进行原位微量元素分析,有望了解枞阳古铜矿冶炼金属铜的微量元素特征。

为便于比较,本工作也对铜陵和铜绿山矿冶遗址的金属铜样品进行了 LA-ICP-MS 分析(表 6.8)。从表 6.8 的数据可以看出,较之铜陵古炼渣中的铜颗粒和铜绿山古粗铜样品,汤家墩遗址古炼渣中铜颗粒的 Co、As、Sb、Ag 和 Bi 等元素含量较高。根据文献资料,枞阳境内的拔茅山、井边等铜矿的 Ag、Bi

等元素含量较高,①与汤家墩遗址冶炼铜金属的元素特征较为相符。据此可以推测,汤家墩冶炼遗址所用的铜矿可能来自枞阳县境内,汤家墩遗址可能是枞阳古铜矿的一个冶炼场所。

为进一步比较,采用社会科学统计软件 SPSS,以 Co、Ni、As、Au、Ag、Sb、Bi 等元素为变量对炼渣中的铜颗粒和古粗铜进行因子分析和聚类分析,结果如图 6.24 和图 6.25 所示。

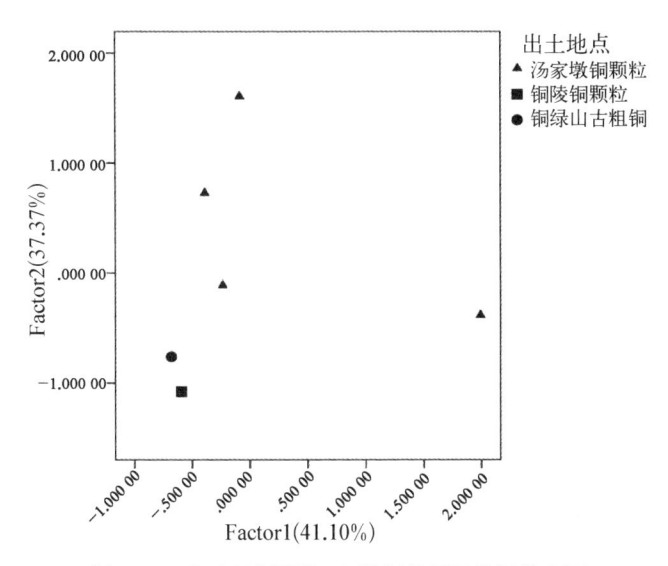

图 6.24　各遗址铜颗粒、古粗铜的因子分析散点图

因子分析散点图(图 6.24)显示,汤家墩遗址炼渣中铜颗粒的分布尽管较为分散,但均分布在铜陵和铜绿山铜颗粒的上方,与铜陵和铜绿山铜颗粒的分布区域明显不同,表明汤家墩遗址冶炼金属铜的微量元素组合特征不同于铜陵和铜绿山的。

在因子分析的过程中,对数据采取了降维处理。为验证因子分析的可靠性,可采用聚类分析对数据进一步处理。从聚类分析树状图(图 6.25)可以看出,在阈值 λ=10 时,所有样品分为 3 类,其中铜陵古炼渣中的铜颗粒与汤家墩遗址的三个铜颗粒聚为一类,铜绿山的古粗铜样品与汤家墩炼渣中的铜颗粒

---

① 覃水军、曾键年、王思源等:《安徽庐枞盆地井边铜(金)矿成矿特征及控矿地质因素探讨》,《矿床地质》2010 年第 5 期;张寿稳:《安徽省枞阳县拔茅山铜矿地质特征》,《资源调查与环境》2007 年第 3 期;卫成治、何定国:《安徽省枞阳县王庄地区铜矿地质特征及成因探讨》,《安徽地质》2009 年第 1 期。

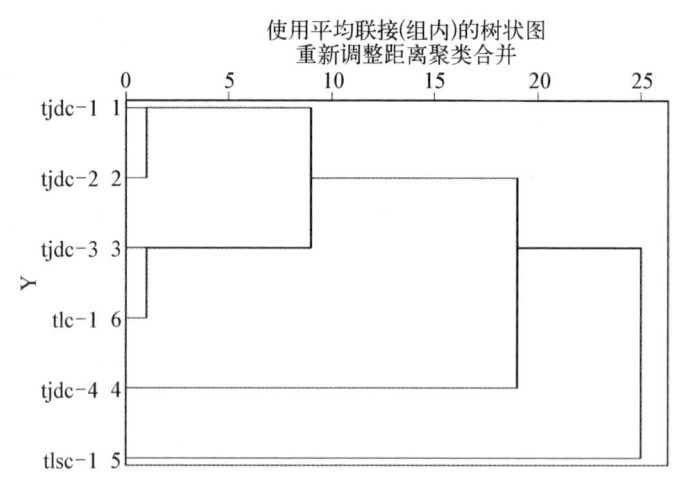

图 6.25 各遗址铜颗粒、古粗铜的聚类分析树状图

tjdc-4 各自聚为一类。tjdc-4 中的 Bi 含量高达 12 035.43 μg/g,远高于其他样品的,这可能是该样品不与汤家墩其他铜颗粒聚在一起的原因。

铜陵的铜颗粒虽然与汤家墩的聚在了一类,但从二者的微量元素特征图来看(图 6.26),铜陵冶炼铜颗粒的 As、Sb、Ag、Bi、Ni 等元素含量明显低于汤家墩冶炼铜的,表明枞阳与铜陵虽然隔江相望,但两地铜矿的冶炼金属产品在微量元素组合特征上还是具有一定差异性的。

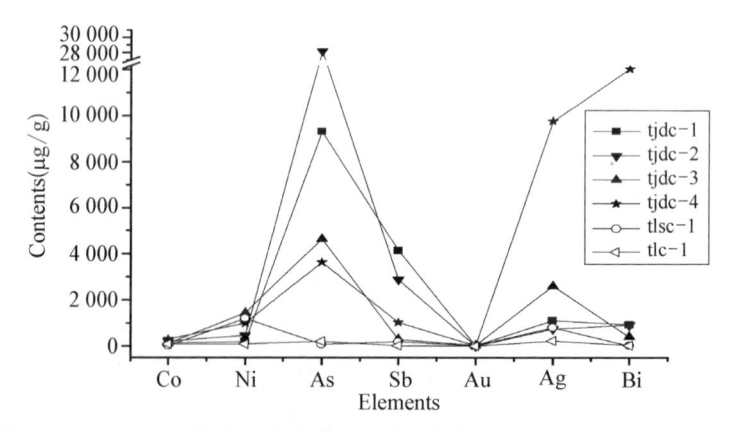

图 6.26 各遗址冶炼铜颗粒、古粗铜的微量元素特征图

综合 LA-ICP-MS 与多元统计分析的结果,汤家墩遗址冶炼金属铜具有不同于铜陵和铜绿山的微量元素特征,利用微量元素示踪法探讨枞阳古铜矿的

输出方向和枞阳青铜器的矿料来源是可行的。

枞阳青铜器的 LA-ICP-MS 分析 枞阳县境内商周遗址众多,已出土各类西周至战国时期的青铜容器、兵器和工具等数十件。该地青铜器的文化内涵十分丰富,既有中原周式器形,也有江淮或长江流域本土器形,出土地点主要包括汤家墩、官塘、前程、杨市和旗山等,大多为墓葬出土,出土单元或共存关系明确。探明枞阳青铜器的铜矿来源,对于探讨枞阳古铜矿的开发、输出及其与周边地区青铜文化的关系至关重要。

图 6.26 为文中所检测枞阳青铜器的微量元素特征图,结合表 6.8 的数据,可以看出,除 zy-8 等个别青铜器外,大多数枞阳青铜器的微量元素组合特征较为相似,其 As、Sb、Ag、Bi 等元素含量较高,与汤家墩遗址铜颗粒的微量元素特征比较接近。

为进一步探讨枞阳青铜器的矿料来源,采用社会科学统计软件 SPSS,以 Co、Ni、As、Au、Ag、Sb、Bi 等元素为变量,对枞阳青铜器与各遗址炼渣中的铜颗粒和古粗铜样品进行多元统计分析,结果如图 6.27 和图 6.28 所示。

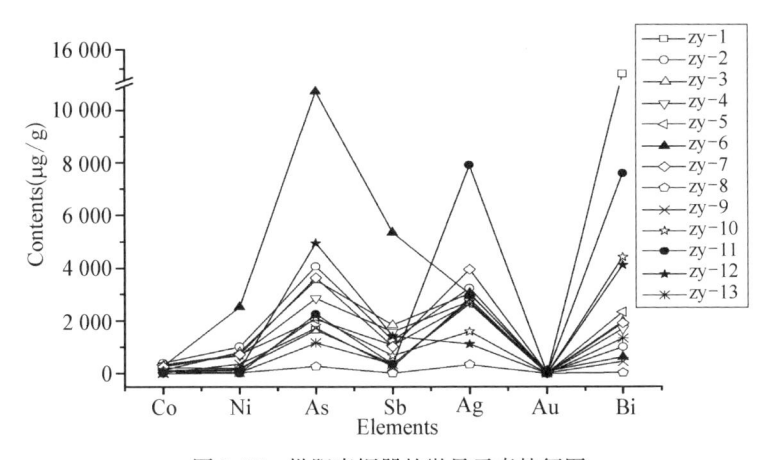

图 6.27 枞阳青铜器的微量元素特征图

图 6.28 为枞阳青铜器与各遗址冶炼金属铜的因子分析散点图。从图中可以看出,大多数枞阳青铜器均与汤家墩遗址冶炼铜颗粒分布在同一个区域,而铜陵和铜绿山的冶炼金属铜分布在枞阳青铜器和汤家墩遗址冶炼铜颗粒的下方,且双方距离较远,表明枞阳青铜器的微量元素组合特征与汤家墩遗址冶炼金属铜的较为接近,其所用铜矿很可能来自枞阳当地。

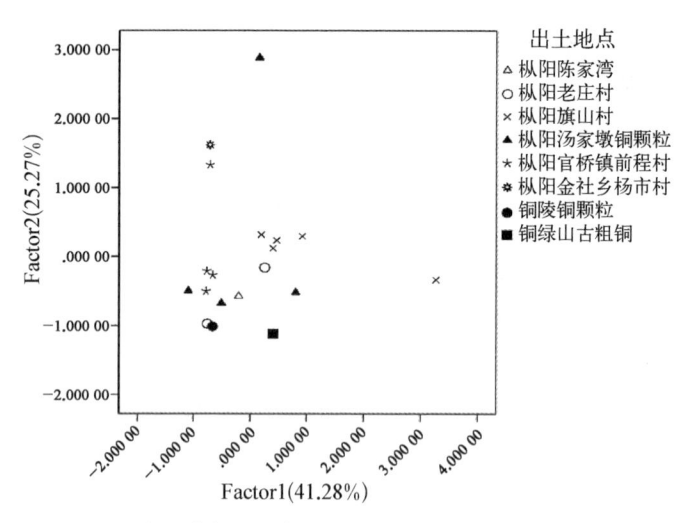

图 6.28　枞阳青铜器与各遗址冶炼金属铜的因子分析散点图

聚类分析的结果与因子分析结果基本相同。在阀值 λ=12 时,全部样品分为两类。所有枞阳青铜器与汤家墩冶炼金属铜颗粒聚为一类,铜绿山古粗铜单独聚为一类,从而进一步表明枞阳青铜器与汤家墩冶炼金属铜在微量元素组合特征上具有一定的相似性。

在聚类分析树状图(图 6.29)中,当阀值 λ=10 时,所有的西周铜器聚为一

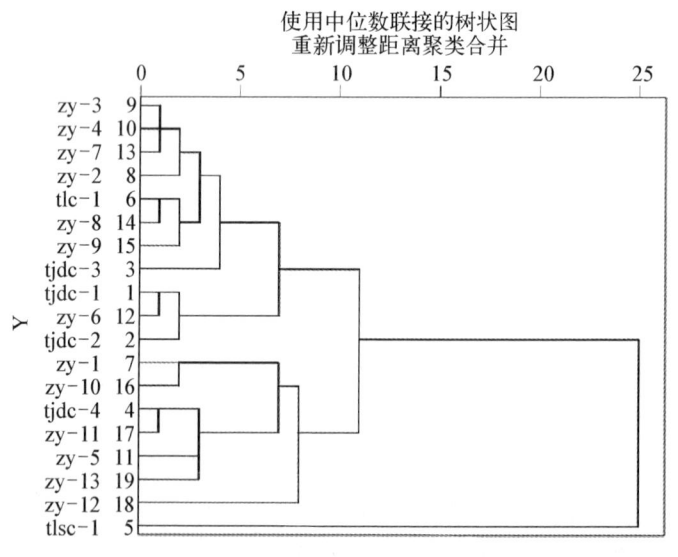

图 6.29　枞阳青铜器与各遗址冶炼金属铜的聚类分析树状图

类,暗示这四件西周器所用铜矿应来自枞阳县境内的同一个铜矿点。本次检测的西周铜器,均出自枞阳县官桥镇前程村,且均具有明显的中原周式风格。聚类分析的结果表明这些中原周式风格的青铜器并非从中原输入的,而是当地居民在中原周文化的影响下,在枞阳采用当地的铜矿冶炼铸造而成,这对探讨中国商周时期青铜冶铸技术的传播具有重要的学术价值。

虽然来自铜陵的冶炼金属铜与枞阳青铜器和汤家墩遗址铜颗粒聚在一大类,但是从图6.30的微量元素特征图来看,除zy-8外,其余枞阳青铜器的微量元素组合特征与铜陵冶炼铜颗粒的明显不同,其As、Sb、Ag、Bi等元素含量明显高于来自铜陵的冶炼铜。由图6.31可见,zy-8和铜陵冶炼铜的微量元素特征

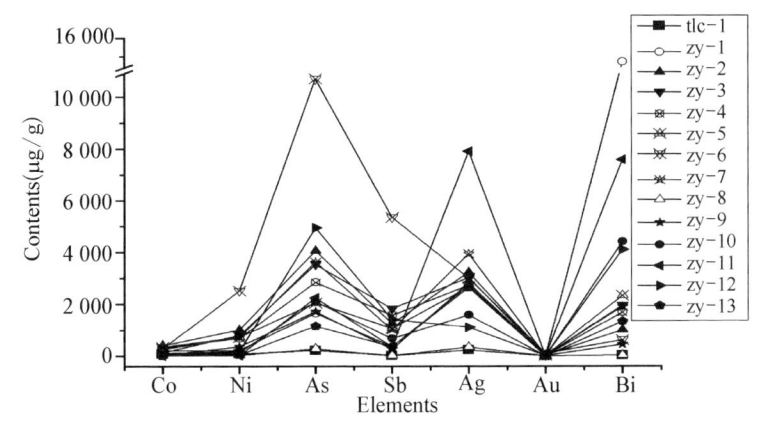

图6.30 枞阳青铜器与铜陵冶炼铜颗粒的微量元素特征图

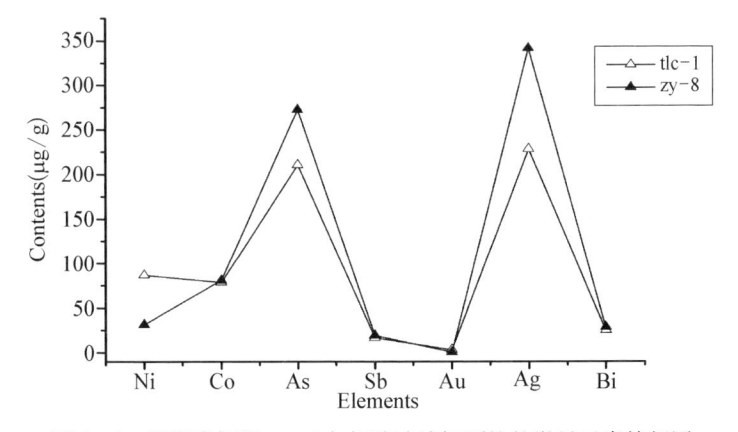

图6.31 枞阳青铜器zy-8与铜陵冶炼铜颗粒的微量元素特征图

极为相近,这与图6.27中zy-8与tlc-1聚为一小类的情况相符。考虑到枞阳汤家墩遗址距离长江较近,与铜陵隔江相望,铜陵铜矿完全有可能向西输出到长江以北的枞阳县境内。

综上所述,枞阳青铜器从西周至战国时期,所用铜料来源似乎并无较大变化,主要来自汤家墩遗址周边的枞阳县各铜矿点;同时,有少量铜器的铜料可能来自长江以南的铜陵地区。铜陵铜矿在向北输出到中原的过程中,应该经过了枞阳地区。

LA-ICP-MS的分析结果表明,汤家墩遗址冶炼铜颗粒的Co、As、Sb、Ag和Bi等元素含量较高,其微量元素特征与枞阳境内拔茅山、井边等铜矿的较为相符,而不同于铜绿山和铜陵的冶炼金属铜。汤家墩遗址是枞阳古铜矿的一个冶炼场所,其所用的铜料主要来自枞阳县境内的各古铜矿点,利用微量元素示踪法探讨枞阳古铜料的输出方向和枞阳青铜器的矿料来源是可行的。

枞阳青铜器与各遗址冶炼金属铜的因子分析和聚类分析结果显示,大多数枞阳青铜器的微量元素特征与汤家墩遗址冶炼铜颗粒的较为相近。从西周至战国时期,枞阳青铜器所用铜料来源无较大变化,主要来自汤家墩遗址周边的枞阳县境内;同时,有少量器物的铜料可能来自长江以南的铜陵地区。根据聚类分析的结果,具有中原周式风格的枞阳西周青铜器,并非从中原输入到枞阳县境内的,而是枞阳当地居民在中原西周文化的影响下,采用枞阳的古铜矿在本地冶炼铸造而成的。

LA-ICP-MS具有的快速、无损、灵敏度高等特点,使其可用于古铜矿冶遗址炼渣中所夹杂铜颗粒的原位无损分析,从而为利用炼渣探讨各矿冶遗址冶炼金属产品的微量元素特征提供了一种快速、有效的新方法,对采用微量元素示踪法探讨中国商周青铜器的矿料来源具有重要的应用价值。

4. 汤家墩冶炼遗物的初步分析

汤家墩遗址位于安徽省枞阳县周潭镇七井行政村菊山自然村南300米处,是一处较典型的台地遗址。遗址南距长江约17公里,北有三官山脉,东3公里处有沙湖和陈瑶湖,所处的位置恰在长江冲积平原与山区的交界地带。1986年,枞阳县文物工作者进行文物普查时,在该遗址地面及剖面发现陶鬲足、纺轮等一些文化遗物。1987年,七井窑厂工人在遗址西南端取土时发现1件西周时期饕餮纹青铜方彝,造型庄重,制作精细,花纹古朴凝重,是件难得的青铜精品。1989年,安徽省文物考古研究所主持发掘汤家墩遗址,面积达198平方米,出土了铜器、炉渣、炉壁、铜矿石和陶范等大量与冶铸有关的遗迹和遗物。这些遗物和遗迹的发现,说明汤家墩遗址是长江中下游地区商周时期非常重要的青铜文化遗址。

随着20世纪80年代以来皖南商周铜矿遗址的调查、发掘以及近年铜陵师姑墩遗址青铜冶铸遗存的发现与整理,长江北岸的枞阳、无为、庐江等地的青铜文化遗存日益受到学术界的关注。本工作采用科技手段对汤家墩遗址的炉渣、炉壁等冶炼遗物进行分析检测,以了解该遗址的冶铸性质和技术,相关研究结果对探讨枞庐地区青铜冶铸技术的起源及其与周边地区青铜文化的互动关系具有重要的学术价值。

本次研究所用的炉渣和炉壁样品均来自汤家墩遗址。炉渣多为流体状,形状不甚规整,大小不一,大者重约1千克,小者仅有数十克,表面呈褐色或黑灰色,局部有铜绿斑点(图6.32,1)。炉壁残片呈片状,最长处约8.5厘米,最宽约7厘米,断面纹理呈弧状,厚度3—4厘米(图6.32,2)。内壁黏附有少量流体状黑色附着物,外层为砖红色,较致密,内层为青黑色,疏松多孔,外表面有植物茎纹路,系由草拌黏土掺杂少量砂粒筑成。

图6.32 汤家墩遗址冶炼遗物
1. 1号炼渣 2. 炉壁

炉渣及炉壁的X射线荧光(XRF)分析在景德镇陶瓷学院古陶瓷研究所进行,所用仪器为美国EDAX公司生产的束斑直径为300 μm的Eagle—III型能量色散X射线荧光光谱仪。

炉渣的X射线衍射(XRD)分析在安徽大学现代实验技术中心进行。采用仪器为北京普析通用仪器有限责任公司生产的XD-3型X射线衍射仪。具体工作条件为：电压 36 kV,电流 25 mA,衍射扫描范围：10°—70°,测试波长为 1.54 Å。

炉渣中金属颗粒的扫描电镜能谱分析在安徽建筑大学材料与化学工程学院现代分析测试中心进行。采用仪器为日本生产的型号为（JEOL JSM-7500F)+EDX(Oxford X-MAX-20)的冷场发射扫描电子显微镜。

炉渣中金属颗粒微量元素的原位分析在中国科学院壳幔物质与环境重点实验室进行。测试所用的 LA-ICP-MS(激光剥蚀电感耦合等离子体质谱)由美国 PerkinElmer/SCIEX 公司生产的 Elan DRCⅡ型等离子体质谱仪和美国 Coherent 公司生产的 GeoLas Pro 激光剥蚀系统组成。激光器种类：ArF 准分子激光;激光波长：193 nm;能量密度：10 J/cm^2;剥蚀速率：5—10 Hz;He 载气流速：0.3 L/min;激光预热时间：~30 s;激光剥蚀时间：40 s;激光束斑直径：32 μm;剥蚀类型：单点剥蚀;每次剥蚀深度：0.1—0.2 μm。

XRF 分析　汤家墩遗址出土有陶范、炉壁、炉渣、铜矿石等青铜冶铸遗物。陶范是用于铸造青铜器的,表明该遗址可能存在青铜器铸造作坊。在此情况下,判明汤家墩遗址炉壁上黏附的炉渣和遗址文化层中出土的炉渣是熔铜渣还是炼铜渣,对认定该遗址的冶炼性质至关重要。

熔铜渣系由炉壁侵蚀融化后与造渣剂相互作用而成,其中来自炉壁的成分之间的比例应与炉壁中相应成分间的比例一致。[①] 表 6.9 为汤家墩遗址炉渣和炉壁的 XRF 分析结果。可以看出,炉渣中的钙、铁含量均远高于炉壁中的相应含量,表明炉渣中的钙、铁成分不是来自炉壁。考虑到熔铜时加入较多的钙、铁成分会人为加大炉渣量,在操作和经济上是不可取的,这些成分只能来自炼铜所用的原料——铜矿石。

表 6.9　汤家墩炼渣及炉壁的 XRF 数据

样品编号	样品类型	Al_2O_3	SiO_2	P_2O_5	K_2O	CaO	TiO_2	MnO	Fe_2O_3	ZnO	SrO	ZrO_2	S	Cu
Slag-1	炉渣	9.06	36.99	1.48	0.89	3.87	0.22	0.28	45.04	0.02	0.02	0.02	0.348	0.992
Slag-2	炉渣	7.01	49.58	1.2	1.02	3.71	0.25	0.43	33.48	0.02	0.04	0.02	0.324	1.944
FW-3	炉壁	16.5	74.69	0.56	2.31	0.6	1.03	0.08	3.95	0.01	0.02	0.05	0.016	0.12

① 李延祥、韩汝玢、宝文博等：《牛河梁冶铜炉壁残片研究》,《有色金属》2000 年第 12 期。

前期的研究工作表明,古代炼铜渣中的铁含量普遍较高,而熔铜渣中的铁含量较低。宁夏照壁山、湖北铜绿山和皖南沿江地区出土炼渣的 Fe_2O_3 含量普遍在 40% 以上,[1] 小双桥遗址铸造铜渣的 Fe_2O_3 含量大多在 6% 以下。[2] 汤家墩遗址炉渣的高铁含量,符合炼铜渣的基本特征。

XRD 分析　研究资料显示,自公元前 4000 年以后,所有炼铜渣基本上都有硅酸铁,以铁橄榄石、普通辉石和钙铁辉石最为常见。[3] 小双桥遗址熔铜渣的主要物相成分有石英、赤铜矿、锡石、黑铜矿、白铅矿和孔雀石等矿物,没有发现炼铜渣所常见的铁橄榄石、普通辉石等。[4] 汤家墩遗址两个炉渣样品的 XRD 分析结果(图 6.33)显示,其主要物相为铁橄榄石和石英,含有少量的金属铜,与炼铜渣的物相特征基本相符。

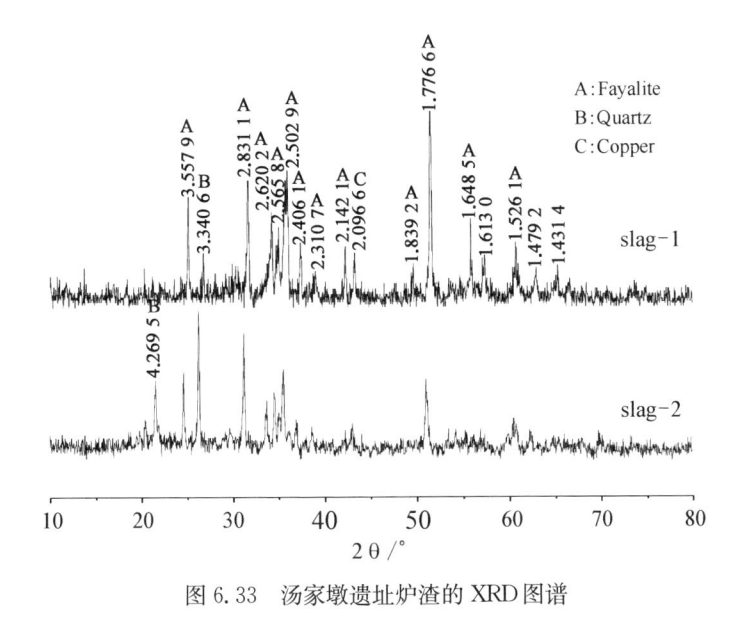

图 6.33　汤家墩遗址炉渣的 XRD 图谱

SEM-EDX 分析　铜颗粒是包含于炉渣中的冶炼遗物,其元素成分隐藏着

---

[1] 魏国锋、秦颍、杨立新等:《若干古铜矿及其冶炼产物输出方向判别标志的初步研究》,《考古》2009 年第 1 期。
[2] 黄娟、魏国锋、宋国定等:《小双桥遗址出土冶铸遗物的科技分析》,《有色金属》2011 年第 1 期。
[3] 泰利柯特(Tyiecote, R. F.)著,华觉明译:《世界冶金发展史》,第 12—18 页,科学技术文献出版社,1985 年。
[4] 黄娟、魏国锋、宋国定等:《小双桥遗址出土冶铸遗物的科技分析》,《有色金属》2011 年第 1 期。

重要的冶金信息。因此,通过炉渣中铜颗粒的扫描分析,可以探索其冶铜工艺。表6.10为汤家墩遗址炉渣中金属颗粒的SEM-EDX分析结果(图6.34—6.38)。从能谱分析结果看,只有金属颗粒Slag2-c4含有少量白冰铜,其余大部分样品为纯铜颗粒,个别含有一定量的Fe和S。所有样品中均未发现低品位冰铜颗粒,这表明这些炉渣都是还原渣。根据李延祥和洪彦若等先生的研究,"氧化铜——铜"和"硫化铜——铜"两种冶铜工艺均产生还原渣,[1]汤家墩遗址的还原渣产自上述哪一种工艺尚需进一步探索。

表6.10 汤家墩遗址炉渣中金属颗粒的SEM-EDX分析结果

样品编号	测试位置	Cu	Fe	S
Slag1-c1	A	100.00	—	—
	B	100.00	—	—
Slag1-c2	A	94.95	5.05	—
	B	82.63	17.37	—
Slag2-c1	A	100.00	—	—
Slag2-c2	A	97.61	2.39	—
Slag2-c3	A	100.00	—	—
Slag2-c4	A	93.36	—	6.64
Fw3-c1	A	100.00	—	—
	B	100.00	—	—

LA-ICP-MS分析 1966年,美国物理学家A. M. 弗里德曼(A. M. Friedman)等人综合前期的大量研究,发现铜制品中As、Ag、Sb、Bi、Fe、Pb等微量元素的含量与其所用铜矿石类型具有一定的关联性,并计算出了铜制品中不同含量范围的As、Ag、Sb、Bi、Fe、Pb等微量元素来自自然铜、氧化铜矿和硫化铜矿三种矿石的概率(表6.11、表6.12)。[2] 据此,可以判断古代铜制品所用的矿石类型。

---

[1] 李延祥、洪延若:《炉渣分析揭示古代炼铜技术》,《文物保护与考古科学》1995年第1期;李延祥、王兆文、王连伟等:《大井古铜矿冶炼技术及产品特征初探》,《有色金属》2001年第3期。

[2] A. M. Friedman, M. CONWAY, M. KASTNER, et al. Copper Artifacts: Correlation with Source Type of Copper Ores[J]. SCIENCE, 1966, 152: 1504-1506.

表 6.11 微量元素含量范围表

数 值 单 位	含量范围(%)
1	<0.004
2	0.004—0.01
3	0.01—0.04
4	0.04—0.1
5	0.1—0.4
6	0.4—1.0
7	1.0—4.0
8	4.0—10
9	>10

表 6.12 As、Ag、Sb、Bi 等微量元素来自不同类型铜矿石的概率

数值单位	砷(As) I	II	III	银(Ag) I	II	III
1	0.84	0.62	0.43	0.1	0.62	0.27
2	.05	.04	.03	.05	.08	.03
3	.05	.08	.03	.26	.12	.13
4	.05	.19	.23	.58	.04	.27
5	.05	.04	.07	<.005	.15	.13
6	<.005	.08	.13	<.005	.04	.17
7	<.005	<.005	.03	<.005	<.005	.03
8	<.005	<.005	.10	<.005	<.005	.03
9	<.005	<.005	<.005	<.005	<.005	<.005

数值单位	锑(Sb) I	II	III	铋(Bi) I	II	III
1	1.00	0.85	0.50	1.00	0.73	0.60
2	<0.005	.04	.03	<0.005	.04	.03
3	<.005	.04	.17	<.005	.19	.23
4	<.005	.08	.03	<.005	.08	.03

续　表

数值单位	锑(Sb)			铋(Bi)		
	Ⅰ	Ⅱ	Ⅲ	Ⅰ	Ⅱ	Ⅲ
5	<.005	.04	.17	<.005	<.005	.03
6	<.005	<.005	.07	<.005	<.005	10
7	<.005	<.005	.03	<.005	<.005	<.005
8	<.005	<.005	.07	<.005	<.005	<.005
9	<.005	<.005	<.005	<.005	<.005	<.005

注：Ⅰ,自然铜；Ⅱ,氧化矿；Ⅲ,硫化矿

本工作采用 LA‑ICP‑MS,对汤家墩炉渣中所夹杂铜颗粒中的 As、Ag、Sb、Bi 等四种微量元素的含量进行了检测分析,结果如表 6.13 所示。根据弗里德曼的研究方法,可以计算出铜颗粒中各元素含量分别来自氧化铜矿和硫化铜矿的概率。以样品 Slag1‑c1 为例,其 As、Ag、Sb、Bi 元素的含量分别为 0.93%、0.11%、0.41%、0.09%,对应表 6.11 中的数值单位分别为 6、5、6、4。根据这些数值单位,可在表 6.12 中找出对应的概率,如 As 元素,数值单位为 6,这一含量范围来自氧化铜矿的概率为 0.08,来自硫化铜矿的概率为 0.13。据此,得出全部铜颗粒中各元素分别来自两种铜矿石的概率,结果如表 6.14 所示。

表 6.13　汤家墩遗址炉渣中铜颗粒的 LA‑ICP‑MS 分析结果　　(单位：%)

实验编号	样品名称	As	Ag	Sb	Bi
Slag1‑c1	铜颗粒	0.93	0.11	0.41	0.09
Slag2‑c2	铜颗粒	2.82	0.07	0.29	0.09
Slag2‑c3	铜颗粒	0.46	0.26	0.03	0.04
Slag3‑c1	铜颗粒	0.36	0.98	0.1	1.2

弗里德曼等人的研究结果表明,铜颗粒中一定含量范围内的 As、Ag、Sb、Bi 等元素同时来自某种铜矿石中的概率与其分别来自该种铜矿石中的概率的乘积有关。[1] 据此,根据汤家墩遗址炉渣中铜颗粒的 As、Ag、Sb、Bi 等微量元素含

---

[1] A. M. Friedman, M. CONWAY, M. KASTNER, et al. Copper Artifacts: Correlation with Source Type of Copper Ores[J]. SCIENCE, 1966, 152: 1504‑1506.

量,计算出汤家墩遗址炉渣中铜颗粒产自氧化铜矿和硫化铜矿的概率(表6.14)。汤家墩遗址的铜颗粒均来自炉渣,应为氧化铜矿或硫化铜矿的冶炼产物,因此,将铜颗粒产自两种矿石的概率标准化为100%。

表6.14 汤家墩遗址炉渣中铜颗粒来自不同类型铜矿石的概率

实验编号	矿石种类	出现概率 As	Ag	Sb	Bi	概率乘积	标准化概率(单位：%)
Slag1-c1	氧化铜矿	0.08	0.15	<0.005	0.08	$4.8×10^{-6}$	<11.91
Slag1-c1	硫化铜矿	0.13	0.13	0.07	0.03	$3.55×10^{-5}$	88.09
Slag2-c2	氧化铜矿	<0.005	0.04	0.04	0.08	$6.4×10^{-7}$	<1.53
Slag2-c2	硫化铜矿	0.13	0.27	0.17	0.27	$4.13×10^{-5}$	98.47
Slag2-c3	氧化铜矿	0.08	0.15	0.04	0.19	$9.12×10^{-5}$	12.13
Slag2-c3	硫化铜矿	0.13	0.13	0.17	0.23	$6.61×10^{-4}$	87.87
FM3-c1	氧化铜矿	0.04	0.04	0.04	<0.005	$3.2×10^{-7}$	3.07
FM3-c1	硫化铜矿	0.07	0.17	0.17	<0.005	$1.01×10^{-5}$	96.93

表6.14的计算结果显示,汤家墩遗址炉渣中的铜颗粒产自硫化铜矿的标准概率均在87.87%以上,远大于产自氧化铜矿的标准概率,从而表明汤家墩遗址的铜颗粒为硫化矿冶炼产物,遗址文化层中的炉渣为硫化矿冶炼渣。

根据炉渣与炉壁的XRF数据的对比及炼渣成分的波动性,可以判定炉壁为冶炼炉残片;结合电镜能谱分析结果,汤家墩遗址炉渣中的金属颗粒大部分为纯铜颗粒,个别含Fe和S,而且均没有发现低品位冰铜,这说明汤家墩遗址冶炼类型为还原熔炼;通过LA-ICP-MS分析,再结合弗里德曼的研究,计算出汤家墩遗址炉渣中铜颗粒产自硫化铜矿的概率均在87.87%以上,远大于产自氧化铜矿的概率,这表明汤家墩遗址的铜颗粒为硫化铜矿冶炼产物,汤家墩遗址所使用的矿料主要为硫化铜矿。

综合上述研究结果,汤家墩遗址以硫化铜矿为主要原料,采用"硫化铜——铜"的冶铜工艺。同时,又考虑到汤家墩遗址文化层中出土有铸铜所用陶范,汤家墩遗址在获取铜后很可能就地进行铸造,因此,汤家墩很可能是一个冶铸一体化的青铜冶铸遗址。本次研究进一步明确了汤家墩遗址的冶铸性质,为深入研究汤家墩遗址的冶铸工艺、矿料来源奠定了基础,对研究枞庐地区的青铜冶铸技术的起源及安徽沿江地带古铜矿冶技术的发展具有非常重要的意义。

第七章
与汶泗沂沭流域的比较研究

距今六七千年时，分布在山东、苏北地区的北辛文化与以安徽沿淮地区的蚌埠双墩遗址为代表的文化遗存，就已经出现若干相似的文化因素，如陶器中夹蚌壳屑陶器、小口双耳壶、支座等。距今六千年至四千五百年，大汶口文化南下抵达淮河流域，凿形足罐形鼎、红陶鬶、高柄杯等在皖北地区出现。到了龙山时期，今山东、苏北和皖北地区，又都流行鬼脸足鼎、鬶、圈足盘等陶器。①

据《世本·氏姓》及《左传》文公十二年杜注，群舒为偃姓，皋陶后裔。《帝王世纪》说："皋陶生于曲阜。曲阜偃地，故帝因之而赐姓偃。"皋陶之后有英、六、群舒等，皆建国于江淮之间，然其始居地却在今山东曲阜一带，并推测很有可能在今山东东阿县一带。②

偃姓群舒是淮夷文化重要的组成部分，众多学者对淮夷起源进行过讨论，主要有五种观点：一、淮夷起源山东，以顾颉刚先生为代表；③二、淮夷是鸟夷的一支，起源于河北燕山一带，以何光岳先生为代表；④三、淮夷本为中土部族，殷周之际立国于朝歌之西，以徐中舒先生为代表；⑤四、淮夷为隹夷的一支，夷民族发源于东北，沿海南下止于徐州者为徐夷，至淮泗者为淮夷，以陈梦家先生为代表；⑥五、淮夷为淮河流域的土著居民。目前学术界较为认同的观点主要是以顾颉刚先生为代表的淮夷起源山东说。

---

① 王迅：《东夷文化和淮夷文化研究》，北京大学出版社，1994年。
② 胡嘏：《群舒考论》，《历史地理研究》第2辑，复旦大学出版社，1990年。
③ 顾颉刚：《奄和蒲姑的南迁——周公东征史事考证四之四》，《文史》第31辑，中华书局，1988年。
④ 何光岳：《淮夷史考》，《安徽史学》1986年第2期。
⑤ 徐中舒：《蒲姑、徐奄、淮夷、群舒考》，《四川大学学报（哲学社会科学版）》1998年第3期。
⑥ 陈梦家：《隹夷考》，《禹贡》半月刊第5卷第10期。

据文献记载,群舒始据于山东,周初南迁至江淮地区。关于群舒的文献记载比较匮乏,群舒青铜器又几无铭文,检验偃姓群舒出自山东的文献记载、考古材料,特别是最能反映族群文化面貌的青铜器的比较研究就显得尤为重要。近年来,两地区域性研究成果不断涌现,如《皖南商周青铜器》、《江淮群舒青铜器》、《山东诸小国青铜器研究》、[①]《山东金文集成》、[②]《海岱地区商周青铜器研究》[③]等。但是,群舒与山东南部诸国之间系统的比较研究,尚显薄弱。山东南部地区诸国如薛、郳、莒、小邾国等皆为东夷文化孑遗,上古时期江淮流域和山东南部区域又大致同属于东夷集团范畴之内,因此,将群舒与山东南部诸国进行考古学文化比较研究,对于解释群舒族群来源以及淮夷文化的起源,皆具有重要学术意义。

本章的研究对象主要是群舒和山东南部诸国出土的青铜容器。

本章研究的地理范围主要包括安徽江淮地区和山东南部地区(图7.1[④])。江淮地区商周时期为淮夷、南淮夷散居之地,其中群舒族群是规模较大的一支。山东南部地区主要是指汶泗河流域和沂沭河流域,包括今曲阜、泰安、长清、枣庄、滕州、济宁、临沂、沂源、日照、莒县等。这一地区气候适宜,自然环境条件优越,适宜人类生存,自距今40万年左右的沂源猿人到新石器时代的后李、北辛、大汶口、龙山文化,再到后来的岳石文化、商文化、周文化,一脉相承,源远流长。商周时期这一区域主要是东夷族群散居之地,为争夺生存空间,中原王朝与东夷之间文化碰撞摩擦不断。

本章研究的时间范围,因文献记载群舒自周初由山东南迁至江淮地区,可将研究上限定为商代晚期。据《左传》记载,襄公二十五年(公元前548年)"舒鸠人卒叛楚,令尹子木伐之,及离城。吴人救之。……吴师大败。遂围舒鸠,舒鸠溃。八月,楚灭舒鸠"。至此群舒彻底灭亡。又,《左传》定公二年(公元前508年),"吴子使舒鸠氏诱楚人",此处仅称之为"氏",可能是舒鸠国虽灭,而其族仍存,此后文献中再不见群舒的踪影,因此,我们把研究下限定为春秋晚期偏早是比较合适的。

---

① 黄盛璋:《山东诸小国铜器研究——〈两周金文大系续编〉分国考释之一章》,《华夏考古》1989年第1期。
② 山东省博物馆:《山东金文集成》,齐鲁书社,2007年。
③ 毕经纬:《海岱地区商周青铜器研究》,陕西师范大学博士论文,2013年。
④ 底图据谭其骧:《中国历史地图集(第一册)》,第20、21页,中国地图出版社,1996年;山东地区参考王青:《海岱地区周代墓研究》,第137页,齐鲁书社,2002年。

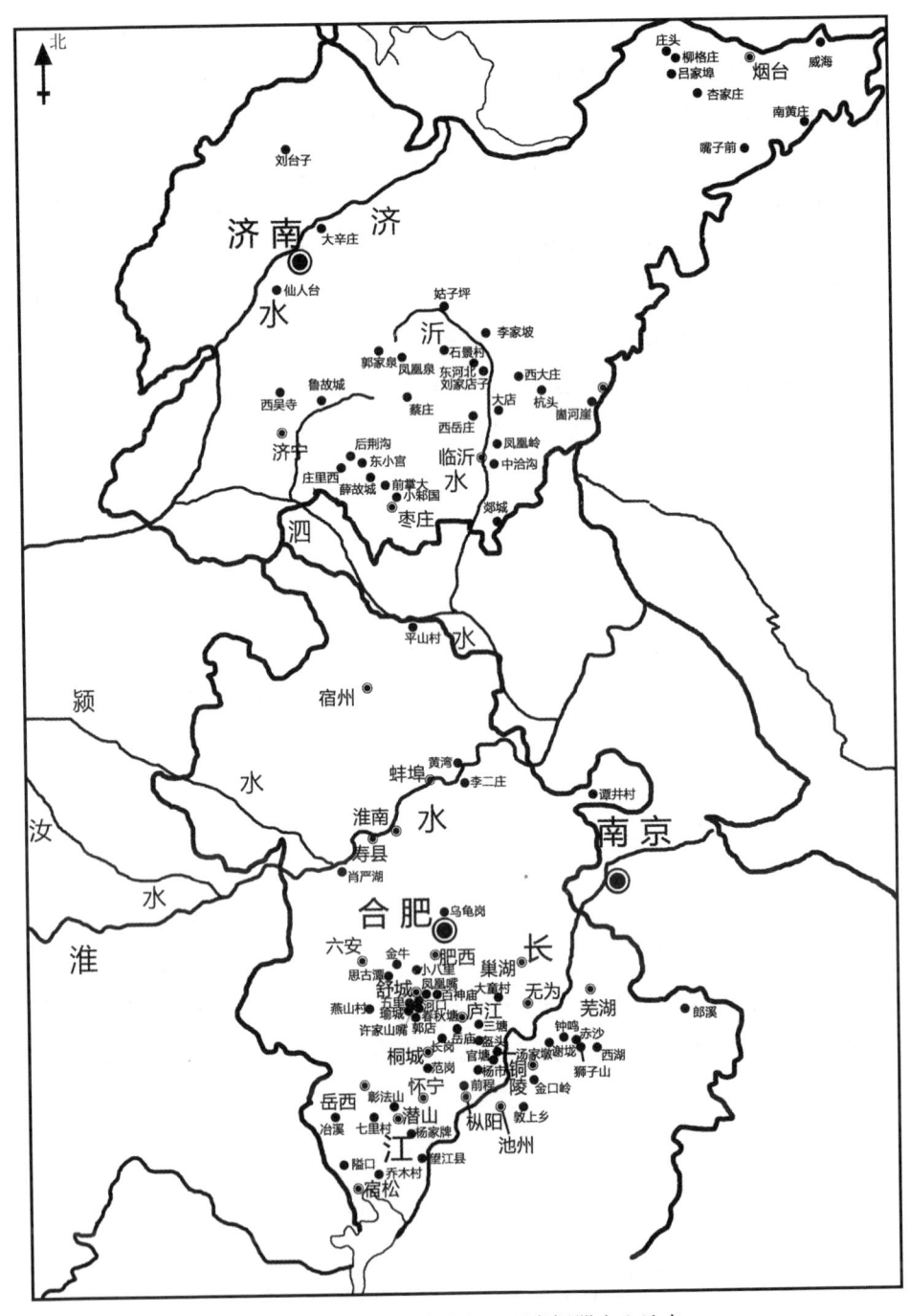

图 7.1　江淮和山东南部地区青铜器出土地点

本章主要运用类型学方法对群舒和山东南部地区出土青铜器的形制、纹饰以及墓葬制度进行比较研究，并运用文化因素分析法，揭示两地间青铜文化因素的构成，探讨两地间青铜文化的交流与互动。

一、铜器的器形

重环纹蹄足鼎 在江淮地区和山东地区都有较多数量出土，基本形制为立耳，鼓腹蹄足，流行年代在西周晚期至春秋早中期。其中西周晚期腹部较深，如曲阜鲁国故城 M48：18①（图 7.2,1），耳饰两道凹弦纹，颈部饰重环纹。威海市羊亭镇南郊村 M2：1，②直口，折沿，方唇，双立耳，腹较浅，下腹内收，圜底，三蹄足。颈部饰重环纹，腹部有一周凸弦纹，西周晚期到春秋早期。莒县西大庄 M1：1③（图 7.2,2），口沿外折，双立耳，腹部较深，圜底，蹄形足，双耳各饰凸弦纹一周，西周晚期。长清仙人台 M3：2，④立耳，折沿，腹部微鼓，圜底，蹄形足。腹上部与耳外侧饰重环纹，腹部饰垂鳞纹，西周晚期。群舒地区，如谢坑出土重环纹鼎，腹部较浅与莒县西大庄重环纹鼎较为相似，年代应相距不远。春秋早期以后，两地区重环纹鼎腹部变浅，立耳外侈，如薛国故城⑤ M1：62（图 7.2,3），

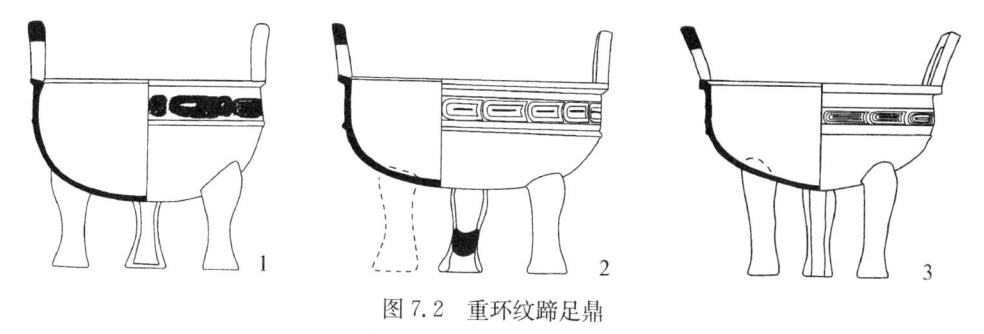

图 7.2 重环纹蹄足鼎
1. 鲁国 M48：18 2. 莒县西大庄 M1：1 3. 薛国故城 M1：62

---

① 山东省文物考古研究所、山东省博物馆、济宁地区文物组、曲阜县文管会：《曲阜鲁国故城》，齐鲁书社，1982年。
② 郑同修、隋裕仁：《山东威海市发现周代墓葬》，《考古》1995年第1期。
③ 莒县博物馆：《山东莒县西大庄西周墓葬》，《考古》1999年第7期。
④ 山东大学考古系：《山东长清县仙人台周代墓地》，《考古》1998年第9期。
⑤ 山东省济宁市文物管理局：《薛国故城勘查和墓葬发掘报告》，《考古学报》1991年第4期。

敞口，方唇，圜底，浅腹，无盖。腹饰一周凸弦纹及重环纹，耳外饰点线纹两组。舒城县瑜城村出土重环纹鼎，立耳外侈，耳侧外部饰点线纹。合肥出土重环纹鼎与舒城瑜城村形制基本相同。综上，可以看出西周晚期至春秋早期，两地区深腹重环纹鼎基本上延续中原传统，春秋早期开始腹部变浅，立耳外侈，且立耳均饰有点线纹。

附耳矩形钮盖鼎　基本形制为敛口，鼓腹，圜底，附耳，上有一平盖，盖上有三矩形钮，流行于西周晚期到春秋中期。据目前材料来看，山东地区似乎年代较早，如邹平县七家峪村2号鼎，[①]年代为西周晚期，其柱足也显示出其较早的特征。小邾国墓也出土了10件附耳矩形钮盖鼎（图7.3），深腹，蹄足，腹部饰夔龙纹，蹄足饰兽面纹，年代为春秋早期。群舒地区出土矩形钮盖鼎，如凤凰嘴鼎、河口鼎、舒城砖瓦厂鼎等。凤凰嘴鼎蹄足较高，腹部稍浅，舒城砖瓦厂和河口鼎腹部较深，蹄足变矮。西周晚期流行矩形钮盖簋，如应侯簋、叔仓父簋、笱伯大父簋[②]等，铜簋在西周早中期开始出现，春秋中期逐渐消失，而矩形钮盖鼎西周晚期开始出现，流行于春秋时期，乃至战国时期。铜簋矩形钮与附耳鼎矩形钮形制基本一致，两者之间应有一定渊源关系。其中较早的矩形钮盖鼎是在宝鸡茹家庄二号墓出土的井姬鼎BRM2∶3，[③]盖面微鼓，折沿明显，上有三矩形钮，器身为子母口，厚唇，附耳，鼓腹，三柱足较短。盖面周缘与鼎身颈部，皆饰有垂冠顾首龙纹，器内铸铭文24字表明此为彊伯为井姬所作器，年代为西周中期。综上，此类鼎西周中期在中原地区出现，西周晚期以后在山东地区逐渐发展起来，并有完整的发展序列，因此，此类铜鼎形制源于中原地区，发展于山东地区，并逐渐传播至江淮地区。

图7.3　附耳矩形钮盖鼎

立耳平盖鼎　形制皆为立耳，平盖，蹄足，盖上有一鼻形钮，群舒青铜器中发现较多，如小八里鼎、五里鼎等。小八里和五里鼎形制基本相同，皆为盆形浅

---

① 王轩：《山东邹县七家峪村出土的西周铜器》，《考古》1965年第11期。
② 陈佩芬：《夏商周青铜器研究·西周篇》，第507、508、522页，上海古籍出版社，2004年。
③ 卢连成、胡智生：《宝鸡彊国墓地》，第364、365页，文物出版，1988年。

腹,立耳,蹄足。山东地区出土如长清仙人台墓地 M6：B3①(图 7.4)、沂水刘家店子 M2：4、M1：3 皆为圜底球腹鼎,两者之间有所区别,但大体形制一致,年代基本接近,两者之间应该存在一定联系。思古潭蝉纹鼎,在山东南部地区没有发现此类器形,立耳蝉纹鼎最早在商代晚期妇好墓②中发现,立耳深腹,圜底,柱足,腹部饰有扉棱。宝鸡竹园沟 M1：1,③耳部外侈,浅腹,腹部有扉棱,柱足较高,年代为西周早期。由此可见,此类带扉棱蝉纹鼎,应源于商代晚期中原传统。

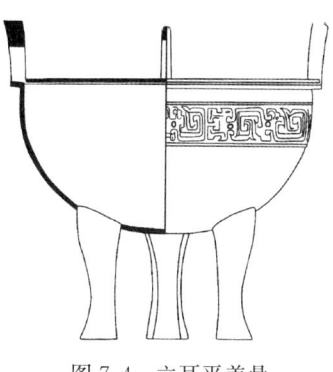

图 7.4 立耳平盖鼎

鬲　群舒出土青铜鬲数量并不多,但其风格特征明显,锥足,折肩,与其他地区区别较为明显,如凤凰嘴出土 3 件,形制基本相同,折肩,锥足,素面。黄岭亦出土 4 件,钵形盖,侈口,束颈,锥足中空,腹部有短扉棱装饰。宿州平山村出土 2 件(图 7.27,8—11),形制基本相同,微折肩,锥足,高弧裆,腹部有两道凹弦纹,间饰窃曲纹。山东南部地区流行一种鼓肩鬲,有学者称之为莒式鬲,如滕州后荆沟 ST80M1：11,侈口折唇,腹微鼓,口径大于腹径,瘪裆,锥足,肩饰窃曲纹一周,报告称为春秋早期。④ 沂水李家庄出土铜鬲,口沿外侈,口沿下径接深袋足,无明显颈部,颈部饰斜角云纹,腹足上部外鼓,高裆,足根较短,年代在春秋早中期之际。⑤ 临沂中洽沟 M1：5(图 7.5,1),侈口,折沿,腹微鼓,高裆,袋足较深,实足根成锥足状,肩饰夔纹,报告称其年代为西周晚期到春秋早期。⑥ 沂水刘家店子 M1⑦出土 9 件,标本 M1：45(图 7.5,2),平盖,器身斜沿,束颈,分裆,尖款足,肩部饰夔龙纹。莒县西大庄 M1：4(图 7.5,3),侈口,折沿,束颈,鼓肩,连裆,高袋足下收呈锥形,通体素面,简报将其年代定在西周晚

---

① 山东大学考古系：《山东长清县仙人台周代墓地》,《考古》1998 年第 9 期。
② 中国社会科学院考古研究所：《殷虚妇好墓》,文物出版社,1989 年。
③ 宝鸡市博物馆、渭滨区文化馆：《宝鸡竹园沟等地西周墓》,《考古》1978 年第 5 期。
④ 万树瀛：《滕县后荆沟出土不嬰簋等青铜器群》,《文物》1981 年第 9 期;中国青铜器全集编辑委员会：《中国青铜器全集》卷 6,第 72 页,文物出版社,1997 年。
⑤ 山东省文物管理处、山东省博物馆：《山东文物选集》,第 99—105 页,文物出版社,1959 年;朱凤瀚：《中国青铜器综论》(下),第 1702、1703 页,上海古籍出版社,2009 年。
⑥ 临沂市博物馆：《山东临沂中洽沟发现三座周墓》,《考古》1987 年第 8 期。
⑦ 山东省文物考古研究所、沂水县文物管理站：《山东沂水刘家店子春秋墓发掘简报》,《文物》1984 年第 9 期。

期到春秋早期。① 枣庄市山亭区西集镇两河叉出土两件铜鬲,形制基本相同,LHC:1,侈口,圆唇,折沿,束颈,腹微鼓,高裆,袋状锥足。肩部饰有窃曲纹,腹部饰有六乳钉,三足均饰有图案化鸟体和菱形几何纹等组成的三角形纹饰。LHC:2,肩部饰斜角云纹,简报称其年代在春秋早期。② 中国历史博物馆藏郏伯鬲,口沿外折,束颈,微折肩,分裆,颈部饰斜角云纹,袋足下收呈锥足。口沿铸有铭文十五字,表明其为郏伯所作"媵鬲",年代为西周晚期,③形制与枣庄两河叉 LHC:1 相似,纹饰与 LHC:02 基本一致。

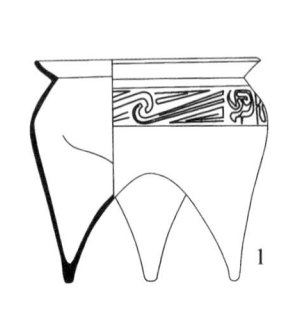

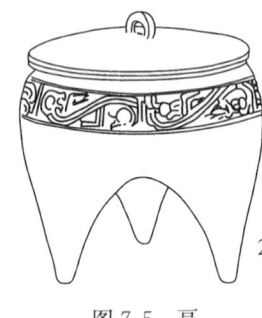

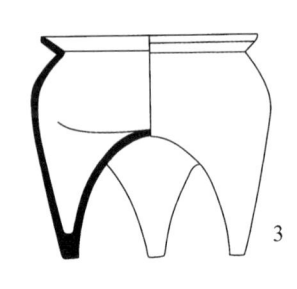

图 7.5 鬲
1. 中洽沟 M1:5 2. 刘家店子 M1:45 3. 西大庄 M1:4

陈学强认为青铜折肩鬲源于东夷文化铜鬲,其传播路线与东夷、淮夷人群的迁移方向应该一致。东夷铜鬲迁移到达皖西地区,并演变为折肩风格,高体、细足特征得以保留,随后在淮河中上游的信阳与当地文化碰撞,吸收当地柱足作风和中原扉棱装饰,最后传至汉水流域。④ 平山村铜鬲,介于山东地区与江淮地区之间,微折肩,且高裆锥足,处于鼓肩鬲向纯粹折肩鬲的过渡阶段。

缶 群舒地区出土青铜缶 9 件,除河口墓出土一件带流缶外,其余形制较为一致,侈口,折沿,鼓腹,肩部置一对半环形耳。此类缶在山东地区亦有发现,如栖霞吕家埠 M1 出土缶⑤(图 7.6,1),整体略扁,鼓肩,腹部斜收至底,半环耳,形制与魏岗缶较为一致。沂水刘家店子亦出土一件铜缶(图 7.6,2),平盖,鼓

---

① 莒县博物馆:《山东莒县西大庄西周墓葬》,《考古》1999 年第 7 期。
② 李光雨:《山东枣庄市两河叉出土周代铜鬲》,《考古》1996 年第 5 期。
③ 中国青铜器全集编辑委员会:《中国青铜器全集》卷 6,第 72 页,文物出版社,1997 年。
④ 陈学强:《青铜折肩鬲渊源初探》,《苏州文博论丛》第 2 辑,文物出版社,2011 年。
⑤ 栖霞县文物管理所:《山东栖霞县松山乡吕家埠西周墓》,《考古》1988 年第 9 期。

腹,形制上介于三塘缶与河口缶之间。小邾国 M3 出土 2 件缶,形制大小一致,其中 M3：3(图 7.6,3)盖呈覆碗形,直口微侈,圆肩,鼓腹微下收,底内凹,形制与杨家牌缶较为相似。由此可见,山东南部地区和群舒皆有此类缶的传统,且两地器物演变规律较为一致,即鼓腹愈加明显。河口缶形盉的形制可以追溯到大汶口文化时期,如大汶口 125：3[①](图 7.6,4)。

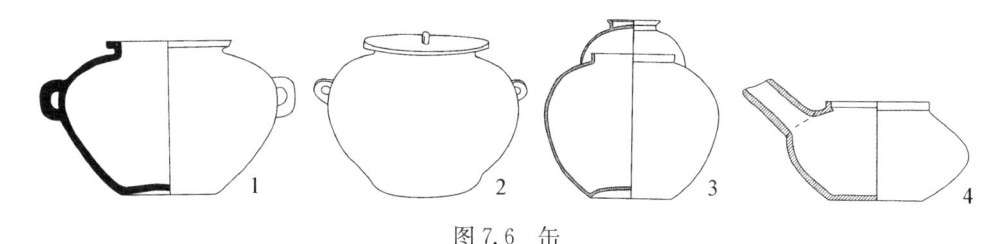

图 7.6　缶
1. 吕家埠 M1 出土　2. 刘家店子出土　3. 小邾国 M3：3　4. 大汶口 125：3

兽耳尊　桐城长岗出土兽耳尊,口部微侈,束颈,折肩,高圈足,肩部两侧各置一兽形耳,肩部饰蟠龙纹,腹部饰波带纹。沂水刘家店子 M2：11[②](图 7.7),有盖,龙身盘踞而成盖钮,两侧兽首耳,高圈足。长岗尊饰波带纹,波曲中间眉口相连,与小邾国 M2：1 壶腹部纹饰较为相似,因此其年代不晚于春秋早期。

曲柄盉　群舒出土数量较多,已如前述。沂水刘家店子 M1[③]亦出土一件两段式曲柄盉(图 7.8,1),盘口外侈,束颈,鼓腹,弧裆,柱足平底。腹部设一短流,侧置一中空柄。此件曲柄盉应是群舒文化传播所致,是群舒与莒国之间文化交流的见证。滕

图 7.7　兽耳尊

州前掌大墓地出土一件陶曲柄盉(图 7.8,2),[④]直口,浅腹,长柄,高尖锥足,直口

---

① 山东省文物管理处、济南市博物馆：《大汶口新石器时代墓葬发掘报告》,第 85 页,文物出版社,1974 年。
② 山东省文物考古研究所、沂水县文物管理站：《山东沂水刘家店子春秋墓发掘简报》,《文物》1984 年第 9 期。
③ 山东省文物考古研究所、沂水县文物管理站：《山东沂水刘家店子春秋墓发掘简报》,《文物》1984 年第 9 期。
④ 中国社会科学院考古研究所：《滕州前掌大墓地》(上册),第 186 页,文物出版社,2005 年。

平沿,折肩浅腹,三实锥足,一足上方有一柄状錾耳,另一侧有一管状流,腹饰数道弦纹。前掌大盉的年代为商代晚期。江淮地区出土陶盉可以与之比较,如霍邱堰台出土鬲形盉,平口鬲形,弧裆,柱足实足根,器表饰绳纹,年代为西周中晚期。青铜鬲形曲柄盉,目前见有2件,黄君孟夫妇墓出土鬲形盉和燕山出土鬲形盉。另外,保利艺术博物馆藏曲柄盉,上钵、下鬲,单体龙柄,钵口及鬲肩部身饰蟠螭纹,腹饰三角形纹,龙首有铭文"金",所见曲柄盉中,此件甚为华丽,且有铭文,推测为群舒贵族所用。金氏源于少昊金天氏,少昊乃东夷部落首领,皋陶为少昊后裔。

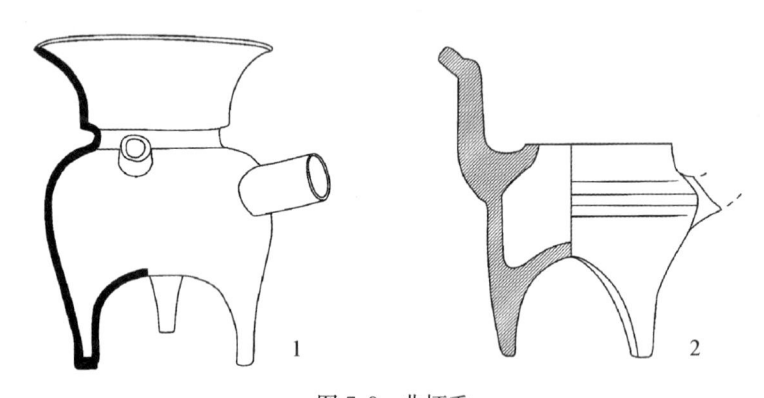

图 7.8 曲柄盉
1. 刘家店子 M1 出土　2. 前掌大墓地 M124∶44

錾手盉　巢湖岇山出土龙钮盖盉,盖上盘曲一龙,龙首翘起为钮。身侈口,束颈,扁球状腹,侧置管状流,龙形錾手,錾手与盖之间有两节链环相连,颈部饰窃曲纹。山东地区錾手盉早见于滕州前掌大墓地中,如前掌大墓地 M11∶101,弧形盖,盖中部有一伞状钮,盖面与錾手之间半环相连接,子母口,束颈,分裆,腹部微鼓,上腹有一中空流,对应一侧置半环形兽首錾,三高柱足。盖钮饰涡纹,盖面与颈部饰连体兽面纹带,腹足间饰三角形双线弦纹,年代为西周早期早段。稍晚如前掌大 M48∶16(图 7.9,1),弧形盖,盖中部有一半环钮,子母口,束颈,圜底,鼓腹,三棱锥足。上腹侧置一半环形兽首錾,盖与錾手之间有半环链相连接。盖面饰三角形目雷纹,颈部饰两组连体兽面纹带,錾饰窃曲纹,流部饰变形蝉纹和窃曲纹,年代为西周早期。[①] 济阳刘台子墓地 M6∶13[②](图 7.9,2),

---

① 中国社会科学院考古研究所:《滕州前掌大墓地》(上册),第 302、303 页,文物出版社,2005 年。
② 德州行署文化局文物组、济阳县文化馆:《山东济阳刘台子西周早期墓发掘简报》,《文物》1981 年第 9 期。

有盖,顶部浑圆,桥形钮,子口,身侈口,束颈,鼓腹,管状流,牛首形鋬,柱足。盖、身由两节链环相连。盖、颈和腹部饰弦纹。盖内壁有铭文"夅",年代为西周早期偏晚时期。

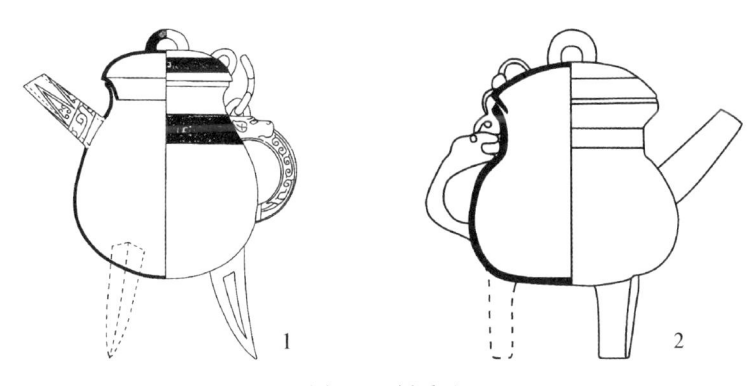

图 7.9 鋬手盉
1. 前掌大 M48∶16　2. 济阳刘台子 M6∶13

综上,鋬手盉最早出现在商代晚期,其形制由分裆柱足逐渐发展为圜底柱足,形态整体有逐渐变扁的趋势,流口高度逐渐向腹部下移。巢湖岇山盉形制与济阳刘台子出土鋬手盉较为相似,唯盖部不同,盖盘曲一龙作钮,腹部饰窃曲纹,其年代应晚于济阳刘台子盉,年代为西周晚期。岇山鋬手盉的形制,可能受到了山东地区传统的影响。

圈足盘　水器,铜盘在商代前期二里冈上层时期就开始出现,流行于西周至春秋时期,战国时期逐渐减少。至西周中期,盘盉普遍伴出,西周晚期以后,盘匜组合逐渐固定。

肥西小八里出土铜盘,折沿,方唇,浅腹,圈足,上腹部生双柱与附耳相接,附耳高出盘口,腹与圈足分别饰窃曲纹与变形垂鳞纹。山东地区可以与之比较的如小邾国墓出土铜盘(图 7.10,1),附耳,耳部与盘有两根小柱相连,折沿,圈足。上腹饰窃曲纹,圈足饰垂鳞纹。[1] 沂水李家坡出土铜盘,[2] 直口,浅腹,附耳,圈足。双耳外饰重环纹,腹饰窃曲纹和一道凸弦纹,圈足饰斜角云

---

[1] 枣庄市政协台港澳侨民族宗教委员会、枣庄市博物馆:《小邾国遗珍》,第 78 页,中国文史出版社,2006 年。
[2] 孔繁刚:《山东沂水县出土一批青铜器》,《考古与文物》1992 年第 2 期。

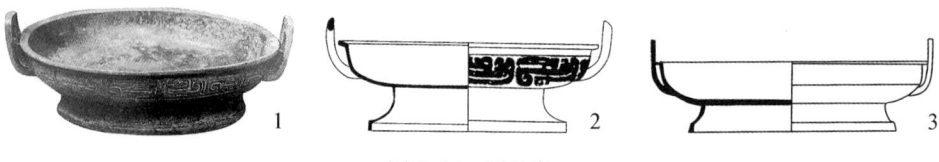

图 7.10　圈足盘
1. 小邾国盘　2. 中洽沟 M1∶6　3. 邹县七家峪盘

纹。六安燕山出土高圈足盘,折沿,方唇,浅直腹,上腹部生双柱与附耳相接,附耳高出盘口,素面。高圈足形制可以与山东地区相比较,如临沂中洽沟M1∶6[①](图7.10,2),平口外折,圆腹,高圈足且外撇。腹部饰斜角云纹,腹内壁饰云雷纹一周,盘内底部饰蟠龙纹。邹县七家峪出土盘[②](图7.10,3),口沿外折,圈足,口沿下饰窃曲纹,圈足外饰一周斜角云纹,附耳之外有重环纹,盘底有铭文15字。中洽沟的年代为春秋早期,邹县七家峪年代为西周晚期,燕山盘的年代应相差不远。

匜　水器,出现于西周晚期,流行至战国时期,一般形制为腹部截面多近于椭圆形,器身似瓢状,有流,后多有鋬,有龙形鋬和燕尾鋬之分,早期匜多有足,有三足和四足之分,亦有蹄足和扁足之分。群舒出土铜匜,主要有两种形式,龙鋬匜和燕尾鋬匜。肥西小八里匜,槽状流,深腹圜底,四扁平足,龙卷成半环作鋬,龙口衔沿。上腹饰斜角云纹,下腹饰窃曲纹。山东地区出土铜匜可与作比较者,莒县西大庄匜[③](图7.11,1),器呈瓢形,宽流,后有龙形鋬,腹下附有四扁足。上腹及龙鋬之上皆饰重环纹,前两足饰兽面形,后两足饰兽爪。肥城小王庄出土兽首匜(图7.11,2),前流作兽首张口状,后有一龙鋬弯曲衔沿,上腹饰顾首龙纹,下腹饰象首纹,腹下附有四扁足,年代在春秋早期。黄县归城南埠村出土扁足匜,整体似瓢形,流部较高,深腹,四扁足,上腹饰窃曲纹,下腹饰瓦棱纹,年代为春秋早期。枞阳金社出土铜匜,瓢形,圜底,四蹄足,龙卷曲呈半环状鋬,上腹饰窃曲纹,下腹饰瓦棱纹,龙鋬身饰鳞纹。江淮地区还出土几件龙鋬三足匜,如寿县魏岗重环纹匜、庐江三塘夔纹匜、怀宁杨家牌夔龙纹匜。山东小邾国

---

① 临沂市博物馆:《山东临沂中洽沟发现三座周墓》,《考古》1987年第8期。
② 王轩:《山东邹县七家峪村出土的西周铜器》,《考古》1965年第11期。
③ 莒县博物馆:《山东莒县西大庄西周墓葬》,《考古》1999年第7期。

墓龙鋬三足匜 M2∶15①(图 7.11,3),形制与三塘匜基本一致,槽流,瓢形,三蹄足,龙形卷尾鋬,前流口下有齿状突,上腹饰窃曲纹。

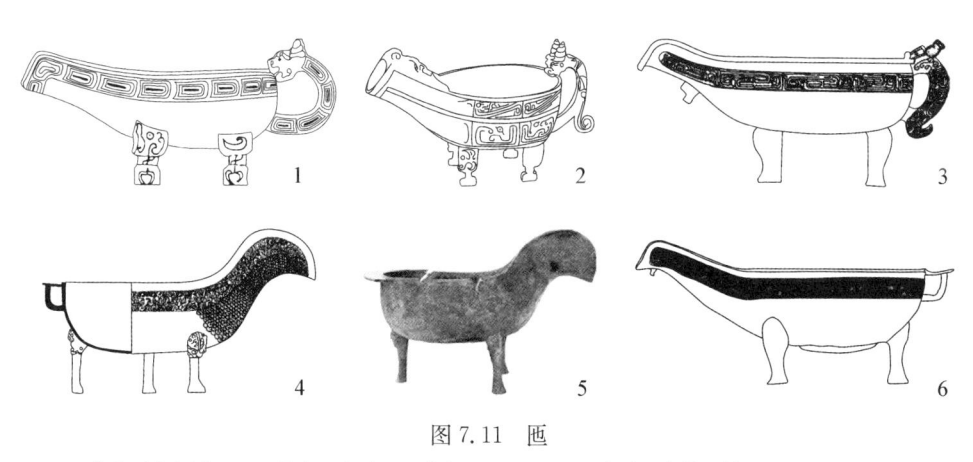

图 7.11 匜

1. 莒县西大庄匜　2. 肥城小王庄匜　3. 小邾国 M2∶15　4. 郯城县大埠二村 M1∶14　5. 沂水刘家店子匜　6. 邹平灰城子匜

群舒地区还出土几件燕尾鋬匜,天长谭井村和宿州平山村(图 7.27,5—7)出土者皆为燕尾鋬匜,槽流,瓢形腹,三蹄足,流口下有齿状突。谭井匜和平山匜形制较为一致,腹部较深,流口较短。山东地区亦出土有燕鋬三足匜,平邑蔡庄出土Ⅱ式匜,②瓢形,长流,器身一侧有燕尾鋬,三蹄足。郯城县大埠二村出土 M1∶14③(图 7.11,4),口微敛,腹微鼓起,平底,下附三条兽首蹄足,半筒状流,曲缘,匜尾部饰一扇形鋬手。口沿下饰一周蟠螭纹,流下方及前腹饰鱼鳞纹。流下没有齿状突起,且蹄足饰兽面纹,简报将其年代定为春秋中期早段。沂水刘家店子春秋墓中出土一件燕尾鋬匜(图 7.11,5),形制与郯城县大埠二村基本一致,腹部饰蟠螭纹。邹平灰城子出土一件燕尾鋬匜(图 7.11,6),形制和谢垱出土燕尾鋬匜形制较为一致。日照赵家庄燕尾鋬匜,④瓢形腹,流口较高,后有一燕尾鋬,圜底,蹄足,上腹饰蟠螭纹,足饰兽首纹。

---

① 枣庄市政协台港澳侨民族宗教委员会、枣庄市博物馆:《小邾国遗珍》,第 56 页,中国文史出版社,2006 年。
② 李常松:《平邑蔡庄出土一批青铜器》,《考古》1986 年第 4 期。
③ 山东省文物考古研究所、临沂市文物管理委员会、郯城县文物管理所:《郯城县大埠二村遗址发掘报告》,《海岱考古》第 4 辑,科学出版社,2011 年。
④ 杨深富、胡膂、徐淑彬:《山东日照市周代文化遗存》,《文物》1990 年第 6 期。

综上,群舒地区多流行龙鋬三足匜,山东地区流行龙鋬四扁足匜,此类扁足匜在中原地区有较多出土,如蓝田辋川指甲湾出土宗仲匜、上村岭虢国墓M1601∶16等,扁足匜应为中原地区传统。群舒龙鋬四蹄足匜,中原地区出土如洛阳中州路 M2415∶8、山西侯马上马村 M1284∶3,皆为四蹄足,年代为春秋中期偏早。燕尾鋬匜西周晚期在山东地区开始出土,从形制上看,山东地区燕尾鋬匜较为原始,如流口较高,瓢形腹明显,蹄足不明显等,似可推断燕尾鋬匜首先在山东地区出现,逐步传播至江淮乃至皖南地区。

斗　群舒出土 2 件较有本地特色的匜形斗,岳庙匜形斗和燕山匜形斗形制基本一致,斗首为匜形,有流,斗身与乙字形条形柄相连接,已如前述。匜形斗出现于西周晚期,流行于春秋战国,其功能兼挹酒和挹食、挹水为一身。

山东南部区域,前掌大墓地出土的 4 件铜斗形制基本一致,如 M38∶57(图 7.12,1),斗身如筒形,口微内敛,腹微鼓,底内凹明显,器柄弯曲并于斗身连铸一起,柄端呈燕尾形。海阳嘴子前墓地出土漆器斗 4 件,[①]标本 M4∶224(图 7.12,2),椭圆形口,尖底,宽扁柄。前掌大墓地出土铜斗的形制基本是中原地区传统,海阳嘴子前漆斗地域特色较为明显,其乙字形柄在西周晚期大量出现,然其乙字形条形柄仅见于群舒,此类柄的形制在其他地区尚未发现,条形直柄在安阳小屯有所发现,如 M331∶R2077、M5∶744、M5∶746,因此,乙字形条形柄渊源可能来自殷商文化与周文化的结合。

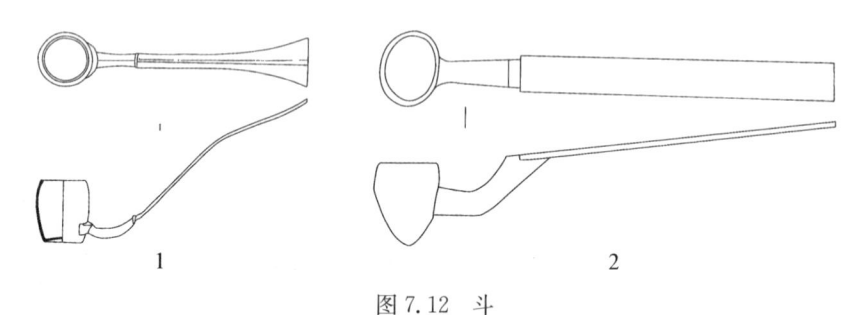

图 7.12　斗
1. 前掌大 M38∶57　2. 海阳嘴子 M4∶224

小方盒　群舒出土 2 件,肥西小八里和寿县魏岗形制基本一致,整体成方形,盖部四角隆起,盖与器子母口相合,腹微鼓,方形圈足,高 5—6、口径 7—8 厘

---

①　烟台市文物管理委员会:《山东海阳县嘴子前春秋墓的发掘》,《考古》1996 年第 9 期。

米,重500克左右。尤其小八里方盒,较为精美,腹与盖饰龙纹,圈足饰燕尾纹。盖部隆起四角既增加方盒空间,取下时又可作为足使用,推测其应为方奁。山东地区出土几件方奁,小邾国M3：15(图7.13,1),长方形,顶部有两扇可开小盖,盖上有卧牛和蹲兽为钮,四壁各附一上伏兽,平底圈足,正、背面两端各饰半裸人,间饰镂孔。上盖及四周饰夔纹,底外部有菱形网格纹。通长14、通宽10.7、通高7.3厘米,重800克。莒地出土3件,形制基本相似,如山东省博物馆藏裸人方奁(图7.13,2),方形,四角及两端有裸人6个,以作器足。器盖分铸男、女裸人作盖钮。器身饰垂鳞纹。器高11.6、长12、侧宽7.5厘米,重875克。此外,山西、河南亦有出土。据方辉先生统计,此类铜首饰盒共出土18件,流行年代基本上在西周晚期至春秋早期范围之内,当为贵夫人使用首饰盒。[①] 群舒出土小方盒年代与上述方盒的年代正相吻合,器形大小也基本一致,因此可以推断,群舒出土方盒也应为女性首饰盒。

图7.13 方奁
1. 小邾国M3：15 2. 山东博物馆藏方奁

二、铜器的纹饰

点线纹　顾名思义,即点和线条组成纹饰,主要是由凹弦纹和凹点纹组合而成。点线纹地域特色明显,主要分布在江淮地区和山东南部和胶东半岛地区,且基本装饰于铜鼎耳部。群舒出土点线纹,据其组合形式,基本可以分为五

[①] 方辉:《山东省博物馆藏裸人铜方鼎》,《文物天地》,1990年第5期;《试论周代的铜匜》,《海岱地区青铜时代考古》,第483—497页,山东大学出版社,2007年。

类,二道弦纹和一组凹点纹组合,如寿县魏岗鼎耳;三弦两凹,如舒城凤凰嘴铉鼎耳、无为文思院垂腹鼎耳、枞阳官塘重环纹鼎耳皆为此类纹饰;四弦三凹,如怀宁杨家牌牺首鼎耳纹饰;五弦四凹,如桐城范岗夔龙纹鼎耳纹饰;三弦六凹,如枞阳杨市鼎耳部纹饰。山东地区出土点线纹组合较为简单,皆为三弦两凹组合形式,如薛国故城 M1:62[①] 鼎耳外部纹饰(图 7.14,1)、栖霞吕家埠 M1、M2 鼎耳所饰纹饰(图 7.14,2),日照Ⅱ式鼎、Ⅳ式鼎耳纹饰(图 7.14,3)。综上,似乎点线纹的组合形式越简单,其年代越早。从纹饰形制来讲,山东地区出土点线纹,较为原始,组合形式单一,年代上早于群舒,因此,此类纹饰可能由山东地区传播至江淮乃至皖南地区。

图 7.14　点线纹
1. 薛国故城 M1:62 鼎耳　2. 栖霞吕家埠 M2 鼎耳　3. 日照Ⅳ式鼎耳

　　三角形变体夔龙纹　基本形态为一身双首,或一身单首,两首相顾,或首尾相顾,身体呈"S"形卷曲,尾部卷曲呈三角形,亦称花冠龙纹。[②] 此类纹饰在西周早期已经出现,一直延续至春秋时期。群舒铜器出现较多此类纹饰,如舒城河口甗形盉盘部、天长谭井燕尾鋬匜腹部的纹饰。另有省变更甚者,如肥西磨墩子铉鼎腹部、寿县魏岗立耳鼎腹部、舒城河口墓铉鼎腹部、平山村燕鋬匜流口部、庐江岳庙兽首鼎腹部、凤凰嘴兽首鼎腹部的纹饰。山东地区亦出土不少此类纹饰,如莒县西大庄 M1:10 壶颈部(图 7.15,1)、沂源姑子坪 M1:1 鼎腹部(图 7.15,2)、邹城七家峪 2 号鼎腹部(图 7.15,3)、沂水李家坡鼎腹部(图 7.15,4)、沂水刘家店子 M1:45 鬲肩部(图 7.15,5)、莒县大店 M1 铜镈篆带、日照Ⅱ式鼎(小村)腹部的纹饰。[③] 山东地区也有此类纹饰简化之后形象,如沂源姑子坪

---

① 山东省济宁市文物管理局:《薛国故城勘查和墓葬发掘报告》,《考古学报》1991 年第 4 期。
② 上海博物馆青铜器研究组:《商周青铜器纹饰》,第 113—115 页,文物出版社,1984 年。
③ 杨深富、胡膺、徐淑彬:《山东日照市周代文化遗存》,《文物》1990 年第 6 期。

M1∶12铜壶盖部(图7.15,6)、滕州后荆沟M1∶11鬲肩部、临沂凤凰岭甗耳部、沂源姑子坪方彝腹部等的纹饰。综上,此类纹饰春秋早中期在两地之中较为普遍,且多饰于鼎、鬲、盉等器物之上,可以看出两地之间文化交流较为频繁,其渊源应来自中原地区。

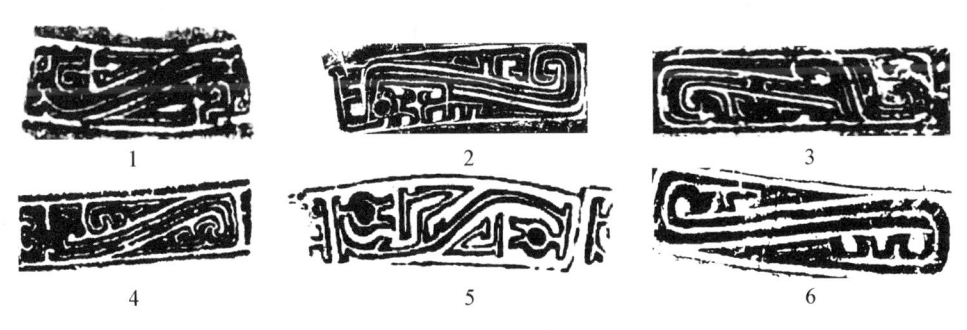

图7.15 三角形变体夔龙纹
1. 莒县西大庄M1∶10壶颈部 2. 沂源姑子坪M1∶1鼎腹部 3. 邹城七家峪2号鼎腹部 4. 沂水李家坡鼎腹部 5. 沂水刘家店子M1∶45鬲肩部 6. 沂源姑子坪M1∶12铜壶盖部

"Z"字形变体夔龙纹 纹饰基本上成"Z"字形延伸,上下肢体较长,整体略扁,兽目上下连接相互呼应小钩弭,如无为文思院垂腹鼎腹部、舒城五里牺首鼎腹部、六安思古潭铉鼎腹部,庐江莫庄匜形斗柄部的纹饰。山东南部地区虽未发现此类变体夔纹,但确有与之相似的"Z"字形窃曲纹,如平邑蔡庄铜盘腹部[①](图7.16,1)、日照赵家庄鼎腹部[②](图7.16,2)、李家坡盘腹[③](图7.16,3)、小邾国M2∶12簠折壁[④](图7.16,4)、滕州后荆沟M1∶5簠折壁部[⑤]的纹饰(图7.16,5)等。"Z"字形变体夔龙纹,当为群舒所独有,其他地区不见。"Z"字形窃曲纹,西周晚期至春秋早期在淮河上游及山东南部地区较为流行,皖南地区有零星发现。"Z"字形窃曲纹与群舒变体夔龙纹比较,中间未有兽目,中间附相互呼应小钩弭,移至上下肢体之上。从时间上看,"Z"字形窃曲纹年代较早,推测群舒"Z"字形变体夔龙纹可能受到"Z"字形窃曲纹的影响,两者之间的关系有待

---

① 李常松:《平邑蔡庄出土一批青铜器》,《考古》1986年第4期。
② 杨深富、胡胖、徐淑彬:《山东日照市周代文化遗存》,《文物》1990年第6期。
③ 孔繁刚:《山东沂水县出土一批青铜器》,《考古与文物》1992年第2期。
④ 枣庄市博物馆、枣庄市文物管理办公室:《枣庄市东江周代墓葬发掘报告》,《海岱考古》第4辑,科学出版社,2001年。
⑤ 万树瀛:《滕县后荆沟出土不嬰簋等青铜器群》,《文物》1981年第9期。

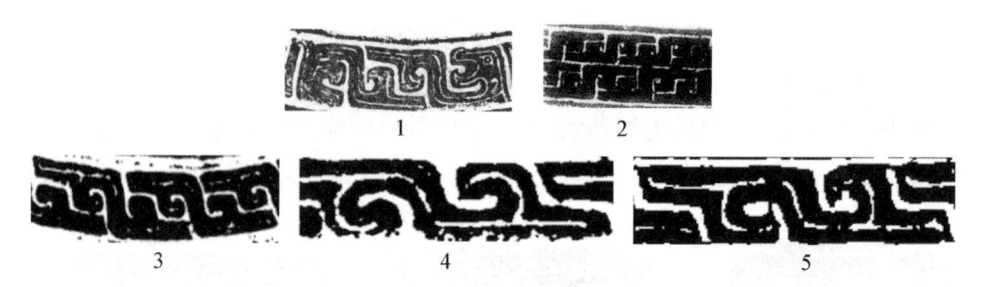

图 7.16 "Z"字形变体夔龙纹
1. 平邑蔡庄盘腹 2. 日照赵家庄鼎腹 3. 李家坡盘腹 4. 小邾国 M2∶12 簠折壁 5. 滕州后荆沟 M1∶5 簠折壁

进一步探讨。

兽首变体夔龙纹 此类纹饰的形制基本上为独体兽首,上下两列对称分布。群舒出土的此类纹饰,主要有凤凰嘴铉鼎腹部纹饰、盉头蝉纹鼎上腹、思古潭蝉纹鼎 1 盖部纹饰、思古潭鼎盖变形夔纹,且简化更甚。山东地区如沂水刘家店子 M1∶33 壶腹部纹饰(图 7.17,1)与群舒此类变形夔纹较为相似,唯列数增加为三列,又如长清仙人台 M5∶76 鼎腹部纹饰(图 7.17,2)。此类纹饰流行于春秋早中期,其他地区基本不见完全相同者,应为群舒特有的青铜器纹饰。

图 7.17 兽首变体夔龙纹
1. 刘家店子 M1∶33 壶腹部 2. 仙人台 M5∶76 鼎腹部

中目窃曲纹 窃曲纹始见于西周中期,西周晚期和春秋早期大量出现。朱凤瀚先生认为窃曲纹卷曲的条状取形于夔纹、顾龙纹之身躯,其构造、布局取形于龙纹和饕餮纹的构形手法,进一步促进了青铜纹饰的抽象化与几何图形化。[①] 王世民、陈公柔、张长寿三位先生认为窃曲纹是由双夔合目纹、分尾夔纹、分尾

---

① 朱凤瀚:《中国青铜器综论》(上),第 579 页,上海古籍出版社,2009 年。

鸟纹以及象鼻龙纹等演变出来的。[①] 彭裕商先生认为窃曲纹实际上是由早期的饕餮纹和象鼻龙纹演变出来的。[②] 群舒铜器所饰窃曲纹，大致可以分为三类，目窃曲纹、"⊂⊃"字形窃曲纹、"Z"字形窃曲纹。

中目窃曲纹，整体呈"S"形卷曲，中间突出一目，目饰周边有牙状饰，两端再延伸回形曲线。王世民等认为此类纹饰可能出自象鼻龙纹，最早流行于西周中期之初，西周晚期仍然多见。据彭裕商先生研究，中目窃曲纹属于 BbI、BbII式，其年代流行于西周中晚期至春秋早期。朱凤瀚先生认为其属于 Ba 型，流行于西周中期到春秋早期。《商周青铜纹饰》言此类纹饰为兽目交连纹，盛行于西周中晚期至春秋早期。[③] 群舒地区出土的此类纹饰，主要有含山小毛家鼎腹部、肥西小八里匜腹部、小八里盘腹部、平山村匜腹部的纹饰（图 7.27,5）。山东地区出土的此类纹饰，主要有临朐泉头 M甲：8 盘腹部[④]（图 7.18,1）、长清仙人台 M3：1 鼎颈部[⑤]（图 7.18,2）、长清仙人台 M6：B37 簠腹部（图 7.18,3）、滕县后荆沟出土铜簠 M1：1 腹部（图 7.18,4）、小邾国 M2：16 盘腹及圈足皆饰此类纹饰。年代上，两地之间基本上都处于西周晚期至春秋早期阶段。

图 7.18 中目窃曲纹

1. 临朐泉头 M甲：8 盘腹 2. 仙人台 M3：1 鼎颈 3. 仙人台 M6：B37 簠腹 4. 后荆沟簠 M1：1 腹

四瓣目窃曲纹　除上述横向延伸目窃曲纹之外，另有一类，整体呈方形，中间突出一目，分出四肢卷曲，围绕中间，呈对称状分布。群舒地区的此类纹饰主

---

① 王世民、陈公柔、张长寿：《西周青铜器分期断代研究》，第 182—193 页，文物出版社，1999 年。
② 彭裕商：《西周青铜器窃曲纹研究》，《考古学报》2002 年第 4 期。
③ 上海博物馆青铜器研究组编：《商周青铜器纹饰》，第 257 页，文物出版社，1984 年。
④ 临朐县文化馆、潍坊地区文物管理委员会：《山东临朐发现齐、郭、曾诸国铜器》，《文物》1983 年第 12 期。
⑤ 山东大学考古系：《山东长清县仙人台周代墓地》，《考古》1998 年第 9 期。

要见于肥西小八里小方盒盖顶部。山东地区,如沂源姑子坪 M1∶8 铜簠盖顶(图 7.19,1)、临朐泉头 M乙∶8 簠盖顶(图 7.19,2)、滕州后荆沟 M1∶5 簠盖顶(图 7.19,3)、小邾国 M2∶12 簠盖顶(图 7.19,4)的纹饰。群舒的此类纹饰与山东地区的比较,省略中间一目,四肢围绕中间,向四周卷曲对称分布,且四肢均有龙首。滕州后荆沟 M1∶5 簠盖纹饰四肢带龙首,反映了此类纹饰的演变趋势。此类纹饰和殷末周初四瓣目纹造型方式较为接近,可以看出两者之间应存在一定传承关系,如米宫尊腹部纹饰[1](图 7.19,5),因此,可将此类纹饰暂称之为四瓣目窃曲纹。

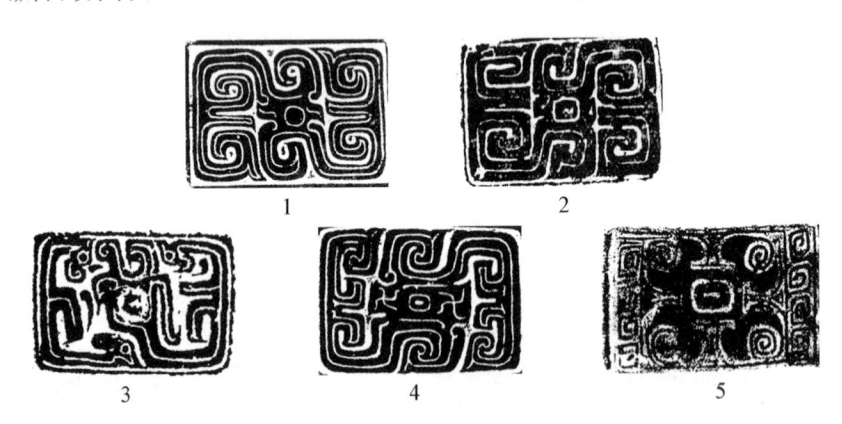

图 7.19　四瓣目窃曲纹

1. 姑子坪 M1∶8 簠盖顶　2. 临朐泉头 M乙∶8 簠盖顶　3. 后荆沟 M1∶5 簠盖顶
4. 小邾国 M2∶12 簠盖顶　5. 米宫尊腹

"⊂⊃"字形窃曲纹　此类纹饰主要为两个类似"⊂⊃"字符上下相互叠合,朱凤瀚先生将其归为 Ab 型,其流行年代为西周晚期。[2] 彭裕商先生将其归为 AbⅣ式,认为其年代在宣王前后,下限延及春秋。[3]《商周青铜纹饰》言此类纹饰为兽体卷曲纹攀连式,两条近似环状条纹交错攀连,流行于西周晚期至春秋早期。[4] 群舒出土较多此类纹饰,如舒城河口 M1∶1 铉鼎盖面、肥西磨墩子铉鼎盖面、肥西金牛鼎腹部、枞阳杨市四蹄足匜腹部的纹饰。山东地区亦出土有此

---

[1] 上海博物馆青铜器研究组编:《商周青铜器纹饰》,第 256 页,文物出版社,1984 年。
[2] 朱凤瀚:《中国青铜器综论》(上),第 579 页,上海古籍出版社,2009 年。
[3] 彭裕商:《西周青铜器窃曲纹研究》,《考古学报》2002 年第 4 期。
[4] 上海博物馆青铜器研究组编:《商周青铜器纹饰》,第 256 页,文物出版社,1984 年。

类纹饰,如沂水刘家店子 M1∶42 鬲盖面(图 7.20,1)、邹城七家峪盘腹①(图 7.20,2)、滕州后荆沟 M1∶1 簠腹②(图 7.20,3)、滕州仙人台 M6∶B8 盖豆腹部(图 7.20,4)纹饰。

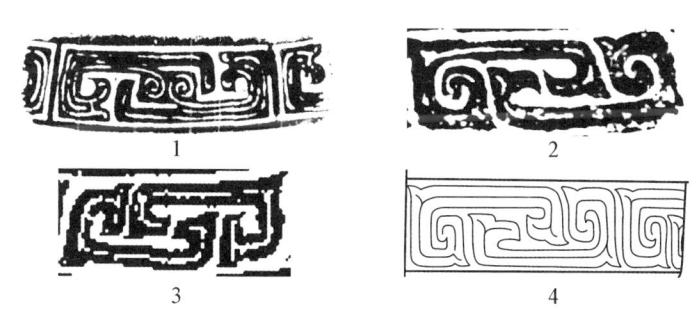

图 7.20 "⊂⊃"字形窃曲纹对比图
1. 刘家店子鬲 M1∶42 盖面 2. 邹城七家峪盘腹 3. 后荆沟 M1∶1 簠腹 4. 仙人台 M6∶B8 盖豆腹

勾连窃曲纹 此类纹饰形式基本为三个"⊂⊃"字形上下相互勾连而成。李国梁先生将其称为蟠带纹,认为其应是结合云纹、窃曲纹等纹饰变化而成。王世民等将其归为Ⅱ型 5 式,见于欶簠口沿(图 7.21,1)之下。彭裕商先生亦将欶簠口沿、圈足纹饰归为 Bb 型Ⅲ式窃曲纹之中。因此,本文亦将其称为窃曲纹,因其由三个"⊂⊃"字形上下相互勾连,暂称之为勾连窃曲纹。此类纹饰在群舒青铜器中较为流行,主要有舒城凤凰嘴牺首鼎盖、凤凰嘴铉鼎盖、肥西小八里鼎盖、舒城河口小口罐形鼎盖的纹饰。山东地区的此类纹饰主要有莒县西大庄 M1∶3 鼎腹部(图 7.21,2)、临朐泉头 M 甲∶1 鼎腹部③(图 7.21,3)、临沂凤凰岭Ⅰ式鼎腹部(图 7.21,4)的纹饰。此类纹饰在其他地区并不多见,从时间上看,山东地区和中原地区此类纹饰的出现时间大致在西周晚期,并逐步传播至江淮地区。

交龙纹 此类纹饰的形制为两条小龙相互交连,呈条带状分布。主要分为两类,一类为两条小龙相互交连,且每条躯干皆相互连接,《商周青铜器纹饰》将

---

① 王轩:《山东邹县七家峪村出土的西周铜器》,《考古》1965 年第 11 期。
② 万树瀛:《滕县后荆沟出土不嬰簠等青铜器群》,《文物》1981 年第 9 期。
③ 临朐县文化馆、潍坊地区文物管理委员会:《山东临朐发现齐、郭、曾诸国铜器》,《文物》1983 年第 12 期。

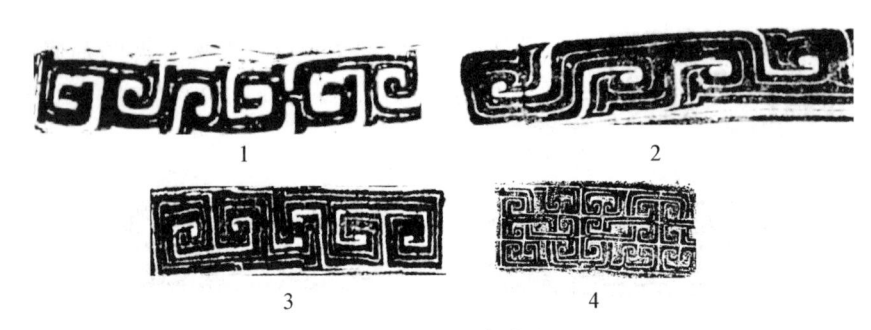

图 7.21 勾连窃曲纹

1. 鈇簋口沿 2. 莒县西大庄 M1∶3 鼎腹 3. 临朐泉头 M 甲∶1 鼎腹 4. 临沂凤凰岭 I 式鼎腹

其称为交龙纹单体连接式,流行于西周晚期至春秋早期,[①]如六安燕山瓯形盉盘口纹饰。山东地区的如邹城七家峪镩腹部纹饰(图 7.22,1)。另一类为两条小龙相互缠绕成"卍"字形,为一连续图案,相互之间不连接。《商周青铜器纹饰》将此类纹饰称为蟠蛇纹,主要流行时间为春秋晚期至战国早期,[②]唯《商周青铜器纹饰》中所讲蟠蛇纹为多列组合,而群舒的此类纹饰为单列。朱凤瀚先生[③]称此类纹饰为蟠虺纹,流行于春秋中晚期至战国早期。群舒青铜器的此类纹饰,其组合形式虽与朱凤瀚所讲组合单元基本相同,均为长方形"卍"字形,然细观之,此类纹饰头部有上下弯曲长唇,应为小龙形象,因此,此类纹饰或可称之为蟠螭纹。群舒的此类纹饰如肥西小八里立耳平盖鼎腹部、怀宁杨家牌匜腹部、望江铉鼎腹部的纹饰等。山东地区如莒南大店 M1 出土 V 式车軎纹饰(图 7.22,2)。此类纹饰,在春秋中晚期至战国早期较为流行,除了安徽江淮地区、山东南部以外,河南、山西等地皆有广泛分布。群舒的此类蟠螭纹为单列分布,

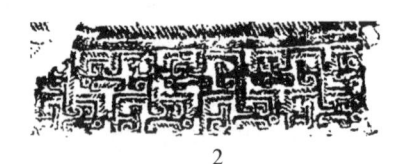

图 7.22 交龙纹

1. 邹城七家峪镩腹部 2. 莒南大店 M1V 式车軎

[①] 上海博物馆青铜器研究组编:《商周青铜器纹饰》,第 97 页,文物出版社,1984 年。
[②] 上海博物馆青铜器研究组编:《商周青铜器纹饰》,第 223、224 页,文物出版社,1984 年。
[③] 朱凤瀚:《中国青铜器综论》(上),第 558 页,上海古籍出版社,2009 年。

与其他地区多列分布有别,处于交龙纹向真正意义蟠螭纹的过渡时期。

波曲状龙纹 整体呈波曲状,波锋凹处间有对视或背视龙首,龙首卷曲近方形。群舒出土的此类纹饰材料主要有怀宁杨家牌牺首鼎腹部、舒城凤凰嘴牺首鼎腹部、潜山黄岭镳盉腹部的纹饰。山东地区亦有出土,如临沂凤凰岭Ⅱ式鼎腹部(图7.23,1)、临沂郯城M1:1铜鼎腹部的纹饰(图7.23,2)。

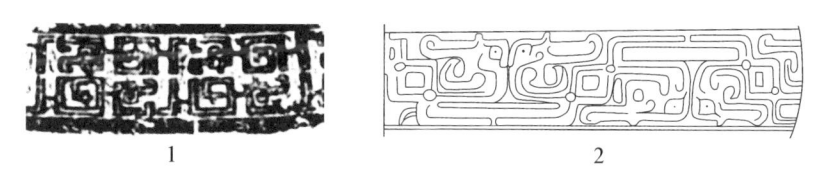

图7.23 波曲状龙纹
1. 凤凰岭Ⅱ式鼎腹 2. 临沂郯城M1:1鼎腹

变形蝉纹 整体呈三角形,据整体差异可分为两种,一种为横置,另一种则为竖置。横置变形蝉纹,又可分为叶形变形蝉纹和钩形变形蝉纹。叶形变形蝉纹主要有舒城南岗郭店村鼎腹部、山东费县立耳鼎腹部①的纹饰(图7.24,1),其形制与群舒变形蝉纹基本相同。

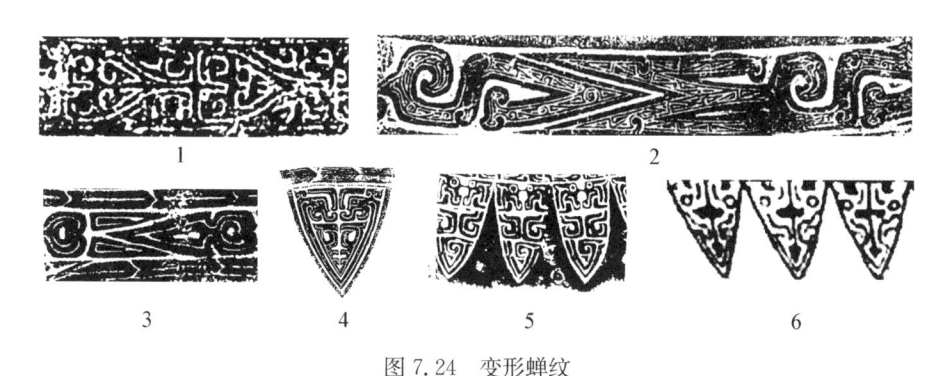

图7.24 变形蝉纹
1. 山东费县鼎腹 2. 琉璃阁M75:311鼎腹 3. 小邾国M3:2壶腹 4. 姑子坪M1:11罍腹
5. 刘家店子M1:33壶腹 6. 枣庄徐楼M2:25腹

钩形变形蝉纹,为横置三角形,尾部卷起,郭宝钧②先生称之为角形S纹蝉形化,用角纹作为勾勒,如琉璃阁M75:311鼎腹部(图7.24,2)的纹饰。朱凤

---

① 心健、家骥:《山东费县发现东周铜器》,《考古》1983年第2期。
② 郭宝钧:《山彪镇与琉璃阁》,第67页,科学出版社,1959年。

瀚先生将其更名为蝉纹锐角 S 形化,归为 B 型Ⅲ式,流行于战国早中期。肥西小八里匜腹部的纹饰亦属于 B 型Ⅲ式,然其未有云雷纹地纹,构图较为简单,显示出较早的形制。山东南部如小邾国 M3∶2 铜壶腹部(图 7.24,3)、邹城七家峪穿带壶腹部①的纹饰与小八里的形制较为接近,唯纹饰为闭合曲线。此类闭合省变形蝉纹,按朱凤瀚先生划分可归为 B 型Ⅰ、Ⅱ式,见于西周中晚期。可见,肥西小八里省变形蝉纹的形制来源于中原。

竖置变形蝉纹,据其内填纹饰区别可分为两类,内填变形蝉纹和内填对视夔龙纹。内填变形蝉纹如怀宁杨家牌鼎腹部、枞阳杨市鼎腹部、泥河盉头蝉纹鼎腹部、六安思古潭鼎腹部的纹饰。三角形外框内填一组对视夔龙纹如望江铉鼎腹部纹饰。此类纹饰在山东地区亦有发现,如沂源姑子坪 M1∶11 罍腹部②(图 7.24,4)、刘家店子 M1∶33 壶腹部(图 7.24,5)、枣庄徐楼 M2∶25 鼎腹部(图 7.24,6)、鲁国故城甲组 M201∶7 舟腹部、③沂水东河北出土舟腹部④的纹饰皆与望江铉鼎腹部纹饰较为相似。

群舒出土蝉纹,基本形制为外框垂叶纹,内填有变形蝉纹,突出双目,外置云雷纹、"S"形纹饰、凹点纹等。此类变形蝉纹地域风格明显,在其他地区未有相同者,应为群舒特有的一类纹饰。三角形纹饰内填对视夔龙纹在山东南部及江淮群舒地区发现,说明两者之间文化上的交流与影响。

云雷纹　商周较为流行几何纹饰,基本为卷曲线条,作螺旋形,螺旋作圆者为云纹,作方者则为雷纹,实际上方圆并不明显。⑤ 杨建芳先生认为南方云雷纹是当地先民蛇崇拜的反映。⑥ 群舒青铜器多饰此类纹饰,三角形云纹如寿县魏岗匜錾部、肥西乔夫人鼎盖部的纹饰;"⌒⌒"形云纹,如怀宁杨家牌蝉纹鼎上腹部、怀宁杨家牌蝉纹鼎耳部、六安思古潭鼎 2 盖部、六安燕山鬲形盉盖和肩部的纹饰。群舒青铜器的雷纹多饰牺首鼎兽角之上,如舒城凤凰嘴牺首鼎兽角,矩形钮盖鼎钮部也多饰雷纹,如舒城凤凰嘴矩形钮部纹饰。另鼎腹部也有饰雷纹

---

① 王轩:《山东邹县七家峪村出土的西周铜器》,《考古》1965 年第 11 期。
② 山东大学考古系、淄博市文物局、沂源县文管所:《山东沂源县姑子坪周代墓葬》,《考古》2003 年第 1 期。
③ 山东文物考古研究所、山东省博物馆、济宁地区文物组、曲阜县文管会:《曲阜鲁国故城》,第 108 页,齐鲁书社,1982 年。
④ 马玺伦:《山东沂水发现一座西周墓葬》,《考古》1986 年第 8 期。
⑤ 朱凤瀚:《中国青铜器综论》(上),第 593、594 页,上海古籍出版社,2009 年。
⑥ 杨建芳:《云雷纹的起源、演变与传播——兼论中国古代南方的蛇崇拜》,《文物》2012 年第 3 期。

的,如枞阳浮山鼎腹部纹饰。山东沂水东河北鬲肩部[①]也饰有雷纹(图7.25)。

图7.25 沂水东河北鬲肩部云雷纹

重环纹 亦可称之为横鳞纹,形制基本为长方形圆环相互套合,有的间有圆涡纹。多数为一重、二重、三重。多数学者倾向于重环纹由鳞纹演变而来,如朱凤瀚[②]先生认为其应由龙蛇之类鳞的图像演变而来,马承源先生[③]亦认为此类纹饰当为龙蛇之类躯干变形,盛行于西周中晚期。傅玥[④]认为重环纹起源于商代晚期的鳞瓣纹,出现于西周中期,流行在西周晚期至春秋早期。群舒出土的重环纹,四重环如肥西小八里曲柄盉盘部、寿县魏岗匜腹部、枞阳官塘鼎1腹部的纹饰。五重环如合肥重环纹鼎腹部、枞阳官塘鼎2腹部的纹饰,重环纹中间还饰有三个小凹点。山东地区如鲁国乙组M30:1鼎颈部[⑤](图7.26,1)、长清仙人台M3:2鼎颈部[⑥](图7.26,2)、栖霞吕家埠M2鼎腹部[⑦](图7.26,3)、莒县西大庄铜鼎M1:5颈部[⑧](图7.26,4)的纹饰。综上,山东地区重环纹基本为一重、二重、三重,群舒地区重环纹则多为四重、五重,并间有凹点纹,多重环纹在其他地区不多见,应为群舒文化的土著风格。

图7.26 重环纹
1. 鲁国故城M30:1鼎颈 2. 仙人台M3:2鼎颈 3. 吕家埠M2鼎腹 4. 西大庄M1:5鼎颈

① 马玺伦:《山东沂水发现一座西周墓葬》,《考古》1986年第8期。
② 朱凤瀚:《中国青铜器综论》(上),第577页,上海古籍出版社,2009年。
③ 上海博物馆青铜器研究组编:《商周青铜器纹饰》,第256页,文物出版社,1984年。
④ 傅玥:《青铜器上的重环纹源流探析》,《云南民族大学学报(哲学社会科学版)》2010年第3期。
⑤ 山东文物考古研究所、山东省博物馆、济宁地区文物组、曲阜县文管会:《曲阜鲁国故城》,第145页,齐鲁书社,1982年。
⑥ 山东大学考古系:《山东长清县仙人台周代墓地》,《考古》1998年第9期。
⑦ 栖霞文物管理所:《山东栖霞县松山乡吕家埠西周墓》,《考古》1988年第9期。
⑧ 莒县博物馆:《山东莒县西大庄西周墓葬》,《考古》1999年第7期。

三、埋葬制度

本节所指墓葬,均为出铜器的贵族墓葬,聚落遗址中发现的一些只出陶器的平民墓葬暂不涉及。群舒地区经发掘的贵族墓葬较少,远不如山东南部地区,因此将其与山东南部地区进行比较,或许可以为我们研究群舒文化提供一些新的思路。经发掘的群舒贵族墓葬如下:

舒城凤凰嘴墓 竖穴土坑墓,近正方形,东西长3.23、南北宽2.6米,面积约8.4平方米。北壁底部距地表深1.97米。方向350°。墓室口大底小,四壁微斜。东壁下有一个南北向的长方形横洞,洞底与墓底平齐。铜器置于墓室东南角。

肥西金牛墓 竖穴土坑墓,墓口长3.6、宽2.9,墓底长2、宽0.75、深1.35米,面积10.4平方米。方向300°。四边皆留有二层台。葬具一棺,头向西。铜鼎置于二层台上,铜戈位于头北侧,剑出土于南侧腰部。

舒城河口墓 竖穴土坑墓,墓坑呈抹角方形,南边长6.6、北边长6.75、东边宽5.35、西边宽6.2米,面积约41.8平方米。方向78°。原有2米高封土,墓口距地表0.25米。墓壁斜收,四壁不甚光滑。南壁有熟土二层台,填土经夯筑,夯层厚7厘米,夯窝呈圆形,直径5厘米,夯窝面有很薄一层黑灰。墓底平整,距地表3.8米,近正方形,南边长5.6、北边长5.85、东边宽4.6、西边宽5.1米。墓底有两条枕沟,葬具已朽,结构、大小不明。推测墓主头向东。随葬器物放置在二层台上,排列有序,青铜器上有覆盖席子的印痕。

六安燕山墓 竖穴土坑墓,东西长4.6、南北宽2.4—2.75、深1.7米,面积12.65平方米。东西向。墓底有两道枕木痕迹,铜器出土于北壁东侧外。

综上,群舒贵族墓葬均为竖穴土坑墓,呈斗形,即口大底小。春秋时期临朐泉头墓、鲁东南大型墓葬多为此形制,时代较早的有青州苏埠屯M1、高青陈庄、广饶五村、鲁南滕州前掌大墓地等。斗形墓室似乎是殷商墓葬的传统做法,并在东周时期逐渐影响到其他地区,成为当时大中型墓葬的主要形制。[1]

关于墓葬长宽的比值,凤凰嘴墓为1.24,金牛墓为1.24,河口墓为1.06—1.26,燕山墓为1.67—1.92,除燕山墓外,群舒贵族墓葬的基本形状为方形。据

---

[1] 毕经纬:《试谈商周墓葬的几个问题——以山东地区为例》,《考古与文物》2013年第3期。

毕经纬研究,长清仙人台M6比值为1,其余为1.5左右;小邾国墓为1,滕州滕国墓为1.2—1.5;薛国故城诸墓为1.6左右,新泰郭家泉墓地及新汶凤凰泉诸墓为1.8,蓬莱辛旺集诸墓为1.5左右;蓬莱柳格庄诸墓为1.4左右,栖霞杏家庄诸墓为1.2—1.7;烟台金沟寨及海阳嘴子前墓为1.2—1.8,长岛王沟诸墓在1.1—1.8;临沂中洽沟诸墓长宽比值为1左右;临沂凤凰岭墓为1.2;沂水刘家店子二墓为1.4左右;莒南大店二墓为1.1;郯城二中诸墓为1.4左右。[①] 群舒墓葬比值多在1—1.26,基本上和山东地区仙人台M6、小邾国墓以及鲁东南地区临沂中洽沟、凤凰岭、莒南大店二墓比值近似。

  金牛墓四边皆留有生土二层台,河口墓的一边有熟土二层台,两者的器物均置于二层台上。山东南部地区墓葬以熟土二层台为主,生土二层台不多,仅海阳嘴子前M4、长岛王沟M4为生土二层台。西周早期在鲁北地区多见生土二层台,如章丘宁家埠M61、临淄后李M92、济阳刘台子M6墓地皆为生土二层台,这种生土二层台的葬俗有可能首先出现在鲁北并传播至鲁东地区。金牛墓生土二层台葬俗可能与山东地区有某种联系。

  凤凰嘴和燕山墓均不置二层台,器物放置在墓室一角。鲁东南莒文化区域也基本不设二层台,如沂水东河北墓,日照崮河崖M1,临沂中洽沟M1,临沂凤凰岭墓,莒县杭头M2,莒南大店M1、M2等。由此看来,群舒贵族墓不设二层台的传统与鲁东南地区较为一致。

  凤凰嘴墓东壁下有一个南北向的长方形横洞,洞底与墓底平齐,应为壁龛。壁龛最早出现于裴李岗文化墓葬之中,墓葬中的壁龛主要是在墓壁上掏挖龛洞,用以放置随葬品,壁龛的设置表面上看是起到扩大墓室空间的作用,实质上也可能含有一定的族属或特定的葬俗意义。[②] 山东南部地区壁龛墓也有所发现,如新泰郭家泉M9东龛、郭家泉M11南龛、长清仙人台M5左龛皆有随葬器物存放其中。山东北部地区发现较多壁龛墓,西周早期如临淄后李M93,春秋中期如章丘宁家埠M51、3、5、30、113。山东地区壁龛墓分布不广,除鲁北临淄及周边地区外,其他地区壁龛墓较少见,数量不多,商周时期总数不足百座,远低于关中、湖北等地。[③] 关中地区如宝鸡石鼓山墓地M3、凤翔西村79M42等皆

[①] 毕经纬:《试谈商周墓葬的几个问题——以山东地区为例》,《考古与文物》2013年第3期。
[②] 辛怡华:《石鼓山M3壁龛及其相关问题》,《宝鸡社会科学》2014年第2期。
[③] 毕经纬:《试谈商周墓葬的几个问题——以山东地区为例》,《考古与文物》2013年第3期。

有壁龛,春秋中期,楚国壁龛墓数量较多,如沅水下游楚墓①中带壁龛的墓共346座,接近墓葬总数的四分之一,可见这种壁龛墓在楚文化中相当流行。关中、山东地区壁龛开挖于墓壁中部,距墓底有一定距离,而凤凰嘴墓壁龛与墓底平齐的特点在楚式壁龛墓中有所发现,可能是受到楚文化的影响。

河口墓填土经过夯实的特点在山东南部区域亦有发现,如滕州后荆沟 M1,滕州薛国故城 M1、2、3、6、7,日照崮河崖 M1,沂水刘家店子 M1,莒南大店 M1,栖霞吕家埠 M1、2,栖霞杏家庄 M1、2,长清仙人台 M5 等填土皆经过夯实,对于墓葬防水、防盗起到一定的作用。此外,河口墓和燕山墓的墓底都有枕木痕迹,且两者面积都较大,可能具有椁室。

关于墓向,凤凰嘴为南北向,其余则基本为东西向。山东南部地区南北向墓主要有曲阜鲁国故城 M30、46、48、49、124、119、120、320、201、202、203、207、209、210、211、213,新泰郭家泉 M9,薛国故城 M2、3、4、6、7、9,莒县西大庄 M1,临沂凤凰岭墓。而鲁国故城 M305、328,新泰郭家泉 M1、2、3、11、14、18、20,莒南大店 M1、2,沂水刘家店子 M1,沂水石景村墓,莒县杭头 M6,栖霞吕家埠 M1、M2,乳山南黄庄 M5,蓬莱柳格庄 M4、M6,海阳嘴子前 M4,栖霞杏家庄 M1、2、3,栖霞长岛王沟 M3、4、5 皆为东西向。由此看来,春秋时期的南北走向墓以鲁国甲组墓、少量乙组墓,以及南部薛国为主要地区。而东西墓向则主要是集中在鲁东南地区和胶东半岛的一些区域内,为莒文化的分布区域。因此,群舒贵族墓的主要墓向与鲁东南地区比较接近。河口墓头部向东的特点与鲁东南和胶东半岛较为一致,正如王迅先生所言,东夷和淮夷世世代代生息、繁衍于东方地区,又有崇拜日神的传统,因而他们向往日出的方向,重视东方。②

凤凰嘴墓出土两件铉鼎,一件盛羊骨,一件盛鱼骨。鼎盖上有一根铜棍,横穿盖钮以贯鼎耳,两鼎盖缘都附有疏布,无光泽,似为麻织品。殷涤非先生认为鼎盖之铜棍为铉,即扃,乃外闭关鼎的闩子。盖缘之疏布为幂,证实了《仪礼》中关于铉幂制度的记载。③ 刘家店子春秋墓 M1 出土 11 件铜鼎,均有圆木棍横穿鼎耳,亦应为铉鼎,说明此类铉鼎之铉还有木质的。夷人采用这种器物可能是

---

① 湖南省常德市文物局、常德博物馆、鼎城区文物管理处、桃源区文物管理所、汉寿县文物管理所:《沅水下游楚墓(上)》,第 71 页,文物出版社,2010 年。
② 王迅:《东夷文化与淮夷文化研究》,第 152 页,北京大学出版社,1994 年。
③ 殷涤非:《铉幂解》,《江汉考古》1983 年第 4 期。

出于夷礼、夷俗的具体需要,《仪礼·聘礼》:"肤、鲜鱼、鲜腊,设扃鼎。"说明铉鼎的使用与鼎实有关。铉鼎的使用或许是夷人饮食习惯和祭祀、冥事活动中的鼎实与周族不同的缘故。[①] 莒文化中较为流行成组的列鼎,在群舒墓葬中较为少见,群舒更多的是流行以牺首鼎为核心的组合,其与铉鼎、曲柄盉一起配套使用。杨家牌出土器物排列有序,三鼎并列,牺首鼎居中,陶器置于铜器周围,且就其兽首和腹部花纹来看,其使用时应为兽首朝前,尾部扉棱在后。因此,从牺首鼎的造型及与其他随葬品的排列方式看,其使用当多为宗教礼仪和祭祀场合,且其可能居于中心地位。

群舒有使用绿松石的传统,如河口墓出土 2 件绿松石玉玦,杨家牌出土 2 件绿松石串珠,凤凰嘴等出土牺首鼎眼部均镶嵌绿松石。大汶口文化骨器和龙山文化玉器镶嵌绿松石,开创了中国古代镶嵌工艺的先河。[②] 夏商周时期,二里头遗址出土镶嵌绿松石铜牌饰,殷墟妇好墓出土的象牙杯也镶嵌了绿松石,山西长治分水岭 M270 出土绿松石珠 168 枚,[③]安徽蔡侯墓出土 1 518 枚绿松石串珠,[④]莒南大店 M2 出土绿松石珠 271 枚和玛瑙珠 15 枚。[⑤] 绿松石的分布范围较广,地区风格差异不明显,然绿松石镶嵌工艺自二里头文化开始出现,在殷商时期较为发达,且多施于武器与小型饰物之上,镶嵌绿松石的容器较为少见,中国国家博物馆藏一件镶嵌绿松石的饕餮纹铜罍。西周青铜器镶嵌绿松石的器物仍较少见,岐山贺家村 M1 出土三角形援戈,援基镶嵌两颗绿松石作双目形。春秋早、中期镶嵌绿松石器仍较少见,春秋晚期一些墓葬中有镶嵌绿松石的兵器与车马器,如淅川下寺楚墓出土铜剑(M11:18)剑首镶嵌绿松石作为装饰。[⑥] 群舒将绿松石镶嵌于青铜容器牺首鼎上,与殷商以来镶嵌武器与小型饰物有别,具有一定的创新精神。群舒使用绿松石的渊源可能来自殷商文化。

综上所述,群舒贵族墓葬基本为竖穴土坑墓,部分可能为木椁墓,与鲁南地区一致。群舒墓葬口大底小、长宽比值、不设二层台、墓向东西向、填土经夯筑

---

① 王迅:《东夷文化与淮夷文化研究》,第 150、151 页,北京大学出版社,1994 年。
② 孔德安:《浅谈我国新石器时代绿松石器及制作工艺》,《考古》2002 年第 5 期。
③ 山西省文物工作委员会晋南工作组、山西省长治市博物馆:《长治分水岭 269、270 号东周墓》,《考古学报》1974 年第 2 期。
④ 安徽省文物管理委员会、安徽省博物馆:《寿县蔡侯墓出土遗物》,第 15 页,科学出版社 1956 年。
⑤ 山东省博物馆、临沂地区文化组、莒南县文化馆:《莒南大店春秋时期莒国殉人墓》,《考古学报》1978 年第 3 期。
⑥ 朱凤瀚:《中国青铜器综论》(中),第 783 页,上海古籍出版社,2009 年。

等特点,皆与鲁东南地区莒文化区域较为一致,墓葬四边留有生土二层台的特点与胶东半岛相同,墓葬使用壁龛的风格与鲁南地区一致,壁龛直至墓底的风格可能受楚文化影响。群舒与鲁东南地区皆有使用绿松石和铉鼎的传统,但是鲁东南地区殉人、设腰坑的葬俗在群舒地区没有发现,这是两地较为明显的差别。群舒在其器物礼制方面基本上传承了中原的传统,只是器物风格稍作创新。

江淮与汶泗沂沭流域之间的文化交流,还存在历时性变化。

1984年,舒城城关镇古城乡金墩村发现青铜爵、觚各一件。金墩爵一柱外侧刻有铭文"父辛",鋬内有阳文"举"。据统计明确为举族的铜器至少发现了168件,另有40余件为"举"族复合族徽或者其变体,合计已经超过210件。山东长清兴复河出土青铜器,①计有鼎2、爵5、觚3、觯3、卣2、斗1等,年代同与殷墟铜器分期的第三期第I阶段或者稍晚。② 舒城金墩村铜爵、觚和山东长清兴复河出土铜器形制基本一致,唯"举"字为阳文与山东地区阴文有别,"举"字在卜辞中多出现在商武丁时期的宾组卜辞及商代晚期铜器铭文中,是商代的强大宗族,常为商王朝征伐西北方国,后迁徙至东方抵御夷方,③因此,金墩组铜器可能来自"举"人南下至舒城时期的遗物。

另外,在潜山黄岭出土一件连体甗,其腹部有一阳文"𭭌",带有此类族徽的铜器在长清兴复河发现3件,1号爵、2号觚和15号觯皆有类似族徽"𭭌",一人站立,双手举起,腿部分开,两地形象基本相同。黄岭甗伴出折肩鬲、曲柄盉、镞盉,可能是舒人收藏或纪念祖先的遗物。

西周时期,江淮地区宗周铜器材料较少,山东南部地区主要有鲁国故城部分墓葬及济宁、④滕州⑤等地的出土材料,相对春秋时期材料也较少,这种现象的解释尚待今后新的考古发现与研究。

西周晚期到春秋早期,群舒与山东南部地区的文化互动与交流十分频繁,如小八里四扁足匜在山东地区较为常见,小八里铜盘与小邾国铜盘、沂水李家

---

① 山东省博物馆:《山东长清出土的青铜器》,《文物》1964年第4期。
② 朱凤瀚:《中国青铜器综论》(中),第1049页,上海古籍出版社,2009年。
③ 王建军:《殷商时期的"举族"及相关问题》,《考古与文物》2001年第1期。
④ 田立振:《山东省济宁市出土一批西周青铜器》,《文物》1994年第3期。
⑤ 万树瀛、杨孝义:《山东滕县出土西周滕国铜器》,《文物》1979年第4期;滕县博物馆:《山东滕县发现滕侯铜器墓》,《考古》1984年第4期。

坡铜盘形制都较为相似,小邾国M3、长清仙人台M5、沂水李家庄、临沂中洽沟出上的匜形鼎,与群舒牺首鼎的形制也存在某种联系。纹饰上,本期两地皆流行重环纹、长卷唇龙纹、斜角云纹、"Z"字形窃曲纹,尤其是"Z"字形窃曲纹,西周晚期出现在山东地区,春秋早期流行于江淮和皖南地区。山东平邑蔡庄铜盘腹部纹饰,附带有龙首的"Z"字形窃曲纹,反映了由顾首龙纹向这种"Z"字形窃曲纹的演变。本阶段群舒与山东南部地区的文化交流,较多的是山东南部地区对群舒的影响。

随着列国战争不断加剧,群舒与山东南部地区的文化交流更为强烈,表现在青铜器上的变化主要有,刘家店子墓地出土的曲柄盉、铉鼎、缶、鬲等器物与群舒风格典型器物基本一致,显然是受到了群舒文化的影响。海阳嘴子前墓地出土的漆器斗形制与岳庙、燕山出土匜形斗形制基本一致。杨家牌出土的丁字柄铜削与莒县西大庄M1、莒县杭头M2、薛国故城M2、小邾国M3出土的铜削形制基本一致。山东地区出土镳盉的时间较晚,基本处于春秋中期偏晚以后,如临沂凤凰岭、薛国故城M4、曲阜鲁国故城M58等所出,与群舒镳盉比较,山东南部地区的镳盉蹄足变矮、扁腹、尾部无扉棱,华丽程度不如群舒镳盉,山东地区出土的镳盉很大程度上应是受到了群舒文化的影响。纹饰方面,此阶段较为明显的是窃曲纹、交龙纹、蟠螭纹、垂叶纹、三角形纹、三角形变形夔龙纹在两地均较为流行。群舒蟠螭纹仅为两条小龙交连条状单排排列,与山东南部地区大面积装饰器物有别。群舒三角形变形夔龙纹较多出现,在鲁东南地区如莒县西大庄、沂源姑子坪、沂水刘家店子等皆有此类纹饰,鲁东南地区流行年代要早于群舒地区,且这种纹饰中原地区并不多见,可以看出两地之间应存在较为密切的联系。综上,此阶段群舒与山东南部的文化交流,由前期的山东地区向群舒单方面传播为主,变为两地区之间的互动交流。

据文献记载,群舒在西周初期从山东曲阜等地迁至江淮流域。从地理上看,在黄淮之间的冲积平原上,分布着汝河、颍河、涡河、濉河、汴河和泗河等近似平行的河流,俱南下入淮。淮北平原东北与山东低山丘陵区相接,分布沂、沭、泗等水系,古时皆南下注淮。[①] 由此可见,江淮与汶泗沂沭流域之间的文化交流,有着天然的交通便利等地理背景。

---

① 王均:《淮河下游水系变迁及黄淮运关系变迁的初步研究》,《淮河地理研究》,第151页,测绘出版社,1993年。

西周时期,江淮地区的政治文化面貌较为复杂,有淮夷土著、殷商遗民,还有山东迁来的偃姓族群,文化上正处于一个融合时期。周王朝为掠夺江淮南部沿江地区的铜资源,多次对淮夷发动战争,可见周王朝并未对江淮地区实行有效的统治。到了西周晚期,周王朝实力逐渐衰微,江淮地区获得政治上的间歇期,逐渐形成了自己的政治团体,其中规模较大的正是以偃姓群舒为主的土著族群。虽由诸多小政治团体构成,就其文化面貌来看,如牺首鼎、曲柄盉等形态上较为一致,政治上也应具有较为统一的政治联合体。况且,江淮地区在肥西大墩孜发现相当于夏文化的合范法铸造铜铃,在含山大城墩遗址发现早商时期铸铜遗迹,这些都说明江淮地区在夏商时期就已掌握了先进的青铜铸造技术。基于丰富的铜矿资源,至少在西周时期,江淮南部地区就发展出一套集矿料开发、青铜冶炼和铸造的完整的青铜工业体系。因此,江淮群舒文化在西周晚期至春秋中期的发展有着其深厚的地理、历史、资源和技术背景。

四、平山铜器群的再认识

1987年,安徽宿州桂山乡平山村出土青铜器5件,分别为窃曲纹鼎1、龙耳簋1、燕鋬三足匜1、锥足鬲2,应为墓葬所出。[①] 平山组青铜器出土单元明确,组合完整,又位于黄淮之间的南北交通要道,是研究区域青铜文化交流的不可多得的材料。

1. 窃曲纹鼎

敛口,折沿,深鼓腹,圜底,三蹄足。长方形立耳,耳外侧对饰二虎纹,上腹饰窃曲纹,中部饰一周凸弦纹,下腹饰长卷唇龙纹。通高24.8、口径25.1厘米(图7.27,1、2)。

从器形上看,立耳蹄足鼎出现时间较晚,西周早期开始出现,西周中晚期开始流行。平山鼎的形制,中原地区也有发现。长安沣西张家坡出土青铜鼎M115:2,[②]圆腹,圜底,三足略成蹄形,内侧有凹槽,口沿下有两道弦纹,形制较为相似,唯比平山鼎略小,且蹄足的特征较为原始,年代上应较平山鼎略早,发

[①] 李国梁:《安徽宿县谢芦村出土周代青铜器》,《文物》1991年第11期。
[②] 中国社会科学院考古研究所沣西发掘队:《1967年长安张家坡西周墓葬的发掘》,《考古学报》1980年第4期。

图 7.27 平山铜器

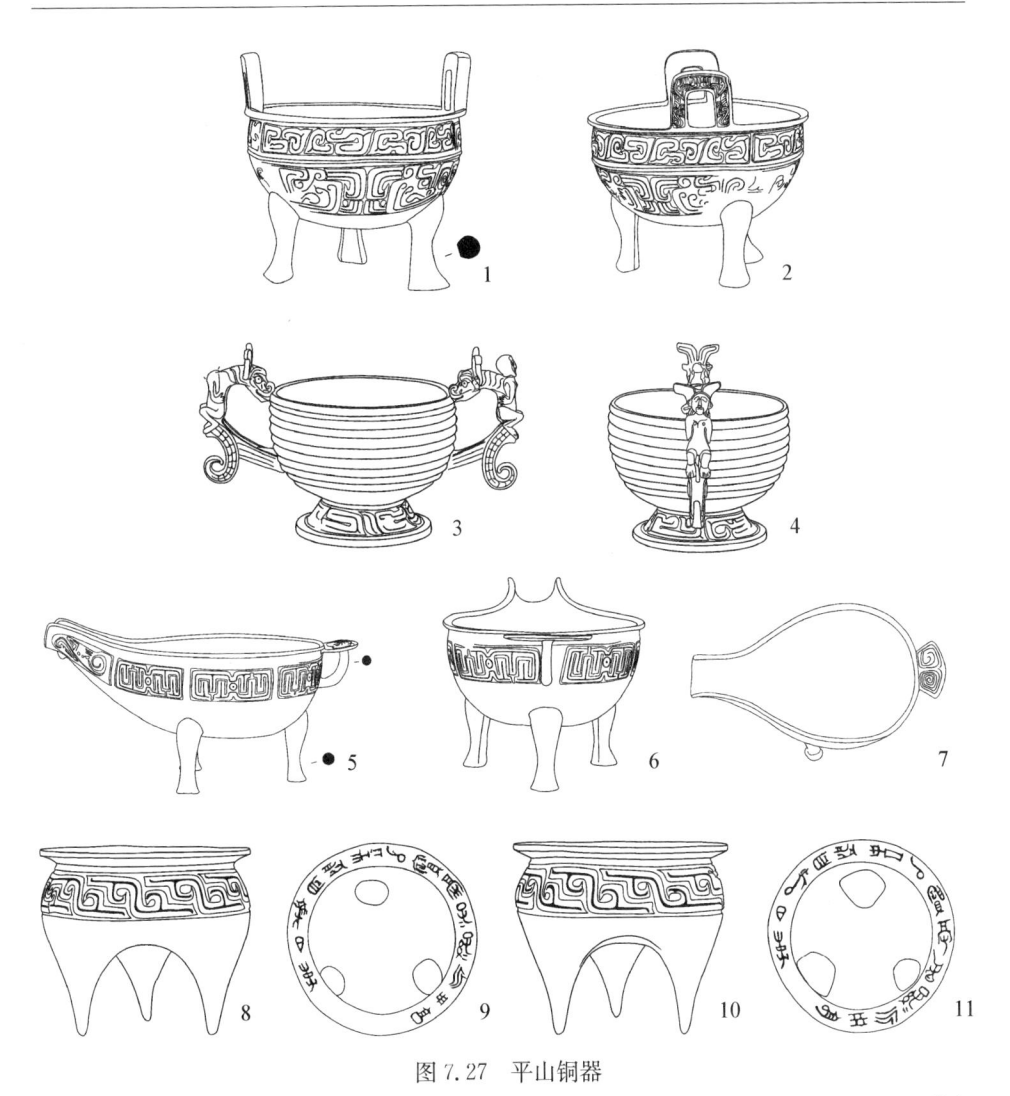

1、2. 鼎(正、侧) 3、4. 簋(正、侧) 5—7. 匜(侧、后、俯) 8、9. 鬲1及铭文摹本 10、11. 鬲2及铭文摹本

掘报告称年代在厉王前后,即西周晚期前后。毛公鼎,[1]道光年间出土于陕西岐山,现收藏于台北故宫博物院,通高53.8、口径47.6厘米,腹饰重环纹,器形较为厚重,年代上应比平山鼎略早,为西周晚期宣王时期。

---

[1] 朱凤瀚:《中国青铜器综论(上)》,第93、99页,上海古籍出版社,2009年。

淮河上游亦有立耳蹄足鼎出土，形制与平山鼎相近。信阳明港出土青铜鼎，[1]立耳，鼓腹，圜底半蹄足，腹中部有一周凸棱，下腹饰兽体卷曲纹，形制上与平山鼎较为相似，且下腹部纹饰亦同，唯上腹窃曲纹有少许差别，年代应相差不远，明港鼎的年代为春秋早期。信阳杨河出土番昶伯君鼎，[2]立耳，折沿，鼓腹，圜底，蹄足，上腹饰兽体卷曲纹，下腹饰蟠龙纹，春秋早期，形制与平山鼎较为相似，年代应较为接近。

江淮地区出土了与平山鼎形制相近的立耳蹄足鼎，如寿县魏岗、无为大童村等地出土的，较之平山鼎，腹部较浅，年代为西周晚期至春秋早期。

山东地区也出土有数件立耳蹄足鼎，如鲁国故城 M46：1，M48：23、M48：18、M48：3、M14：3。[3] M46：1，颈部饰重环纹，腹部有凸棱一周，腹部稍浅，年代为西周中期。M48：23、M48：18、M48：3 形制一致，大小有序，似为列鼎，年代为西周中期。M14：3，直口，折沿，立耳，圜底，蹄足较矮，耳饰两道凹弦纹，颈部有两道凸弦纹，年代为西周末年。长清仙人台 M3：2[4]（图 7.28），立耳，折沿，腹微鼓，圜底，腹上部与耳外侧饰重环纹，下腹饰垂鳞纹，报告称其年代为西周晚期。

图 7.28　长清仙人台 M3：2 鼎

湖北随县均川出土黄季鼎，[5]折沿，圆腹微鼓，长方立耳，圜底，蹄足。腹饰窃曲纹、弦纹和兽体卷曲纹各一周，耳外侧饰鳞纹，腹内铸有"黄季子作季嬴宝鼎其万年子孙永宝用享"铭文，形制上亦与平山鼎较为相似，唯器形稍大，纹饰上稍有区别，年代为春秋早期。

平山鼎上腹所饰窃曲纹（图 7.29，1），每一个单元都是由两个类似"己"字符的曲线相互翻转首尾呼应组成，显然这种纹饰由顾首龙纹、象鼻龙纹省变而来。沂源姑子坪铜壶 M1：12 颈部纹饰（图 7.29，4）翻转 180°即为平山鼎窃曲纹形

---

[1]　中国青铜器全集编辑委员会：《中国青铜器全集》卷 7，第 108 页，文物出版社，1997 年。
[2]　中国青铜器全集编辑委员会：《中国青铜器全集》卷 7，第 112 页，文物出版社，1997 年。
[3]　山东文物考古研究所、山东省博物馆、济宁地区文物组、曲阜县文管会：《曲阜鲁国故城》，第 146、148、151 页，齐鲁书社，1982 年。
[4]　山东大学考古系：《山东长清县仙人台周代墓地》，《考古》1998 年第 9 期。
[5]　中国青铜器全集编辑委员会：《中国青铜器全集》卷 7，第 80 页，文物出版社，1997 年。

式,简报将其年代定为西周晚期。[①] 据彭裕商先生《西周青铜器窃曲纹研究》一文,BbI式殷句壶盖沿的纹饰[②](图7.29,2)、BbII式的三年㵼壶盖沿的纹饰(图7.29,3)、长清仙人台M6簠(M6:B37)腹部的纹饰(图7.29,5)、BbIII式莫伯盨口沿的纹饰(图7.29,6),皆与平山鼎窃曲纹较为相似。平山鼎窃曲纹和BbI、BbII式窃曲纹的区别主要是无兽目,与BbIII式的区别在小单元之间断开而非连接。BbI式年代为西周中晚期,BbII式为西周晚期到春秋早期,BbIII式流行于宣王及其后,下限到春秋早期。平山鼎窃曲纹显然是由BbI、BbII式变形而来,去掉中间兽目,断开即为平山鼎窃曲纹形式。BbIII式兽目已去掉,平山鼎在年代上应与其较为接近。因此平山鼎窃曲纹的年代定为西周晚期至春秋早期为宜。

图 7.29 窃曲纹

1. 平山鼎纹饰 2. BbI式殷句壶纹饰 3. BbII式的三年㵼壶纹饰 4. 沂源姑子坪M1:12纹饰
5. 长清仙人台M6:B37纹饰 6. BbIII式莫伯盨纹饰

平山鼎下腹纹饰(图7.30,1),朱凤瀚先生称之为长卷唇龙纹,由两相背的呈轴对称的龙组成,其上唇特长,先上卷继前伸,再垂下,身躯侧向后平伸,歧尾上扬,盛行于春秋早期。[③] 又如鲁伯愈父簠纹饰(图7.30,2)、三门峡上村岭虢国墓䯄(M1613:3)腹部纹饰(图7.30,3)、信阳杨河出土番昶伯君鼎[④]下腹纹饰、

---

① 山东大学考古系、淄博市文物局、沂源县文管所:《山东沂源县姑子坪周代墓葬》,《考古》2003年第1期。
② 容庚:《商周彝器通考》,图730,哈佛燕京学社,1941年。
③ 朱凤瀚:《中国青铜器综论》(上),第557页,上海古籍出版社,2009年。
④ 中国青铜器全集编辑委员会:《中国青铜器全集》卷7,第112页,文物出版社,1997年。

虢叔簠腹部纹饰①(图 7.30,4)、长清仙人台铜簠(M3：9)腹部纹饰②(图 7.30,5),皆与平山鼎下腹纹饰相近。虢叔簠、长清仙人台铜簠的年代为西周晚期,鲁伯愈父簠、三门峡上村岭虢国墓鬲、番昶伯君鼎的年代为春秋早期,平山鼎下腹纹饰较为凝重,年代应不晚于春秋早期。

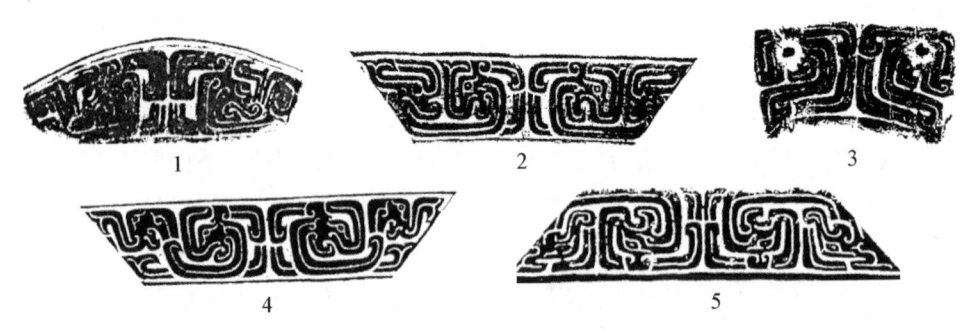

图 7.30　长卷唇龙纹
1. 平山鼎纹饰　2. 鲁伯愈父簠纹饰　3. 三门峡上村岭虢国墓 M1613：3 纹饰　4. 信阳杨河虢叔簠纹饰　5. 长清仙人台 M3：9 纹饰

平山鼎耳部外侧饰相对的双虎纹(图 7.31,1)。虎纹,多作倒"U"形,半圆耳,巨口张开,或露獠牙,上卷尾,见于殷代中期,③如安阳小屯出土铜钺 M5：799 的纹饰、阜南月儿河出土龙虎尊腹部所饰三组虎食人浮雕。④ 陕西淳化史家塬出土兽面纹大鼎耳外侧饰相对两虎纹,年代为西周早期。⑤ 长清仙人台 M6：B3 铜鼎耳部外侧饰两只对视虎纹(图 7.31,2),长清仙人台 M6 的年代为春秋早期偏晚。侯马晋国铸铜遗址⑥出土较多虎纹陶范,大部分是单体虎形,造型生动写实,多作为器物附件使用。由上可知,虎纹商中期开始出现,一直延续至东周时期。商中期双虎纹一般为虎食人造型,宗教艺术特色较为浓郁。平山鼎双虎纹较为简化,但简化程度不如长清仙人台 M6：B3 虎纹,年代应略早,可定为春秋早期。

---

① 上海博物馆青铜器研究组编：《商周青铜器纹饰》,第 143 页,文物出版社,1984 年。
② 山东大学考古系：《山东长清县仙人台周代墓地》,《考古》1998 年第 9 期。
③ 朱凤瀚：《中国青铜器综论(上)》,第 569、572 页,上海古籍出版社,2009 年。
④ 葛介屏：《安徽阜南发现殷商时代的青铜器》,《文物》1959 年第 1 期;中国青铜器全集编辑委员会：《中国青铜器全集》卷 1,第 116—118 页,文物出版社,1997 年。
⑤ 中国青铜器全集编辑委员会：《中国青铜器全集》卷 6,第 120 页,文物出版社,1997 年。
⑥ 山西省考古研究所：《侯马铸铜遗址》(上),第 251—255 页,文物出版社,1993 年。

图 7.31 双虎纹
1. 平山鼎耳部纹饰　2. 长清仙人台 M6∶B3 耳部纹饰

综上,平山鼎的年代宜定为春秋早期。

2. 龙耳簋

敛口,深腹微鼓,喇叭形圈足。两侧置对称龙形耳,龙嘴衔口沿,龙身饰鳞纹,龙尾下垂外卷。龙背蹲踞一人屈膝面朝外,双手后背,头稍昂。腹饰瓦纹,圈足饰窃曲纹。通高 17、口径 17.1、圈足直径 12.9 厘米(图 7.27,3、4)。

平山龙耳簋造型独特,器形较为少见,其敛口、喇叭形高圈足的形制可以与西安大唐西市博物馆藏杞伯每忘簋(图 7.32,1)相比较。杞伯簋有盖,盖器子母口相合,鼓腹,高圈足,通体饰瓦棱纹,盖捉手饰鸟纹,张懋镕等认为其年代在西周晚期。[①] 陕西扶风五郡西村出土 2 件高圈足簋,父辛簋(2006FWXJ1∶9),侈口,深腹,喇叭形高圈足,颈部饰垂冠长尾凤鸟纹,圈足饰环带纹,腹内铸铭文 4 字,为"作父辛"。白湿父簋(2006FWXJ1∶10,图 7.32,2),形制与父辛簋近同,纹饰不同,腹部饰瓦纹,圈足中部饰弦纹两周,腹内底有铭文 6 字,为"白湿父作

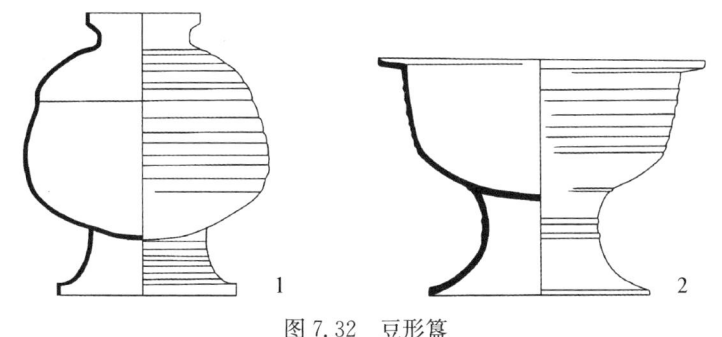

图 7.32 豆形簋
1. 杞伯每忘簋　2. 白湿父簋

---

① 张懋镕、闫婷婷、王宏:《新出杞伯簋浅谈》,《文博》2001 年第 1 期。

宝簋"。简报称父辛簋的年代为西周中期,白湿父簋为西周晚期。另传世器五年琱生簋和六年琱生簋,形制也基本属于此类形制,年代为西周晚期。

综上可以看出,这种敛口、喇叭圈足青铜簋分布范围较广,陕西、甘肃、山东、河北、安徽皆有分布,流行时间较长,从西周晚期到战国时期。平山簋的喇叭圈足、腹饰瓦纹的特征与杞伯簋、白湿父簋较为一致,然其腹部两侧附龙耳的形制与秦公簋一致,其年代应介于两者之间,拟定西周晚期到春秋早期。张懋镕等研究认为,山东地区一直都有偏爱陶豆形簋的传统,虽不是夷人文化特有器物,但的确是其非常喜爱的一种器物,[①]因此,平山簋形制的渊源可能是中原文化与山东夷人文化结合的产物。

平山簋的龙錾,双角耸立,龙首较为狭长,龙身饰有鳞纹,龙尾向外微卷。春秋时期青铜匜上有较多龙錾发现,形制相似,可作比较,如随州安居桃花坡M1[②]出土青铜带流盘龙錾(图7.33,1),发掘报告称其年代为春秋早期。山东地区亦有类似龙錾,如小邾国郳庆匜[③](图7.33,2)、肥城小王庄出土龙錾匜(图7.33,3)。平山簋龙耳为扁耳形制,较为罕见,郳庆匜龙錾扁耳形制与平山簋一致,小邾国墓与肥城小王庄的年代均为春秋早期前后。综上,这种龙錾形制出现在春秋早期,且多用于盘、匜之上。

1　　　　　　　2　　　　　　　3

图 7.33　龙形錾

1. 随州安居桃花坡 M1 盘龙錾　2. 小邾国郳庆匜龙錾　3. 肥城小王庄匜龙錾

[①] 张懋镕、闫婷婷、王宏:《新出杞伯簋浅谈》,《文博》2001 年第 1 期。
[②] 随州市博物馆:《湖北随县安居出土青铜器》,《文物》1982 年第 12 期。
[③] 李光雨、张云:《山东枣庄春秋时期小邾国墓地的发掘》,《中国历史文物》2003 年第 5 期;枣庄市政协台港澳侨民族宗教委员会、枣庄市博物馆:《小邾国遗珍》,第 113 页,中国文史出版社,2006 年。

平山篡龙銎上的蹲踞裸人形象，在山东地区有较多发现，如鲁国故城M48∶8鲁仲齐盘，①圈足饰三人作裸体蹲姿，双乳、肚脐清晰，头顶盘底，背靠圈足，双臂向后作抬盘状，报告称其年代为西周中期，王恩田先生认为应为春秋早期，②朱凤瀚先生认为在春秋早期偏早，③王青先生将 M48 的年代定为春秋中期。④ 山东滕州后荆沟 ST80M1 出土一件窃曲纹盘，折沿方唇，浅腹，口沿饰龙形卷尾附耳，圈足外铸三裸人形足，⑤以肩部和头部支撑盘身，报告称其年代为春秋早期。枣庄小邾国墓 M3∶18 窃曲纹人足盘，⑥三裸人蹲姿，双臂后背作抬盘状，与鲁仲齐盘、后荆沟窃曲纹盘十分相似，在形制上也较为一致，年代上应相差不远。小邾国墓 M3∶15 虎钮方盉，器圈足四角，饰有四个裸人，双手后背托方盉，与前三者不同的是裸人只有上肢。临朐泉头村⑦亦出土附耳裸人足盘 M 甲∶8，裸人形象与上述基本一致，年代为西周晚期至春秋早期。

陕西扶风齐家村西周窖藏出土它盘，⑧附耳平缘，圈足之下铸有四个跪坐裸人作足，腿屈于臀部之下，双手扶膝，肩负于盘，盘腹饰重环纹，圈足施以兽面卷曲纹，形制上与鲁仲齐盘较为相似，年代上定为西周晚期到春秋早期。陕西韩城梁带村 M26∶136 双层方鼎，⑨由两件大小有别的附耳方鼎套叠组成，外层鼎两长壁下端各有两个裸体跪姿人形足（图 7.34,1），年代为春秋早期。

天马曲村北赵晋侯墓地 M31∶8 扁体鸟盖盉，⑩器足为两个屈膝负重裸人（图 7.34,2），头上无发，曲肘架于腿上，手拢膝，身前倾，背负器身，双足叉立。

---

① 山东文物考古研究所、山东省博物馆、济宁地区文物组、曲阜县文管会：《曲阜鲁国故城》，第 150 页，齐鲁书社，1982 年。
② 王恩田：《曲阜鲁国故城的年代及其相关问题》，《考古与文物》1988 年第 2 期。
③ 朱凤瀚：《中国青铜器综论》（下），第 1654 页，上海古籍出版社，2009 年。
④ 王青：《海岱地区周代墓葬研究》，第 27 页，山东大学出版社，2002 年。
⑤ 万树瀛：《滕县后荆沟出土不嬰簋等青铜器群》，《文物》1981 年第 9 期；中国青铜器全集编辑委员会：《中国青铜器全集》卷 6，第 72 页，文物出版社，1997 年。
⑥ 枣庄市政协台港澳侨民族宗教委员会、枣庄市博物馆：《小邾国遗珍》，第 75 页，中国文史出版社，2006 年；枣庄市博物馆、枣庄市文物管理办公室：《枣庄市东江周代墓葬发掘报告》，《海岱考古》第 4 辑，科学出版社，2001 年。
⑦ 临朐县文化馆、潍坊地区文物管理委员会：《山东临朐发现齐、郳、曾诸国铜器》，《文物》1983 年第 12 期。
⑧ 中国青铜器全集编辑委员会：《中国青铜器全集》卷 5，第 190 页，文物出版社，1997 年。
⑨ 陕西省考古研究所、渭南市文物保护考古研究所、韩城市文物旅游局：《陕西韩城梁带村遗址 M26 发掘简报》，《文物》2008 年第 1 期。
⑩ 山西省考古研究所、北京大学考古系：《天马——曲村遗址北赵晋侯墓地第三次发掘》，《文物》1994 年第 8 期。

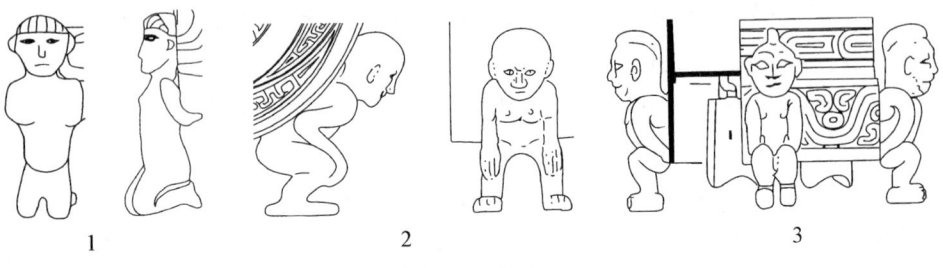

图 7.34 裸人

1. 韩城梁带村 M26:136　2. 天马曲村北赵晋侯 M31:8　3. 天马曲村北赵晋侯 M63:86

发掘报告称其时代属于西周晚期。天马曲村北赵晋侯墓地 M63:86,方座筒形器,器底四面各附有一人形足(图 7.34,3),两两对称,裸体屈膝作背负状。M63 还出土一件人形足攀龙盒(M63:123),盒身两宽面下部铸有背对盒身人形足,裸体跪姿,胸部饰变形兽面纹图案。发掘报告称 M63 为晋侯邦父次夫人杨姞之墓,年代当为西周末年。①

三门峡虢国墓地 M2001:96,扁体盉,②形制与晋侯墓地 M31:8 扁体盉基本相同,唯其盉盖为一盘龙握手与凤鸟握手有所区别。腹下也附人形四足,裸体,跪坐状,头发后疏,面目清秀,乳房高隆,双手反背于身后,应为女性奴隶形象。报告从器物组合及铭文等情况推断,该墓为虢国国君虢季之墓,年代为西周晚期晚段,即宣、幽时期。

甘肃礼县圆顶山秦墓 98LDM1:21,扁体盉,形制基本与虢国墓地 M2001:96、晋侯墓地 M31:8 一致。方形盖,盖上有圈定式捉手,深子口,身为方口,圆唇,扁体,底微圜,足为 4 个蹲坐屈膝的裸人,报告认为其年代为春秋早期。③ 另外圆顶山 98LDM2:39 扁体盉与 98LDM1:21 形制基本相同,足部亦为裸人形象,唯裸人头为兽形。④

综上可以看出这种裸人主要用作青铜盘、鼎、方彝、扁体盉、方座筒形器的器足使用,而平山簋裸人则附于龙耳用于装饰。平山裸人面部粗犷,眼睛突出,

---

① 山西省考古研究所、北京大学考古系:《天马——曲村遗址北赵晋侯墓地第四次发掘》,《文物》1994 年第 8 期。
② 河南省文物考古研究所、三门峡市文物工作队:《三门峡虢国墓》(第一卷),第 66、67 页,文物出版社,1999 年。
③ 甘肃省文物考古研究所、礼县博物馆:《礼县圆顶山春秋秦墓》,《文物》2002 年第 2 期。
④ 甘肃省文物考古研究所、礼县博物馆:《甘肃礼县圆顶山 98LDM2、2000LDM4 春秋秦墓》,《文物》2005 年第 2 期。

鼻梁高耸,口部微张,双手后背,身体呈蹲踞状,脚趾刻划清晰,与山东地区出土裸人形象较为相似。裸体人形足铜器,据方辉先生研究,多出于海岱地区莒文化区,年代多在西周晚期到春秋早期。① 禚柏红推测这种以裸人装饰铜器的风格应是山东地区甚至就是莒国所特有的地域特征,中原地区发现几件以裸人作足装饰的器物,可能是莒文化因素的传播所致。② 裸人形象,主要有五种,双臂后背跪坐,如天马曲村北赵晋侯 M63：123、三门峡虢国 M2001：96、韩城梁带村 M26：136;双臂后背蹲踞,如平山村、鲁国故城 M48：8、滕州后荆沟 ST80M1、枣庄小邾国 M3：18;双臂扶膝蹲踞,如天马曲村北赵晋侯 M31：8;双臂扶膝跪坐,如陕西扶风齐家村它盘;双臂微举蹲坐,如圆顶山 98LDM2：39、98LDM1：21。裸人性别上多以男性为主,少数为女性。裸人装饰,广泛分布于淮河以北的北方地区,如莒国、小邾国、晋国、芮国、秦国、虢国等,其年代从西周晚期开始出现到春秋早期大量流行,相对来说,晋国墓地出现略早,但总体年代相差不远,这种艺术手法,传播速度较快。裸人装饰,最早可能出现于中原地区,后在山东南部地区较为流行,最后传播到其他地区。

平山簋腹部饰瓦棱纹,亦称"平行沟纹",常见于青铜簋、盨、匜等器物腹部装饰,朱凤瀚先生认为此纹饰在殷代中期开始出现,西周中期以后开始流行,尤盛行于西周晚期到春秋早期。③ 平山簋圈足饰窃曲纹,呈卷云形,各单元上下向间隔排列,上下对称,据彭裕商先生研究,流行于西周晚期到春秋早期。④ 平山簋龙耳饰鳞纹,为两组鳞片并排饰于龙身之上。鳞纹流行于西周早期至春秋早期,多饰于器物腹部或圈足之上。平山簋龙耳鳞纹与山东小王庄出土卷云纹盘鳞纹相似,处于鳞纹向重环纹演化时期,年代定为西周晚期至春秋早期为宜。

综上,平山龙耳簋的年代可定为春秋早期。

3. 锥足鬲

2件,形制大小、纹饰、铭文皆相同。敛口,沿外折,束颈圆肩,三尖袋足。腹部饰窃曲纹一周,上下有两道凹弦纹相隔。口沿有铭文一周,"□伯□□□以

---

① 方辉：《山东省博物馆藏裸人铜方鼎》,《文物天地》1990 年第 5 期；《试论周代的铜匜》,《海岱地区青铜时代考古》,第 483—497 页,山东大学出版社,2007 年。
② 禚柏红：《莒文化研究》,第 25 页,山东大学硕士论文,2003 年。
③ 朱凤瀚：《中国青铜器综论》(上),第 600 页,上海古籍出版社,2009 年。
④ 彭裕商：《西周青铜器窃曲纹研究》,《考古学报》2002 年第 4 期。

宝鬲,子子孙孙永用享"。标本一,高13.4、口径15.7厘米(图7.27,8—11)。

平山锥足鬲的器形、变化和年代已如前述,不再赘述。

平山鬲铭文的释读,学界意见尚未统一。李学勤先生考释为:"繁伯武君媵丝妞宝鬲,子子孙孙永用享。"①华东师大《金文资料库》释为:"繁白(伯)武君朕(媵)之(妞)宝鬲。"《新收殷周青铜器铭文暨器影汇编》释作:"枣白武君朕㞢丂宝鬲。"《近出殷周金文集录》释作:"莱伯武君肇造丁宝鬲。"②陈治军将铜鬲铭文释为"繁白(伯)武君媵告以(妞)宝鬲,子子孙孙永享",并言繁、番一音之转,古为一国,繁氏为殷商部族,"告"为文王之后,因此,此鬲为商族后裔与周王朝后裔通婚的一个重要物证。③

4. 燕鋬三足匜

瓢形腹,槽流,流口下有齿状突,三蹄足,燕尾鋬。口下饰一周窃曲纹,鋬饰云雷纹。通高20.5、长40、宽22.7厘米(图7.27,5—7)。

平山燕鋬匜的器形、变化和年代已如前述,不再赘述。

综上所述,平山村组青铜器的年代可定为春秋早期。经与皖南、江淮和山东南部地区比较研究,平山村组青铜器的文化因素可作以下分析:立耳窃曲纹鼎在中原、江淮、山东南部及湖北随州等地皆有出土,应为西周晚期至春秋早期较为流行的形制,尤其与淮河上游河南信阳黄国、番国等地出土铜鼎形制相似度较高。上腹所饰窃曲纹,应是来自中原地区并加以变化。下腹所饰长卷唇龙纹,在淮河上游有较多发现,山东南部在春秋早期亦有发现。鼎耳外侧对饰虎纹,应为殷夷文化遗存。龙耳簋,本地风格明显,然豆形簋的形制可能源于山东地区夷人文化元素,龙耳形制特征应为江淮及山东南部文化结合的产物,龙耳蹲踞裸人形象应是山东南部莒文化传播所致,龙耳簋瓦棱纹和鳞纹应是中原文化传统。窃曲纹锥足鬲应为山东南部、江淮和淮河上游地区文化交融碰撞的结晶。燕鋬三足匜应是皖南地区的传统,腹部所饰窃曲纹当为中原传统的变形。因此,平山村组青铜器文化面貌反映了皖南、江淮和山东南部地区青铜文化的互动与交流。

---

① 李国梁:《安徽宿县谢芦村出土周代青铜器》,《文物》1991年第11期。
② 日月:《金文"肇"字补说》,复旦大学出土文献与古文字研究中心网站:http://www.gwz.fudan.edu.cn/srcshow.asp?src_id=1184。
③ 陈治军:《安徽出土青铜铭文图录考释》,第4、5页,安徽大学硕士学位论文,2011年。

平山村地理位置优越,处于古汶、泗水交汇之处,汶、泗南下注入淮水,与山东南部、江淮、淮河上游等地有较为便利的水利交通。平山村组青铜器文化面貌内涵丰富,同时具备山东南部、安徽江淮、皖南和河南淮河上游地区的文化因素,真实再现了春秋早期区域文化互动交流的面貌。近年来,江淮和皖南沿江地区群舒文化遗存相继确立,淮河上游诸国与山东南部地区青铜器综合研究成果不断涌现,随着考古发现和研究的不断深入,江淮地区的周代青铜文化面貌会愈加清晰。

第八章
以淮河沿岸为中心的钟离国遗存

蚌埠双墩 M1、凤阳卞庄 M1 和大东关 M1 三座春秋高等级墓葬的发现和发掘,为研究钟离国的历史、钟离王室世系提供了重要的考古新材料,起到了写史、补史、证史的重要作用。蚌埠双墩 M1、凤阳卞庄 M1 和舒城九里墩墓,依其出土铭文的研究成果,又大致构成了江淮地区钟离国遗存的年代序列。钟离遗存是江淮地区嬴、偃、徐、舒研究的重要内容,钟离国遗存的确立,揭示了至春秋中期后段江淮地区诸文化已统一于楚(图 8.1)。

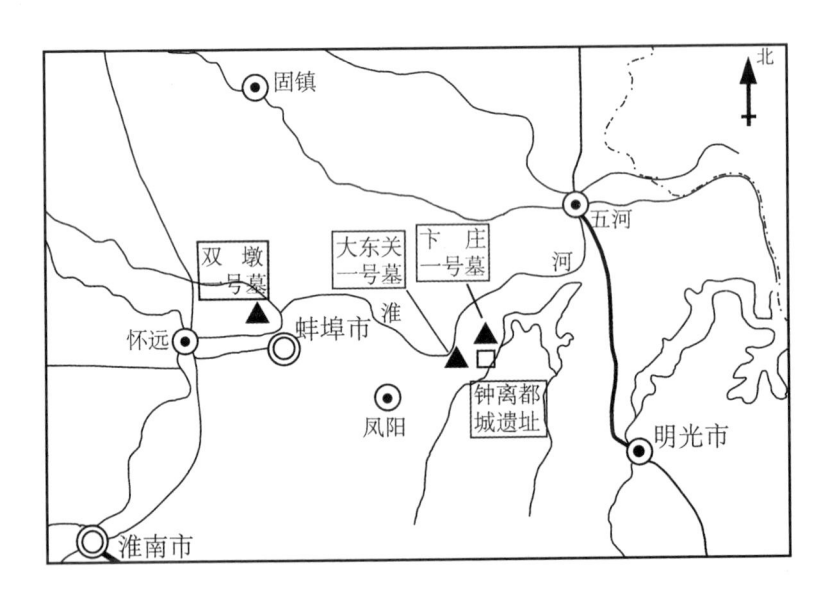

图 8.1 双墩、卞庄、大东关墓葬位置图

一、遗迹与遗物

1. 双墩 M1

双墩 M1 是一座大型带封土堆的竖穴土坑墓,墓葬结构由封土、白土垫层、墓坑、墓道等部分组成。

封土呈馒头形,高 9、底径 60 米,未见人工夯筑的迹象,营建方式为堆筑。封土及墓坑内的填土为黄、灰(青)、黑、红、白五色土。封土底部有一层白土,构建于墓口外的生土层之上,厚 20—30 厘米,大小与封土堆底部基本一致,平面呈璧形。墓坑为大型圆形竖穴土坑,直径 20.2、坑深 7.5 米。墓坑有生土二层台,正东向有一条 14 级阶梯的短墓道。墓坑壁和墓道全部用白泥抹平,形成白色的墓壁装饰,二层台内缘上有一周"土偶墙"。墓底为圆形,直径近 14 米。主棺椁居中略偏北,东、西、北侧各殉 3 人,南侧殉 1 人。南椁室分为南北两个椁箱,南箱随葬食物(猪、牛、羊骨骸),北箱随葬器物。墓葬底部为规整的十字形埋葬布局。填土中还构筑有多种寓意深奥且从未见过的"放射线形状""土丘与土偶""土偶墙"等象征性遗迹现象。这些系列圆形建筑设计理念,除它的功能性外,还有着更多的象征性寓意(图 8.2)。

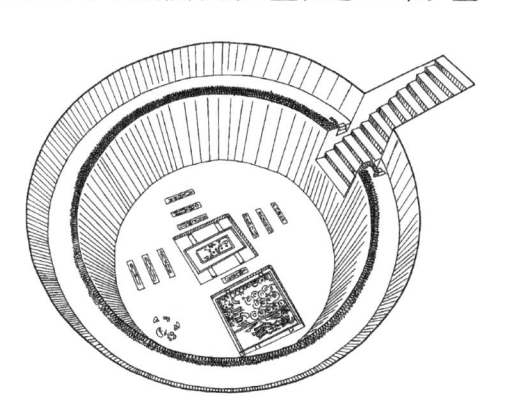

图 8.2 双墩 M1 结构透视图

双墩 M1 出土随葬品 500 余件,有青铜器、彩绘陶器、石器、玉器、陶器以及海贝饰件、金箔饰件和漆木器等,特别值得一提的是它创造了绝无仅有的 2 000 余件"土偶"这个新的文化遗物。

青铜器在随葬器物中数量和种类最多,包括容器、乐器、车马器、兵器、工具等共计 364 件。青铜器上有记录钟离国属性和墓主人钟离君柏名字的铭文。双墩 M1 是一座具有典型春秋时代钟离国个性特征的王陵墓葬,其大量的随葬品构成了淮河中游地区钟离国器物群。

双墩 M1 出土青铜容器 20 件,器形有鼎、豆、盂、簠、甗、瓿、匜、盒、盘、勺等。

鼎　5件　根据形制可分为立耳盆形鼎和附耳盖鼎两种。

立耳盆形鼎　3件　形制相同，大小略有差异。器形均为方形立耳，三蹄形足。颈与腹交接处有两周凸棱纹，其中一凸棱上饰平行斜线纹，棱下弧腹渐收至底，圜底，底部有一周呈等三边弧形状凸棱。以器腹凸棱为界，分上下两段分别饰重复单元蟠虺纹和三角纹。标本M1∶113出土时鼎内装有猪蹄骨和肋骨（图8.3，1），标本M1∶293、M1∶294出土时鼎内装有鱼骨。

附耳盖鼎　2件　形制相同，大小略有差异。器形均为方形附耳，深腹，三蹄形足。盖面弧形隆起，中部有圆环形捉手，盖顶部饰两周凸棱和重复单元蟠虺纹。鼎子母口平沿，口沿略内敛，沿下一周方形凸棱与器盖相吻合。腹中部有一周凸棱，以凸棱为界，腹部上下均饰蟠虺纹。盖面凸棱与腹部凸棱均饰斜线纹。标本M1∶356出土时鼎内装有牛或猪腿骨，标本M1∶359出土时鼎内装有牛肋骨（图8.3，2）。

镳盉　1件　缺盖，器身扁圆形，小平口，直短颈，鼓腹，平底略圜，三个兽形蹄足。肩部置一多棱六面兽形提梁，提梁的两端分别为兽头和兽尾。兽头两角，圆眼，做张口状，似含住提梁。提梁一侧肩腹处置一流，流作兽首状，兽头两角，圆口，圆眼。从正面看，提梁一侧的兽口似含住兽流的身体，流的对称一侧为兽流的尾部，透雕扉棱。器身除饰四道凸弦纹外，均为素面，提梁与流饰鳞纹。标本M1∶20（图8.3，3）。

簠　4件　除有大小之别外，器形相同。长方形直口斗状，盖与器身造型一致，盖能覆置，长方形圈足，圈足四边有形似椭圆缺口。平沿，直口，折壁。盖与器身相互扣合，盖长边与短边两侧分别置两个和一个兽面小扣，盖与器身短边两侧折壁上铸兽形半圆钮。通体饰蟠虺纹。四件簠内三件有清晰的铭文，两大件盖内顶与器内底均刻有相同字数和相同内容的铭文。铭文字数19个，铭文内容为："唯正月初吉，丁亥，钟离君柏作其吉金，作其食簠。"两小件其中一件盖内顶有刻划铭文3个，似针刻，刻划痕迹极浅，极细，铭文内容为"柏之簠"。另一件因器体整体残碎并锈蚀，经修复完整，无法辨清是否有铭文存在。标本M1∶376（图8.3，4、5）。

罍　2件　形制相同，大小略有差异。器物本体为矮领圆鼓腹罐形，然后在其本体上加装多种附件，口部以上加装一件可以取下来的活动罩，肩部加装两组对称性附耳，底部加装三矮足。器物本体为平口，方唇，短粗颈，球腹，平

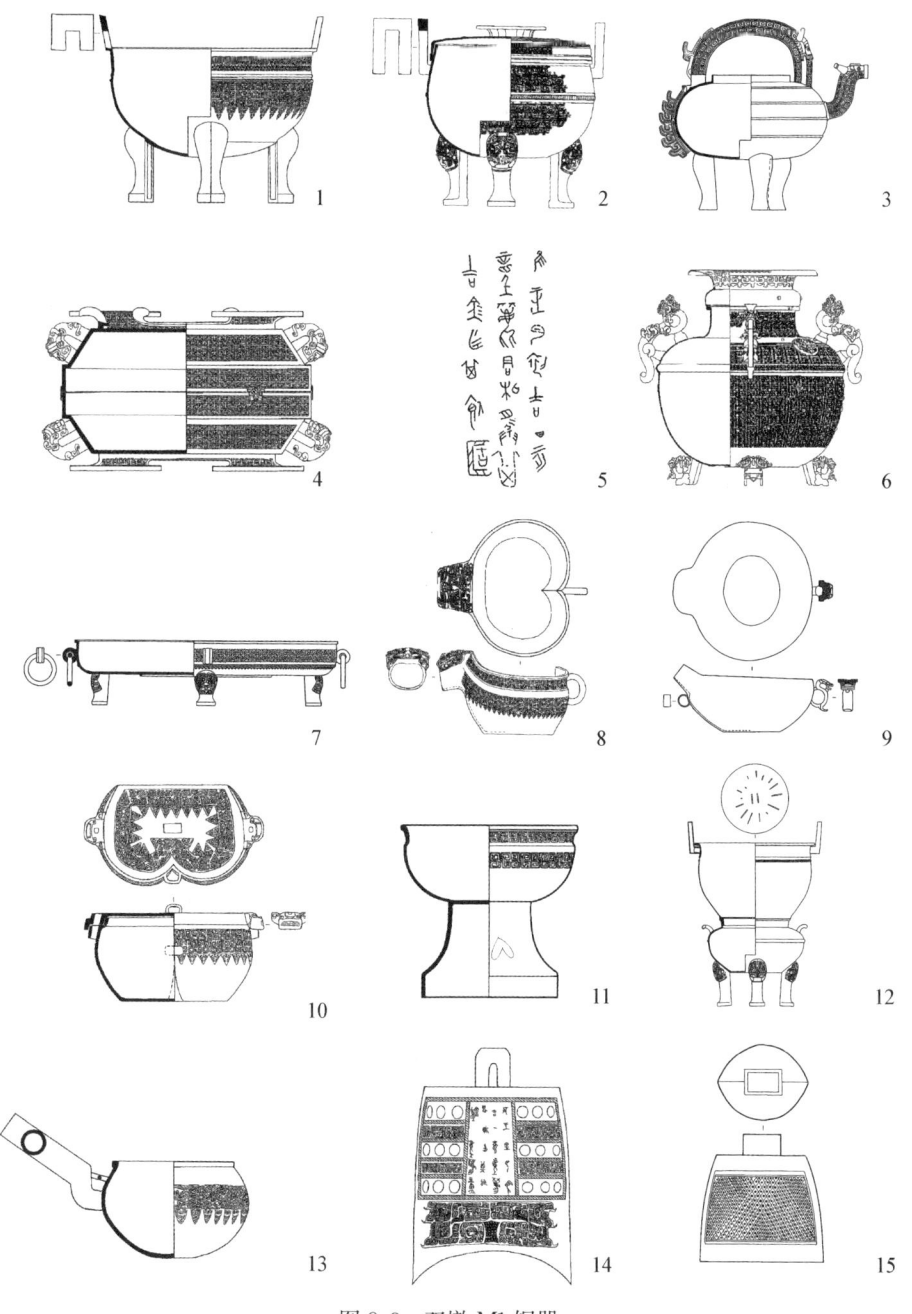

第八章 以淮河沿岸为中心的钟离国遗存　281

图 8.3　双墩 M1 铜器

1、2. 鼎　3. 鐎盉　4、5. 簠及内底铭文摹本　6. 罍　7. 三足盘　8、9. 匜　10. 双连盒　11. 豆　12. 甗　13. 勺　14. 钮钟　15. 铃

底一周外凸形成平底性矮圈足。器口上端有一活动式圆形圈座敞口透空蟠虺纹罩,镂空罩为圈座式宽沿外撇,罩圈座周边有两对称小扣可以扣住器口,使镂空罩圈座正好座扣在器口上严缝吻合,圈座罩中空,在其底部内有一周凸棱可以置盖。肩部加装两对不同形状的龙形或鸟兽形镂空附耳,底部另装三镂空禽鸟足。肩部饰三道凸弦纹和四个相同对称的兽面铜泡。肩部四个镂空形鸟兽的附耳,其中一对兽在下位口含上位鸟身,鸟首无冠作回首状,下位兽首有冠,身有双翼,四足,尾向上翻卷曲。另外一对耳系上的鸟首顶部有冠,鸟回首,似作挣扎状。其下位的兽有双耳,口含其上位的鸟身,耳系整体线条流畅,浑然一体,栩栩如生。器身饰四方连续蟠螭纹和间隔饰以凸出器表小圆柱。标本 M1∶398(图 8.3,6)。

三足盘(炉) 1件 该器为浅盘式三足炉,圆口,方唇,口沿略向内斜,浅腹,平底,平底中部有低矮形圈座,三兽蹄形足。腹周对称装有四个吊环附耳,环可供系索吊起使用。器表饰蟠虺纹。标本 M1∶283(图 8.3,7)。

匜 2件 根据其形制的不同可分为 A、B 两型。

A型 1件 器身整体形状类似瓢形,为前窄后宽的不规则椭圆形,大口平沿外侈,方唇,弧腹,平底,兽首形张口流,后腹内收装环形錾手。器腹上铸饰极细的带状蟠虺纹饰。标本 M1∶281(图 8.3,8)。

B型 1件 圆形器身呈钵形,大口微内敛,前有短流上翘,流下有一环形小錾,与之相对称的后部装一兽形环錾,平底。器壁薄,素面。标本 M1∶282(图 8.3,9)。

双连盒 1件 带盖双腹平底形,俯视器体平面呈"B"形。子母口,平沿,口上有平顶盖扣合。盖顶部中间有一桥形钮,两侧铸饰兽首形钮,钮中间有穿孔,与器口下钮恰好套合,可系索或销栓盒盖。盒正面似两圆形盒相连,相连处器腹有一桥形钮,腹外鼓。背面平直、素面。盖顶面饰交错几何三角纹组合的带状纹饰。腹部纹饰分上下两段,上段饰二方连续组合的带状蟠虺纹,下段饰连续倒三角纹。器形小巧,造型独特。出土时内装经检测为创伤药的残留物。标本 M1∶19(图 8.3,10)。

豆 2件 大小形制相同。钵形豆盘,平口,方唇,缩颈,深腹,中等矮粗豆柄,豆柄下部外撇与圈足座形成喇叭座口。颈腹部饰重复单元蟠虺带状纹饰,豆柄下部饰有三个不等距离的三角形镂孔。标本 M1∶285(图 8.3,11)。

甗 1件 为上甑下鼎分体甗。甑平沿,方唇,束颈,深弧腹,上腹圆鼓下腹内收,底部呈圈足座形,甗底为竖条镂空式平底箅。甗沿下装对称方形附耳。甗上腹部饰一周凸棱,凸棱上饰平行斜线纹。甗圈足座与鼎口套装为子母口。鼎平沿,方唇,直短颈,扁鼓腹,肩部有一对称外撇弯曲形附耳(或錾手),平底,三兽蹄形足。鼎上腹饰一周凸棱纹,余皆素面。标本M1:32(图8.3,12)。

勺 1件 钵形勺头,平口,方唇,深弧腹,圜底,装有銎柄,圆形銎柄上端粗下端细,出土时仍然有残木保留在銎内,銎柄与腹连接上方还有一短柱相连以加强銎柄与勺头的连接。勺头饰以连续几何菱形蟠虺纹组合成带状纹,下饰连续三角纹一周。标本M1:18(图8.3,13)。

双墩M1还出土乐器23件,其中青铜乐器11件,石磬12件。青铜乐器有编钟一套9件,铃、鼓钮环各一件。

钮钟 9件 钮钟个体之间由大到小依次顺减,均为长方形素面钮,椭圆筒形,于凹口,绝大部分的于口正背两面均有缺口。正背两面都以凸弦纹为界,分为左右两区,每区又分为五个小区,其中篆部两个小区饰重复单元方形蟠虺纹,另外三个枚区饰半圆素面乳钉,舞部和鼓部饰以蟠虺纹组合成变形兽纹。背面钲部中间饰重复单元方形的蟠虺纹。铭文主要铸刻在正面钲部中间。从铭文整体内容和字数看,九件铭文竖行排列,从右至左,从上至下续读,其内容为:"唯王正月初吉,丁亥,钟离君柏,作其行钟,钟离之金。"标本M1:1(图8.3,14)。

铃 1件 为方形銎柄木舌铃,平口,平顶。顶小口稍大,正面呈方梯形。顶中间有长方形銎以安装木柄。器身正背两面饰斜线菱形网格纹,网格内饰乳钉纹。标本M1:10(图8.3,15)。

2. 卞庄M1

位于凤阳县卞庄,距钟离城址北1公里。卞庄M1仅存墓坑底部,亦为圆形竖穴土坑墓。墓底直径8米。坑内填土为五花土,质地较紧,没有夯筑迹象。墓壁涂有厚约3厘米的白泥层。墓主和殉人位置略偏北,南部放置随葬品,由东至西放置食品、青铜器、石器和陶器等。

墓底的东、西、南、北和中部有5个打破生土的浅坑,即以墓主人棺椁为中心,四周有规律地排列着人殉坑:南人殉坑的南侧发现殉人骨架1具;东人殉坑内有殉人骨架3具;北人殉坑内有殉人骨架3具,并有1件磨光扁长条形石器;西人殉坑内有殉人骨架2具,随葬1件小铜刀和1块陶片。

随葬青铜器73件,有礼器、乐器、车马器和兵器等。

鼎 2件,大小形制相同,附耳,蹄足,足根部饰兽面纹。口沿下有一周方形凸棱。腹中部和底部分别有一周弧形凸棱。凸棱上下饰一周"S"形组合的蟠虺纹(图8.4,1)。

甗 1件,上部为甑,方唇,斜沿,直口,口沿两侧有一对长方形附耳,弧腹,圈足,底有长条形箅孔。下部为鼎,方唇,沿微斜,口微敞,短颈,溜肩,鼓腹,圜底,三蹄形足,足根部饰兽面纹。鼎腹部饰一周"S"形组合带状蟠螭纹,下饰多组以"S"形组合的蟠蝠蟠螭纹。器耳饰蟠虺纹(图8.4,2)。

簠 1件,长方形,矩形圈足。器盖与器身的大小、形制相同。器盖与器身折壁处各铸接一对兽首耳,器盖外长边与短边的直缘处分别铸接对称相同的铜扣,铜扣饰兽面纹,器体表面饰蟠虺纹(图8.4,3)。

豆 1件,器身与器座分铸,深球腹,喇叭形圈足,周有3个心形镂孔。自口沿至腹上部饰一周蟠虺纹,腹底部饰一周扁方凸棱(图8.4,4)。

镳盉 1件,扁圆腹,平底,兽蹄足,有盖,兽首流。腹中部两侧分别铸变形鸟兽棱脊和一曲状兽首流,流背面有一组变形鸟兽形棱脊,平底,三蹄形足,足根饰兽面纹。有盖,圆圈形钮。腹部有四道圆凸棱将腹部分为5个区,分别饰三角变形兽纹、蟠螭纹、变形动物波带纹。曲状兽首流铸重环纹。四道圆凸棱均铸平行直线(图8.4,5)。

兽足盘 1件,盘为内外两层,共用一盘底。外盘腹中部有一周凸棱,平底。器底下有四兽将盘底托起,四兽均呈卧态,头部有一对角,圆眼,张嘴,唇翻翘。腹中部有两对形似龙的把手,龙回首含口沿。内盘腹外有两对兽形把手。外盘腹部凸棱上饰斜平行短直线,口沿自凸棱处饰一周蛇形纹。内盘腹壁镂孔呈鸟首缠绕纹。器把手的龙首及四兽的耳、眼均镶嵌绿松石(图8.4,6)。

罍 1件 圈足,有盖,盖有一周凸棱,喇叭形钮。三周扁圆形凸棱将肩与腹分为3个区,并饰蟠虺纹。腹部对称装饰4个圆饼饰,并铸变形兽纹(图8.4,7)。

钵 1件 方唇,敛口,束颈,颈下有一周凸棱,凸棱上饰平行短斜线,平底。颈饰一周窃曲纹(图8.4,8)。

鉴 1件 方唇,斜沿面,直斜腹渐收成圜形至底,底部残缺。腹中部有一周凸棱,凸棱上饰平行短斜线,凸棱上部饰蟠虺纹,下部饰三角纹(图8.4,9)。

镈钟 5件,钮饰相互缠绕的龙纹,舞部和篆部饰蟠螭纹,枚饰旋纹,鼓部饰两组蟠螭纹组成的兽面纹。两面钲部均有铭文,其中一面铭文"唯正月初吉

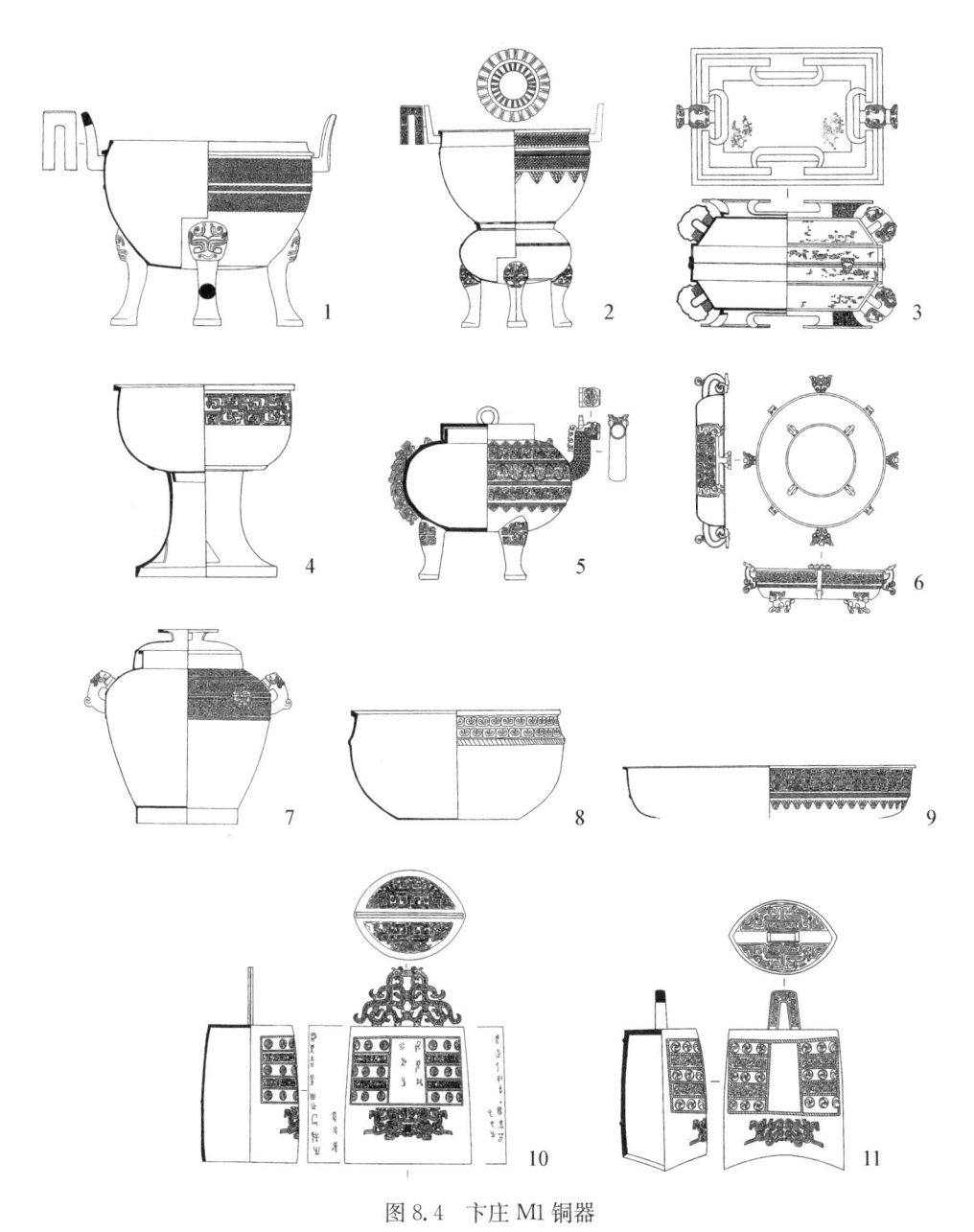

第八章　以淮河沿岸为中心的钟离国遗存　285

图 8.4　卞庄 M1 铜器
1. 鼎　2. 甗　3. 簠　4. 豆　5. 镳盉　6. 兽足盘　7. 罍　8. 钵　9. 鉴　10. 镈钟　11. 钮钟

丁亥,余□垡于之孙童丽公柏之[季子康],择其吉金,自作和钟之"(图8.4,10)。

钮钟　9件,钮、舞、篆、鼓部均有纹饰(图8.4,11)。

3. 大东关 M1

位于凤阳县大东关村,距钟离城西南约0.5公里。1991年发现,因修路取土遭破坏,墓葬结构已不清楚,追缴青铜编钟15件,其中镈钟7件(图8.5,1),钮钟8件(图8.5,2),鼎1件、石磬4件等,器物有散失。

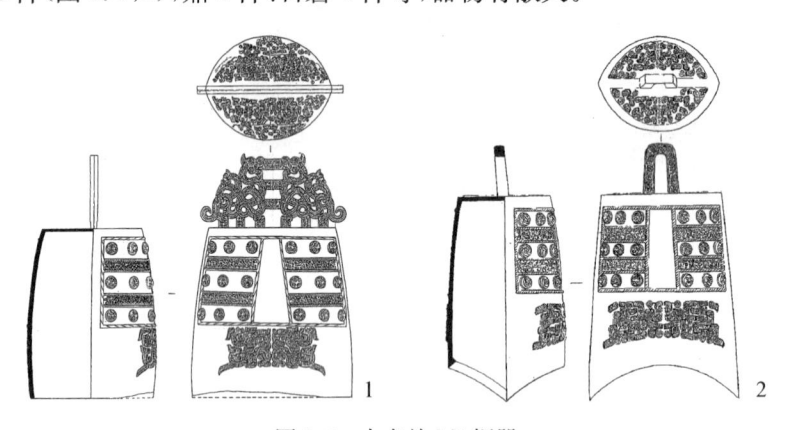

图 8.5　大东关 M1 铜器
1. 镈钟　2. 钮钟

二、墓主与年代

1. 墓主考证

双墩 M1 和卞庄 M1 均为圆形墓坑结构,埋葬布局特殊,人殉众多,随葬器物丰富精美,有大量精美青铜器和彩绘陶器,青铜编钟、石磬乐器和大量的车马器、兵器等都表明墓主身份显赫。大东关 M1 随葬编镈、编钟和编磬,墓主身份也自不待言。

双墩 M1 的主人在历史文献和地方志中均没有记载,考古发掘过程中也没有找到答案,而是在清理出土青铜器过程中发现了大量关于该墓葬属性的铭文,才弄清楚双墩 M1 是钟离国的国君"柏"的墓葬。

该墓葬的规模、结构和随葬器物等方面显示出墓葬主人具有显赫的身份和地位,发掘期间曾经推测其是一座诸侯王等级的墓葬。2007年我们在凤阳县下庄基建工地清理了一座规模小得多的圆形墓葬,出土青铜镈钟上发现"钟离公柏之季子康"等表明墓葬属性的铭文,这不仅为解决正在发掘中的双墩 M1 的属性问题提供了佐证,同时也给双墩 M1 的发掘和整理研究找准了方向。

在对双墩 M1 的出土器物清理修复中发现带铭文的青铜器有钮钟、戈、戟、簠等。在这些铭文中绝大多数是关于墓葬主人的,其中 9 件青铜钮钟正面钲部均铭为:"唯王正月初吉丁亥,童鹿(钟离)君柏,作其行钟,童鹿之金。"其次是在两件大的青铜簠内底两面均铭为:"唯王正月初吉丁亥,童鹿君柏,择其吉金,作食簠。"在两件小的青铜簠内底部有一件细线浅刻铭为"柏之簠";在一件青铜戟的戈胡部刻铭为"童鹿公柏之用戟"等。上述铭文内容证明,该墓葬的属性是钟离国,其墓葬主人是"童鹿君柏",即春秋时期淮河中游地区钟离国的国君"柏"。

关于墓葬主人"钟离君柏"的个人信息,目前在历史文献上没有查到记载,对他(柏)的身世尚不清楚。通过对其尚存的牙齿进行年龄鉴定得知,其死亡年龄大约在 40 岁。不过,有两条墓葬考古资料可以相互印证对照:一是,凤阳县下庄"钟离康"的墓葬,这座墓葬出土的五件青铜镈钟铭文连读为:"隹(唯)正月初吉丁亥,余□(敖?)秂(厥)于之孙童鹿公柏之季子康,罜(择)其吉金,自乍(作)龢(和)钟之䤭(?),䥯䥯逌逌,柏之季康是良,台(以)从我师行,台(以)乐我甫(父)兇(兄),其眉寿无䵎(疆),子子孙孙永赟(保)是堂(尚)。"铭文中有"余敖厥于之孙童鹿公柏之季子康",证明蚌埠双墩墓主人"童鹿君柏"是"敖厥氏之孙","季子康"之父,即"季子康"是"童鹿君柏"的小儿子,两座墓葬主人之间是父子关系。两座墓葬的结构规模与其国君、特权重臣的两人身份相匹配,即双墩墓的规模宏大而下庄墓的规模相对较小。[①]

二是,1980 年 9 月舒城县九里墩发掘的一座规模较大的墓葬,在一件圆形青铜鼓座(图 8.6)外围发现两圈铭文,这些铭文多数锈蚀不清,至今尚难以全部释读。其中上圈铭文前段多位学者释读为:"唯正月初吉庚午,余敖厥之玄孙童鹿公鱼,择其吉金,玄镠钝吕,自作兇鼓……"(铭文似显示"敖"是钟离氏追溯最早的始祖辈)。此铭证明舒城九里墩墓是"玄孙童鹿公鱼"的墓葬。由此,目前

---

① 安徽文物考古研究所、凤阳县文物管理所:《凤阳大东关与卞庄》,科学出版社,2010 年;刘信芳、阚绪杭、周群:《安徽凤阳县卞庄一号墓出土镈钟铭文初探》,《考古与文物》2009 年第 3 期;阚绪杭、周群、孙祥宽、唐更生:《凤阳卞庄 M1 镈钟铭文"童鹿"即"钟离"初识》,《道远集——安徽省文物考古研究所五十年文集》,黄山书社,2008 年。

已经发现舒城九里墩、凤阳卞庄、蚌埠双墩三座发掘的墓葬属性，都是钟离国王侯的墓葬，其墓葬主人均是敖的后代，"钟离公柏"是"敖"的孙辈，"钟离公鱼"是"敖"的玄孙辈，也就是说"柏"与"鱼"之间的世系还有缺环。他们之间的世系关系为："敖"→"……"→"钟离君柏"→"孙钟离公柏之季子康"→"……"→"玄孙钟离公鱼"。

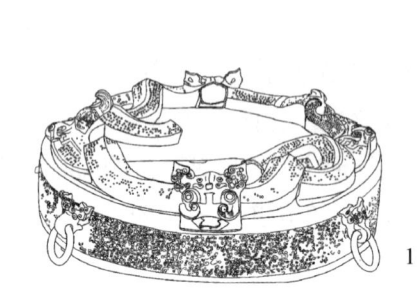

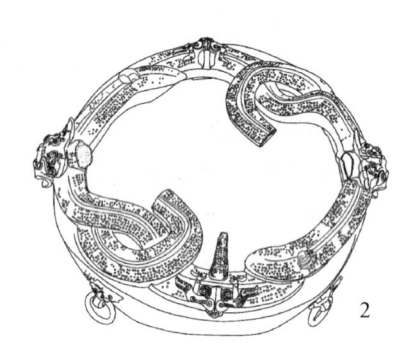

图 8.6　九里墩鼓座
1. 正视　2. 俯视

由上述得知，"敖"的后代"柏"是目前知道的最早的一代钟离国的国君，死亡年龄 40 岁左右，陵墓被安葬在东距钟离城 30 多千米、南距淮河北岸 3 千米的一个高地上，并有一个小儿子名"康"，是钟离国权贵，"钟离康"死后被安葬在钟离城北侧 1 千米的淮河岸边，还知道"敖"的"玄孙钟离公鱼"死后被安葬在距钟离城南 200 余千米的杭埠河北岸（今舒城县城东 4 千米处）。从"钟离君柏"的死亡年龄和随葬大量的兵器以及随葬青铜盒内残留物为创伤药看，似乎他死于战争负伤不治，其寝地选择似跟风水有关。其小儿子"康"的年龄因骨骼腐烂而不清楚，死后似被安葬在钟离城附近的茔地里。而"钟离公鱼"的死亡与寝地的选择似跟战争或迁徙有关，该墓葬出土青铜鼓座上圈有"公克楚师"、下圈有"公获飞龙"等记事铭文。[①]

双墩 M1 在 15 件青铜器上发现有 17 条铭文，这些铭文的内容多有重复或相同，主要是铭记墓主人的名字和吉祥语以及器物名称等，其中有两件徐国兵器铭文涉及战争记事内容值得重视。标本 BSM1：47 戈上有原铸铭和后刻铭

---

① 何琳仪：《九里墩鼓座铭文新释》，《出土文献研究》第 3 辑，中华书局，1998 年；殷涤非：《九里墩墓的青铜鼓座》，《古文字研究》第 14 辑，中华书局，1986 年。

两条铭文,其胡部竖刻两行铭文,右行为"徐人"两字,左行为"童鹿公获(夺)"四字。按照竖行惯例应从右往左读为"徐人童鹿公柏获(夺)",但这样读似语义不通。从这件戈的胡部刻字情况看,并非是顺着从右往左刻,右边"徐人"两字似因戈的胡部比较窄短,一行刻不下才不得已将"徐人"两字另刻右侧的。因此,这条铭文应从左往右读为"童鹿公柏获(夺)徐人",这样语义才通。这条铭文记载了"徐人"与"钟离君柏"的一场战争,钟离君柏取得胜利,并获(夺)得了这件"戈"而刻铭记功。戈的内部末端部位发现原铸铭文"徐子白司此之元戈",说明这件戈的确是"钟离君柏"在与徐国"白司此"的一场战争中缴获的战利品。标本 M1:382 青铜戟戈的胡部也发现原有铸铭"徐王(容?)取吉金自作其元用戈",说明这件徐人的兵器也是钟离君柏在战争中缴获的战利品并随葬墓中的。

关于这两件徐国兵器铭文,孔令远、胡长春先生均有考释。孔令远先生认为"徐子容巨此"与"徐子白取此"为同一个人。在邾定公去世时,即公元前 573 年,容居去吊唁尚未成为徐王。从这两件铜戈铭文看,容居后来继承了徐国王位。[①] 胡长春先生认为徐国先封王后封子,推测"徐王容"戈早于"徐子白司此"戈,并考证"司此"即"徐王义楚"的另一个名字。[②]

总之,钟离君柏墓出土的两件徐国兵器铭文为春秋时期徐国和钟离国提供了新的历史实物资料。其一,铭文涉及地处淮河中游地区的钟离与徐国之间的一次战争,这次战争钟离公柏取胜,并获取了这两件兵器。其二,铭文涉及"容巨、白司此"是一个还是两个徐王的名字,这是文献所未见的"徐王、徐子"名,为徐国世系增添了新史料。

2. 墓葬年代

考古资料显示,在淮河流域和江淮地区发现一批春秋至战国时期的墓葬,相当于双墩 M1 级别的墓葬也有不少,有的规模之大、随葬品之丰富有过之而无不及,为解决双墩 M1、卞庄 M1 的年代提供了丰富的比较材料。下面从墓葬的形制特征、器物的组合与形态、铭文年代考证和碳十四年代测定等方面进行对比分析,最后给出双墩 M1 和卞庄 M1 的年代。

双墩 M1 属于有封土堆的竖穴土坑墓,其圆形的墓坑结构极为特殊,与至

[①] 孔令远、李艳华、阚绪杭:《徐王容居戈铭文考释》,《文物》2013 年第 3 期。
[②] 胡长春、阚绪杭:《"徐王义楚耑永保铜身"新解及钟离君柏墓的年代推定》,《古文字研究》第 29 辑,中华书局,2012 年。

今考古发现的长方形或方形的土坑墓截然不同,没有可比性,与其相同的墓坑仅见同一地区的卞庄 M1,因此,就其圆形墓坑形制来判断它的年代比较困难。

庆幸的是在双墩 M1 与卞庄 M1 出土青铜器中均发现"钟离"铭文,据文献记载,"钟离"是春秋时期淮河中游的一个方国,首次解决了这两座圆形土坑墓葬的钟离国属性问题。由此,双墩 M1 是这个地区发现最早的大型有封土堆结构的圆形竖穴土坑墓,其特殊的圆形墓坑形制是钟离国在淮河中游地区创建的一种新的土坑墓葬类型,具有地区、国别和时代的双重标尺性。

双墩 M1 墓室南部有一个专门放置随葬品的南椁室,这种放置随葬品的椁室与主棺椁室分开构建的布局比较少见,具有典型的个性特征。双墩 M1 主椁室与器物椁室是分开独立的,两者中间还有一个殉葬人小木棺相隔,三者之间均有一定的距离,与其布局相同的还有卞庄 M1。考古发现的春秋至战国早期的土坑木椁墓中多有外藏箱或外藏椁,这种外藏箱或外藏椁室并没有与主椁室分开而是相套叠或相连的。如江苏邳州九女墩徐国墓葬 M2、M3、M6 有类似的布局,但都与主室套叠或相连,有的还与殉人同室(M3),还有舒城九里墩墓、寿县蔡侯墓和楚王墓等也与此类似。战国时期墓葬的随葬品主要放置在椁室内或少见的外藏箱内,如潜山县公山岗战国墓群中的 M27,为中型长方形土坑木椁墓,在主椁外连接着一个器物箱。① 河南新蔡葛陵楚墓为大型近方形土坑木椁墓,在主椁两侧各连接着一个器物箱。② 西汉时期土坑木椁墓葬的随葬器物主要是放置在内椁室和外藏椁内。如六安双墩汉墓 M1 大型土坑木椁墓、江苏盱眙马坝大云山汉墓 M1 大型土坑木椁墓等,均在"黄肠题凑"椁室外附有相连的外藏椁室,里面放置随葬品。③

上述情况说明不同时代的土坑木椁墓的主椁室与随葬品椁室布局之间存在一定的不同,基本情况是同室或套叠或相连的椁室,分开的仅见钟离国圆形土坑木椁墓中。这也就是说在春秋战国时期以棺椁套叠的形式为主,也有少数分开或相连的器物椁室。双墩 M1 和卞庄 M1 两座钟离国墓葬主椁室与随葬品椁室分开的埋葬布局具有时代的创新性,是春秋时期圆形土坑墓建筑的新

---

① 安徽省文物考古研究所、潜山县文物管理所:《安徽潜山公山岗战国墓发掘报告》,《考古学报》2002 年第 1 期。
② 河南省文物考古研究所:《新蔡葛陵楚墓》,大象出版社,2003 年。
③ 安徽省文物考古研究所、安徽省六安市文物局:《安徽六安双墩一号汉墓发掘简报》,《文物研究》第 17 辑,科学出版社,2010 年;南京博物院、盱眙县文广新局:《江苏盱眙县大云山汉墓》,《考古》2012 年第 7 期。

形式。

双墩 M1 虽然发现了较多的铭文材料,这些铭文确定了该墓葬的时代、属性和墓主人,给整理研究指明了方向。但是,确定它的具体年代尚感欠缺很多,在这里以其器物与相关墓葬器物之间进行一些比较,以期获得更为准确的年代判断。

双墩 M1 器物种类丰富多彩,有青铜器、彩陶器、陶器、石器、漆木器、玉器等器类,这些器类为比较研究奠定了基础。双墩 M1 出土的器物组合与器形或可为解决年代问题提供一些参考。如:青铜器组合与器形为:容器的鼎、豆、盉、簠、罍、盘、匜、瓿、盒;乐器的编钟;兵器的戟、戈、矛、镞、剑;车马器的车軎、马衔、车饰件;工具的刀、斧、镰。陶器有彩陶器罐、陶罐、几何印纹陶罐、盆;石器有石磬、磨石;漆木器均腐烂仅存漆皮,器形似有箱、盒、盘和金箔饰件等。根据考古资料,这些器物组合和器形主要见于春秋中晚期至战国早期阶段的墓葬中,如:凤阳大东关 M1 和卞庄 M1、舒城九里墩墓、寿县蔡侯墓、邳州九女墩墓群、河南侯古堆墓、湖北曾侯乙墓等。

双墩 M1 和卞庄 M1 为同一地区的钟离国墓葬,不仅墓葬结构相同,其器物组合和形制也相同。相同的器形有青铜附耳鼎、粗柄镂孔豆、分体甗(上甑下鼎)、龙首流提梁盉、长方形宽壁簠、兽首匜、戈、矛、双翼镞、车马器、斧、钮钟、刻刀、相同字体与格式的铭文,还有大口分裆陶鬲、彩陶罐等。还有一部分相同而略有区别的器物,如石编磬双墩 M1 为龙首形而卞庄 M1 为素面,这种龙首形的石编磬并不多见;双墩 M1 青铜罍为三足,四个球形镂空饰附耳,口部有花瓣镂空罩,而卞庄 M1 青铜罍为圈足,有盖,对称附耳,两者在形制上有明显的区别;还有些器物各自有之,如双墩 M1 带翼三菱形、圆形镞,骨镞,立耳鼎在卞庄 M1 未见;卞庄 M1 镈钟在双墩 M1 中未见;双墩 M1 的浅腹盘与卞庄 M1 带镂空内盘的盘形兽足炉有一定的区别等。上述比较说明两座钟离国墓葬的器物组合和形制基本相同,均为春秋中晚期墓葬,年代上双墩 M1 应比卞庄 M1 略早。[①]

舒城九里墩墓与双墩 M1 相比,其长方形墓坑与双墩 M1 的圆形墓坑结构迥然不同。舒城九里墩墓中青铜盖鼎、长方形宽壁簠、圆体盉、双翼镞、I式和IV式戈、斧、齿镰、车軎、马衔,素面石磬、漆木器合页等,与双墩 M1 的器物基本相

[①] 安徽省文物考古研究所、凤阳县文物管理所:《凤阳大东关与卞庄》,科学出版社,2010 年;《安徽凤阳卞庄一号春秋墓发掘简报》,《文物》2009 年第 8 期。

同或器形略有区别。舒城九里墩墓有部分器物在双墩 M1 中未见,如敦、甬钟、鼓座、蔡侯戟、铲、车饰件等。双墩 M1 的青铜罍、立耳鼎、龙首提梁盉、粗柄镂孔豆、彩陶罐等在舒城九里墩墓中也未见。九里墩墓青铜器上的蟠螭纹与双墩 M1 青铜器上的蟠虺纹也有一定的区别。九里墩墓葬发掘报告认为该墓葬出土的自铭蔡侯戈的器物与春秋晚期的寿县蔡侯墓年代一致,这对确定九里墩墓葬的年代有重要的意义。青铜器铭文显示双墩 M1 为"孙钟离君柏",九里墩墓为"玄孙钟离公鱼"。上述比较说明双墩 M1 的绝对年代应早于九里墩墓的年代。

关于九里墩墓葬的属性,发掘报告认为是群舒墓葬,这个认识可能是基于墓葬所处的地理位置而言的。1950 年代以来群舒墓葬在安徽江淮地区和沿江地区多有发现,出土了一批具有明显地域特征的青铜器器物群,例如牺首鼎、铉鼎、汤鼎、牺首尊、龙耳尊、鋬手三足匜、曲柄盉等,这些器物被认为是西周至春秋时期群舒青铜器组合中的标准器。群舒墓葬中至今还没有发现铭文,也没有编钟等乐器,兵器也很少发现。舒城九里墩墓中没有典型的群舒器物,其出土青铜盖鼎、簠、圆体盉、双翼镞、戈、斧、齿镰、车軎、马衔、敦、甬钟、鼓座、石磬和铭文等,显然与典型的群舒器物有本质的不同,说明舒城九里墩墓不是群舒墓葬。九里墩墓出土一件造型奇特的圆形龙盘虎踞青铜鼓座,在鼓座的外围铸有两圈铭文,上圈 98 字,下圈 52 字,字多反书,锈蚀严重,铭文至今尚不能全部释读,但前面开始一句经多家考证为:"唯正月初吉庚午,余厥于之玄孙钟离公鱼,择其吉金……"由此,九里墩墓主人为"钟离公鱼",该墓是钟离国墓葬已无疑。[①]

寿县蔡侯墓的长方形墓坑与双墩 M1 圆形墓坑结构也不同。蔡侯墓的青铜器群种类和数量极其丰富,还有些自名青铜器,为青铜器定名和断代提供了标准器。蔡侯墓中有部分器物与双墩 M1 的相同,如方形宽壁簠,分体甗,存鼎缺甑、圆体形甗残件,兽首匜,漆木器合页,桥钮编钟,车軎,马衔,戈,斧,玉饰件,圆形、方形金箔饰件,海贝等。蔡侯墓中有部分器物与双墩 M1 的同名不同形,如青铜豆豆盘为浅盘形和敦形,而双墩 M1 豆为钵形;蔡侯墓有盘圈足环耳,而双墩 M1 为三矮足环耳;蔡侯墓的盉为方扁体方座形而双墩墓为圆体三

---

① 安徽省文物工作队:《安徽舒城九里墩春秋墓》,《考古学报》1982 年第 2 期;殷涤非:《九里墩墓的青铜鼓座》,《古文字研究》第 14 辑,中华书局,1986 年;何琳仪:《九里墩鼓座铭文新释》,《出土文献研究》第 3 辑,中华书局,1998 年;张爱冰、张钟云:《江淮群舒青铜器研究的意义》,《中国文物报》2011 年 3 月 4 日。

足。青铜附耳盖鼎和敞口鼎在两座墓葬中均有出土。但是，蔡侯墓鼎均为高足外撇的盖鼎和于鼎以及无盖平底大口升鼎。这套比较典型的鼎属于战国时期楚式鼎而在双墩M1中不见，双墩墓鼎足均较之为矮，其中敞口立耳鼎蔡侯墓中未见。蔡侯墓还有部分楚式器物和具有个性特征的器物在双墩M1中不见，如青铜方座皂殳、鬲、甬钟、镈钟、敦、方壶、尊、方鉴、盥缶、尊缶、盆、錞于等。两座墓葬在随葬器物上有较多的不同，尤其是一部分楚式器物在双墩M1中不见。蔡侯墓器物群表现出很大的进步性和创造性，而双墩墓器物群还保留着比较古朴的个性风格。特别是两座墓葬均发现较多的铭文，其字体有根本的不同，蔡侯墓铭文中有一部分字体为长体形，这种长体铭文字形已经接近小篆或汉隶。蔡侯墓发掘报告认为，寿县是公元前493年蔡昭侯二十六年避楚就吴所迁都的州来（下蔡），公元前447年灭于楚，作为蔡国都城仅46年时间。由于墓中出土吴王光鉴，吴王光在位19年，即蔡昭侯五年至二十三年。因此，这批蔡器不会早于蔡昭侯，暂定为春秋晚期之器。显然，蔡侯墓的年代比双墩M1为晚。[①]

邳州九女墩徐国墓与双墩M1相比，有一定的可比性，其长方形墓坑与双墩M1的圆形墓坑结构不同。邳州九女墩墓葬的出土器物组合和形制与双墩M1多有近同，除M3与双墩M1有一定的区别外，M2、M4、M5、M6与双墩M1多有相同器物，如有盖附耳鼎、钮钟、戈、剑、矛、有柄刀、刻刀、斧、锯镰、车䡇、马衔、砺石、陶罐、陶砺片等。邳州九女墩墓群中的汤鼎、牺首鼎、盆形鼎、盆形盖豆、壶、罐形缶、尊、深腹盆形盘、甬钟、桥钮平口镈钟、折腹盘陶豆、盘形豆、陶釜、陶钵、扁体硬陶罐等在双墩M1中未见，而双墩M1中的球形镂空附耳青铜罍、龙首提梁盉、无盖立耳鼎、兽首匜、连体盒、金箔饰件等在邳州九女墓群中未见。发掘报告认为邳州九女墩墓葬的年代为春秋中晚期，与双墩墓的年代接近或相当。[②]

河南省固始侯古堆M1与双墩M1有一定的可比性，其近方形积沙石土坑墓并与陪葬坑相连，与双墩M1圆形土坑墓并另设置南椁室的结构有较大的区

[①] 安徽省文物管理委员会、安徽省博物馆：《寿县蔡侯墓出土遗物》，科学出版社，1956年。
[②] 南京博物院、徐州市文化局、邳州市博物馆：《江苏邳州市九女墩二号墩发掘简报》，《考古》1999年第11期；孔令远、陈永清：《江苏邳州市九女墩三号墩的发掘》，《考古》2002年第5期；徐州博物馆、邳州博物馆：《江苏邳州市九女墩春秋墓发掘简报》，《考古》2003年第9期；孔令远：《徐国的考古发现与研究》，中国文史出版社，2005年。

别。侯古堆墓M1外椁四周殉葬5男6女,内外椁之间殉葬女性6人,年龄在20至30岁,仅2人40岁左右。殉葬人均有小木棺单独入殓,相互之间有一定的间距,并有10个殉人分别随葬陶罐、陶纺轮、砺石和铜带勾、小刀等。内外椁东部空间较大,并随葬大量陶器。侯古堆M1有大量的殉人且布局比较规整,特别是墓主人位居墓室中间偏西,为30余岁女性,随葬大量玉饰和玉璧等礼器。由此,侯古堆M1主人与殉人的布局等葬俗均与双墩M1近同。侯古堆M1陪葬坑木椁内随葬有3乘肩舆、2匹马及车马器、6架木瑟及漆木器、2套镈钟和钮钟以及成套的礼器等。侯古堆墓主墓坑与随葬器物椁箱不同穴,之间相隔13米,这种特殊的埋葬布局少见,与双墩M1在墓坑内分开设置随葬物椁室具有一定的可比性。这种随葬重器椁室与主棺椁室或墓室分开的个性埋葬布局是淮河流域钟离国葬俗的一个特点,或可是对历代盗墓贼的一种防范措施。

  侯古堆M1的随葬器物与双墩M1也有一定的可比性。如侯古堆M1青铜器中的有盖附耳鼎、兽首匜、直壁宽折沿簠、兽首匜、环耳大盘形三足炉、钮钟、印纹陶瓮等器物与双墩M1的基本相同。有些器物在两座墓葬中相互有之或有一定的区别,如双墩M1的青铜立耳鼎、青铜镞、戈、矛、戟、剑和玉冲牙、石磬等器物在侯古堆M1中未见;侯古堆M1中的方形带盖豆与双墩M1中的钵形粗柄镂孔豆有较大的区别;青铜罍在两座墓葬中形制各不相同,侯古堆罍为罐形,对称兽首衔环附耳;而双墩罍为罐形,四镂空龙形附耳,口部有镂空罩。侯古堆M1中的陶豆、肩舆、木瑟、玉璧、玉璜等器物在双墩M1中未见;双墩M1中的陶鬲为素面,器身较高,袋足根圆锥形,与侯古堆M1中的鬲粗绳纹扁身,袋足根柱状有一定的区别。发掘报告认为侯古堆墓M1中的青铜器有一部分是在战争中获得的楚器,墓葬主人为吴王夫差的夫人,宋(国君)景公之妹勾(敔),其年代上限应是公元前6世纪末,即春秋末年。上述说明侯古堆墓的葬俗多与双墩墓近同,深受淮河中游地区钟离国传统葬俗文化的影响,其年代晚于双墩M1。[1]

  湖北擂鼓墩曾侯乙墓与双墩M1有较大的差别,其墓坑为不规则岩坑墓,与双墩M1的圆形土坑墓不同。曾侯乙墓的随葬品分置在四个椁室内。曾侯乙墓的随葬器物种类繁多,有青铜、漆、木、铅锡、皮革、金、玉、石、竹、丝、麻、陶

---

[1] 河南省文物考古研究所:《固始侯古堆一号墓》,大象出版社,2004年。

等质地,这些不同质料的器物主要是乐器、礼器、兵器、车马器、甲胄、生活用品、竹简等。其青铜器类器物与双墩M1尚有一定的共性,但是区别之处也不少,如青铜簋和青铜匜在两座墓葬中器形基本相同;曾侯乙墓出土青铜编钟65件,其中的素面钮钟与双墩M1中的饰铭文钮钟区别较大;曾侯乙墓的青铜附耳大鼎、升鼎和环钮盖鼎与双墩M1中的附耳盖鼎、立耳鼎完全不相同。曾侯乙墓中的分体甗为上甑下鬲,而双墩M1为上甑下鼎,两者之间有鼎与鬲的不同。曾侯乙墓中的盖豆和盘豆与双墩M1中的钵形豆也不相同。曾侯乙墓中的簠、尊缶、壶、鉴缶、复杂附耳饰盘、大平底盖罐、小口吊鼎、盥缶、吊炭炉、熏等青铜器在双墩M1不见。由此,曾侯乙墓器物群具有很大的进步,与双墩墓之间存在较大差别,这种差别似由于不同的文化属性和不同的年代造成。发掘报告认为曾侯乙墓年代为战国早期,晚于双墩M1。[①]

通过上述几座年代相近或不同的墓葬随葬器物的比较,为确定双墩M1的年代提供了佐证,春秋至战国早期墓葬随葬器物以青铜器为主,次为漆木器、陶器等,器物组合多为:容器、礼器、乐器、兵器、生活用具等,器形特征从早到晚呈逐步渐变的过程,并不断出现新器物,如青铜鼎由矮蹄足立耳鼎与附耳盖鼎,逐渐变为高蹄足附耳盖鼎和升鼎等;豆由钵形盘与浅盘形逐步变为敦形有盖盘等;铭文字体晚期出现了长体字;彩陶器由仿铜器花纹而逐渐变为几何形纹饰等。由此,大东关M1和卞庄M1以及邳州九女墩墓群的器物特征与双墩M1更为接近,而舒城九里墩墓、寿县蔡侯墓、河南侯古堆墓、湖南曾侯乙墓均相对晚于双墩M1。由于上述墓葬目前还没有证据来确定它们的具体年代,故对双墩M1的年代只能依据其本身和上述相关墓葬的推断年代来确定,大约在春秋中晚期。

"钟离"是春秋时期淮河中游地区的一个小国家,历史文献仅存零星记载。如《吴越春秋·吴王寿梦传》寿梦元年(公元前585年)"鲁成公会(寿梦)于钟离";《左传》成公十五年(公元前576年)"十一月,会吴于钟离,始通吴也"。

双墩M1在钮钟、簠、戈、戟等青铜器上刻或铸铭文20余条,这些铭文的内容多有重复或相同,大多数是关于墓葬主人铸器的记载,铭记墓主人的名字和吉祥语以及器物名称等。这些铭文中有"钟离"、"钟离君(公)柏"等国名和人

[①] 湖北省博物馆:《随县曾侯乙墓》,文物出版社,1980年。

名,为解决该墓葬的年代提供了重要的佐证和有价值的参考。但是,这些铭文材料只能对照文献记载大体确定它是春秋时代,而不能考证出钟离国和墓葬主人钟离君柏的具体活动年代。

值得重视的是该墓葬中随葬的两件徐国兵器,上面均刻铸有徐国的人名和器名,其中 M1∶47 戈原铸铭"徐子白司此之元戈"和后刻铭"童鹿公柏获(夺)徐人"两条铭文,说明钟离君柏在与徐国的战争中取得胜利并获得这件战利品。M1∶382 青铜戟戈的胡部原铸"徐王(容?)取吉金自作其元用戈"铭,说明这件兵器也是钟离君柏在战争中缴获徐国的战利品。通过对两件徐国兵器铭文中的"徐子白司此"和"徐王容巨"人物的活动年代考证,对考证该墓葬的年代提供了参考。

孔令远先生认为"徐子容巨此"与"徐子白取此"为同一个人。在邾定公去世时,即公元前 573 年,容居去吊唁时尚未成为徐王。从这两件铜戈的铭文看,容居后来继承了徐国王位。该墓葬的年代大约在公元前五六世纪。《左传·昭公二十四年》(公元前 518 年)是这两件戈年代的下限。

胡长春先生认为"徐王容"和"徐子白司此"为两人,"徐王容"为"徐子宗","司此"为"徐王义楚"的另一个名字。该墓葬的年代当在义楚为王之后,即公元前 520 年至公元前 500 年。

据此,可推断双墩 M1 的年代在公元前六世纪左右。

双墩 M1 的墓坑内二层台土偶墙层面上有几处火堆遗迹,火堆遗迹中含有较多的木炭颗粒,发掘者采集了三个木炭标本送中国社会科学院考古研究所碳十四实验室进行年代测定,三个年代数据如下:

BSHM1∶C14 1 距今 2 653 ±27 年(公元前 707±27 年);

BSHM1∶C14 2 距今 2 790±45 年(公元前 845±45 年);

BSHM1∶C14 3 距今 2 790±60 年(公元前 845±60 年)。

以上三个数据年代,其中标本 BSHM1∶C14-1 数据与估计的年代比较接近,而标本 BSHM1∶C14-2 和标本 BSHM1∶C14-3 数据比估计的年代早。

通过以上墓葬的形制特征、器物对比、铭文考证和碳十四年代测定等四方面的分析不难看出,双墩 M1 的年代大约在春秋中晚期,对它的绝对年代目前尚缺乏更多的测年数据。或可依据墓中"钟离"铭文考证的年代上限(公元前 585 年)和木炭 BSHM1∶C14-1 标本测定的数据距今 2 653±27 年来暂定,即双墩 M1 的具体年代似为距今 2 600—2 650 年。卞庄 M1、大东关 M1 的年代应与之相差不远。

三、钟离与钟离国

《史记·秦本纪》载太史公曰："秦之先为嬴姓。其后分封，以国为姓，有徐氏、郯氏、莒氏、终黎氏、运奄氏、菟裘氏、将梁氏、黄氏、江氏、修鱼氏、白冥氏、蜚廉氏、秦氏。"《集解》引徐广曰："《世本》作'钟离'。应劭曰：'《氏姓注》云有姓终黎者是。'"《史记·伍子胥列传》"索隐"云："《系本》谓之'终黎'，嬴姓之国。"《元和姓纂》卷一："终利，嬴姓，与秦同祖。"又说："钟离，《世本》云：与秦同祖，嬴姓也。"《元丰九域志》卷五、《太平寰宇记》卷一二八，及《路史》卷二五都说钟离为徐之别封。

可见"钟离"别写甚多，有终犁、终利、终黎等称谓。近年发掘的春秋时期钟离国墓葬，其中出土铜器铭文有"童丽君柏……"等字样。《玺汇》0279 有楚玺"童另京鉨"，据刘信芳先生考证即"童丽京鉨"，也即"钟离亭鉨"。在安徽凤阳钟离城故址，当地农民曾发现汉代"钟离丞印"封泥。看来"钟离"可能是秦汉以后的写法，先秦时则作"童鹿"或"童丽"。[①]

据胡长春先生关于凤阳卞庄一号墓铭文"钟离"的考证认为："钟离曾经是伯州犁仕楚的食采。"伯州犁是钟离敖的后代。[②]

钟离城，又称钟离国城、东古城、东鲁城、霸王城等，在今凤阳县府城镇东北 12 千米处。钟离国城，因该城为春秋时钟离方国都城故名；东古城，是由于其在后来州县治东的俗称；东鲁城，乃是误为三国鲁肃所筑而得名；霸王城，据说西楚霸王项羽自垓下败走乌江，从数百骑夜驰渡淮经此，率将士连夜筑之，显系误传。

关于钟离城始建于何时，目前见到的最早文献记载是《吴越春秋·吴王寿梦传》寿梦元年（公元前 585 年）："鲁成公会（寿梦）于钟离。"可见在此之前就有钟离城了。春秋吴、楚、越争强之时，钟离属吴期间，为谋楚国，吴人北上，齐、

---

① 陈立柱、阚绪杭：《钟离国史稽考》，《武汉科技大学学报》2011 年第 3 期。
② 胡长春：《钟离氏始祖"宋襄公母弟敖"新证暨"鸳鸯雠雠"释义的再探讨》，《考古与文物》2009 年第 3 期。

鲁、晋南下,曾多次会聚于此。楚国攻取钟离后,吴国的卑梁(今安徽省天长县境内)和楚国的钟离曾因小童争桑,引起两国举兵相伐,足见钟离城邑的重要。

据文献史料和考古资料,钟离城最晚建于春秋时期,其城池一直延续到汉、唐。唐高祖武德年间,钟离县治移至钟离城西濠州城。钟离古城址内有大量的文化堆积层,出土了较多的春秋战国至汉唐时期的文化遗物。在城墙南发现大面积的汉代城址,说明钟离城在汉代得到较大的发展,已超出古城的范围。目前在钟离古城周边历年基本建设中发现多处与该城池有直接关系的墓葬群,除1991年和2007年在大东关和卞庄两个墓群中发现两座钟离国贵族墓葬外,还有大量的周代至汉唐时期以及近现代的墓葬。这不仅证明钟离国的存在及其延续发展的历史,更重要的是证实钟离古城这个地方在淮河中下游地区所具有的政治、经济、文化、军事上中心的重要地位。

钟离古城的具体位置在今凤阳县临淮镇东1.5千米处,板桥镇古城村李二庄自然村北,在那里有保存较好的钟离古城遗址,是安徽省重点文物保护单位。钟离古城平面基本呈正方形,东西长360、南北略宽为380米。目前城垣均已坍塌呈高垄状,多数城垣残存高度3米左右,四角城垣高达5米。城垣底基宽18米左右,顶部残宽6米,城垣表面为农耕地。城垣四方中间对称分布四个城门遗址,城门宽5米左右。城垣外有断续可见的护城河,河口宽20多米,护城河大多被淤平或平整。[①]

钟离国,在历史文献上没有专门的记载,属于历史资料匮乏的诸多小国家之一。因此,对钟离国的来龙去脉以及始建国于何时无考。凤阳县志认为:"山东曲阜附近的嬴姓钟离(一作终黎)氏族南迁于此定居,逐步演变成一个国家。春秋时(一说周时)以姓为国封为钟离子国。"至于钟离国的始建年代,应该与钟离城的始建有直接的关联,不会晚于春秋早期。

历史文献中有关钟离国的零星记载还有:周景王七年(前538年)冬,昭公四年"箴尹宜咎城钟离(以备吴)";周敬王二年(公元前518年)钟离被吴王僚所灭,属吴;公元前473年,越国北上,灭吴国,占有吴国全部领土,接着以兵渡淮,与齐、晋诸国会于徐州,把原来吴占楚有的钟离等地,又还与楚等等。《吴越春秋》和《左传》记载的有关钟离国的历史前后只有68年(公元前585—公元前518

[①] 安徽省文物考古研究所、凤阳县文物管理所:《凤阳大东关与卞庄》,科学出版社,2010年。

年)。历史文献大多是记载重要历史事件时提到钟离国,为顺带式记述,不能反映真实的钟离国历史。其实际始建国的历史应比文献记载的(公元前585年)要早。在当时周室衰微、诸侯争霸的政治环境中,各国筑城自卫是普遍现象,钟离方国当然也不会例外。钟离建国似与建城同时或稍早。

总之,钟离国地处淮河中游,春秋时曾雄起一方,"克楚师""夺徐人""获飞龙",其历史似贯穿整个春秋时期。由于钟离国的地理位置十分重要,它一直是吴楚争霸江淮地区的重点对象,受到楚国和吴国的争夺或控制,也是齐、鲁、徐南侵江淮的重点地区,最后在大国兼并战争中亡国。战国初期,越灭吴,钟离属于越,之后越以淮上地与楚。自此,钟离再次入楚,并一直持续到战国末年。

综上所述,钟离国墓葬的发掘是一次重大的考古新发现,具有重要的历史、科学和艺术价值。

钟离墓葬形制独特、遗迹现象复杂,是我国墓葬考古史上的重大新发现,其复杂的遗迹现象,是首次发现的考古文化现象,极大地丰富了中国墓葬考古学的内容。精美的青铜器、彩陶器等具有一定的个性特征和时代性,其青铜环钮盖鼎、附耳鼎、立耳鼎、上甑下鼎甗、龙形球状镂空附耳及镂空罩罍、方形簠、钵形粗柄豆、龙形飞翎提梁盉、编钟、龙首石磬、彩陶罐等构成一套典型的春秋时代淮河中游地区钟离国器物群。特别是青铜器上铭文的发现,首次为研究钟离国历史提供了实物资料。"钟离君柏"等铭文的发现不仅解决了墓葬的主人、属性等问题,更进一步证明了淮河流域钟离古国存在的历史事实,为研究钟离国的历史、钟离王室世系、淮夷文化提供了不可多得的珍贵考古新资料。

附　录

一、群舒文化研究年表(1959—2016)

1959　舒城县龙舒公社凤凰嘴墓葬出土一组青铜器。
1960　徐旭生在《中国古史的传说时代》(增订本)中考证了群舒族源、地望以及徐和舒的关系。
1964　舒城县河口乡杨家村许家山嘴墓葬出土一组青铜器。
　　　殷涤非在凤凰嘴墓发掘简报中首次讨论了舒国器物。
1970　合肥市优胜公社乌龟岗墓葬出土乔夫人鼎。
1971　合肥市肥西县红卫公社小八里村墓葬出土一组青铜器。
1972　繁昌县孙村公社墓葬出土一组青铜器。
1974　舒城县五里公社砖瓦厂出土一组青铜器。
1975　寿县枸杞乡花门村肖严湖魏岗墓葬出土一组青铜器，发掘简报推测其为春秋州来国遗物。
1976　六安县孙家岗区思古潭乡义仓村墓葬出土2件青铜鼎，发掘简报推测其为春秋六国遗物。
1978　庐江县泥河区盔头公社墓葬出土一组青铜器。
1979　繁昌县环城公社汤家山墓葬出土一组青铜器。
　　　青阳县庙前公社新桥大队汪村墓葬出土一组青铜器。
　　　1979年、1980年、1982年，安徽省文物工作队对含山大城墩遗址进行了三次发掘。
　　　1979—1982年，安徽省文物工作队对潜山薛家岗遗址进行了五次发掘。

1980　舒城九里墩墓葬出土一组青铜器，发掘简报推测其为舒国国君墓。

李学勤发表论文《从新出青铜器看长江下游文化的发展》。

1981　肥西县金牛公社长庄生产队墓葬出土一组青铜器。

宣城孙埠乡正兴村墓葬出土一组青铜器。

1982　怀宁县杨家牌墓葬出土一组青铜器，发掘简报推测其为春秋早期桐国遗物。

北京大学考古系、安徽省文物工作队调查和试掘了霍邱绣鞋墩、六安众德寺、西古城、寿县青莲寺等遗址。

邹厚本发表论文《江苏南部土墩墓》，初步构建了江南土墩墓的年代框架。

陈秉新发表《舒城鼓座铭文初探》一文，认为徐、舒同源，鼓座应为舒国遗物。

1983　安徽省文物考古研究所、含山县文物管理所对含山大城墩遗址进行第四次发掘。

殷涤非发表《青铜器研究与安徽古代史》一文，讨论了舒国铜器诸问题。

殷涤非发表《铉鼏解》一文，论证了古代仪礼中的铉鼏之制。

邹厚本在《宁镇区出土周代青铜容器的初步认识》一文中构建了宁镇和皖南地区周代铜器的年代框架。

杨德标、杨立新发表论文《安徽江淮地区的商周文化》，初步论述了江淮地区商周文化遗存的分期和构成。

1984　李学勤在《东周与秦代文明》中提出舒城凤凰嘴墓应属于群舒，九里墩墓也可能属于群舒。

1985　安徽省文物考古研究所发掘肥东吴大墩遗址。

安徽省文物考古研究所发掘南陵千峰山土墩墓群。

安徽省博物馆编辑出版《安徽省博物馆藏青铜器》图录。

1986　芜湖县火龙岗镇韩墩墓葬出土一组青铜器。

殷涤非发表《九里墩墓的青铜鼓座》一文，推测其为徐国器。

陈秉新发表《徐舒源流初探》一文，进一步论证了徐、舒同源的观点。

	胡嘏发表论文《群舒史迹钩沉》，考证了群舒族源、迁徙及地望。
1987	枞阳县周潭乡七井村汤家墩遗址出土1件青铜方彝。
	枞阳县金社乡杨市村来龙岗墓葬出土一组青铜器。
	望江县太慈乡竹山村出土2件青铜鼎。
	芜湖市柳春园小区墓葬出土一组青铜器。
	宿县平山村墓葬出土一组青铜器。
	马承源发表论文《长江下游土墩墓出土青铜器的研究》。
1988	舒城县河口镇幸福村窑厂墓葬出土一组青铜器，发掘简报推测其为舒国器。
	庐江县岳庙乡十八桥村莫庄出土一组青铜器。
	顾颉刚旧稿《奄和蒲姑的南迁——周公东征史事考证四之四》发表。
	曹锦炎发表论文《北山铜器新考》，考释丹徒北山顶墓有铭铜器，将"舍"字释读为"舒"。
	李国梁发表论文《皖南出土的青铜器》。
	杨立新发表论文《皖南古代铜矿初步考察与研究》。
1989	安徽省文物考古研究所发掘枞阳县周潭乡汤家墩遗址。
	安徽省文物考古研究所调查枞阳县横埠区将军乡井边村狮形山古铜矿遗址。
	铜陵谢垅墓葬出土一组青铜器。
	六安县毛坦厂镇燕山村走马岗墓葬出土一组青铜器，发掘简报推测其为群舒或六国器物。
	曹锦炎在《䢵𨛫编钟铭文释议》一文中考释䢵𨛫编钟为舒国铜器。
1990	顾颉刚旧稿《徐和淮夷的迁、留——周公东征史事考证四之五》发表。
	邹厚本发表论文《略论宁镇地区青铜文化序列》。
	胡嘏发表论文《群舒考论》。
	李国梁发表《群舒故地出土的青铜器》一文，对江淮群舒故地出土的10组青铜器进行了分析。
	马道阔在《安徽省庐江县出土春秋青铜器——兼谈南淮夷文化》一文中著录了1988年庐江岳庙出土青铜器，并推测其为宗国器。
1991	凤阳县板桥镇古城村大东关墓葬出土一组青铜器。

庐江县三塘乡轮窑厂墓葬出土一组青铜器。

李学勤在《安徽南部存在颇具特色的青铜文化》一文中讨论了汤家墩出土青铜方彝的年代和文化背景。

董楚平出版专著《吴越徐舒金文集释》，对历年出土、著录的吴、越、徐、舒青铜器及其铭文进行了考释。

杨德标在《舒城九里墩墓主考》中提出九里墩墓主为蔡成侯朔。

李修松发表论文《淮夷探论》，讨论了淮夷及其各分支的渊源与分布。

杨立新发表论文《皖南古代铜矿的发现及其历史价值》。

张国茂发表《安徽铜陵地区先秦青铜文化简论》一文。

1992　枞阳县横埠镇官塘村墓葬出土一组青铜器。

裘士京发表论文《江南铜材和"金道锡行"初探》，探讨了江南青铜原料的产地、铜料外流的方式和途径。

1993　潜山县梅城镇七里村黄岭墓葬出土一组青铜器。

杨立新发表论文《安徽沿江地区的古代铜矿》。

汪景辉发表论文《安徽古代铜矿考古调查综述》。

1994　桐城高桥镇长岗村窖藏出土一组青铜器。

王迅出版专著《东夷文化与淮夷文化研究》，分夏、商、周三个阶段对东夷文化和淮夷文化进行了考古学综合研究。

1996　枞阳县官桥镇前程村墓葬出土一组青铜器。

刘和惠出版专著《楚文化的东渐》，论述了楚文化东渐的历程及对吴、越、蔡、舒的影响。

马今洪发表《流甗的研究》一文，对江淮地区出土青铜流甗（或名盉）的年代、功用、名称和族属进行了探讨。

1997　北京大学考古学系、安徽省文物考古研究所试掘安庆市张四墩遗址。

安徽省文物考古研究所对南陵县牯牛山城址进行了钻探和试掘。

马承源发表论文《吴越文化青铜器的研究——兼论大洋洲出土的青铜器》。

1998　1998年10月—1999年2月，安徽省文物考古研究所、庐江县文物管理所发掘庐江县金牛镇徐河村大神墩遗址。

徐中舒旧稿《蒲姑、徐奄、淮夷、群舒考》发表，考释诸部族的族源和地望。

李伯谦出版论文集《中国青铜文化结构体系研究》，论述了中国古代青铜文化的起源、分期、分区、谱系演变及相互关系。

杨楠出版专著《江南土墩遗存研究》。

1999 何琳仪发表论文《舒方新证》，认为夕阳坡简"舒方"乃方国之名，与舒国有关。

杜廼松发表《在皖鉴定所见铜器考》一文，考证了曲柄盉、龙耳尊等器物的年代与属性。

杨楠发表论文《商周时期江南地区土墩遗存的分区研究》。

2000 郎溪县十字铺墓出土一组青铜器。

2000年10月—2001年1月，安徽省文物考古研究所、六安市文物管理所发掘六安堰墩遗址。

安徽省文物考古研究所对薛家岗遗址进行了第六次发掘。

张钟云发表论文《淮河中下游春秋诸国青铜器研究》，其中探讨了群舒诸国青铜器的类型和分期。

张钟云发表《徐与舒关系略论》一文，认为徐、舒不同源。

2002 高崇文、安田喜宪编辑出版《长江流域青铜文化研究》论文集。

张敏在《宁镇地区青铜文化研究》一文中为宁镇地区青铜文化建立了一个年代序列。

孔令远在四川大学完成博士论文《徐国的考古发现与研究》，辨识了一些新的徐国器物并探讨了徐舒的关系。

2003 施劲松出版专著《长江流域青铜器研究》。

郑小炉发表论文《试论青铜甗（鬲）形盉》，探讨了甗形盉的起源、功能、国属以及群舒文化越过长江的可能性。

郑小炉在《试论徐和群舒青铜器——兼论徐、舒与吴越的融合》一文中以甗形盉为主线对群舒青铜器进行了分期，并探讨了牺首鼎的来源及流向。

2004 安徽省文物考古研究所等单位发掘霍邱堰台周代聚落遗址。

陈佩芬出版专著《夏商周青铜器研究》，其中著录有上海博物馆收藏的曲柄盉和龙耳尊。

裘士京出版专著《江南铜研究：中国古代青铜铜源的探索》。

肖梦龙、刘伟编辑出版《吴国青铜器综合研究》论文集，其中涉及皖南青铜器的分期。

毛颖发表论文《南方青铜盉研究》。

郑小炉在吉林大学完成博士论文《吴越和百越地区周代青铜器研究》。

2005　安徽省文物考古研究所发掘六安市霍山县戴家院遗址。

无为县开城镇大童村墓葬出土一组青铜器。

舒城县春秋塘茶林场墓葬出土一组青铜器。

陈公柔发表论文《徐国青铜器的花纹、形制及其他》，对徐国青铜器及其与春秋晚期江淮、江南地区诸国（包括舒国）铜器的异同进行了分析。

杜廼松出版专著《古代青铜器》，其中对若干群舒器物进行了考证。

毛颖、张敏出版专著《长江下游的徐舒与吴越》，对徐舒文化、邗文化、吴文化和越文化进行了综合研究。

2006　2006—2008年，安徽省文物考古研究所、蚌埠市博物馆发掘双墩一号春秋墓，出土钟离国青铜器300多件以及石磬、玉器、陶器等。

无为县襄安镇文思村出土一组青铜器。

安徽大学、安徽省文物考古研究所编辑出版《皖南商周青铜器》图录，著录铜器150件。

李国梁主编《屯溪土墩墓发掘报告》出版，认为屯溪土墩墓属于越国文化遗物。

2007　安徽省文物考古研究所、凤阳县文物管理所联合发掘下庄一号春秋墓，出土青铜礼器、车马器、兵器等。

张敏在《读〈皖南商周青铜器〉有感》一文中提及江淮徐舒文化对皖南地区的影响。

2009　安徽省文物考古研究所、繁昌县文物管理局发掘繁昌县板子矶周代遗址。

朱凤瀚出版专著《中国青铜器综论》，其中对肥西小八里、金牛、六安燕山等部分群舒青铜器的形制特征、文化因素、年代、国属等进行了探讨。

刘信芳、阚绪杭、周群发表论文《安徽凤阳县卞庄一号墓出土镈钟铭文初探》，提出卞庄一号墓主人为春秋中晚期钟离国王族季子康，舒城九里墩鼓座也属钟离族人的遗物。

胡长春发表论文《钟离氏始祖"宋襄公母弟敖"新证暨"鸳鸯雔雔"释义的再探讨》，提出宋襄公母弟敖为钟离国始祖，并解释了"鸳鸯雔雔"词义为形容钟声浑厚。

张敏发表论文《吴国都城初探》，提出南陵牯牛山古城应为西周时期吴国经营铜矿开采和冶炼的管理中心，芜湖鸠兹城应为西周晚期至春秋早期的吴国都城。

张爱冰发表论文《铜陵谢垅出土青铜器的年代及其相关问题》，提出谢垅铜器群为春秋早期群舒遗存。

2010　安徽省文物考古研究所发掘铜陵县钟鸣镇长龙村师姑墩遗址。

2010年5月—2011年1月，安徽省文物考古研究所、南陵县文物管理所发掘南陵龙头山西周土墩墓群。

王峰主编《霍邱堰台——淮河流域周代聚落发掘报告》出版，公布了2004年堰台遗址发掘资料，考察了该遗址的聚落布局及地层堆积的特点与成因，并以陶器为核心对该遗址进行了分期。

周群主编的发掘报告《凤阳大东关与卞庄》出版。

张敏发表论文《吴越贵族墓葬的甄别研究》。

徐少华发表论文《舒城九里墩春秋墓的年代与族属析论》，认为其墓主可能是群舒中某一位君主，也可能为吴国高级贵族。

张爱冰、陆勤毅发表论文《繁昌汤家山出土青铜器的年代及其相关问题》，提出汤家山铜器群的年代在西周晚期。

2011　王峰在安徽大学完成博士论文《淮河流域周代遗存研究》，对淮河流域周代遗存进行了编年学研究，对包括群舒、钟离、蔡等在内的淮河流域诸国青铜器进行了分期和文化因素分析。

陈立柱发表论文《钟离国史稽考》，对钟离国的存续时间及钟离君柏墓的年代提出了新认识。

2012　舒城县百神庙镇官塘村墓葬出土一组青铜器。

陈治军出版专著《安徽出土青铜器铭文研究》。

郎剑锋在山东大学完成博士论文《吴越地区出土商周青铜器研究》。

孔令远、李艳华、阚绪杭发表论文《徐王容居戈铭文考释》,隶定蚌埠双墩一号墓出土的2件青铜戈为春秋时期徐国遗物。

赵东升发表论文《论江淮地区西周时期考古学文化格局与政治势力变迁》。

2013　安徽省文物考古研究所、北京大学考古文博学院试掘铜陵夏家墩、神墩遗址。

阚绪杭主编的考古发掘报告《钟离君柏墓》出版。

方林主编的《江淮群舒青铜器》图录出版,著录铜器100件。

张爱冰发表论文《皖南沿长江地区周代铜器研究》,其中对皖南地区的群舒遗存提出了一些新认识。

2014　安徽大学、安徽省社会科学院、安徽省文物考古研究所编辑出版《安徽江淮地区商周青铜器》图录,著录铜器190件。

张敏发表《鸠兹新证——兼论西周春秋时期吴国都城的性质》,认为"鸠兹"应为西周晚期至春秋早期的吴国都城。

张爱冰发表论文《也谈曲柄盉的年代及其相关问题》,重新论证了曲柄盉的年代、分布和属性。

2015　张爱冰发表论文《牺首鼎的年代及相关问题》,重新论证了牺首鼎的年代、分布和属性。

2016　张敏发表论文《长江下游西周青铜器构成研究》,认为长江下游江北西部发现的西周青铜器属于群舒。

张敏发表论文《吴越贵族墓葬的等级研究》,提出汤家山西周墓为吴国君王墓,屯溪M3、M1的墓主为西周时期越国国君、王室和权臣等新认识。

二、引用文献目录

英文文献

A. M. Friedman, M. CONWAY, M. KASTNER, et al,"Copper

Artifacts: Correlation with Source Type of Copper Ores", Science (1966), 152: 1504 - 1506.

Craddock P T, Meeks N D, "Iron in ancient copper", Archaeometry (1987), 29(2): 187 - 204.

Scott D A, *Metallurgy and microstructure of ancient and historic metals* (Los Angeles: The J. Paul Getty Trust, 1991), p. 25.

中文文献

以作者汉语拼音为序

安徽博物院:《江淮群舒青铜器》,安徽美术出版社,2013年。

安徽大学、安徽省文物考古研究所:《皖南商周青铜器》,文物出版社,2006年。

安徽省博物馆:《安徽贵池发现东周青铜器》,《文物》1980年第8期。

安徽省博物馆:《安徽省博物馆藏青铜器》,上海人民美术出版社,1985年。

安徽省博物馆、六安县文物管理所:《安徽六安县发现一座春秋时期墓葬》,《考古》1993年第7期。

安徽省博物馆:《遵循毛主席的指示,做好文物博物馆工作》,《文物》1978年第8期。

安徽省地方志编纂委员会:《安徽省志·文物志》,方志出版社,1998年。

安徽省文化局文物工作队:《安徽舒城出土的铜器》,《考古》1964年第10期。

安徽省文化局文物工作队:《安徽屯溪西周墓葬发掘报告》,《考古学报》1959年第4期。

安徽省文物工作队:《安徽肥西县金牛春秋墓》,《考古》1984年第9期。

安徽省文物工作队:《安徽舒城九里墩春秋墓》,《考古学报》1982年第2期。

安徽省文物工作队、繁昌县文化馆:《安徽繁昌出土一批春秋青铜器》,《文物》1982年第12期。

安徽省文物管理委员会、安徽省博物馆:《寿县蔡侯墓出土遗物》,科学出版社,1956年。

安徽省文物局、安徽省文物考古研究所:《杭埠河中游:区域系统调查报告》,文物出版社,2012年。

安徽省文物局:《五十年来的安徽省文物考古工作》,《新中国考古五十年》,文物出版社,1999年。

安徽省文物考古研究所:《安徽枞阳、庐江古遗址调查》,《江汉考古》1987年第4期。

安徽省文物考古研究所:《安徽枞阳县汤家墩遗址发掘简报》,《中原文物》2004年第4期。

安徽省文物考古研究所:《安徽广德县经济开发区赵联土墩墓发掘简报》,《文物研究》第16辑,黄山书社,2006年。

安徽省文物考古研究所:《安徽含山大城墩遗址发掘报告》,《考古学集刊》(6),中国社会科学出版社,1989年。

安徽省文物考古研究所:《安徽考古的世纪回顾与思索》,《考古》2002年第2期。

安徽省文物考古研究所:《安徽南陵千峰山土墩墓》,《考古》1989年第3期。

安徽省文物考古研究所:《安徽宁国市官山西周遗址的发掘》,《考古》2000年第11期。

安徽省文物考古研究所:《安徽潜山薛家岗遗址第六次发掘简报》,《江汉考古》2002年第2期。

安徽省文物考古研究所:《安徽铜陵县师姑墩遗址发掘简报》,《考古》2013年第6期。

安徽省文物考古研究所、安庆市博物馆:《安徽安庆市先秦文化遗址调查报告》,《文物研究》第14辑,黄山书社,2005年。

安徽省文物考古研究所、蚌埠市博物馆:《钟离君柏墓》,文物出版社,2013年。

安徽省文物考古研究所、北京大学考古文博学院:《安徽铜陵夏家墩、神墩遗址发掘简报》,《江汉考古》2015年第6期。

安徽省文物考古研究所、枞阳县文物管理所:《枞阳县井边东周采铜矿井调查》,《东南文化》1992年第5期。

安徽省文物考古研究所、繁昌县文物管理局：《安徽繁昌板子矶周代遗址发掘简报》，《文物》2013年第10期。

安徽省文物考古研究所、凤阳县文物管理所：《安徽凤阳卞庄一号春秋墓发掘简报》，《文物》2009年第8期。

安徽省文物考古研究所、凤阳县文物管理所：《凤阳大东关与卞庄》，科学出版社，2010年。

安徽省文物考古研究所、含山县文物管理所：《安徽含山大城墩遗址第四次发掘报告》，《考古》1989年第2期。

安徽省文物考古研究所、怀宁县文物局：《安徽省怀宁县孙家城遗址H29发掘简报》，《江汉考古》2015年第2期。

安徽省文物考古研究所：《霍邱堰台——淮河流域周代聚落发掘报告》，科学出版社，2010年。

安徽省文物考古研究所、霍山县文物管理所：《安徽霍山戴家院周代遗址发掘报告》，《考古学报》2016年第1期。

安徽省文物考古研究所、六安市文物管理所：《安徽六安市堰墩西周遗址发掘简报》，《考古》2002年第2期。

安徽省文物考古研究所、六安市文物局：《安徽六安双墩一号汉墓发掘简报》，《文物研究》第17辑，科学出版社，2010年。

安徽省文物考古研究所、庐江县文物管理所：《庐江大神墩遗址发掘简报》，《江汉考古》2006年第2期。

安徽省文物考古研究所：《南陵县牯牛山周代城址》，《中国考古学年鉴》(1999年)，文物出版社，2001年。

安徽省文物考古研究所、南陵县文物管理所：《安徽南陵龙头山西周土墩墓群发掘简报》，《文物》2013年第10期。

安徽省文物考古研究所、潜山县文物管理所：《安徽潜山公山岗战国墓发掘报告》，《考古学报》2002年第1期。

安徽省文物考古研究所：《潜山薛家岗》，文物出版社，2004年。

安徽省文物考古研究所、舒城县文物管理所：《安徽舒城县河口春秋墓》，《文物》1990年第6期。

安徽省文物考古研究所、铜陵市文物管理所：《安徽铜陵市古代铜矿遗址调查》,《考古》1993 年第 6 期。

安徽省文物事业管理局:《安徽馆藏珍宝》,中华书局,2008 年。

安阳市文物工作队:《殷墟戚家庄东 269 号墓》,《考古学报》1991 年第 3 期。

宝鸡市博物馆、渭滨区文化馆:《宝鸡竹园沟等地西周墓》,《考古》1978 年第 5 期。

宝鸡市考古研究所、扶风县博物馆:《陕西扶风五郡西村西周青铜器窖藏发掘简报》,《文物》2007 年第 8 期。

保利艺术博物馆:《保利艺术博物馆藏青铜器》,1999 年。

北京大学考古学系、安徽省文物考古研究所:《安徽安庆市张四墩遗址试掘简报》,《考古》2004 年第 1 期。

北京大学考古学系、山西省考古研究所:《天马——曲村遗址北赵晋侯墓地第五次发掘》,《文物》1995 年第 7 期。

北京大学考古学系商周组、安徽省文物工作队:《安徽省霍邱、六安、寿县考古调查试掘报告》,《考古学研究》(三),科学出版社,1997 年。

北京大学考古学系、信阳地区文物管理委员会:《河南固始平寨古城遗址发掘报告》,《考古学报》2000 年第 3 期。

北京大学考古专业商周组,山西省考古研究所,河南省安阳、新乡地区文化局,湖北省孝感地区博物馆:《晋豫鄂三省考古调查简报》,《文物》1982 年第 7 期。

毕经纬:《海岱地区商周青铜器研究》,陕西师范大学博士学位论文,2013 年。

毕经纬:《试谈商周墓葬的几个问题——以山东地区为例》,《考古与文物》2013 年第 3 期。

曹锦炎:《北山铜器新考》,《东南文化》1988 年第 6 期。

曹锦炎:《关于遱邟钟的"舍"字》,《东南文化》1990 年第 4 期。

曹玮:《周原出土青铜器》,巴蜀书社,2005 年。

陈公柔:《徐国青铜器的花纹、形制及其他》,《吴越地区青铜器研究论文集》,香港两木出版社,1997 年。

陈公柔、张长寿:《殷周青铜容器上鸟纹的断代研究》,《考古学报》1984 年第 3 期。

陈公柔、张长寿:《殷周青铜容器上兽面纹的断代研究》,《考古学报》1990年第2期。

陈建国:《安徽天长县出土西周青铜匜》,《考古》1986年第6期。

陈开运、范超、袁洪林、包志安、宗春蕾、戴梦宁、凌雪、杨颖:《飞秒激光剥蚀—多接收电感耦合等离子质谱原位微区分析青铜中铅同位素组成—以古铜钱币为例》,《光谱学与光谱分析》2013年第5期。

陈立柱、阚绪杭:《钟离国史稽考》,《武汉科技大学学报》2011年第3期。

陈梦家:《海外中国铜器图录》,台联国风出版社,1976年。

陈梦家:《隹夷考》,《禹贡》1936年第5卷第10期。

陈佩芬:《古代铜兵铜镜的成分及有关铸造技术》,《上海博物馆馆刊》第1辑,上海人民出版社,1981年。

陈佩芬:《夏商周青铜器研究》,上海古籍出版社,2004年。

陈伟:《楚东国地理研究》,武汉大学出版社,1992年。

陈学强:《青铜折肩鬲渊源初探》,《苏州文博论丛》第2辑,文物出版社,2011年。

陈治军:《安徽出土青铜器铭文图录考释》,安徽大学硕士学位论文,2011年。

陈治军:《安徽出土青铜器铭文研究》,黄山书社,2012年。

褚金华:《安徽省六安县城北楚墓》,《文物》1993年第1期。

枞阳县文物管理所:《枞阳县全国第三次文物普查资料》,2011年。

崔恒升:《安徽出土金文订补》,黄山书社,1998年。

德州地区文化局文物组、济阳县图书馆:《山东济阳刘台子西周墓地第二次发掘》,《文物》1985年12期。

德州行署文化局文物组、济阳县图书馆:《山东济阳刘台子西周早期墓发掘简报》,《文物》1981年第9期。

丁忠明、曲传刚、刘延常、吴来明、穆红梅:《山东新泰出土东周青铜复合剑制作技术研究》,《文物保护与考古科学》2012年增刊。

董楚平:《吴越徐舒金文集释》,浙江古籍出版社,1992年。

董亚巍:《范铸青铜》,北京艺术与科学电子出版社,2006年。

董亚巍:《西周早期圆形尊的范铸模拟实验研究》,《中原文物》2010年第

1期。

豆海峰：《试论安徽沿江平原商代遗存及与周边地区的文化联系》，《江汉考古》2012年第3期。

杜金鹏：《商周铜爵研究》，《考古学报》1994年第3期。

杜廼松：《古代青铜器》，文物出版社，2005年。

杜廼松：《徐国与群舒青铜器》，《团结报》2010年12月30日。

杜廼松：《在皖鉴定所见铜器考》，《青铜文化研究》第1辑，黄山书社，1999年。

杜廼松：《吉金文字与青铜文化论集》，紫禁城出版社，2003年。

杜廼松：《青铜匕、勺、斗考辨》，《文物》1991年第3期。

段玉裁：《说文解字注》，上海古籍出版社，1981年。

方辉：《海岱地区青铜时代考古》，山东大学出版社，2007年。

方辉：《山东省博物馆藏裸人铜方鼎》，《文物天地》1990年第5期。

冯富根、王振江、白荣金、华觉明：《司母戊鼎铸造工艺的再研究》，《考古》1981年第2期。

冯富根、王振江、华觉明、白荣金：《殷墟出土商代青铜觚铸造工艺的复原研究》，《考古》1982年第5期。

凤凰山考古队：《江苏丹阳凤凰山遗址发掘报告》，《东南文化》1990年第1期。

扶风县文化馆、陕西省文管会：《陕西扶风县召李村一号周墓清理简报》，《文物》1976年第6期。

傅玥：《青铜器上的重环纹源流探析》，《云南民族大学学报》（哲学社会科学版）2010年第3期。

甘肃省文物考古研究所、礼县博物馆：《甘肃礼县圆顶山98LDM2、2000LDM4春秋秦墓》，《文物》2005年第2期。

甘肃省文物考古研究所、礼县博物馆：《礼县圆顶山春秋秦墓》，《文物》2002年第2期。

高成林：《长沙市博物馆所藏深腹矮足铜鼎浅析》，《湖南省博物馆馆刊》第2辑，岳麓书社，2005年。

高崇文：《东周楚式鼎形态分析》，《江汉考古》1983年第1期。

高广仁、邵望平：《析中华文明的主源之一——淮系文化》，《东方考古》第 1 辑，科学出版社，2004 年。

高西省：《洛阳新获西周青铜器管见》，《上海文博论丛》2006 年第 3 期。

高应勤、夏渌：《〈䣙大子伯辰鼎〉及其铭文》，《江汉考古》1984 年第 1 期。

葛介屏：《安徽阜南发现殷商时代的青铜器》，《文物》1959 年第 1 期。

固始侯古堆一号墓发掘组：《河南固始侯古堆一号墓发掘简报》，《文物》1981 年第 1 期。

故宫博物院古陶瓷研究中心：《"浙江原始青瓷及德清火烧山等窑址考古成果汇报展"学术座谈会综述》，《故宫博物院院刊》2012 年第 5 期。

顾颉刚：《徐和淮夷的迁、留——周公东征史事考证四之五》，《文史》第 32 辑，中华书局，1990 年。

顾颉刚：《奄和蒲姑的南迁——周公东征史事考证四之四》，《文史》第 31 辑，中华书局，1988 年。

郭宝钧：《浚县辛村》，科学出版社，1964 年。

郭宝钧：《山彪镇与琉璃阁》，科学出版社，1959 年。

郭宝钧：《商周铜器群综合研究》，文物出版社，1981 年。

郭沫若：《两周金文辞大系考释》，1935 年影印本。

郭沫若：《殷周青铜器铭文研究》，科学出版社，1961 年。

郭伟民：《当阳赵家湖几座楚墓的年代及其相关问题》，《楚文化研究论集》(5)，黄山书社，2003 年。

国家文物局：《中国文物精华大辞典·青铜卷》，上海辞书出版社、商务印书馆(香港)有限公司，1995 年。

韩炳华：《灵石旌介青铜器铸造工艺分析》，《科学技术与辩证法》2009 年第 2 期。

韩伟、曹明檀：《陕西凤翔高王寺战国铜器窖藏》，《文物》1981 年第 1 期。

何光岳：《淮夷史考》，《安徽史学》1986 年第 2 期。

何纪生、何介钧：《古代越族的青铜文化》，《湖南考古辑刊》第 3 辑，岳麓书社，1986 年。

何琳仪：《九里墩鼓座铭文新释》，《出土文献研究》第 3 辑，中华书局，1998 年。

何琳仪：《舒方新证》，《安徽史学》1999年第4期。

何堂坤：《鄂州战国青铜兵刃器初步考察》，《江汉考古》1990年第3期。

河南省博物馆、信阳地区文管会、信阳市文化局：《河南信阳市平桥春秋墓发掘简报》，《文物》1981年第1期。

河南省文化局文物工作队第一队：《郑州商代遗址的发掘》，《考古学报》1957年第1期。

河南省文物考古研究所：《固始侯古堆一号墓》，大象出版社，2004年。

河南省文物考古研究所、南阳市文物考古研究所、淅川县博物馆：《淅川和尚岭与徐家岭楚墓》，大象出版社，2004年。

河南省文物考古研究所、三门峡市文物工作队：《三门峡虢国墓》（第一卷），文物出版社，1999年。

河南省文物考古研究所：《新蔡葛陵楚墓》，大象出版社，2003年。

河南省文物考古研究所：《新郑郑国祭祀遗址》（上），大象出版社，2006年。

河南省文物研究所、河南省丹江库区考古发掘队、淅川县博物馆：《淅川下寺春秋楚墓》，文物出版社，1991年。

河南省文物研究所、平顶山市文管会：《平顶山市北滍村两周墓地一号墓发掘简报》，《华夏考古》1988第1期。

河南省文物研究所：《信阳孙砦遗址发掘报告》，《华夏考古》1989年第2期。

河南省信阳地区文管会、河南省罗山县文化馆：《罗山天湖商周墓地》，《考古学报》1986年第2期。

河南信阳地区文管会、光山县文管会：《春秋早期黄君孟夫妇墓发掘报告》，《考古》1984年第4期。

胡长春、阚绪杭：《徐王义楚耑"永保舾身"新解及安徽双墩一号钟离墓的年代推定》，《古文字研究》第29辑，中华书局，2012年。

胡长春：《钟离氏始祖"宋襄公母弟敖"新证暨"鴞鴞雎雎"释义的再探讨》，《考古与文物》2009年第3期。

胡嘏：《群舒考论》，《历史地理研究》（2），复旦大学出版社，1990年。

胡嘏：《群舒史迹钩沉》，《安徽史学》1986年第6期。

胡悦谦：《安徽古青瓷和浙江古青瓷的关系》，《安徽省博物馆四十年论文选集》(1956—1996),黄山书社,1996年。

湖北省博物馆:《湖北京山发现曾国铜器》,《文物》1972年第2期。

湖北省博物馆:《随县曾侯乙墓》,文物出版社,1980年。

湖北省博物馆:《襄阳蔡坡战国墓发掘报告》,《江汉考古》1985年第1期。

湖北省文物考古研究所:《湖北麻城市李家湾春秋楚墓》,《考古》2000年第5期。

湖北省文物考古研究所、黄冈地区博物馆、罗田县文物管理所:《湖北罗田庙山岗遗址发掘报告》,《考古》1994年第9期。

湖北省文物考古研究所、麻城市博物馆:《湖北麻城吊尖遗址发掘简报》,《江汉考古》2008年第1期。

湖北省文物考古研究所、随州市博物馆:《湖北随州叶家山西周墓地发掘简报》,《文物》2011年第11期。

湖北省文物考古研究所:《曾国青铜器》,文物出版社,2007年。

湖北省宜昌地区博物馆、北京大学考古系:《当阳赵家湖楚墓》,文物出版社,1992年。

湖南省博物馆:《湖南衡南、湘潭发现春秋墓葬》,《考古》1978年第5期。

湖南省常德市文物局、常德博物馆、鼎城区文物管理处、桃源县文物管理所、汉寿县文物管理所:《沅水下游楚墓》(上),文物出版社,2010年。

湖南省文物考古研究所:《资兴旧市春秋墓出土鼎》,湖南考古网:http://www.hnkgs.com/show_news.aspx?id=97。

华觉明:《中国古代金属技术——铜和铁造就的文明》,大象出版社,1999年。

怀宁县文物管理所:《安徽怀宁县出土春秋青铜器》,《文物》1983年第11期。

淮阴市博物馆:《淮阴高庄战国墓》,《考古学报》1988年第2期。

黄娟、魏国锋、宋国定、李素婷、王昌燧:《小双桥遗址出土冶铸遗物的科技分析》,《有色金属》2011年第1期。

黄盛璋:《山东诸小国铜器研究——〈两周金文大系续编〉分国考释之一章》,《华夏考古》1989年第1期。

黄水根、申夏:《吴城遗址商代窑炉的新发现》,《南方文物》2002年第2期。

黄水根：《吴城商代遗址考古三十年》，《南方文物》2003年第3期。

江苏省丹徒考古队：《江苏丹徒北山顶春秋墓发掘报告》，《东南文化》1988年第Z1期。

江苏省文物管理委员会：《江苏丹徒县烟墩山出土的古代铜器》，《文物参考资料》1955年第5期。

江苏省文物管理委员会：《江苏丹徒烟墩山西周墓及附葬坑出土的小器物补充材料》，《文物参考资料》1956年第1期。

江苏省文物管理委员会、南京博物院：《江苏六合程桥东周墓》，《考古》1965年第3期。

江西省博物馆、江西省文物考古研究所、新干县博物馆：《新干商代大墓》，文物出版社，1997年。

江西省历史博物馆、贵溪县文化馆：《江西贵溪崖墓发掘简报》，《文物》1980年第11期。

江西省历史博物馆、靖安县文化馆：《江西靖安出土春秋徐国铜器》，《文物》1980年第8期。

江西省文物工作队、九江市博物馆：《江西九江神墩遗址发掘简报》，《江汉考古》1987年第4期。

江西省文物工作队、鹰潭市博物馆：《江西鹰潭角山窑址试掘简报》，《华夏考古》1990年第1期。

江西省文物考古研究所、玉山县博物馆：《玉山双明地区考古调查与试掘》，《南方文物》1994年第3期。

江小角：《桐城出土春秋时期青铜器》，《文物》1999年第4期。

荆州地区博物馆：《江陵岳山大队出土一批春秋铜器》，《文物》1982年第10期。

莒县博物馆：《山东莒县西大庄西周墓葬》，《考古》1999年第7期。

开封地区文管会、新郑县文管会、郑州大学历史系考古专业：《河南省新郑县唐户两周墓葬发掘简报》，《文物资料丛刊》(2)，文物出版社，1978年。

阚绪杭、方国祥：《枞阳县新石器时代文化遗址调查报告》，《文物研究》第8辑，黄山书社，1993年。

阚绪杭、周群、孙祥宽、唐更生：《凤阳卞庄M1镈钟铭文"童鹿"即"钟离"初识》,《道远集——安徽省文物考古研究所五十年文集》,黄山书社,2008年。

孔德安:《浅谈我国新石器时代绿松石器及制作工艺》,《考古》2002年第5期。

孔繁刚:《山东沂水县出土一批青铜器》,《考古与文物》1992年第2期。

孔令远、陈永清:《江苏邳州市九女墩三号墩的发掘》,《考古》2002年第5期。

孔令远、李艳华、阚绪杭:《徐王容居戈铭文考释》,《文物》2013年第3期。

孔令远:《徐国的考古发现与研究》,中国文史出版社,2005年。

孔昭明:《周代金文图录及释文》(增订本一),台湾大通书局,1971年。

李伯谦:《皖南商周青铜器·序》,文物出版社,2006年。

李常松:《平邑蔡庄出土一批青铜器》,《考古》1986年第4期。

李朝远:《烟墩山墓青铜器的时代及其他》,《吴越地区青铜器研究论文集》,香港两木出版社,1997年。

李端阳、陈明芳:《湖北孝感市古文化遗址调查简报》,《考古》1994年第9期。

李丰:《虢国墓地铜器群的分期及其相关问题》,《考古》1988年第11期。

李光雨:《山东枣庄市两河叉出土周代铜鬲》,《考古》1996年第5期。

李光雨、张云:《山东枣庄春秋时期小邾国墓地的发掘》,《中国历史文物》2003年第5期。

李国梁:《安徽宿县谢芦村出土周代青铜器》,《文物》1991年第11期。

李国梁:《从青铜兵器看屯溪八墓的时代》,《吴越地区青铜器研究论文集》,香港两木出版社,1997年。

李国梁:《群舒故地出土的青铜器》,《文物研究》第6辑,黄山书社,1990年。

李国梁:《皖南出土的青铜器》,《文物研究》第4辑,黄山书社,1988年。

李国梁主编:《屯溪土墩墓发掘报告》,安徽人民出版社,2006年。

李济:《记小屯出土之青铜器》,《中国考古学报》第3册,1948年。

李济、万家保:《古器物研究专刊·第四本·殷虚出土青铜鼎形器之研究》,中研院历史语言研究所,1970年。

李景聃:《寿县楚墓调查报告》,《田野考古报告》第1册,商务印书馆,

1936年。

李蔚然:《南京发现周代铜器》,《考古》1960年第6期。

李学勤:《安徽南部存在着颇具特色的青铜文化》,《学术界》1991年第1期。

李学勤:《从新出青铜器看长江下游文化的发展》,《文物》1980年第8期。

李学勤:《东周与秦代文明》,文物出版社,1984年。

李学勤:《古越阁所藏青铜兵器选粹》,《文物》1993年第4期。

李学勤:《湖北随州叶家山西周墓地笔谈》,《文物》2011年第11期。

李学勤:《论汉淮间的春秋青铜器》,《文物》1980年第1期。

李学勤:《吴国地区的尊、卣及其他》,《吴文化研究论文集》,中山大学出版社,1988年。

李学勤:《小邾国墓及其青铜器研究》,《东岳论丛》2007年第2期。

李学勤:《新出青铜器研究》,文物出版社,1990年。

李学勤主编:《仪礼注疏》(上),北京大学出版社,1999年。

李延祥、韩汝玢、宝文博、陈铁梅:《牛河梁冶铜炉壁残片研究》,《有色金属》2000年第12期。

李延祥、洪延若:《炉渣分析揭示古代炼铜技术》,《文物保护与考古科学》1995年第1期。

李延祥、王兆文、王连伟、韩汝玢:《大井古铜矿冶炼技术及产品特征初探》,《有色金属》2001年第3期。

李玉林:《吴城商代龙窑》,《文物》1989年第1期。

廉海萍、谭德睿:《东周青铜复合剑制作技术研究》,《文物保护与考古科学》2002年第S1期。

梁彦民:《浅析商周青铜器上的直棱纹》,《文博》2002年第2期。

廖华军、罗武干、李桃元、魏国锋、周卫荣、王昌燧:《吉家院墓地出土青铜器的矿料来源初探》,《华夏考古》2013年第2期。

林巳奈夫:《关于长江中下游青铜器的若干问题》,《吴越地区青铜器研究论文集》,香港两木出版社,1997年。

临朐县文化馆、潍坊地区文物管理委员会:《山东临朐发现齐、郚、曾诸国铜器》,《文物》1983年第12期。

临沂市博物馆:《山东临沂中洽沟发现三座周墓》,《考古》1987年第8期。

凌雪、贾腊江、柳小明、金普军、杨小刚、袁洪林、赵丛苍:《春秋时期秦青铜器微量元素的激光剥蚀等离子体质谱》,《兰州大学学报》(自然科学版)2012年第1期。

刘建国、吴大林:《江苏溧水宽广墩墓出土器物》,《文物》1985年第12期。

刘信芳、阚绪杭、周群:《安徽凤阳县下庄一号墓出土镈钟铭文初探》,《考古与文物》2009年第3期。

刘兴、吴大林:《江苏溧水发现西周墓》,《考古》1976年第4期。

刘兴、吴大林:《谈谈镇江地区土墩墓的分期》,《文物资料丛刊》(6),文物出版社,1982年。

刘煜:《殷墟青铜器制作工艺的技术演进》,《21世纪中国考古学与世界考古学——纪念中国社会科学院考古研究所成立50周年大会暨21世纪中国考古学与世界考古学国际学术研讨会论文集》,中国社会科学出版社,2002年。

卢连成、胡智生:《宝鸡强国墓地》,文物出版社,1988年。

吕大临、赵九成:《考古图续考古图考古图释文》,中华书局,1987年。

洛阳市第二文物工作队:《洛阳市纱厂路东周墓(JM32)发掘简报》,《文物》2002年第11期。

洛阳市文物工作队:《1975—1979年洛阳北窑西周铸铜遗址的发掘》,《考古》1983年第5期。

洛阳市文物工作队:《洛阳北窑西周墓》,文物出版社,1999年。

马承源:《长江下游土墩墓出土青铜器的研究》,《上海博物馆集刊》第4辑,上海古籍出版社,1987年。

马承源:《吴越文化青铜器的研究——兼论大洋洲出土的青铜器》,《吴越地区青铜器研究论文集》,香港两木出版社,1997年。

马承源:《中国青铜器》(修订本),上海古籍出版社,2003年。

马道阔:《安徽省庐江县出土春秋青铜器——兼谈南淮夷文化》,《东南文化》1990年第Z1期。

马今洪:《流甗的研究》,《文博》1996年第5期。

马玺伦:《山东沂水发现一座西周墓葬》,《考古》1986年第8期。

毛颖:《南方青铜盉研究》,《东南文化》2004年第4期。

孟耀虎、任志录:《晋侯墓地出土原始青瓷》,《文物世界》2002 年第 2 期。

牟永抗、毛兆廷:《江山县南区古遗址、墓葬调查试掘》,《浙江省文物考古所学刊》(1981),文物出版社,1981 年。

牟永抗:《绍兴 306 号越墓刍议》,《文物》1984 年第 1 期。

南京博物院、丹徒县文管会:《江苏丹徒磨盘墩周墓发掘简报》,《考古》1985 年第 11 期。

南京博物院:《江苏金坛裕巷土墩墓群一号墩的发掘》,《考古学报》2009 年第 3 期。

南京博物院:《江苏句容县浮山果园西周墓》,《考古》1977 年第 5 期。

南京博物院:《江苏六合程桥二号东周墓》,《考古》1974 年第 2 期。

南京博物院、徐州市文化局、邳州市博物馆:《江苏邳州市九女墩二号墩发掘简报》,《考古》1999 年第 11 期。

南京博物院、镇江博物院、丹徒县文教局:《江苏丹徒横山、华山土墩墓发掘报告》,《文物》2000 年第 9 期。

南京博物院、盱眙县文广新局:《江苏盱眙县大云山汉墓》,《考古》2012 年第 7 期。

南京市博物馆、六合县文教局:《江苏六合程桥东周三号墓》,《东南文化》1991 年第 1 期。

南京市博物馆、南京大学历史系:《江苏江浦蒋城子遗址》,《东南文化》1990 年第 Z1 期。

南京市文物保管委员会:《南京浦口出土一批青铜器》,《文物》1980 年第 8 期。

南阳市文物考古研究所:《南阳市万家园 M181 发掘简报》,《中原文物》2009 年第 1 期。

倪振逵:《淹城出土的铜器》,《文物》1959 年第 4 期。

彭浩:《我国两周时期的越式鼎》,《湖南考古辑刊》第 2 辑,岳麓书社,1984 年。

彭适凡、华觉明、王玉柱:《江西出土的青铜复合剑及其检测研究》,《中原文物》1994 年第 3 期。

彭裕商:《西周青铜器窃曲纹研究》,《考古学报》2002 年第 4 期。

栖霞县文物管理所:《山东栖霞县松山乡吕家埠西周墓》,《考古》1988年第9期。

潜山县文物局:《潜山黄岭春秋墓》,《文物研究》第13辑,黄山书社,2001年。

秦颍、王昌燧、杨立新、汪景辉、张国茂:《皖南沿江地区部分出土青铜器的铜矿料来源初步研究》,《文物保护与考古科学》2004年第1期。

秦颍、王昌燧、张国茂、杨立新、汪景辉:《皖南古铜矿冶炼产物的输出路线》,《文物》2002年第5期。

秦颍、朱继平、王昌燧、董亚巍:《利用微量元素示踪青铜器矿料来源的实验研究》,《东南文化》2004年第5期。

青阳县文物管理所:《安徽青阳县龙岗春秋墓的发掘》,《考古》1998年第2期。

衢州市文物管理委员会:《浙江衢州市发现原始青瓷》,《考古》1984年第2期。

任相宏:《山东沂源县姑子坪周代遗存相关问题探讨》,《考古》2003年第1期。

任雪莉:《宝鸡戴家湾铜器的艺术风格》,《宝鸡文理学院学报》(社会科学版)2012年第3期。

日月:《金文"肇"字补说》,复旦大学出土文献与古文字研究中心网站:http://www.gwz.fudan.edu.cn/srcshow.asp?src_id=1184。

容庚:《商周彝器通考》,哈佛燕京学社,1941年。

容庚、张维持:《殷周青铜器通论》,科学出版社,1958年。

山东大学考古系:《山东长清县仙人台周代墓地》,《考古》1998年第9期。

山东大学考古系、淄博市文物局、沂源县文管所:《山东沂源县姑子坪周代墓葬》,《考古》2003年第1期。

山东大学历史文化学院考古系:《长清仙人台五号墓发掘简报》,《文物》1998年第9期。

山东省博物馆、临沂地区文化组、莒南县文化馆:《莒南大店春秋时期莒国殉人墓》,《考古学报》1978年第3期。

山东省博物馆:《山东长清出土的青铜器》,《文物》1964年第4期。

山东省博物馆:《山东金文集成》,齐鲁书社,2007年。

山东省济宁市文物管理局:《薛国故城勘查和墓葬发掘报告》,《考古学报》1991年第4期。

山东省文物管理处、济南市博物馆:《大汶口新石器时代墓葬发掘报告》,文物出版社,1974年。

山东省文物管理处、山东省博物馆:《山东文物选集》(普查部分),文物出版社,1959年。

山东省文物考古研究所、临沂市文物管理委员会、郯城县文物管理所:《郯城县大埠二村遗址发掘报告》,《海岱考古》第4辑,科学出版社,2011年。

山东省文物考古研究所、山东省博物馆、济宁地区文物组、曲阜县文管会:《曲阜鲁国故城》,齐鲁书社,1982年。

山东省文物考古研究所、沂水县文物管理站:《山东沂水刘家店子春秋墓发掘简报》,《文物》1984年第9期。

山西省考古研究所、北京大学考古系:《天马——曲村遗址北赵晋侯墓地第三次发掘》,《文物》1994年第8期。

山西省考古研究所、北京大学考古系:《天马——曲村遗址北赵晋侯墓地第四次发掘》,《文物》1994年第8期。

山西省考古研究所:《侯马铸铜遗址》(上),文物出版社,1993年。

山西省考古研究所:《上马墓地》,文物出版社,1994年。

山西省文物工作委员会晋东南工作组、山西省长治市博物馆:《长治分水岭269、270号东周墓》,《考古学报》1974年第2期。

山西省文物管理委员会保管组:《山西石楼县二郎坡出土商周铜器》,《文物参考资料》1958年第1期。

山西省文物管理委员会侯马工作站:《山西侯马上马村东周墓葬》,《考古》1963年第5期。

陕西省考古研究所、陕西省文物管理委员会、陕西省博物馆:《陕西出土商周青铜器》(三),文物出版社,1980年。

陕西省考古研究所、渭南市文物保护考古研究所、韩城市文物旅游局:《陕西韩城梁带村遗址M26发掘简报》,《文物》2008年第1期。

陕西周原考古队:《陕西扶风县云塘、庄白二号西周铜器窖藏》,《文物》1978

年第 11 期。

上海博物馆青铜器研究组编:《商周青铜器纹饰》,文物出版社,1984 年。

邵建白:《安徽六安县发现两件春秋铜鼎》,《文物》1990 年第 1 期。

绍兴县文物保护管理所:《浙江绍兴袍谷遗址发掘简报》,《考古》1989 年第 9 期。

绍兴县文物管理委员会:《绍兴凤凰山木椁墓》,《考古》1976 年第 6 期。

沈银华:《湖北省汉川县发现一批春秋时期青铜器》,《文物》1974 年第 6 期。

盛正岗:《余杭出土战国原始瓷及产地问题》,《东方博物》2008 年第 3 期。

施劲松:《长江流域青铜器研究》,文物出版社,2003 年。

施劲松:《我国南方出土的带铭文青铜礼器及其认识》,《考古与文物》1999 年第 2 期。

石谷风:《青阳出土的西周晚期铜器》,《安徽文博》第 3 辑,1983 年。

石璋如:《小屯·第一本·遗址的发现与发掘·丙编·殷墟墓葬之五·丙区墓葬·上》,中研院历史语言研究所,1980 年。

史言:《扶风庄白大队出土的一批西周铜器》,《文物》1972 年第 6 期。

寿县博物馆:《寿县肖严湖出土春秋青铜器》,《文物》1990 第 11 期。

舒城县第三次全国不可移动文物普查办公室:《舒城县第三次全国不可移动文物普查实地调查阶段工作报告》,2009 年。

舒城县文化局:《舒城县文物志》,1984 年内刊本。

舒之梅、罗运环:《楚同各诸侯国关系的古文字资料简述》,《求索》1983 年第 6 期。

宋康年:《安徽望江出土春秋时代铜鼎》,《考古》1989 年第 10 期。

苏州博物馆考古组:《苏州城东北发现东周铜器》,《文物》1980 年第 8 期。

苏州博物馆考古组:《苏州虎丘东周墓》,《文物》1981 年第 11 期。

随州市博物馆:《湖北随县安居出土青铜器》,《文物》1982 年第 12 期。

随州市博物馆:《湖北随县发现商周青铜器》,《考古》1984 年第 6 期。

孙淑云:《当阳赵家湖楚墓金属器的鉴定》,《中国冶金史论文集》(2),科学出版社,1994 年。

泰利柯特(Tyiecote, R. F.)著,华觉明译:《世界冶金发展史》,科学技术文献出版社,1985年。

覃水军、曾键年、王思源等:《安徽庐枞盆地井边铜(金)矿床成矿特征及控矿地质因素探讨》,《矿床地质》2010年第5期。

谭其骧:《中国历史地图集》,中国地图出版社,1982年。

唐兰:《论周昭王时代的青铜器铭刻》,《古文字研究》第2辑,中华书局,1981年。

滕县博物馆:《山东滕县发现滕侯铜器墓》,《考古》1984年第4期。

田立振:《山东省济宁市出土一批西周青铜器》,《文物》1994年第3期。

团山考古队:《江苏丹徒赵家窑团山遗址》,《东南文化》1989年第1期。

万全文:《先秦时期的铜料及其获取方式研究》,《楚文化研究论集》(5),黄山书社,2003年。

万树瀛:《滕县后荆沟出土不嬰簋等青铜器群》,《文物》1981年第9期。

万树瀛、杨孝义:《山东滕县出土西周滕国铜器》,《文物》1979年第4期。

汪景辉:《安徽古代铜矿考古调查综述》,《文物研究》第8辑,黄山书社,1993年。

王爱武:《安徽宣城出土的青铜器》,《文物》2007年第2期。

王恩田:《曲阜鲁国故城的年代及其相关问题》,《考古与文物》1988年第2期。

王峰:《淮河流域周代遗存研究》,安徽大学博士学位论文,2011年。

王光永:《陕西省宝鸡市峪泉生产队发现西周早期墓葬》,《文物》1975年第3期。

王国维:《说觥》,《观堂集林》第1册,中华书局,1959年。

王厚宇、刘振永:《青铜独秀:淮阴高庄战国墓出土礼器巡礼》,《东方收藏》2012年第7期。

王建军:《殷商时期的"举族"及相关问题》,《考古与文物》2001年第1期。

王均:《淮河下游水系变迁及黄淮运关系变迁的初步研究》,《淮河地理研究》,测绘出版社,1993年。

王乐群:《枞阳县文物志》,中国文史出版社,2003年。

王力:《同源字典》,商务印书馆,1982年。

王聘珍:《大戴礼记解诂》,中华书局,1983年。

王青：《海岱地区周代墓葬研究》，山东大学出版社，2002年。

王世民、陈公柔、张长寿：《西周青铜器分期断代研究》，文物出版社，1999年。

王世民：《略说吴地发现的春秋后期青铜礼器》，《吴越地区青铜器研究论文集》，香港两木出版社，1997年。

王帅：《略论考古发现中的青铜斗形器——兼说伯公父爵与"用献用酌"之礼》，《古代文明》2008年第4期。

王湘：《安徽寿县史前遗址调查报告》，《中国考古学报》第2册，1947年。

王轩：《山东邹县七家峪村出土的西周铜器》，《考古》1965年第11期。

王迅：《东夷文化与淮夷文化研究》，北京大学出版社，1994年。

王业友：《安徽屯溪发现的先秦刻划文字或符号刍议》，《东南文化》1991年第2期。

王振铎：《司南指南针与罗经盘——中国古代有关静磁学知识之发现及发明》（上），《中国考古学报》第3册，1948年。

王志敏、韩益之：《介绍江苏仪征过去发现的几件西周青铜器》，《文物参考资料》1956年第12期。

卫成治、何定国：《安徽省枞阳县王庄地区铜矿地质特征及成因探讨》，《安徽地质》2009年第1期。

魏国锋、秦颖、王昌燧、刘博、杨立新、徐天进、张国茂、龚长根、谢尧亭：《若干地区出土部分商周青铜器的矿料来源研究》，《地质学报》2011年第3期。

魏国锋、秦颖、杨立新、张国茂、龚长根、谢尧亭、范文谦、王昌燧：《若干古铜矿及其冶炼产物输出方向判别标志的初步研究》，《考古》2009年第1期。

文物出版社编著：《中国古青铜器选》，文物出版社，1976年。

无锡市博物馆：《无锡璨山土墩墓》，《考古》1981年第2期。

吴山菁：《江苏六合县和仁东周墓》，《考古》1977年第5期。

吴县文物管理委员会：《江苏吴县何山东周墓》，《文物》1984年第5期。

吴镇烽、朱捷元、尚志儒：《陕西永寿、蓝田出土西周青铜器》，《考古》1979年第2期。

武夷山市博物馆：《武夷山市竹林坑西周原始青瓷窑址调查简报》，《福建文博》2011年第1期。

襄樊市考古队、湖北省文物考古研究所、湖北孝襄高速公路考古队:《枣阳郭家庙曾国墓地》,科学出版社,2005年。

孝感地区博物馆:《湖北大悟吕王城遗址》,《江汉考古》1990年第2期。

肖梦龙、林留根:《皖南吴国青铜器分期研究》,《青铜文化研究》第1辑,黄山书社,1999年。

肖梦龙、刘伟:《吴国青铜器综合研究》,科学出版社,2004年。

心健、家骥:《山东费县发现东周铜器》,《考古》1983年第2期。

辛怡华:《石鼓山M3壁龛及其相关问题》,《宝鸡社会科学》2014年第2期。

信阳地区文管会、光山县文管会:《河南光山春秋黄季佗父墓发掘简报》,《考古》1989年第1期。

信阳地区文管会、罗山县文化馆:《罗山县高店公社又发现一批春秋时期青铜器》,《中原文物》1981年第4期。

信阳地区文管会、信阳市文管会:《河南信阳市平西五号春秋墓发掘简报》,《考古》1989年第1期。

信阳地区文管会、信阳市文化局:《信阳市平桥西三号春秋墓发掘简报》,《中原文物》1981年第4期。

信阳地区文管会、信阳县文化馆:《信阳县明港发现两批春秋早期青铜器》,《中原文物》1981年第4期。

徐旭生:《中国古史的传说时代》(增订本),文物出版社,1985年。

徐之田:《安徽宣州市孙埠出土周代青铜器》,《文物》1991年第8期。

徐中舒:《蒲姑、徐奄、淮夷、群舒考》,《四川大学学报》(哲学社会科学版)1998年第3期。

徐州博物馆、邳州博物馆:《江苏邳州市九女墩春秋墓发掘简报》,《考古》2003年第9期。

许慎:《说文解字》,中华书局,1963年。

烟台市文物管理委员会、海阳县博物馆:《山东海阳县嘴子前春秋墓的发掘》,《考古》1996年第9期。

杨德标、金晓春、汪茂东:《安徽怀宁跑马墩遗址发掘的主要收获》,《文物研究》第8辑,黄山书社,1993年。

杨德标:《试论皖南土墩墓》,《文物研究》第4辑,黄山书社,1988年。

杨德标、杨立新：《安徽江淮地区的商周文化》，《中国考古学会第四次年会论文集》，文物出版社，1985年。

杨建芳：《云雷纹的起源、演变与传播——兼论中国古代南方的蛇崇拜》，《文物》2012年第3期。

杨鸠霞：《枞阳旗山战国楚墓》，《中国考古学年鉴》(1991年)，文物出版社，1992年。

杨立新：《安徽沿江地区的古代铜矿》，《文物研究》第8辑，黄山书社，1993年。

杨立新：《皖南古代铜矿的发现及其历史价值》，《东南文化》1991年第2期。

杨楠：《商周时期江南地区土墩遗存的分区研究》，《考古学报》1999年第1期。

杨深富、胡膺、徐淑彬：《山东日照市周代文化遗存》，《文物》1990年第6期。

杨深富：《山东日照崮河崖出土一批青铜器》，《考古》1984年第7期。

杨天宇：《周礼译注》，上海古籍出版社，2004年。

叶润清：《枞阳县旗山战国西汉墓群沙河墓地》，《中国考古学年鉴》(2007年)，文物出版社，2008年。

殷涤非：《安徽屯溪周墓第二次发掘》，《考古》1990年第3期。

殷涤非：《九里墩墓的青铜鼓座》，《古文字研究》第14辑，中华书局，1986年。

殷涤非：《青铜器研究与安徽古代史》，《江淮论坛》1983年第1期。

殷涤非：《铉鼎解》，《江汉考古》1983年第4期。

尹盛平：《西周微氏家族青铜器群研究》，文物出版社，1992年。

余杭县文物管理委员会：《浙江省余杭崇贤战国墓》，《东南文化》1989年第6期。

郁永彬、梅建军、张爱冰、王乐群：《安徽枞阳地区出土先秦青铜器的初步科学分析》，《中原文物》2014年第3期。

郁永彬、王开、陈建立、梅建军、宫希成、朔知、徐天进：《皖南地区早期冶铜技术研究的新收获》，《考古》2015年第5期。

枣庄市博物馆、枣庄市文物管理办公室：《枣庄市东江周代墓葬发掘报告》，《海岱考古》第 4 辑，科学出版社，2001 年。

枣庄市山亭区政协：《小邾国文化》，中国文史出版社，2006 年。

枣庄市政协台港澳侨民族宗教委员会、枣庄市博物馆：《小邾国遗珍》，中国文史出版社，2006 年。

张爱冰、陆勤毅：《繁昌汤家山出土青铜器的年代及其相关问题》，《文物》2010 年第 12 期。

张爱冰：《铜陵谢垅出土青铜器的年代及其相关问题》，《东南文化》2009 年第 6 期。

张爱冰、张钟云：《江淮群舒青铜器研究的意义》，《中国文物报》2011 年 3 月 4 日。

张昌平、刘煜、岳占伟、何毓灵：《二里冈文化至殷墟文化时期青铜器范型技术的发展》，《考古》2010 年第 8 期。

张昌平：《论随州羊子山新出噩国青铜器》，《文物》2011 年第 11 期。

张昌平：《曾国青铜器研究》，文物出版社，2009 年。

张长寿：《论屯溪出土的青铜器》，《吴越地区青铜器研究论文集》，香港两木出版社，1997 年。

张国茂：《安徽铜陵市金口岭春秋墓》，《文物研究》第 7 辑，黄山书社，1991 年。

张国茂：《安徽铜陵谢垅春秋铜器窖藏清理简报》，《东南文化》1990 年第 4 期。

张剑、蔡运章：《洛阳东郊 13 号西周墓的发掘》，《文物》1998 年第 10 期。

张敬国、贾庆元：《肥东县古城吴大墩遗址试掘简报》，《文物研究》第 1 辑，黄山书社，1985 年。

张乐骏、周涛发、范裕、袁峰、马良、钱兵：《安徽庐枞盆地井边铜矿床的成矿时代及其找矿指示意义》，《岩石学报》2010 年第 9 期。

张懋镕、闫婷婷、王宏：《新出杞伯簋浅谈》，《文博》2011 年第 1 期。

张敏：《长江下游西周青铜器构成研究》，《宝鸡文理学院学报》（社会科学版）2016 年第 6 期。

张敏：《读〈皖南商周青铜器〉有感》，《中国文物报》2007 年 4 月 11 日第

4 版。

张敏:《鸠兹新证——兼论西周春秋时期吴国都城的性质》,《东南文化》2014 年第 5 期。

张敏:《宁镇地区青铜文化研究》,《长江流域青铜文化研究》,科学出版社,2002 年。

张敏:《破山口青铜器三题》,《东南文化》2002 年第 6 期。

张敏:《吴国都城初探》,《南方文物》2009 年第 2 期。

张敏:《吴越贵族墓葬的等级研究》,《李下蹊华——庆祝李伯谦先生八十华诞论文集》,科学出版社,2017 年。

张寿稳:《安徽省枞阳县拔茅山铜矿地质特征》,《资源调查与环境》2007 年第 3 期。

张小雷、朔知:《青铜考古的新成果——安徽铜陵师姑墩遗址发掘的收获与意义》,《中国文物报》2011 年 4 月 15 日。

张钟云:《淮河中下游春秋诸国青铜器研究》,《考古学研究》(四),科学出版社,2000 年。

张钟云:《徐与舒关系略论》,《南方文物》2000 年第 3 期。

赵东升:《论江淮地区西周时期考古学文化格局与政治势力变迁》,《安徽大学学报》(哲学社会科学版)2012 年第 5 期。

赵瑞民、韩炳华:《晋系青铜器研究:类型学与文化因素分析》,山西人民出版社,2005 年。

浙江省文物管理委员会、浙江省文物考古所、绍兴地区文化局、绍兴市文管会:《绍兴 306 号战国墓发掘简报》,《文物》1984 年第 1 期。

浙江省文物考古研究所:《安吉三官土墩墓发掘简报》,《东方博物》2010 年第 3 期。

浙江省文物考古研究所、德清县博物馆:《浙江德清县独仓山及南王山土墩墓发掘简报》,《考古》2001 年第 10 期。

浙江省文物考古研究所:《古越瓷韵——浙江出土商周原始瓷集粹》,文物出版社,2010 年。

浙江省文物考古研究所、故宫博物院、德清县博物馆:《德清火烧山——原始瓷窑址发掘报告》,文物出版社,2008 年。

浙江省文物考古研究所、湖州市博物馆、德清县博物馆：《浙江东苕溪中游商代原始瓷窑址群》，《考古》2011年第7期。

浙江省文物考古研究所、萧山博物馆：《浙江萧山前山窑址发掘简报》，《文物》2005年第5期。

浙江省文物考古研究所：《浙江长兴县便山土墩墓发掘报告》，《浙江省文物考古研究所学刊(1980—1990)》，科学出版社，1993年。

浙江省文物考古研究所、浙江省上虞市博物馆：《浙江上虞驿亭凤凰山西周土墩墓》，《南方文物》2005年第4期。

镇江博物馆、丹徒县文管会：《江苏丹徒大港母子墩西周铜器墓发掘简报》，《文物》1984年第5期。

镇江市博物馆、丹阳县文物管理委员会：《江苏丹阳出土的西周青铜器》，《文物》1980年第8期。

镇江市博物馆：《江苏丹徒出土东周铜器》，《考古》1981年第5期。

镇江市博物馆：《江苏溧水、丹阳西周墓发掘简报》，《考古》1985年第8期。

镇江市博物馆、金坛县文化馆：《江苏金坛鳖墩西周墓》，《考古》1978年第3期。

镇江市博物馆、溧水县文化馆：《江苏溧水乌山西周二号墓清理简报》，《文物资料丛刊》(2)，文物出版社，1978年。

郑杰祥：《河南新野发现的曾国铜器》，《文物》1973年第5期。

郑杰祥、张亚夫：《河南潢川县发现一批青铜器》，《文物》1979年第9期。

郑玲、叶润清：《试析安徽枞阳旗山战国墓出土铜句鑃》，《文物》2010年第12期。

郑同修、隋裕仁：《山东威海市发现周代墓葬》，《考古》1995年第1期。

郑小炉：《试论青铜甗(鬲)形盉》，《南方文物》2003年第3期。

郑小炉：《试论徐和群舒青铜器——兼论徐、舒与吴越的融合》，《文物春秋》2003年第5期。

郑玄注、孔颖达疏：《礼记正义》，《十三经注疏》(标点本)，北京大学出版社，1999年。

郑州市博物馆：《尉氏出土一批春秋时期青铜器》，《中原文物》1982年第4期。

枝江县博物馆：《湖北枝江关庙山一号春秋墓》，《江汉考古》1990年第1期。

中国考古学会：《中国考古学年鉴》(1987年)，文物出版社，1988年。

中国考古学会：《中国考古学年鉴》(2006年)，文物出版社，2007年。

中国科学院考古研究所、北京市文物管理处、琉璃河考古工作队、房山县文教局：《北京附近发现的西周奴隶殉葬墓》，《考古》1974年第5期。

中国科学院考古研究所：《长安张家坡西周铜器群》，文物出版社，1965年。

中国科学院考古研究所沣西考古队：《陕西长安张家坡西周墓清理简报》，《考古》1965年第9期。

中国科学院考古研究所：《洛阳中州路(西工段)》，科学出版社，1959年。

中国青铜器全集编辑委员会：《中国青铜器全集》，文物出版社，1996—1998年。

中国社会科学院、澳大利亚人文科学院：《中国语言地图集》，香港朗文出版(远东)有限公司，1987年、1990年。

中国社会科学院考古研究所丰镐工作队：《1997年沣西发掘报告》，《考古学报》2000年第2期。

中国社会科学院考古研究所沣西发掘队：《1967年长安张家坡西周墓地的发掘》，《考古学报》1980年第4期。

中国社会科学院考古研究所：《上村岭虢国墓地》，科学出版社，1959年。

中国社会科学院考古研究所实验室：《放射性碳素测定年代报告(一七)》，《考古》1990年第7期。

中国社会科学院考古研究所：《滕州前掌大墓地》(上册)，文物出版社，2005年。

中国社会科学院考古研究所：《殷虚妇好墓》，文物出版社，1980年。

中国社会科学院考古研究所：《张家坡西周墓地》，中国大百科全书出版社，1999年。

周燕儿、蔡晓黎：《绍兴出土的印纹硬陶和原始青瓷器》，《东方博物》2005年第1期。

周燕儿、符杏华：《浙江绍兴县出土一批原始青瓷器》，《江西文物》1990年第1期。

周原考古队:《陕西扶风县周原遗址庄李西周墓发掘简报》,《考古》2008年第12期。

周振甫:《诗经译注》,中华书局,2002年。

朱凤瀚:《中国青铜器综论》,上海古籍出版社,2009年。

朱建明:《浙江德清三合塔山土墩墓》,《东南文化》2003年第3期。

朱建明:《浙江德清原始青瓷窑址调查》,《考古》1989年第9期。

禚柏红:《莒文化研究》,《东方考古》第6辑,科学出版社,2009年。

邹厚本:《江苏南部土墩墓》,《文物资料丛刊》(6),文物出版社,1982年。

邹厚本:《宁镇区出土周代青铜容器的初步认识》,《中国考古学会第四次年会论文集》,文物出版社,1985年。

邹厚本:《皖南商周青铜器·序》,文物出版社,2006年。

邹厚本主编:《江苏考古五十年》,南京出版社,2000年。

后　　记

本书是国家社科基金一般项目"群舒文化比较研究"(12BKG007)的主要成果,有幸入选2017年度"国家哲学社会科学成果文库",这是对我们课题组成员的莫大鼓励和肯定。

本课题的研究工作,在作为国家社科基金项目立项之前实际上就早已开始了。2005年,我主持了一项安徽省社科规划项目,并作为主要成员参与了一项国家社科基金项目,对皖南出土商周青铜器进行了一次较为全面的收集和整理,期间还带领学生参加繁昌县的瓜墩和鹭鸶墩遗址的发掘,勘查了繁昌、南陵和铜陵地区的土墩墓群、牯牛山城以及古铜矿冶遗址,对皖南青铜文化的基本面貌有了初步的了解。在此基础上,陆续撰写和发表了《铜陵谢垅青铜器的年代及其相关问题》、《繁昌汤家山出土青铜器的年代及其相关问题》和《皖南沿长江地区周代铜器研究》等专题论文,其中对中原商周文明经由江淮地区向皖南传播的路径、西周春秋时期江淮群舒族群和文化的向南迁播等问题提出了一些初步认识。

2011年,我申报了一项教育部人文社科一般项目"江淮群舒青铜器整理与研究",把研究范围向北扩展到江淮之间,这当然是皖南工作的延续。随着课题研究的开展,我们逐步认识到,群舒文化自成体系、独树一帜,不同于周围周、齐、鲁、吴、越、徐、楚诸青铜文化,已有的考古材料和研究基础,可以支撑一个更为深入和综合的研究课题。

2012年,为了从聚落遗址、墓葬及其所出青铜器等多个方面对群舒文化的内涵、范畴、年代和地域进行更为系统的研究,我邀请了安徽省文物考古研究所阚绪杭研究员、安徽博物院方林副研究员等联合申报了本课题并获准立项,这当然又是上述课题研究的补充和深化。

在这期间,我又和本校魏国锋副教授一起组织、指导了一项国家级大学生创新计划项目——《区域青铜文化遗产调查与研究——以安徽枞阳为例》,并邀请了北京科技大学的博士生郁永彬参加进来,在枞阳县文物管理所所长王乐群先生的大力支持下,对江北枞阳县境内以矿冶遗址为中心的青铜文化遗存进行了一次调查和整理。2013年我在为中国考古学会第十六次年会(西安)撰写的《长江下游枞庐地区青铜文化初论》中总结了这两年的工作和取得的一些初步认识:枞阳青铜文化遗存集矿冶遗址、聚落遗址、墓葬及其所出青铜器"三位一体",是不可多得的青铜文化研究个案,通过矿冶、聚落的兴替及其与青铜文明关系的研究,可以为揭示群舒文化的政治、经济和文化背景提供新思路。

枞阳县以外,我们又陆续到舒城、六安、霍山、寿县、无为、蚌埠、凤阳、滁州、芜湖、南陵、铜陵、马鞍山等地进行调研,并带领学生参加了寿县斗鸡台、肥东刘墩等遗址的发掘。以上述工作为基础,陆续撰写和发表了《也谈曲柄盉的年代及其相关问题》《牺首鼎的年代及相关问题》等专题论文,对群舒文化的内涵、特征、年代和地域等提出了一些新认识。

与此同时,结合本科生和研究生的培养工作,我曾先后指导本科生汤毓赟、安静平、高顺利,硕士研究生孙振、朱辞、申学国、王庆光等同学开展了相关专题研究,也取得了不少前期成果,其中有些曾以单篇论文的形式公开发表,这为本课题的进一步开展打下了基础。

本书入选"国家哲学社会科学成果文库"后,根据评审专家所提的修改建议,我们又进行了为期两个月的修订工作,包括调整了书名和全书结构,压缩了部分章节,补充了部分内容。尽管如此,由于学识所限,加上交稿在即,错漏之处还是难免。

本书的完成有赖于课题组的团结合作,具体情形如下:第四章第二、三部分的主要工作由孙振完成,第四部分由王庆光完成;第五章第一、二部分的主要工作由朱辞完成,第三部分由安静平完成;第六章第一部分的主要工作由王乐群先生完成,第二部分由申学国完成,第三部分由汤毓赟、郁永彬、高顺利和魏国锋共同完成;第七章由王庆光完成;第八章由阚绪杭先生完成;整体研究工作思路的确定、书稿其余部分的撰写和最后审定修改则由笔者负责。郗安红先生承担了本书大部分线图的绘制,硕士生姚倩星帮助绘制了部分地图。博士生王爱民协助完成了附录一"群舒文化研究年表",并与姚倩星一起参与了书稿的最后核校工作。正是课题组成员的多年辛劳和共同努力,才得以顺利完成本书的撰写任务。

借此机会,我们要感谢全国哲学社会科学规划办公室对本课题研究的支持;感谢支持本课题立项的各位专家学者,尤其要感谢"国家哲学社会科学成果文库"的评审专家对本书的修改所提出的宝贵意见;最后要感谢上海古籍出版社吴长青先生为本书的按时出版所付出的辛勤劳动,张亚莉女士、贾利民先生对本书进行了严谨认真的校审,并且提出了不少好的修改建议。

张爱冰

2018 年 1 月 18 日

责任编辑：张亚莉　贾利民
装帧设计：肖　辉　严克勤
技术编辑：富　强

图书在版编目(CIP)数据

群舒文化研究 / 张爱冰等著. —上海：上海古籍出版社，2018.3
ISBN 978-7-5325-8712-4

Ⅰ.①群… Ⅱ.①张… Ⅲ.①地方文化—研究—安徽—周代 Ⅳ.①K295.4

中国版本图书馆 CIP 数据核字(2018)第 020299 号

群舒文化研究

A Study of Qunshu Culture

张爱冰　等著

上海古籍出版社出版发行

(上海瑞金二路 272 号　邮政编码 200020)

(1) 网址：www.guji.com.cn
(2) E-mail：guji1@guji.com.cn
(3) 易文网网址：www.ewen.co

印刷：北京华联印刷有限公司
开本：710×1000 毫米　1/16　插页 7　印张 22.5
字数：357 千字
版次：2018 年 3 月第 1 版　2018 年 3 月第 1 次印刷
ISBN 978-7-5325-8712-4/K·2426
定价：98.00 元